한국어 교원 3급 자격 취득을 위한 국가전문자격

한국어
교육능력
검정시험

용어해설

SD에듀
(주)시대고시기획

Always **with you**

사람의 인연은 길에서 우연하게 만나거나 함께 살아가는 것만을 의미하지는 않습니다.
책을 펴내는 출판사와 그 책을 읽는 독자의 만남도 소중한 인연입니다.
SD에듀는 항상 독자의 마음을 헤아리기 위해 노력하고 있습니다.
늘 독자와 함께하겠습니다.

머리말

한국어를 배우려는 외국인 학습자가 증가하면서 한국어를 가르치는 한국어 교사의 수요도 증가하였다. 이에 대학과 대학원에서도 한국어교육 관련 전공 및 과정도 늘어나고 있으며, 한국어 교사를 양성하기 위한 한국어교원양성과정 운영 기관의 수 역시 꾸준히 증가하고 있다. 이는 한국어교육에 대한 학문적 관심도 높아지고 있다는 것을 보여준다.

한국어교육능력검정시험은 한국어교육이나 국어국문학, 교육학 등 관련 전공을 공부하지 않았던 사람들도 열심히 준비하여 합격할 수 있는 시험이다. 다만, 시험과 관련된 배경 지식이 부족할수록 시험 준비 과정에서 막막함과 혼란스러움을 느낄 수밖에 없는 것은 사실이다. 한국어교육에 관심을 가지고 한국어교육능력검정시험을 준비하는 대부분의 수험생은 많은 어려움과 좌절을 경험하곤 한다. 또한 한국인이라면 어렵지 않게 외국인에게 한국어를 가르칠 수 있을 거라는 안이한 생각을 가졌던 수험생은 시험을 준비하는 것이 결코 쉽지 않다는 것을 깨닫고 당황하기도 한다.

이에 한국어교육능력검정시험을 준비하며 관련 배경 지식이 부족하여 보충이 필요하거나 더 깊은 내용을 알고자 하는 수험생을 위하여 본 도서를 기획하였다. 시험을 준비하다 보면 한국어교육의 기본이 되는 용어들을 이해하는 것조차 쉽지 않다는 것을 느끼게 되는데, 수많은 전공 서적과 선행 연구를 일일이 확인하면서 관련 용어와 개념을 익히는 것은 현실적으로 불가능하다. 따라서 본 도서를 통해 낯설고 생소한 용어와 이론을 확인하고 궁금증을 해소하여 한국어교육이나 국어 관련 전공을 하지 않은 수험생도 한국어교육능력검정시험 관련 용어와 이론의 기본을 다질 수 있도록 하였다.

본 도서의 특징

★ 각 교시를 영역별로 분류하여 반드시 알아야 할 이론 · 용어를 한눈에 파악할 수 있도록 구성하였다.
★ 차례를 사전식으로 구성하여 확인하고자 하는 이론 · 용어를 편리하게 찾을 수 있도록 하였다.
★ 1회부터 17회까지의 기출문제 중 출제빈도가 높은 항목을 선별하여 효율적으로 공부할 수 있도록 수록하였다.

아무쪼록 본 도서가 한국어 교사를 꿈꾸는 모든 이에게 도움이 되기를 바라며, 수험생 여러분의 건투와 합격을 기원하는 바이다.

편저자 씀

한국어교육능력검정시험 안내

개요

한국어교육능력검정시험(TOTKA)은 「국어기본법」 제19조에 근거하여 재외동포나 외국인을 대상으로 한국어를 가르치고자 하는 자에게 자격을 부여하기 위하여 문화체육관광부장관이 실시함

관련부처 및 시행기관

- 문화체육관광부(국어정책과)
- 한국산업인력공단 ···▶ 한국어교육능력검정시험 시행
- 국립국어원(한국어진흥과) ···▶ 교원자격 심사 및 자격증 발급기관

취득 방법

재외동포나 외국인을 대상으로 한국어를 가르치고자 하는 자가 한국어교원 양성과정을 먼저 이수하고, 동 시험에 합격하면 소정의 심사과정을 거쳐 한국어교원자격 3급을 부여함

활용 정보

한국어교원 자격증 취득자는 국내외 대학 및 부설 기관, 외국어로서의 한국어 수업이 개설된 국내외 초·중·고등학교, 외국어로서의 한국어를 가르치는 국내외 정부기관, 다문화가족지원 센터, 외국인근로자지원센터, 사회통합프로그램 운영 기관 등에 취업할 수 있다. 또한 해외 진출 기업체, 국내외 일반 사설 학원 등에도 진출할 수 있다. 최근에는 국립국어원이 한국어 교사 들을 외국으로 파견하여 한국어 전문가 교육을 진행하고 있으며 일본, 중국 등지에서 외국어로 서의 한국어교육이 활발히 진행되고 있어 해외취업의 기회도 점차 확대되고 있다.

응시 자격

응시 자격에는 제한이 없다. 연령, 학력, 경력, 성별, 지역 등에 제한을 두지 않는다. 단, 한국어 교원자격 3급을 취득하고자 하는 경우에는 한국어교원 양성과정을 이수하고 동 시험에 합격하 여야 한다.

외국 국적자의 자격 취득

- 외국 국적자도 학위과정이나 양성과정 등을 통해 내국인과 동일한 방법으로 한국어교원 자 격증을 취득할 수 있다.
- 단, 학위과정(전공/복수전공 또는 부전공)으로 2급 또는 3급 자격을 취득하기 위해서는 한 국어능력시험(TOPIK) 6급 성적증명서가 필요하다.
  ···▶ 한국어능력시험(TOPIK) 6급 유효기간: 2년 이내

영역별 필수 이수 학점 및 이수 시간

영역	과목 예시	학사 학위 취득자		석 · 박사 학위 취득자 2급	양성과정 이수자
		전공 (복수전공) 2급	부전공 3급		
한국어학	국어학개론　한국어음운론 한국어문법론　한국어어휘론 한국어의미론　한국어화용론 한국어사　한국어어문규범 등	6학점	3학점	3~4학점	30시간
일반언어학 및 응용언어학	응용언어학　언어학개론 대조언어학　사회언어학 외국어습득론　심리언어학 등	6학점	3학점		12시간
외국어로서의 한국어교육론	한국어교육개론　한국어교육과정론 한국어평가론　언어교수이론 한국어표현교육법　한국어이해교육법 (말하기, 쓰기)　(듣기, 읽기) 한국어발음교육론　한국어문법교육론 한국어어휘교육론　한국어교재론 한국문화교육론　한국어한자교육론 한국어교육정책론　한국어번역론 등	24학점	9학점	9~10학점	46시간
한국문화	한국민속학　한국의 현대문화 한국의 전통문화　한국문학개론 전통문화현장실습　한국현대문화비평 현대한국사회　한국문학의 이해 등	6학점	3학점	2~3학점	12시간
한국어교육 실습	강의 참관　모의 수업 강의 실습 등	3학점	3학점	2~3학점	20시간
합계		45학점	21학점	18학점	120시간

한국어교육능력검정시험 안내

합격률 및 합격자 통계

1차 필기시험

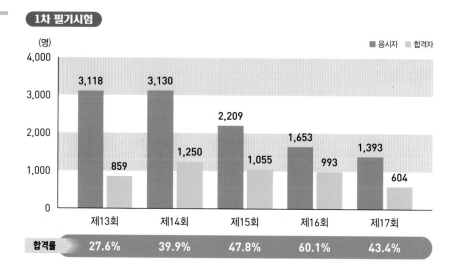

	제13회	제14회	제15회	제16회	제17회
응시자	3,118	3,130	2,209	1,653	1,393
합격자	859	1,250	1,055	993	604
합격률	27.6%	39.9%	47.8%	60.1%	43.4%

2차 면접시험

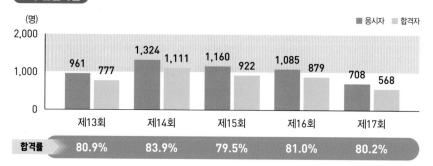

	제13회	제14회	제15회	제16회	제17회
응시자	961	1,324	1,160	1,085	708
합격자	777	1,111	922	879	568
합격률	80.9%	83.9%	79.5%	81.0%	80.2%

시험 과목 및 시간

	교시	시험 영역	입실 완료	시험 시간	배점 및 문항 수	시험 방법
1차 필기 시험	1 교시	❶ 한국어학	09:00	09:30～11:10 (100분)	90점, 60문항	4지 택일형
		❷ 일반언어학 및 응용언어학			30점, 20문항	
	휴식 시간 11:10~12:00(50분)					
	2 교시	❸ 한국문화	12:00	12:30～15:00 (150분)	30점, 20문항	4지 택일형
		❹ 외국어로서의 한국어교육론			150점, 93문항	4지 택일형, 주관식 (교안작성 1문항)

2차 면접 시험	시험 시간	시험 내용
	1인당 10분 내외	1. 전문지식의 응용능력　　2. 한국어능력 3. 교사의 적성 및 교직관　　4. 인격 및 소양

합격 기준

종류	합격자
1차 필기시험	각 영역의 40퍼센트 이상, 전 영역 총점(300점)의 60퍼센트(180점) 이상 득점한 자를 합격자로 결정한다.
2차 면접시험	면접위원별 점수의 합계를 100점 만점으로 환산하여 60점 이상 득점한 자를 합격자로 결정한다.

※ 면제 대상자: 필기시험에 합격한 자는 합격한 해의 다음 회 시험에 한하여 필기시험을 면제한다.

한국어교원 자격 심사 신청 절차

자격 심사 종류

학위 취득자

'외국어로서의 한국어교육' 전공(복수전공), 부전공 등으로 졸업

양성과정 이수자

120시간 양성과정 이수 후 한국어교육능력검정시험 합격

경력 요건자

승급 대상자 및 시행령 시행 이전 한국어교육 경력 800시간 이상 대상자 (경력 관련 요건 참조)

⬇

kteacher.korean.go.kr에서 한국어교원 자격 심사 신청(온라인 접수)

⬇

제출 서류 발송

❶ 심사 신청서(직접 출력)
❷ 성적증명서
❸ 졸업(학위)증명서
❹ 한국어능력시험(TOPIK) 6급 성적증명서*(2년 이내)
  ★ 외국 국적자에 한함

❶ 심사 신청서(직접 출력)
❷ 이수증명서
❸ 한국어교육능력검정시험 합격 확인서(필기, 면접)

❶ 심사 신청서(직접 출력)
❷ 경력증명서

⬇

한국어교원 자격 심사

⬇

합격자 발표

⬇

한국어교원 자격증 발송

※ 한국어교원 자격 심사와 관련된 정보는 변경될 수 있으므로 국립국어원 한국어교원 홈페이지(kteacher.korean.go.kr)를 참고하시기 바랍니다.

❖ 시험 관련 정보는 변경될 수 있으므로 한국산업인력공단 한국어교육능력검정시험 홈페이지(q-net.or.kr/site/koreanedu)를 참고하시기 바랍니다.

한국어교육능력검정시험 안내

한국어교원 자격 등급 및 취득 과정

학위 과정(대학·대학원)

한국어교육 학위 취득 (전공, 복수전공) → **자격 심사** 영역별 필수 이수 학점 충족 → **2급 자격 취득** → **1급 승급** (취득 후 5년 이상 근무 + 2,000시간 강의)

한국어교육 학위 취득 (부전공) → **자격 심사** 영역별 필수 이수 학점 충족 → **3급 자격 취득** → **2급 승급** (취득 후 3년 이상 근무 + 1,200시간 강의)

비학위 과정(양성과정)

120시간 양성과정 이수 → **한국어교육능력 검정시험 합격** → **자격 심사** 영역별 필수 이수 학점 충족 → **3급 자격 취득** → **2급 승급** (취득 후 5년 이상 근무 + 2,000시간 강의)

※ 강의 기간 1년은 한 해 100시간 이상 또는 15주 이상 강의를 기준으로 한다.

한국어교원 자격제도와 관련한 기관

국립국어원 한국어교원 홈페이지 kteacher.korean.go.kr
- 한국어교원 자격제도에 대한 설명 및 심사 신청에 관한 안내를 볼 수 있다.
- 기관 심사를 받은 교육기관 목록을 확인할 수 있다.
- 한국어교원 자격제도와 관련하여 궁금한 사항을 질의할 수 있다.

세종학당재단 홈페이지 sejonghakdang.org
- 세종학당 한국어교원 양성, 교육 및 파견 지원에 관한 내용을 볼 수 있다.
- 한국어 학습과 관련된 자료를 볼 수 있다.

Q-net 한국어교육능력검정시험 홈페이지 q-net.or.kr/site/koreanedu
- 한국어교육능력검정시험에 관한 안내 및 시험 일정을 확인할 수 있다.
- 한국어교육능력검정시험 기출문제를 확인할 수 있다.

한국어교육기관 대표자 협의회 홈페이지 klic.or.kr
- 한국어교육기관의 교육 시스템을 공유하고, 교육 정책 및 현안을 논의할 수 있다.
  ⋯ 회원제로 운영

한국어교육능력검정시험 이모저모

❖ 다음은 한국어교육능력검정시험에 대해 자주 하는 질문들입니다.

Q 양성과정 이수 후 한국어교육능력검정시험에 합격하여 자격증을 취득했는데도 자격증에 '무시험 검정'이라고 기재되어 있습니다. 무슨 의미입니까?

A 한국어교원 자격 심사는 신청자들이 제출한 서류를 토대로 심사가 이루어지므로 심사 단계에서는 시험이 없습니다. 따라서 한국어교원 자격증에 '무시험 검정'이라고 기재됩니다.

Q 초·중등 정교사 자격증 소지자도 별도의 한국어교원 자격 심사를 거쳐야 하나요?

A 네, 그렇습니다. 초등학교 정교사, 중등학교 정교사 자격증 소지자라고 하더라도 국어기본법령에서 정하고 있는 소정의 과정(학위 및 비학위 과정)을 거쳐서 한국어교원 자격증을 취득해야 합니다.

Q 학점은행제로 학위를 받으면 한국어교원 자격증을 받을 수 있나요?

A 네, 받을 수 있습니다. 단, 외국어로서의 한국어교육 전공이 표준교육과정으로 고시되어 있으므로 학사학위증명서에 한국어교육 전공이 표기되어 있어야 하며, 「국어기본법 시행령」 에서 요구하는 영역별 필수이수학점을 모두 충족하여야 합니다.

Q 한국어교육능력검정시험에 합격한 이후에 양성과정을 이수해도 되나요?

A 안 됩니다. 「국어기본법 시행령」 제13조에 따라 한국어교육능력검정시험 1차 시험일(필기) 이전에 한국어교원양성과정을 이수해야 합니다. 한국어교육능력검정시험 합격 이후에 한국어교원양성 과정을 이수한다고 하더라도 심사 시엔 불합격됨을 유의하시기 바랍니다.

Q 양성과정 수료 후 2년 안에 한국어교육능력검정시험에 합격해야 하나요?

A 아닙니다. 한국어교육능력검정시험에 합격 기간은 따로 제한을 두고 있지 않으므로 양성과정 수료 후 언제든지 시험에 합격하면 됩니다. 단, 오랜 시일이 지나고, 한국어 교육능력검정시험에 합격하신 경우, 양성과정을 수료한 기관에서 '[별지 제2호 서식] 한국어교원양성과정 이수증명서'를 발급받지 못하신다면 자격증을 취득하실 수 없으 므로, 이수증명서 발급 가능 여부를 확인하신 후 시험에 응시해 주시기 바랍니다.

Q 양성과정 이수 후 한국어교육능력검정시험에 합격하면 한국어교원 자격증이 자동적으로 발급되나요?

A 아닙니다. 양성과정 이수 후 한국어교육능력검정시험 합격으로 한국어교원 자격증이 자동적으로 발급되지 않습니다. 시험에 합격하신 후 국립국어원에 한국어교원 자격 심사 신청을 해야 합니다. 자격 심사에서는 신청자들이 양성과정을 통해 '한국어교원 자격 취득에 필요한 영역별 필수이수시간'을 이수했는지 여부를 판단하게 됩니다. 이러한 과정을 거친 후 심사에 합격한 분들에게 자격증을 발급해 드립니다.

합격의 공식 Formula of pass | SD에듀 www.sdedu.co.kr

이 책의 차례

2교시

03 한국문화

04 외국어로서의
한국어교육론

이 책의 차례

1 교시

한국어학 · 일반언어학 및 응용언어학

한국어교육능력검정시험 평가 영역 및 내용: 1교시

01 한국어학			
1	국어학개론	5	한국어 의미론
2	한국어 음운론	6	한국어 화용론
3	한국어 어휘론	7	한국어사
4	한국어 문법론	8	한국어 어문규범

02 일반언어학 및 응용언어학			
1	언어학개론	4	대조언어학
2	응용언어학	5	심리언어학
3	사회언어학	6	외국어습득론

01 | 한국어학

평가 영역	국어학개론, 한국어 음운론, 한국어 어휘론, 한국어 문법론, 한국어 의미론, 한국어 화용론, 한국어사, 한국어 어문규범

✖ 한국어의 특징

1. 유형론(형태론)적 특징
   (1) 조사와 어미, 접사 등이 발달한 교착어(첨가어)이다.
   (2) 조사의 결합과 분리가 쉽다.
   (3) 용언이 어간과 어미로 나누어 활용을 한다.
   (4) 합성어나 파생어 등을 생성하는 단어 형성법이 발달했다.
   (5) 한국어의 명사는 성, 수에 따른 관형사나 서술어와의 일치현상이 없다. 또한 의존명사, 특히 분류사가 발달했다.
   (6) 한국어는 대명사가 발달하지 않은 언어이고, 그 쓰임이 극히 제한되어 있다.
   (7) 한국어에는 형용사가 용언에 속하여 동사와 잘 구분되지 않는 특성을 보인다.
   (8) 한국어에는 관계대명사와 관사가 없다.
   (9) 가주어와 같은 허형식이나 존재문의 잉여사와 같은 요소가 없다.
   (10) 의성어와 의태어가 발달했다.

2. 통사론적 특징
   (1) 언어 유형 중 '주어-목적어-서술어'의 어순을 갖는 SOV 언어이다. 즉, 동사-말(Verb-Final)언어에 속한다.
       ① 한국어는 후치사 언어이다.
       ② 한국어의 수식 구성에서 수식어는 반드시 피수식어 앞에 온다(좌분지 언어).
   (2) 한 문장에 주어가 두 개 이상 들어갈 수 있다.
   (3) 한국어는 핵-끝머리 언어에 속한다.
   (4) 서술어를 제외한 문장성분의 순서를 비교적 자유롭게 바꿀 수 있다.

3. 담화언어적 특징
   (1) 한국어는 맥락 중심의 언어(상황 중심 언어)이기 때문에 근간 성분, 특히 주어나 목적어가 쉽게 생략될 수 있다.
   (2) 한국어는 '고맥락(High Context) 문화'의 언어이다.
   (3) 완곡어법이 발달했다.

(4) 주제 부각형 언어의 특성이 강하다.
(5) 높임법(경어법)이 정밀하게 발달했다.

✖ 발음 기관

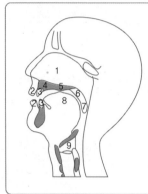

1. 비강
2. 입술
3. 이
4. 윗잇몸(치조)
5. 센입천장(경구개)
6. 여린입천장(연구개)
7. 목젖
8. 혀
9. 성대

- 이와 잇몸: 잇몸은 치조(齒槽)라고 하며, 윗니와 윗잇몸이 발음과 관련됨
- 입천장: 입천장은 가운데 제일 높은 부분을 경계로 앞부분은 딱딱하고 뒷부분은 부드럽고 여림. 앞부분을 센입천장(경구개), 뒷부분을 여린입천장(연구개)이라고 함
- 목젖: 숨이 입 또는 코로 통하는 것을 조절하는 역할을 함
- 혀: 조음기관 중 가장 큰 역할을 하는 부분
- 성대(聲帶): 열고 닫히면서 허파에서 나오는 숨을 조절하는 역할을 함

✖ 조음 위치

자음을 발음할 때 조음기관에서 공기의 흐름이 장애를 받아 소리가 만들어지는 부분이다. 조음 위치의 명칭은 주로 발음을 돕는 조음기관 중 위턱에 있는 조음기관의 명칭으로 결정되는데, 한국어는 조음 위치에 따라 '양순음(Bilabial), 치(조)음(Dental/Alveolar), 경구개음(Palatal), 연구개음(Velar), 성문음(Glottal)'으로 분류된다.

양순음(Bilabial)	조음 시 두 입술에 의해 장애가 일어나는 소리이며, 한국어의 'ㅂ' 계열 파열음 /ㅂ, ㅃ, ㅍ/과 비음 /ㅁ/이 이에 속한다.
치(조)음(Dental/Alveolar)	치음은 혀끝을 윗니 뒤쪽에 대거나 접근시켜 조음하는 소리이고, 치조음은 혀끝을 윗잇몸에 대거나 접근시켜 조음하는 소리이며, 한국어의 파열음 /ㄷ, ㄸ, ㅌ/, 비음 /ㄴ/, 유음 /ㄹ/, 마찰음 /ㅅ, ㅆ/이 이에 속한다.
경구개음(Palatal)	혀끝을 아랫니 뒤쪽에 대고 혀의 앞부분을 경구개에 대거나 접근시켜 조음하는 소리이며, 한국어의 파찰음 /ㅈ, ㅉ, ㅊ/이 이에 속한다.
연구개음(Velar)	혀의 뒷부분(후설)을 연구개에 대거나 접근시켜 조음하는 소리이며, 한국어의 파열음 /ㄱ, ㄲ, ㅋ/, 비음 /ㅇ/이 이에 속한다.
성문음(Glottal)	성문에서 만들어지는 자음으로 성대의 막음이나 마찰을 수반하며, 한국어의 마찰음 /ㅎ/이 이에 속한다.

✖ 조음 방법

자음이 만들어질 때 공기의 흐름이 장애를 받는 방법을 말한다. 자음은 조음 방법에 따라 '파열음(Plosive), 마찰음(Fricative), 파찰음(Affricative), 비음(Nasal), 유음(Liquid)' 등으로 분류된다.

파열음(Plosive)	공기가 구강 안에서 완전하게 폐쇄되었다가 터져 나오며 나는 소리이며, 한국어의 'ㅂ, ㄷ, ㄱ' 계열 /ㅂ, ㅃ, ㅍ, ㄷ, ㄸ, ㅌ, ㄱ, ㄲ, ㅋ/이 이에 속한다. 파열음은 '폐쇄-압축(지속)-파열(개방)'의 단계를 거치게 되는데, 실제 공기를 외부로 파열시키는 외파와 폐쇄한 채 개방하지 않는 불파가 있다.
마찰음(Fricative)	두 조음기관을 바짝 접근시켜 좁은 틈 사이로 공기를 통과시켜 조음하는 소리이며, 한국어의 /ㅅ, ㅆ, ㅎ/이 이에 속한다.
파찰음(Affricative)	두 조음기관을 폐쇄한 후 완전히 개방하지 않고 조금만 개방하여 두 조음기관의 틈 사이로 공기를 통과시켜서 조음하는 소리이며, 한국어의 'ㅈ' 계열 /ㅈ, ㅉ, ㅊ/이 이에 속한다.
비음(Nasal)	목젖이 구강으로 공기가 흐르는 것을 차단하고 비강을 통해 기류가 나오면서 울려 나는 소리이며, 한국어의 /ㄴ, ㅁ, ㅇ/이 이에 속한다.
유음(Liquid)	설측음·탄음·전음을 종합해서 말하는 것으로, 조음 시 공기 흐름의 장애를 가장 적게 받는 자음이며, 청각적으로 흐르는 듯한 느낌을 주는 소리이다. 한국어의 /ㄹ/이 이에 속하는데, /ㄹ/은 환경에 따라 '설측음(Lateral)'과 '탄설음(Flap)'으로 실현된다. 설측음의 예로 '달'의 'ㄹ'을, 탄설음의 예로 '우리'의 'ㄹ'을 들 수 있다.

✖ 한국어의 자음 체계

한국어 자음의 조음 위치와 조음 방법에 따른 자음 체계를 정리하면 다음과 같다.

			양순음	치조음	경구개음	연구개음	후음
장애음	파열음	평음	ㅂ p	ㄷ t		ㄱ k	
		격음	ㅍ p^h	ㅌ t^h		ㅋ k^h	
		경음	ㅃ p^*	ㄸ t^*		ㄲ k^*	
	마찰음	평음		ㅅ s			ㅎ h
		격음					
		경음		ㅆ s^*			
	파찰음	평음			ㅈ ʨ		
		격음			ㅊ $ʨ^h$		
		경음			ㅉ $ʨ^*$		
공명음	비음		ㅁ m	ㄴ n		ㅇ ŋ	
	유음			ㄹ l			

✖ 한국어의 모음 체계

모음은 말소리가 만들어질 때 기류의 흐름에 방해가 일어나지 않는 소리이다. 모음을 분류하는 기준은 혀의 높낮이와 혀의 전후 위치, 입술의 모양이다. 혀의 높낮이에 따라 분류하면 '고모음(高母音), 중고모음(中高母音), 중저모음(中低母音), 저모음(低母音)'으로 나누고, 혀의 전후 위치에 따라 분류하면 '전설모음(前舌母音), 후설모음(後舌母音)'으로 나눈다(한국어에서 중설과 후설의 차이는 음운론적 의미를 가지지 않으므로 전설과 후설로만 구분).

| 혀의 위치 | | 전설모음 | | 후설모음 | |
혀의 높낮이 ＼ 입술 모양		평순	원순	평순	원순
고모음		ㅣ[i]	ㅟ[ü]	ㅡ[ɯ]	ㅜ[u]
중모음		ㅔ[e]	ㅚ[ö]	ㅓ[ʌ]	ㅗ[o]
저모음		ㅐ[ɛ]		ㅏ[a]	

1. 고모음: 입을 조금 열고 혀의 위치를 높여서 발음하는 모음이다. 한국어에는 'ㅣ, ㅟ, ㅡ, ㅜ'가 있다.
2. 중모음: 입을 보통으로 열고 혀의 높이를 중간으로 하여 발음하는 모음이다. 한국어에는 'ㅔ, ㅚ, ㅓ, ㅗ'가 있다.
3. 저모음: 입을 크게 벌리고 혀의 위치를 가장 낮추어서 발음하는 모음이다. 한국어에는 'ㅐ, ㅏ'가 있다.

✖ 반모음

반모음은 반자음, 과도음, 활음이라고도 한다. 'ㅑ, ㅕ, ㅛ, ㅠ' 등의 이중모음의 음가를 분석하면 반모음과 단모음으로 이루어진 것을 알 수 있다. 이러한 반모음은 자음으로 보기도 어렵고, 단모음으로도 보기 어렵다. 예를 들어 이중모음 [ㅑ]는 극히 짧은 순간 [ㅣ] 모음을 조음하는 움직임을 취했다가 미끄러지듯 [ㅏ] 모음을 조음하는 움직임으로 바뀌며 만들어진다. 이때 극히 짧게 조음된 [ㅣ] 모음과 비슷한 소리를 반모음이라고 부른다. 자음처럼 공기의 흐름이 방해를 받아서 나는 소리가 아니기 때문에 자음으로 보기도 어렵고, 단순 모음과 같은 정도의 모음성과 단독으로 음절을 구성할 수 있는 성질을 갖추지 못했기 때문에 모음으로도 보기 어렵다. 반모음은 학자에 따라 2개 또는 3개를 설정하기도 한다.

3반모음 체계

j계	ㅑ, ㅕ, ㅛ, ㅠ, ㅖ, ㅒ 등
w계	ㅘ, ㅝ, ㅙ, ㅞ/ㅚ, ㅟ 등
ɰ계	ㅡ, ㅢ

다만, 음성학적으로 'ㅢ'가 상향 모음에 속한다는 것을 염두에 둔다면 'ㅡ[ɯ]'를 반모음으로 설정해야 한다. 참고로 7차 고등학교 문법 교과서에서는 'ㅢ'의 특이성을 인정하여 그냥 이중모음 'ㅢ'라고만 제시하였다.

✖ 단모음

소리를 내는 도중에 입술 모양이나 혀의 위치가 고정되어 처음과 마지막 음가가 달라지지 않는 모음을 말한다. 한국어의 단모음은 'ㅏ, ㅐ, ㅓ, ㅔ, ㅗ, ㅚ, ㅜ, ㅟ, ㅡ, ㅣ'로 총 10개이다. 이들은 각각 하나의 모음 요소로 이루어져 처음부터 끝까지 같은 음가로 발음되나, 현대국어에서 'ㅚ, ㅟ'는 이중모음으로도 발음된다(표준발음법 2부 2장 4항의 붙임 참고).

✖ 단모음화

중세국어에서 이중모음이었던 'ㅐ[ai]'와 'ㅔ[əi]'가 각각 단모음 [ɛ], [e]로 변화한 음운 현상을 말한다. 단모음화가 일어났다는 증거로는 뒤 음절 [i]의 동화로 앞 음절의 [a]가 [ɛ]로, [ə]가 [e]로 변화한 움라우트 현상을 들 수 있다(움라우트[Umlaut]: 역사언어학의 개념으로 [a], [o], [u] 등의 소리가 후속 음절에 있는 [i]나 [j]의 영향으로 ä, ö, ü로 표시되어 [ɛ], [œ], [ø], [y] 등의 소리로 변함. 또한, ä, ö, ü의 소리 그 자체를 이르기도 함). 18세기~19세기 교체기에 일어난 것으로 추정하는 움라우트는 이중모음의 단모음화로 [ɛ], [e]가 확립된 뒤에 일어날 수 있는 현상이라는 점에서 이중모음 'ㅐ, ㅔ'의 단모음화는 18세기 말경 일어난 것으로 추정할 수 있다.

현대국어에서 단모음으로도 발음하는 'ㅚ, ㅟ'는 18세기 말경까지는 단모음으로 발음하지 않았던 것으로 보이는데, 19세기 문헌에서 'ㅚ, ㅟ'의 움라우트 예는 매우 적을 뿐만 아니라 'ㅈ, ㅊ' 뒤에 한정되어 있기 때문이다.

✖ 원순모음

발음할 때 입술을 둥글게 하여 소리 내는 모음을 말한다. 국어의 단모음 10개 중에서 입술을 둥글게 오므려 내는 모음을 원순모음이라고 한다. 원순모음은 'ㅟ, ㅚ, ㅜ, ㅗ'가 있다. 이중모음 중에서 원순모음은 원순 이중모음이라고도 하는데, 'ㅘ, ㅙ, ㅝ, ㅞ' 등이다.

✖ 원순모음화

양순음 'ㅂ, ㅃ, ㅍ, ㅁ' 뒤에 위치한 모음 'ㅡ'가 'ㅜ'로 바뀌는 모음 변화 현상을 말한다. 중세국어 시기의 '믈[水]·블[火]·플[草]'이 근대국어 시기에 특히 17세기 말엽 이후 '물·불·풀'로 원순모음화되었다.

✖ 이중모음

이중모음은 소리를 내는 도중에 입술 모양이나 혀의 위치가 달라지는 모음으로 'ㅑ, ㅕ, ㅛ, ㅠ, ㅒ, ㅖ, ㅘ, ㅙ, ㅝ, ㅞ, ㅢ'가 이에 속한다. 이중모음은 단모음에 반모음이 덧붙어서 이루어지는데, 반모음이 단모음 앞에 붙느냐 뒤에 붙느냐에 따라 상향 이중모음과 하향 이중모음으로 구분할 수 있고, [j]가 붙느냐 [w]가 붙느냐에 따라 '[j]계 이중모음'과 '[w]계 이중모음' 등으로 나눌 수 있다.

'[j]계 이중모음'은 /ㅑ, ㅕ, ㅛ, ㅠ, ㅖ, ㅒ/ 6개가 있는데, 모두 평순으로 발음된다. '[w]계 이중모음'은 /ㅘ, ㅙ, ㅝ, ㅞ/ 4개가 있는데, 모두 원순으로 발음된다. 현대국어에서 /ㅚ, ㅟ/는 이중모음으로 발음되기도 하므로, 표준어규정에서는 단모음으로 규정하되 이중모음으로 발음하는 것도 허용하고 있다.

✖ 음성 · 음운

'음성'은 사람의 입을 통하여 나오는 말소리이고, '음운'은 말의 뜻을 구별해 주는 소리의 가장 작은 단위이다. 의미의 변별 기능을 갖지 못하는 음성과 달리 음운은 의미의 변별 기능을 갖는 최소 단위라고 정의할 수 있다.

음성은 반드시 언어 사회마다 각 전통적 습관에 따라 독특하게 굳어진 관념을 이루고 있는데, 한국어의 가게[kage]나 고기[kogi]에서 [k]와 [g]는 음성적 차원에서는 두 개의 소리이지만 음운으로는 동일하게 /ㄱ/으로 표기한다. 이렇게 음성과 음운은 언어음이라는 점에서는 공통점이 있으나, 여러 면에서 차이점이 있다. 음성은 현실적으로 발음된 구체음으로, 뜻을 구별 짓는 일을 하지는 못하나, 음운은 역사적으로 인식된 관념음으로, 뜻을 구별 짓는 기능을 지닌다. 또한 음성이 생리적 · 물리적 구성인 것에 반해 음운은 심리적 · 관념적 구성이고, 음성이 개인적 · 구체적 · 임시적 성질인 것에 반해 음운은 사회적 · 추상적 · 전통적 성질을 지닌다.

1. 음성
   (1) 발음 기관을 통하여 실제로 발음되는 물리적인 소리
   (2) 각자의 느낌의 차이로 실제 발음도 달라지는 개별적이고 구체적인 소리
   (3) 실제 발음을 문자로 일일이 기록할 수 없는 다양하고 순간적이며 임시적인 소리
   (4) 같은 글자도 사람마다, 소리 낼 때마다 달라지는 소리
   (5) 말의 의미 차이를 구별할 수 없는 소리
   (6) 어떤 나라, 어떤 시대와도 관계없는 일반적인 소리

2. 음운
   (1) 머릿속에 기억된 심리적이고 관념적인 소리
   (2) 모든 사람이 동일한 음가로 생각하고 있는 보편적이고 추상적인 소리
   (3) 문자로 나타낼 수 있도록 그 수가 한정되어 있으며, 역사적이고 전통적인 소리
   (4) 여러 사람이 발음해도 같은 소리로 인식하는 소리
   (5) 말의 뜻과 관계가 있어 뜻의 차이를 나타내는 소리
   (6) 일정한 국어의 음운 체계와 밀접한 관계를 가진 소리

✖ 음절

자음과 모음이 결합하여 한번에 소리 낼 수 있는 소리마디이다. 초성과 종성의 자리에는 자음이 오고, 중성의 자리에는 모음만이 올 수 있다. 한국어의 자음은 반드시 모음과 결합하여야 음절을 이룰 수 있으며 자음은 어두나 어말 어느 위치에서도 두 개의 자음이 연달아 발음되는 겹자음이 올 수 없다. 그러나 모음은 단독으로 한 음절이 되기도 한다. '아침'의 '아'와 '침'이 음절의 예이다.

억양

음의 높낮이 차이가 발화 차원에서 화자의 발화 의도나 감정, 태도를 직접적으로 표시하는 기능을 가진 것을 말한다. 억양은 단어의 의미를 변화시키지 않고, 실제 발화 차원에서 화자의 감정과 태도를 표현하는 데 중요한 기능을 한다. 일반적으로 문장 끝의 억양이 의미 전달 측면에서 가장 중요한 부분을 차지한다. 문장 끝의 억양은 문장의 형식에 따라 '내림조 억양'과 '올림조 억양'이 있다.

한국어 문장의 종류는 마침표, 물음표, 느낌표 등의 구두점이나 어말어미에 따라 구별되지만 억양에 따라 의미가 구별되는 경우도 있다. 대체로 서술문·명령문·청유문의 억양은 내림조로 끝나고, 의문문은 올림조로 끝나는 것으로 이해하기 쉬우나, 억양은 문장 형식에 따라서만 결정되는 것이 아니다. 대화 상황에 따라 서술문·명령문·청유문에서도 '올림조 억양'이 쓰일 수 있고, 의문문에서도 '내림조 억양'이 쓰일 수 있다.

한편, '어디, 누구'와 같은 말이 들어 있는 경우에는 그것이 의문대명사인지 부정대명사인지에 따라 문장 억양이 달라진다.

1. '가는 장소가 어디인지', '만난 사람이 누구인지'를 묻는 경우

> 너 어디 가니? (의문대명사로 쓰인 경우: 끝을 내린다)
> 너 어제 누구 만났니? (의문대명사로 쓰인 경우: 끝을 내린다)

2. 특정 장소나 특정 사람에 대한 질문이 아니라 어떤 장소에 가는 사실, 어제 어떤 사람을 만난 사실 자체를 확인하기 위한 질문

> 너 어디 가니? (부정대명사로 쓰인 경우: 끝을 올린다)
> 너 어제 누구 만났니? (부정대명사로 쓰인 경우: 끝을 올린다)

3. 또한 억양은 경우에 따라 말의 길이와 연결되어 나타나기도 한다.

> 잘했다.

이 문장을 일상적인 말의 속도와 평서문의 억양으로 말하면 '칭찬'의 의미가 되고, 앞말에 부사 '잘'을 조금 길게 발음하고 문장 억양을 올리면 '비꼬다'의 의미로 해석된다. 이런 점에서 볼 때 억양은 문장의 종류뿐만 아니라 화자의 심리적 태도와 밀접한 관계를 가지는 요소라 할 수 있다.

한국어의 장단(長短)

중세국어의 성조(소리의 높이)가 사라지고 현대국어에는 장단(소리의 길이)이 남아 뜻을 분화시킨다. 중세국어의 상성(낮았다가 높아지는 소리)이 지금의 긴소리가 되었다. 또한 동음이의어는 긴소리와 짧은소리에 따라 뜻이 분화된다. 한국어의 표준어에는 모음의 장단에 의해 의미가 구별되는 어휘들이 있으나 일반적으로 장단의 차이를 제대로 구별하지 못하는 일이 많으므로 한국어교육에서는 깊이 언급을 하지 않기도 한다.

> [눈] 目　[눈ː] 雪　[말] 馬　[말ː] 言

✖ 음운 변동 현상

음운이 원래대로 발음되지 않고, 음운의 위치와 앞뒤에 이어지는 음운의 영향을 받아 발음이 달라지는 현상을 말한다(음운 변동의 분류 체계는 이론이나 관점에 따라서 달라질 수 있음). 음운의 변동에는 교체·축약·탈락·첨가 현상이 있다.

① 교체: 한 음운이 다른 음운으로 바뀌는 현상(평파열음화, 경음화, 구개음화 등)
② 축약: 두 모음이 하나의 음운으로 줄어드는 현상(자음 축약 등)
③ 탈락: 두 음운 중 한 음운이 없어지는 현상('으' 탈락, 'ㄹ' 탈락 등)
④ 첨가: 두 음운이 결합할 때 없던 음운이 새로 생기는 현상('ㄴ' 첨가 등)

✖ 교체

교체는 어떤 음소가 다른 음소로 바뀌는 것을 말하는데 '대치'라고도 한다. 평파열음화, 비음동화, 유음화, /ㄹ/의 비음화, 구개음화, 경음화(된소리되기), 조음 위치 동화, /ㅣ/ 모음 역행 동화 등이 있다(소리의 성질에 따라 비음화/유음화로 나뉨, 소리의 방향에 따라 순행동화/역행동화 등으로 나뉨, 동화의 정도에 따라 완전동화/불완전동화로 나뉨).

1. 평파열음화

평파열음화는 특정 자음이 어말에서 단독으로 발음되거나 자음으로 시작되는 낱말 앞에 놓이는 경우에 어두에 위치할 때와는 달리 그 대립을 잃는 음운 현상이다.

① /낚시/ [낙씨]: 단어의 끝소리 자리나 다른 자음 앞에 놓인 /ㄲ/, /ㅋ/이 /ㄱ/으로 바뀌는 현상
② /꽃/ [꼳]: /ㅌ, ㅅ, ㅆ, ㅈ, ㅊ, ㅎ/이 음절말 위치에서 /ㄷ/으로 바뀌는 현상
③ /앞/ [압]: /ㅍ/이 [ㅂ]으로 바뀌는 현상
④ /낳+는/ [난는]: /ㅎ/은 용언의 어간 끝 자음으로만 나타나는데, 최종적으로 [ㄴ]으로 실현됨

2. 비음동화

비음동화는 변동의 대상이 되는 소리는 장애음, 음성 환경은 비음 앞, 그리고 변동의 결과도 비음이다. 즉, 비음 앞에서 비음 아닌 장애음이 비음으로 바뀌는 현상이다.

① /국+만/ [궁만]: /ㄱ, ㄲ, ㅋ, ㄳ, ㄺ/이 /ㄴ, ㅁ/과 만나면 [ㅇ]으로 바뀌는 현상
② /꽃#망울/ [꼰망울]: /ㄷ, ㅌ, ㅅ, ㅈ, ㅊ, ㅎ/이 /ㄴ, ㅁ/과 만나면 [ㄴ]으로 바뀌는 현상
③ /값+만/ [감만]: /ㅂ, ㅍ, ㄼ, ㄿ, ㅄ/이 /ㄴ, ㅁ/과 만나면 [ㅁ]으로 바뀌는 현상

3. 유음화

일정한 음운론적 환경에서 'ㄴ'이 유음 'ㄹ'의 영향 때문에 유음 'ㄹ'로 동화되는 음운 현상을 말한다. 그러나 한자어에서는 '신라[실라], 난로[날:로], 대관령[대:괄령], 찰나[찰라]' 등과 같이 유음화가 실현되는 경우가 있는가 하면 '의견란[의견난], 임진란[임:진난], 생산량[생산냥]' 등과 같이 유음화가 실현되지 않는 경우도 있다.

> **순행적 유음화(/ㄹ + ㄴ/ → [ㄹㄹ])**
> ① /물#난리/ [물랄리]
> ② /실내/ [실래]
>
> **역행적 유음화(/ㄴ + ㄹ/ → [ㄹㄹ])**
> ① /권력/ [궐력]
> ② /신라/ [실라]

4. /ㄹ/의 비음화

유음인 /ㄹ/로부터 [유음성]을 제거하는 현상이다.

> ① /종로/ [종노]
> ② /박람회/ [방남회]
> ③ /확률/ [확뉼 → 황뉼]
> ④ /결단력/ [결딴녁] → ㄹ과 ㄴ이 만났지만, 유음화가 아닌 비음화로 발음된다.

5. 구개음화

한국어의 음절말 자음 /ㄷ, ㅌ/이 /ㅣ/ 모음 앞에서 /ㅈ, ㅊ/으로 바뀌는 현상을 말한다. 그러나 '견디다, 잔디, 느티나무' 등의 'ㄷ, ㅌ'은 아래와 같은 환경일지라도 바뀌지 않는다. 왜냐하면 이들은 구개음화 현상이 작용할 당시에 '견듸다'처럼 /ㄷ, ㅌ/과 /ㅣ/ 모음 사이에 다른 모음이 끼어 있어 구개음화가 적용되는 조건이 아니었다는 추측이 있기 때문이다.

> ① /굳+이/ [구지]
> ② /같+이/ [가치]
> ③ /같+히+고/ [가티고 → 가치고]

6. 경음화(된소리되기)

경음화(된소리되기)란 경음(된소리)이 아닌 소리가 경음으로 바뀌는 것이다. 다음과 같은 환경에서 경음화가 일어난다. 자음 [ㄱ], [ㄷ], [ㅂ] 뒤에서 평장애음 /ㄱ, ㄷ, ㅂ, ㅅ, ㅈ/이 된소리로 바뀐다.

> ① /국#밥/ [국빱]: 받침 /ㄱ, ㄷ, ㅂ/ 뒤의 /ㄱ, ㄷ, ㅂ, ㅅ, ㅈ/
> ② /넓+다/ [널따]: 어간 받침 'ㄼ, ㄾ' 뒤의 /ㄱ, ㄷ, ㅅ, ㅈ/
> ③ /앉+고/ [안꼬]: 어간 받침 /ㄴ, ㅁ/ 뒤의 /ㄱ, ㄷ, ㅅ, ㅈ/
> ④ /갈등/ [갈뜽]: 한자어에서 받침 /ㄹ/ 뒤의 /ㄷ, ㅅ, ㅈ/
> ⑤ /어릴 적에/ [어릴쩌게]: 관형사형 어미 '-(으)ㄹ' 뒤의 /ㄱ, ㄷ, ㅂ, ㅅ, ㅈ/

축약

한국어의 음운에 있어 하나로 합치거나 두 음절이 한 음절로 줄어드는 현상을 말한다. 한국어에서 'ㄱ, ㄷ, ㅂ, ㅈ'과 'ㅎ'이 만나면 이 두 자음은 하나로 줄어들어 'ㅋ, ㅌ, ㅍ, ㅊ'이 된다. 이것은 'ㄱ, ㄷ, ㅂ, ㅈ'과 'ㅎ'이 지닌 특성이 합쳐져 유기화(有氣化)되는 것으로 대표적인 자음 축약 현상이다.

안ㅎ+밖 → [안팍]	좋+다 → [조타]	먹+히다 → [머키다]	좋+지 → [조치]

1. 반모음화

모음끼리 만날 때도 축약 현상이 발생한다. '사이→ 새', '아이→ 애', '보이다→ 뵈다', '누이다→ 뉘다'에서 각각 'ㅏ+ㅣ → ㅐ', 'ㅗ+ㅣ → ㅚ', 'ㅜ+ㅣ → ㅟ'로 축약되는 것을 볼 수 있다. 이때 'ㅐ, ㅚ, ㅟ'는 축약된 두 모음의 자질의 일부를 공유한다. 모음끼리 만날 때는 이렇게 두 모음의 중간적인 위치의 단모음으로 줄어들기도 하지만 'ㅣ'나 'ㅗ, ㅜ'가 반모음 [j]나 [w]로 바뀌어 두 모음을 이중모음으로 바꾸기도 한다.

오+아라 → 와라	주+어라 → 줘라	가시+었다 → 가셨다

또한 두 모음이 하나로 축약될 때는 그 길이만큼 보상(補償)하기 위한 보상적 장음화가 동반된다.

보+아라 → 봐라[봐ː라]

모음 축약의 경우, 두 모음이 이중모음화되는 현상만 나타나고 단모음화 현상은 찾아볼 수 없다. 현대국어에서는 단모음인 'ㅐ'가 당시에는 이중모음이었기 때문이다. 역사적인 음운 변화로서의 축약 현상으로는 어중의 자음 요소가 탈락되어 두 모음이 충돌하게 되므로 이를 회피하기 위하여 일어난 '막다히 → 막다이 → 막대', '가히 → 가이 → 개'와 같은 예를 들 수 있다. 이렇게 본다면, 모음 축약은 두 모음의 충돌로써 발음이 어려워지는 것을 막기 위하여 일어나는 일종의 모음 충돌 회피 현상이다.

2. 격음화(유기음화, 거센소리되기)

격음화는 무기음 /ㄱ, ㄷ, ㅂ, ㅈ/ 등이 앞뒤의 /ㅎ/을 만나서 /ㅋ, ㅌ, ㅍ, ㅊ/ 등의 격음이 되는 현상이며, 외래어에서도 유기음화가 일어난다.

(1) 현대국어에서는 'ㅎ' 받침의 명사가 사라졌으므로, 이 현상은 'ㅎ'으로 끝나는 어간이나 접미사 '-하다'를 취하는 어간이 'ㄱ, ㄷ, ㅈ'으로 시작하는 어미와 결합할 때 일어난다.

훌짝훌짝[훌짜쿨짝]	솔직히[솔찌키]	좋고[조코, 좋+고]	좋지[조치, 좋+지]

(2) 그러나 중세국어 시기에는 곡용(曲用)에서도 이 현상이 있었다.

하콰[하+과]	하토[하+도]

(3) 중세국어 이전에는 'ㄱ, ㄷ, ㅂ, ㅈ'과 'ㅎ'이 통합할 때도 나타났다.

자피다[집執+히+다]	가티다[갇囚+히+다]	마키다[막防+히+다]

(4) 유기음화에는 순행적 유기음화와 역행적 유기음화가 있다. 순행적 유기음화는 'ㅎ' 뒤에 평장애음이 연결될 때, 역행적 유기음화는 평장애음 뒤에 'ㅎ'이 연결될 때 일어난다.

① 순행적 유기음화

입력	출력	환경	조건
ㅎ + ㄱ, ㄷ, ㅈ	ㅋ, ㅌ, ㅊ	모음과 모음 사이	없음

순행적 유기음화는 'ㅎ' 용언, 'ㄶ' 용언, 'ㅀ' 용언에 'ㄱ' 어미, 'ㄷ' 어미, 'ㅈ' 어미가 연결될 때 일어난다. 'ㅂ' 어미는 없기 때문에 'ㅎ+ㅂ'과 같은 연결에서 순행적 유기음화가 일어나는 일은 없다.

ㅎ용언: 놓고 → [노코]	놓던 → [노턴]	놓지 → [노치]
ㄶ용언: 않고 → [안코]	않던 → [안턴]	않지 → [안치]
ㅀ용언: 앓고 → [알코]	앓던 → [알턴]	앓지 → [알치]

② 역행적 유기음화

입력	출력	환경	조건
ㄱ, ㄷ, ㅂ + ㅎ	ㅋ, ㅌ, ㅍ	모음과 모음 사이	없음

㉠ 체언과 조사가 연결될 때의 역행적 유기음

유기음화만 발생	떡하고 → [떠카고] 가족한테 → [가조칸테]	밥하고 → [바파고] 간첩한테 → [간처판테]
평폐쇄음화 다음에 유기음화 발생	옷하고 → 온하고 → [오타고] 꽃하고 → 꼳하고 → [꼬타고]	빛하고 → 빋하고 → [비타고]
자음군 단순화 다음에 유기음화 발생	몫하고 → 목하고 → [모카고] 값하고 → 갑하고 → [가파고]	닭한테 → 닥한테 → [다칸테]

㉡ 그 밖의 역행적 유기음화 예

파생어와 합성어 형성	짝힘 → [짜킴] 겉흙 → 걷흙 → [거특] 첫해 → 천해 → [처태] 착하다 → [차카다] 똑똑하다 → [똑또카다] 답답하다 → [답따파다] 깨끗하다 → 깨끋하다 → [깨끄타다]
단어와 단어의 연결	잿빛 하늘 → 재삗하늘 → [재삐타늘] 집 한 채 → [지판채] 딱 하루만 → [따카루만]
한자어	국화 → [구콰] 집행 → [지팽] 양극화 → [양ː그콰]

축약은 말의 일부를 줄임으로써 발음의 노력과 시간을 절약하기 위한 현상으로 보인다. 축약 현상은 15세기 국어에서도 현대국어와 다름없이 일어났다. 다만 축약이 직접 표기에 반영된 점이 다르다.

곧ᄒᆞ다 → ᄀᆞᄐᆞ다(같다)　　　　　　　　둏거늘 → 됴커늘(좋거늘)

✖ 탈락

음운 변동의 결과로 원래 있던 한 음소가 없어지는 것을 말하는데 '삭제'라고도 한다. /ㄹ/ 탈락, /ㅎ/ 탈락, 자음군 단순화, 어간 끝 모음 /ㅡ/ 탈락, 어미 첫 모음 /ㅡ/ 탈락, /ㅣ/ 탈락, 반모음 /ǐ/ 탈락 등이 있다.

1. 자음군 단순화

자음군 단순화는 음절말에 겹받침(ㄳ, ㄵ, ㄼ, ㄺ, ㄾ, ㅄ 등)이 올 때, 하나의 자음만 발음되고 나머지 하나는 탈락하는 음운 현상이다. 이러한 현상은 음절 구조 제약 중 '종성에 올 수 있는 자음의 수는 1개이다, 종성은 7자음(ㄱ, ㄴ, ㄷ, ㄹ, ㅁ, ㅂ, ㅇ)만 올 수 있다' 이 두 가지에 따라 일어난 것이다.

---

① 체언의 겹받침 중에서 'ㄳ, ㄼ, ㄺ, ㅄ'은 앞 자음이 남고 뒤 자음이 탈락하며, 'ㄺ'은 반대로 앞 자음이 탈락한다.
　예 /몫/ → [목], /여덟/ → [여덜], /닭/ → [닥]
② 용언의 겹받침 중 'ㄵ, ㄶ, ㄾ, ㅀ, ㅄ'은 앞 자음이 남고 뒤 자음이 탈락하며 'ㄶ, ㅀ'은 뒤 자음이 축약되기도 한다. 한편, 'ㄺ, ㄼ'은 반대의 경우이다.
　예 /앉+고/ → [안꼬], /핥+는/ → [할른], /많+다/ → [만타], /닮+는/ → [담는]
③ 'ㄺ'은 후행 자음이 'ㄱ'이면 'ㄹ'이 남고, 이외의 자음이면 'ㄱ'이 남는다. 'ㄼ'은 주로 'ㄹ'이 남지만 '밟-' 뒤에 자음이 오면 'ㅂ'이 남는다.
　예 /맑+고/ → [말꼬], /맑+지/ → [막찌], /밟+다/ → [밥:따]

---

2. /ㄹ/ 탈락

'ㄹ' 탈락은 용언의 어간이 'ㄹ'로 끝나고 그 뒤에 어미 '-ㄴ, -네, -ㅂ니다, -시-, -세요, -오' 등이 올 때 'ㄹ'이 탈락하는 현상이다.

〈알다〉
① 알면 잘 좀 해. / 알- + -면
② 잘 알고 나서 말해. / 알- + -고
③ 이 사실 미리 안 사람 있어? / 알- + -ㄴ → 아- + -ㄴ
④ 잘 아네. / 알- + -네 → 아- + -네
⑤ 잘 압니다. / 알- + -ㅂ니다 → 아- + -ㅂ니다

---

⑥ 선생님, 저 아시지요? / 알- + -시- → 아- + -시-
⑦ 선생님, 저 아세요? / 알- + -세요 → 아- + -세요
⑧ 그 문제는 나도 잘 아오. / 알- + -오 → 아- + -오

〈길다〉
① 머리가 길면 좀 잘라. / 길- + -면
② 나도 길고 너도 길다. / 길- + -고
③ 머리 긴 사람? / 길- + -ㄴ → 가- + -ㄴ
④ 줄이 참 기네. / 길- + -네 → 가- + -네
⑤ 하루가 아주 깁니다. / 길- + -ㅂ니다 → 기- + -ㅂ니다
⑥ 왜 이리 머리가 기신지 모르겠네요. / 길- + -시- → 기- + -시-
⑦ 다리가 너무 기세요. / 길- + -세요 → 기- + -세요
⑧ 기다림이 너무 기오. / 길- + -오 → 가- + -오

'알다, 길다'의 예문 ①~②를 보면 어간이 'ㄹ'로 끝나고 그 뒤에 '-면, -고' 등이 올 때는 그 모양이 변하지 않았다. 하지만 ③~⑧의 예문처럼 '-ㄴ, -네, -ㅂ니다, -시-, -세요, -오' 등이 올 때는 'ㄹ'이 탈락되었다는 것을 알 수 있다. 'ㄹ' 탈락 규칙 용언에는 '살다, 울다, 놀다, 불다, 갈다, 멀다, 달다, 둥글다, 어질다' 등이 있다.

3. 어간 끝 모음 /ㅡ/ 탈락

어간 끝 모음 /ㅡ/는 모음으로 시작하는 어미 앞에서 탈락한다.

① /끄- + -어서/ [꺼서]
② /쓰- + -었- + -고/ [썼고]

4. 어미 첫 모음 /ㅡ/ 탈락

모음이나 /ㄹ/로 끝난 어간 뒤에서 어미 첫 모음 /ㅡ/가 탈락한다.

① /끄- + -으면/ [끄면]
② /만들- + -을수록/ [만들수록] → /ㅡ/가 탈락한 후 /ㄹ/도 탈락한다.
③ /나무 + -으로/ [나무로]

✖ 첨가

원래 없던 소리가 덧나는 현상을 말하는데 '삽입'이라고도 한다.

1. /ㄴ/ 첨가

① /꽃#잎/ [꼰닙]
② /물#약/ [물냑 → 물략]
③ /나쁜 일/ [나쁜닐]
④ /소독#약/ [소동냑]
⑤ /잇몸(이#몸)/ [읻몸 → 인몸]
⑥ /검열/ [검ː녈/거ː멸]

✖ 유성음화

무성음이 유성음 사이에서 유성음으로 발음되는 현상을 말한다. 현대국어 자음에서 유성음과 무성음의 음운론적 대립은 거의 무의미한데, 이는 한국어 화자가 무성음과 유성음을 구분하여 인식하지 못한다는 것을 뜻한다. 무성음 /ㄱ, ㄷ, ㅂ, ㅈ/는 각각 [k], [t], [p], [ʨ]로 실현되지만 다음과 같이 무성음과 무성음 사이에 놓이는 상황에서는 [g], [d], [b], [dz]의 유성음으로 실현된다.

1. 모음 + 무성음 /ㄱ, ㄷ, ㅂ, ㅈ/ + 모음 환경

가게[kage]: ㄱ + ㅏ + ㄱ + ㅔ
바보[pabo]: ㅂ + ㅏ + ㅂ + ㅗ

한국어 화자는 '가게'에서 두 'ㄱ'을 같은 소리로 인식한다. 하지만 무성음으로 실현되는 '가'의 'ㄱ'과 달리 모음 사이에 놓이는 '게'의 'ㄱ'은 유성음으로, 즉 서로 다른 소리로 실현된다. 이처럼 무성음은 모음과 모음 사이에서 유성음으로 소리가 나며 이와 같은 현상을 유성음화라고 한다.

2. 유성음 /ㄴ, ㄹ, ㅁ, ㅇ/ + 무성음 /ㄱ, ㄷ, ㅂ, ㅈ/ + 모음 환경

얼굴[ʌrgul]: ㅇ + ㅓ + ㄹ + ㄱ + ㅜ + ㄹ
감동[kamdoŋ]: ㄱ + ㅏ + ㅁ + ㄷ + ㅗ + ㅇ

한국어의 폐쇄음 'ㄱ, ㄷ, ㅂ'과 파찰음 'ㅈ'이 유성음 사이에서 유성음 [g, d, b]로 바뀌는 현상이다. 예를 들어 '감기'의 두 번째 음절의 'ㄱ'은 유성음 'ㅁ'과 유성음 'ㅣ' 사이에 놓이면 유성음화되어 [g]로 소리 난다.

✖ 음절 구조 제약

한국어를 비롯한 모든 언어에는 '음절 구조 제약'이 있어서 음소들이 연결되어 음절과 낱말을 이루게 될 때 일부 음소가 음절의 특정 위치에 나타나지 못하기도 하고, 특정한 음소의 배열이 허용되지 않기도 한다. 음절 구조 제약은 초성, 중성, 종성과 관련된 제약이다. 음절과 음절이 연결되어 음소 연결 제약에 위배되는 음소의 배열이 생기면 이를 시정하기 위한 음운 현상이 일어난다. 음절 구조에 대한 정보를 언급해야만 그 제약을 제대로 설명할 수 있다면 음절 구조 제약에 포함된다. 음절 구조 제약은 세 가지로 나누어 살펴볼 수 있다.

> ① 음절 성분과 음절의 관계에 관한 것
> - 모든 음절은 중성을 반드시 하나만 가져야 한다.
> - 모든 음절은 초성과 종성을 하나만 가져도 좋고 가지지 않아도 좋다.
>
> ② 분절음과 음절 성분의 관계에 관한 것
> - 자음 /ㅇ[ŋ]/은 초성 자리에 쓰일 수 없고, 종성으로만 쓰일 수 있다.
> - 초성은 18자음(ㄱ, ㄴ, ㄷ, ㄹ, ㅁ, ㅂ, ㅅ, ㅈ, ㅊ, ㅋ, ㅌ, ㅍ, ㅎ, ㄲ, ㄸ, ㅃ, ㅆ, ㅉ) 중 하나여야 한다 (2개는 올 수 없음).
> - 중성은 단순모음이나 이중모음 중 하나여야 한다.
> - 종성은 7자음(ㄱ, ㄴ, ㄷ, ㄹ, ㅁ, ㅂ, ㅇ)만 올 수 있다. 즉, 종성 자리에 오는 모든 자음이 불파음으로 실현되어야 한다(7종성법).
>
> ③ 분절음과 분절음의 연결에 관한 것
> - 초성에 자음이 올 경우 이중모음 /ㅢ/가 올 수 없다. (예 무늬[무니])
> - 경구개 자음 /ㅈ, ㅉ, ㅊ/ 뒤에는 j계 이중모음 /ㅑ, ㅕ, ㅛ, ㅠ, ㅖ, ㅒ/가 올 수 없다.

✖ 음절 배열 제약

음절과 음절 사이의 결합에 대한 제약은 음절 배열 제약으로 나타낸다. 가령 'CVC' 또는 'VC'와 같이 자음으로 끝나는 음절은 모음으로 시작하는 음절과 결합할 수 없다. 이것은 언어 보편적인 현상으로 모음 사이에 놓인 자음은 대부분 후행 음절의 초성이 되어야 하므로 자음으로 끝난 음절과 모음으로 시작하는 음절의 결합은 제약된다. 그러나 이 제약을 제외하면 음절형과 음절형의 배열에 대한 제약은 찾아보기 어렵다. 오히려 일반적인 음절 배열 제약은 음절과 음절이 만나는 위치에 대해 제한한다. 특히 자음으로 끝나는 음절과 자음으로 시작하는 음절 사이의 배열에 대한 제약이 많다. 그래서 음절 배열 제약은 두 음절 사이의 접점, 즉 선행 음절 종성과 후행 음절 초성의 배열에 대한 제약으로 볼 수 있다. 음절 배열 제약 역시 음절에 대한 정보가 반드시 있어야 한다.

1. 비음 앞에는 장애음이 올 수 없다.

> 국 + 민 → [궁민]   업 + 무 → [엄무]   듣 + 는 → [든는]   얻 + 는 → [언는]

2. 'ㄹ' 앞에 올 수 있는 자음은 'ㄹ' 밖에 없다.

> 권 + 력 → [궐력]   음운 + 론 → [으문논]   능 + 력 → [능녁]   독 + 립 → [독닙] → [동닙]

✤ 중화

별개인 두 개 이상의 음소가 어떤 음운적 환경에서 대립성을 잃고 동일한 음소로 나타나는 현상을 말한다. 한국어에서 중화 현상은 장애음이 종성으로 사용될 때 같은 조음 위치의 이완 파열음(비파열음, 내파음)으로 중화되어 /ㄱ, ㄴ, ㄷ, ㄹ, ㅁ, ㅂ, ㅇ/의 7개 자음으로 중화되는 것을 말한다. 그리고 받침에서 나는 모든 음은 어두(초성)에서 실현되는 음과는 달리 파열되지 않는 음이다. '밥'이라는 단어에서 어두의 이완 파열음 'ㅂ'과 어말의 파열음 'ㅂ'은 철자상으로는 같지만 소리 면에서는 분명히 다르다.

양순음 /ㅂ, ㅍ/은 종성의 자리에서 /ㅂ/으로 실현되고, 치조음 /ㄷ, ㅌ, ㅅ, ㅆ/과 경구개음 /ㅈ, ㅊ/은 /ㄷ/으로, 그리고 연구개음 /ㄱ, ㅋ, ㄲ/은 /ㄱ/으로 실현된다. /ㅎ/은 성문음이지만 어말이나 /ㄴ/ 앞에서 /ㄷ/으로 중화된다.

> ① /ㅂ, ㅍ/ → /ㅂ/: 밥[밥], 옆[엽], 앞집[압찝]
>   ※ 'ㅃ'이 음절말 자음으로 된 단어는 없다.
> ② /ㄷ, ㅌ, ㅅ, ㅆ, ㅈ, ㅊ/ → /ㄷ/: 곧[곧], 밭[받], 여섯[여섣], 갔고[갇꼬], 낮[낟], 빛[빋]
> ③ /ㄱ, ㅋ, ㄲ/ → /ㄱ/: 국[국], 부엌[부억], 밖[박]
> ④ /ㅎ/ → /ㄷ/: 히읗[히읃], 낳는다[낟는다 → 난는다]

✤ 예사소리(평음)

평음이라고도 하며, 평음에는 /ㄱ, ㄷ, ㅂ, ㅅ, ㅈ/이 있다. 조음 시 성문에서 공기의 압축이 없을 때 나는 소리이다.

✤ 거센소리(격음)

격음이라고도 하며, 거센소리에는 /ㅋ, ㅌ, ㅍ, ㅊ/이 있다. 공기를 압축한 후 강하게 방출하면서 조음하는 소리이다.

✤ 된소리(경음)

경음이라고도 하며, 된소리에는 /ㄲ, ㄸ, ㅃ, ㅆ, ㅉ/이 있다. 한국어 자음의 안울림소리는 소리의 세기에 따라 예사소리·된소리·거센소리로 나뉜다. 된소리는 목에 힘을 주어 목 안의 압력을 높인 뒤 /ㄱ, ㄷ, ㅂ, ㅅ, ㅈ/을 발음할 때 이 소리들이 터지면서 나는 소리이다. 된소리는 예사소리보다 더 센 느낌을 준다. '붕붕-뿡뿡, 생글생글-쌩글쌩글' 등에서 예사소리와 된소리의 차이를 알 수 있다.

✖ 부정극어

부정극어란 문장 내에서 부정소와 호응을 이루는 어휘를 말한다. 즉, 부정문과 함께 쓰이는 부사어라고 할 수 있다. 이때 부정소에는 부정 부사 '안(아니), 못', 부정 용언 '아니다, 아니하다(않다), 못하다, 말다' 등이 있고, 부정극어로는 '결코, 조금도, 전혀, 차마, 미처, 좀처럼, 추호도, 절대로, 아무도, 별로, 도저히' 등이 있다.

✖ 부정문

부정문은 부정 부사 '안(아니), 못'을 쓰거나 부정 용언 '아니다, 아니하다(않다), 못하다, 말다'를 써서 만든 문장이다.

	단형 부정	장형 부정	의미
'안' 부정	안	-지 아니하다(동사, 형용사)	단순 부정, 의지 부정
'못' 부정	못	-지 못하다(동사)	능력 부정
'말다' 부정	X	-지 마/마라, -지 말자	금지

① 통사적 부정
긍정문에서 부정 부사 및 부정의 보조 용언 구성 등을 사용하여 긍정문을 부정문으로 바꾼다.
예 철수가 밥을 안 먹는다. / 철수가 밥을 먹지 못한다.

② 어휘적 부정
긍정문에서의 서술어를 사용하지 않고 '없다, 모르다' 등 특수 어휘에 의해 부정문으로 바꾼다.
예 지우가 돈이 없다.

1. '안' 부정문(의지 부정)

종류	단형 부정	안(아니)
	장형 부정	어간 + -지 않다, 아니하다
	단순 부정	객관적 상황에 대한 부정
	의지 부정	화자가 의도적으로 행위 하지 않음
제약	• 서술격조사 '체언+이다'의 부정의 경우 '체언+아니다' • '휘감다, 빗나가다, 얄밉다, 기웃거리다, 깜박이다, 과분하다' 등과 같은 파생어와 '앞서다, 오가다, 굶주리다' 등과 같은 합성어일 때 단형 부정문은 대부분 성립하지 않음 • 평서문, 의문문에만 쓰임	

2. '못' 부정문(능력 부정)

종류	단형 부정	못
	장형 부정	어간 + -지 못하다
제약	• '못'이나 '못하다'는 서술어가 동사일 때 쓰이는 것이 원칙임 • '체언+하다'로 된 용언은 장형 부정문만 성립됨 • 평서문, 의문문에만 쓰임	

3. '말다' 부정문

종류	어간 + -지 말다, 마/마라, 말자
제약	• 명령문, 청유문의 부정에서만 사용 • '바라다, 희망하다, 원하다, 기대하다' 등 바람이나 희망을 나타내는 동사가 서술어이면 명령이나 청유가 아닌 경우에도 사용 가능

✖ 형태소

형태소는 뜻을 가진 가장 작은 말의 단위이다. 하나의 문장은 그 아래로 수많은 문법 단위들로 구성되어 있는데, 어휘적이든 문법적이든 의미를 전제하는 가장 작은 단위를 형태소라고 한다.

> ① 민재-가 사탕-을 먹-다.
> ② 영희-는 시계-를 사-다.

위의 예문은 설명의 편의상 문장을 형태소로 나누어 놓은 것이다. 각각의 형태소에는 일정한 의미가 있다. '민재, 영희, 사탕, 시계, 먹-, 사-'에는 어휘적인 의미가 있고 '-가, -는, -을, -를, -다'는 문법적인 의미가 있다. 만약 '민재'나 '영희'를 '민 + 재', '영 + 희'로 나눈다면 음소의 형태를 갖긴 하지만, 어휘적으로든 문법적으로든 의미를 잃어버리게 된다. 이처럼 더 나누게 되면 의미를 잃어버리는 언어 단위를 형태소라고 한다.

✖ 형태소의 종류

계열 관계와 결합 관계에 따라 분석된 형태소는 두 가지 기준에 따라 세분화될 수 있다. 자립성의 유무에 따라 자립형태소와 의존형태소로, 의미의 허실(虛實)에 따라 실질형태소와 형식형태소로 구분할 수 있다.

> ① 사람   이   밥을 먹   다.
> ② 사람 만 이 쌀 밥을 먹 었 다.

1. 자립형태소: 다른 형태소의 도움을 받지 않고 자유롭게 단어 형성에 참여할 수 있는 형태소이다. 위 예문의 '사람, 쌀, 밥'이 이에 해당한다.
2. 의존형태소: 그 자체로 자립성이 없고 다른 형태소에 의존해야만 쓰일 수 있는 형태소이다. 위 예문의 '만, 이, 을, 먹-, -었-, -다'가 이에 해당한다.
3. 실질형태소: 구체적인 대상이나 동작, 상태와 같은 어휘적 의미를 표시하는 형태소이다. 모든 자립형태소는 실질형태소에 해당하며 의존형태소 중 용언의 어간 또한 실질형태소에 해당한다. 위 예문의 '사람, 쌀, 밥, 먹-'이 이에 해당한다.
4. 형식형태소: 실질형태소에 붙어, 주로 말과 말 사이의 기능을 형식적으로 표시하는 형태소이다. 각종 조사, 어미, 접사 등이 형식형태소에 해당되며 문법형태소라고도 한다. 위 예문의 '만, 이, 을, -었-, -다'가 이에 해당한다. 형식형태소에는 조어(실질형태소에 다른 실질형태소나 여러 가지 접사를 결합하여 새로운 단어를 만드는 일)적 기능을 띤 접사도 포함시킬 수 있다.

✖ 접사의 형태소 분류

접사는 의존형태소이면서 형식형태소이다. 접사는 체언과 용언에 붙어 사용되는데, 접사가 붙어 하나의 단어가 되더라도 형태소 분석을 할 때는 최소 단위로 나누어 구분을 해야 한다.

① 덧신(명사): 덧-(접두사) + 신(명사)
② 날고기(명사): 날-(접두사) + 고기(명사)
③ 선생님(명사): 선생(명사) + -님(접미사)
④ 사냥꾼(명사): 사냥(명사) + -꾼(접미사)
⑤ 사랑하다(동사): 사랑(명사) + -하다(접미사)
⑥ 망령되다(형용사): 망령(명사) + -되다(접미사)
⑦ 새까맣다(형용사): 새-(접두사) + 까맣-(어근) + -다(어미) / 새까맣-(어간) + -다(어미)
⑧ 웃기다(동사): 웃-(어근) + -기-(접미사) + -다(어미) / 웃기-(어간) + -다(어미)

위의 예문에서 접사는 '덧-, 날-, -님, -꾼, -하다, -되다, 새-, -기-'가 쓰였다. 그중 ⑤~⑥의 예문을 보면 '-하다'와 '-되다'라는 접미사가 쓰였는데, '-하다'와 '-되다'를 접미사가 아닌 동사로 생각해서 형태소 구분을 어떻게 해야 할지 혼동을 하는 경우가 있다. 이는 '사랑하다'의 경우 '사랑'을 [자립형태소-실질형태소], '하-'를 [의존형태소-실질형태소], '-다'를 [의존형태소-형식형태소]로 구분하기 때문이다. 그런데 '-하다'는 동사가 아닌 접미사로 쓰였으므로 '-하다' 자체가 [의존형태소-형식형태소]가 된다.

✖ 이형태

형태소는 놓이는 환경에 따라 모습을 달리할 때 그것을 각각 '형태(morph)'라 하고, 한 형태소의 교체형들을 그 형태소의 '이형태'라고 한다. '흙'은 '흙이, 흙으로'에서는 [흘]로 발음되지만, '흙도, 흙바람'에서는 [흑]으로 발음되며, '흙만으로, 흙먼지' 등에서는 [흥]으로 발음된다.

✖ 음운론적 이형태

음운론적 이형태는 앞뒤의 음성 환경에 따라 그 이형태가 결정되는 유형이다.

① '이/가'의 결합
　수박이 크다. / *수박가 크다. → 자음 + '이'
　복숭아가 달다. / *복숭아이 달다. → 모음 + '가'
② '을/를'의 결합
　수박을 사다. / *수박를 사다. → 자음 + '을'
　복숭아를 먹다. / *복숭아을 먹다. → 모음 + '를'

음운론적 이형태 관계에 있는 형태소들은 상호 배타적인 관계에 있기 때문에 동일 환경 내에서 이형태 간의 상호 교체는 허용되지 않는다. 즉, 반드시 자음 뒤에는 '이'와 '을'이, 모음 뒤에는 '가'와 '를'이 결합해야 한다.

✖ 형태론적 이형태

형태론적 이형태는 이형태의 교체를 음운론적으로 설명할 수 없는 경우로 특정한 형태소 앞에서만 일어나는 변이형태이다. 즉, 음운론적 이형태 관계에 있는 명령형 어미 '-아/어라'는 그 앞에 오는 특정한 형태에 따라 그 모습이 달라진다.

> ① 하- + -여라
> ② 가- + -거라
> ③ 오- + -너라

위의 예처럼 명령형 어미 '-아/어라, -거라, -너라'가 선택되는 조건은 선행하는 음운과는 아무런 관련이 없다. 어간이 모두 모음이라는 동일한 환경에서 끝났음에도 자음과 모음이 모두 쓰인 것을 볼 수 있다. 따라서 이들 명령형 어미가 선택되는 조건은 '하-, 가-, 오-'라는 용언 어간의 형태에 의한 것이라고 설명할 수 있다.

✖ 음성 상징어

특정한 소리와 특정한 의미가 밀접하게 관련된 말을 음성 상징어라고 한다. 음성 상징어에는 소리를 흉내 내는 말인 의성어와 모양을 흉내내는 말인 의태어가 있다. 같은 의미를 나타내는 음성 상징어도 자음과 모음의 교체에 따라서 어감이 달라질 수 있다. '깡충깡충'은 경쾌하고 보폭이 짧은 느낌을 주고 '껑충껑충'은 무겁고 보폭이 긴 느낌을 준다. '방실방실' 웃는 아이와 '빵실빵실' 웃는 아이의 모습에서는 기본적인 뜻은 같지만 '방실방실'보다 '빵실빵실'이 더 센 느낌을 준다.

✖ 의성어

의성어는 사람이나 동물, 사물의 소리를 흉내 낸 말이다. 예를 들어, 개가 짖는 소리를 '왈왈, 멍멍'이라고 하거나 물건이 떨어지는 소리를 '와장창, 우당탕'이라고 하는 것 등이 모두 의성어이다.

✖ 의태어

의태어는 사람이나 동물, 사물의 모양이나 움직임을 흉내낸 말이다. 예를 들어, '느릿느릿, 울긋불긋, 사뿐사뿐'은 모두 의태어이다.

✖ 단일어

형태소 하나로 이루어진 단어를 말한다. '눈, 코' 또는 '어느, 무슨' 등이 대표적인 단일어이다. 그리고 '춥다, 넓다' 등은 비록 두 형태소로 이루어져 있지만 조어법을 문제 삼을 때에는 어미는 빼고 어간만을 대상으로 하기 때문에 그 어간이 형태소 하나로 이루어진 용언들도 단일어에 속한다.

✖ 복합어

단어의 형성 방법 중 합성어와 파생어를 함께 이르는 말이다. 단어의 형성 방법에는 하나의 어근만으로 이루어진 단일어, 두 개 이상의 어근이 결합하여 이루어진 합성어, 어근과 접사의 결합으로 이루어진 파생어가 있다. 이들 중 단일어를 제외하고 합성어와 파생어를 복합어라고 한다. 그리고 복합어가 생성되는 원리는 다음과 같다.

1. 환유(Metonymy): 환유는 어떤 사물 또는 관념을, 그것의 속성과 밀접한 관계가 있는 다른 사물 또는 관념을 빌려서 표현하는 것이 특징이다. '하이힐'이라고 하면 '숙녀'를 말하고, '넥타이 부대'라고 하면 '사무직원'을 표현하는 것은 모두 환유에 해당한다. 이러한 표현은 직접적이며 구체적인 현실적 효과를 불러일으키기 때문에 일상생활에서도 흔히 볼 수 있다.
2. 유추(Analogy): 두 개의 사물이 몇몇 성질이나 관계를 공통으로 가지며, 또 한쪽의 사물이 어떤 성질 또는 관계를 가질 경우, 다른 사물도 그와 같은 성질 또는 관계를 가질 것이라고 추리하는 것에 해당한다.
3. 상징(Symbol): 상징은 매우 다의적인 개념인데, 극히 일반적으로 '비둘기'는 '평화', '왕관'은 '왕위'의 상징인 것처럼, 눈이나 귀 등으로 직접 지각할 수 없는 무언가(의미나 가치 등)를 어떤 유사성에 의해서 구상화하는 것(물건이나 동물의 형상 등)을 말한다.
4. 도상(Icon): 대상물을 그림으로 재현한 것이다. 영상은 대상물과의 유사성을 표현한다는 점에서 재현적인 도상이라 할 수 있다. 나무를 촬영한 화면은 바로 나무를 닮았다고 말할 수 있으며 이를 도상적 재현이라고 부를 수 있다.

✖ 합성어

두 개 이상의 어근의 결합으로 이루어진 단어이다. 합성어는 어근과 어근이 결합하는 방식에 따라 대등 합성어, 종속 합성어, 융합 합성어로 나뉜다.

1. 대등 합성어: 두 개의 어근이 대등한 연결 관계를 보이는 것

강산(江山)	손발	여닫다	암수

2. 종속 합성어: 어근이 다른 한쪽의 어근을 수식하는 경우

국어(國語)	손수건	가죽신	물걸레

3. 융합 합성어: 어근과 어근이 만나 합성어를 이룰 때 새로운 의미가 만들어지는 경우

> ① 춘추(春秋): 낱말의 본래 의미는 봄가을이지만 나이의 높임말로 사용됨
> ② 피땀: 피와 땀을 말하지만 노력을 의미하는 말로 의미가 새로이 바뀌어 사용됨
> ③ 밤낮: 밤과 낮을 말하지만 매일을 의미하는 말로 의미가 새로이 바뀌어 사용됨

✖ 파생어

어근에 접사가 붙어 형성된 단어이다. 파생어를 만드는 접사는 어근 앞에 붙는 접두사와 어근 뒤에 붙는 접미사로 나뉜다. 접두사는 뒤에 오는 어근의 뜻을 한정할 뿐 품사를 바꾸지 않지만, 접미사는 어근의 뜻을 한정할 뿐만 아니라 그 앞에 오는 어근의 품사를 바꾸는 경우도 많다.

1. 접두사에 의해 파생된 단어

맨손	날음식	치받다	새하얗다

(1) 접두사는 특정한 뜻을 더하거나 강조(한정적 접사)하면서 새로운 말을 만들어 낸다.
(2) 접두사는 일반적으로 품사를 바꾸지 않지만, 그중 극소수는 품사를 바꾸는 지배적 접사도 존재한다.
   예 메마르다, 강마르다 → 동사인 '마르다'를 형용사로 바꿈
      숫되다, 엇되다 → 동사인 '되다'를 형용사로 바꿈
(3) 접두사는 접미사에 비해 그 숫자가 상대적으로 적고, 명사·동사·형용사에만 결합한다.
(4) 접두사는 나름대로의 일정한 형태를 가지고 있으나 때로는 그 형태를 바꾸기도 한다.
   예 올- → 올벼 / 오조
      애- → 애호박 / 앳되다

2. 접미사에 의해 파생된 단어

멋쟁이	깨뜨리다	더욱이	넓이	먹이다

(1) 접미사는 문장의 문법 구조를 바꿀 수 있는 통사적 접사와 어근에 원래의 의미 이외에 다른 의미를 덧붙이는 어휘적 접사로 나눈다.
(2) 접미사는 접두사에 비해 종류와 그 분포에 있어서도 매우 다양하다. 접미사가 붙어서 파생어가 되는 품사의 유형은 명사·대명사·수사·동사·형용사·부사·조사 등 매우 다양하다.
(3) 접미사에 의한 파생어가 많을 때는 접미사의 원형을 밝혀 적고(생산적이고 규칙적 접미사), 그렇지 않은 경우 원형을 밝히지 않는다(비생산적이고 불규칙적 접미사).

✖ 접사

접사는 다른 어근이나 단어에 붙어 새로운 단어를 구성하는 부분을 가리킨다. 예컨대 '치솟다'에서 '-솟-'은 단어의 실질적인 의미를 나타내는 부분이고, '치-'와 '-다'는 어근에 붙어 그 의미를 드러내는 주변 부분인 접사에 해당한다. '치-'처럼 단어 파생에 기여하는 접사를 파생접사라고 하고, '-다'처럼 문법적 기능을 하는 어미를 굴절접사라고 한다.

✖ 통사적 합성어

어근의 배열 방식이 국어의 문장 구성 방식과 일치하는 경우를 말한다.

> ① 명사(형) + 명사: 논밭, 손목, 돌다리, 밤낮, 볶음밥, 소나무, 낮잠
> ② 용언의 관형어(관형사형) + 명사: 작은집, 빈집, 큰형, 날짐승, 작은아버지, 새언니, 어린이
> ③ 용언의 어간 + 어미 + 어간의 종결형: 들(어간)어(어미)가다(어간의 종결형), 찾(어간)아(어미)보다(어간의 종결형), 가려내다, 알아보다, 스며들다, 뛰어가다, 돌아가다 → 용언의 어간 뒤에 어미가 오는 것이 정상적인 배열임
> ④ 주어 + 서술어: 힘들다-힘이(주어) 들다(서술어) → 주술 구조에서 주격 조사 '이'가 생략됨
> 　손쉽다, 값나가다, 귀먹다, 낯설다, 빛나다, 맛있다 → 조사의 생략은 우리 국어 문법에서 인정함
> ⑤ 목적어 + 서술어(조사 생략): 본받다, 겁먹다, 떡볶이
> ⑥ 부사어 + 용언: 잘하다, 남다르다, 앞서다
> ⑦ 부사 + 부사: 좀 더
> ⑧ 두 개의 자립 형식의 결합: 먹자(동사 '먹다'의 청유형 활용) + 골목 → 먹자골목

✖ 비통사적 합성어

어근의 배열 방식이 국어의 문장 구성 방식과 일치하지 않는 경우를 말한다.

> ① 용언의 어간 + 명사: 늦더위, 늦잠, 묵밭, 꺾쇠, 늦봄, 누비옷, 먹거리, 덮밥
> ② 용언의 어간 + 용언: 굳세다('-고' 생략됨), 날뛰다, 검붉다, 여닫다, 굶주리다, 오르내리다
> ③ 부사 + 명사: 부슬비, 가랑비, 산들바람, 뾰족구두
> ※ '늦은 더위'가 정상적 배열이나 '늦-'과 같이 관형사형 어미 없이 바로 명사 앞에 놓이는 일은 없다. '늦은 잠', '검고 붉다'가 통사적 배열이다. 용언의 어간 뒤에 어미가 생략되는 것은 통사적인 단어 배열법에 어긋난 합성이다.
> ※ 표준국어대사전은 '늦-'을, 반의어인 접사 '올-'과의 대응 관계에 따라, 접사로 처리하고 있다. 이에 따르면, '늦더위, 늦잠, 늦봄'은 명사 '더위, 잠, 봄'에 접사 '늦-'이 결합하여 만들어진 '파생어'라 할 수 있다.

✖ 합성 명사

한국어의 합성어 중에는 합성 명사의 수가 가장 많다. 그만큼 그 구성 방식도 다양한데, 대표적인 예를 보면 다음과 같다.

1. '명사 + 명사'로 된 합성어(가장 일반적인 합성 명사)

기와–집	고무–신	산–나물	벽–돌	창–문

2. '관형사 + 명사'로 이루어진 합성어

큰–집	굳은–살

3. '동사, 형용사의 관형사형 + 명사'로 이루어진 합성어

볼–일	건널–목

4. '명사 + 명사' 구성에서 사이시옷이 들어가 이루어진 합성어

콧–물	아랫–마을	바닷–가	치맛–바람	귓–구멍
세숫–비누	수돗–물			

5. 동사나 형용사가 직접 명사에 붙어 이루어진 합성어

덮–밥	접–칼

6. 부사나 자립적이지 못한 부사성 어근이 명사에 붙어 이루어진 합성어

딱–성냥	산들–바람	부슬–비	곱슬–머리	물렁–뼈

7. '부사 + 부사'의 방식이 합성 명사를 이룬 경우(아주 특이한 것)

잘–못

8. 한쪽 구성 요소가 자립적인 명사가 되지 못한 채 합성 명사 구성에 참여한 경우(특이한 경우)

목–걸이	책–받침	줄–넘기	이–쑤시개	접이–문
갈림–길	보기–신경	뜨개–바늘		

9. 동일한 명사나 명사형이 반복된 합성어

집-집	사람-사람	씀-씀이	됨-됨이

✖ 합성 동사

합성 동사는 합성 명사에 비해 수도 적고 그 구성 방식도 단조로운 편이다. 한국어의 문장 구성 방식과 같은 방식으로 이루어진 합성 동사의 예는 '명사 + 동사', '부사 + 동사', '동사의 부사형 + 동사', '동사 + 동사'로 이루어진 것들이다.

1. '명사 + 동사'로 이루어진 합성 동사: 조사가 겉으로 드러나지 않았을 뿐 문장의 일부를 떼어 낸 것이라 보아도 좋은 구성

힘-들다	재미-나다	본-받다	힘-쓰다	장가-들다

'힘, 재미'는 각각 '들다, 나다'의 주어 구실을 한다. '본, 힘, 장가'는 각각 '받다, 쓰다, 들다'의 목적어 구실을 한다. 이들 명사가 구가 아니고 합성어인 까닭은 의미의 특수성 때문이다.

2. '부사 + 동사'로 이루어진 합성 동사

바로-잡다

3. '동사의 부사형 + 동사'로 이루어진 합성 동사: 현대국어에 매우 많음

뛰어-나다	알아-보다	일어-서다	파고-들다	싸고-들다

4. '동사 + 동사'로 이루어진 합성 동사: 현대국어에서 매우 제한적으로 쓰임

굶-주리다	오르-내리다	날-뛰다

✖ 합성 형용사

합성 형용사도 합성 동사와 비슷한 방식으로 이루어진다.

1. 형용사의 일반적인 구 구성 방식에 따라 이루어진 합성 형용사: 각각 주술 관계로 이루어지거나 부사어가 형용사를 수식하는 방법으로 이루어진 것

손-쉽다	재미-있다	형편-없다	잘-나다	낯-설다

2. '형용사 + 형용사'로 이루어진 것

검-붉다	검-푸르다	굳-세다

✖ 합성 부사

합성 부사를 구성하는 방식도 다양하다. 이중 4~5처럼 반복되는 합성 부사가 가장 많은데 이들 대부분은 의성·의태어이다.

1. '명사 + 명사'로 이루어진 합성 부사

밤-낮	오늘-밤	여기-저기	이것-저것

2. '관형사 + 명사'로 이루어진 합성 부사

온-종일	한-바탕	어느-새

3. '부사 + 부사'로 이루어진 합성 부사

곧-잘	잘-못	또-다시

4. 부사 또는 부사성 어근의 반복으로 이루어진 합성 부사

길이-길이	오래-오래	두근-두근	비틀-비틀

5. 명사가 반복되거나 또는 그것에 다른 형태가 덧붙어 만들어진 합성 부사

하나-하나	사이-사이	집-집이	때-때로

✖ 합성어와 구의 구분

　두 개 이상의 어근이 결합하여 형성된 복합어가 합성어이고, 어절로 형성된 큰 마디를 구라고 한다. 합성어와 구를 구별하는 기준은 다음과 같다.

1. 서술성 유무: 서술성이 있으면 구, 없으면 합성어이다.
2. 분리성 유무: 분리가 되면 구, 분리가 안 되면 합성어이다.
3. 의미의 특수화 유무: 말 그대로의 뜻만을 가지면 구, 특수한 의미가 있으면 합성어이다.

✖ 한국어의 품사

　품사란 성질이 같은 단어를 한데 묶어 놓은 것을 말하는데, 한국어의 품사는 9가지로 나뉜다. 그러나 이는 1963년 학교 문법 통일 심의회에서 결정된 자료를 근거로 한 것으로 학자들마다 견해 차이는 있다.

1. 실사와 허사
　(1) 실질적인 뜻을 가진 단어: 실사
　(2) 뜻은 없고 문법적 역할만 하는 단어: 허사(조사가 이에 속함)

2. 형태 변화의 유무에 따른 분류
　(1) 문장 안에서 단어의 형태가 변하지 않는 것: 불변어
　(2) 문장 안에서 단어의 형태가 변하는 것: 가변어

> ① 불변어: 명사, 대명사, 관형사, 부사, 감탄사, 조사(서술격조사 '이다' 제외)
> ② 가변어: 동사, 형용사, 서술격조사 '이다'

3. 기능에 따른 분류
　(1) 체언: 명사, 대명사, 수사
　(2) 용언: 동사, 형용사
　(3) 수식언: 관형사, 부사
　(4) 독립언: 감탄사
　(5) 관계언: 조사

4. 의미에 따른 분류: 하위 분류로 의미에 의해 9품사가 설정된다.

> ① 명사: 사람, 개, 지하철, 사과, 나무
> ② 대명사: 나, 우리, 여기, 철수
> ③ 수사: 하나, 둘, 일, 이
> ④ 동사(동작동사): 가다, 보다, 일하다
> ⑤ 형용사(상태동사): 비싸다, 좋다, 아름답다
> ⑥ 관형사: 새, 헌, 한, 두
> ⑦ 부사: 참, 대단히, 많이
> ⑧ 감탄사: 아!, 참!, 어머나!
> ⑨ 조사: 이/가, 을/를, 와/과, 에, 에서, (으)로

✖ 명사

사람이나 사물의 이름을 표현하는 단어를 명사라 한다. 명사의 종류는 분류 기준에 따라 4가지로 나뉜다.

1. 의미 사용 범위
   (1) 고유명사: 가리키는 대상이 좁고, 어떤 특정한 사물에만 쓰이는 명사
   (2) 보통명사: 가리키는 대상이 넓고, 일반적인 사물에 쓰이는 명사

   > 철수(고유명사)가 빵(보통명사)을 좋아한다.

2. 자립 여부(자립성의 유무)
   (1) 자립명사: 관형어가 오지 않아도 문장구성에 지장을 받지 않는 명사
   (2) 의존명사: 관형어의 선행을 필수적으로 요구하는 명사

   > 나(자립명사)는 예쁜 것(의존명사)이 좋다.

3. 구체성 여부
   (1) 구체명사: 구체적인 대상을 지시하는 명사
   (2) 추상명사: 추상적인 개념을 지시하는 명사

   > 모임(추상명사)에 모인 사람들(구체명사)

4. 감정표현 능력
  (1) 유정명사: 인물이나 동물 등 감정표현의 능력이 있는 명사
  (2) 무정명사: 감정표현의 능력이 없는 물체를 가리키는 명사

> 영희(유정명사)의 책상(무정명사)

❌ 서술어

서술어는 주어로 표현되는 대상의 동작이나 상태, 성질 등을 풀이하는 기능을 가진 문장성분이다. 문장 속에서 서술어로 쓰일 수 있는 언어 형식에는 동사와 형용사, '본용언 + 보조 용언'의 구성, 체언이나 명사구, 명사절에 서술격 조사 '이다'가 붙은 경우, 서술절인 경우가 있다.

❌ 동사

동사는 사물의 움직임을 과정적으로 표시하는 품사이다. 또한 그 움직임이 주어에만 미치느냐, 주어 이외의 목적어에도 미치느냐에 따라 자동사와 타동사로 나누어질 수 있다. 자동사는 "해가 솟는다."의 '솟다'와 같이 움직임이 주어인 '해'에 미치는 동사를 말하고, 타동사는 "학생들이 책을 읽는다."에서 '읽다'와 같이 움직임이 주어 이외의 목적어인 '책'에도 미치는 동사를 말한다.

❌ 형용사

주어의 성질이나 상태를 나타내는 단어이다. 형용사를 의미 유형별로 분류할 때 일반적으로 주관 형용사와 객관 형용사로 구별한다. 주관 형용사는 "나는 철수가 좋다, 배가 고프다."와 같이 주어의 경험을 나타내는 형용사로 주어와 화자가 일치하며 주관적인 경험이나 심리 상태, 판단 등을 서술한다. 객관 형용사는 "서울에 집이 있다, 꽃이 아름답다."와 같이 주어가 되는 대상에 대하여 서술한다.

❌ 조사의 생략

한국어에서 가장 쉽게 생략할 수 있는 품사가 조사이다. 이렇게 조사가 쉽게 생략되는 이유는 어순에 의해 생략된 조사를 쉽게 파악할 수 있기 때문이다. 특히 목적격 조사 '을/를'과 관형격 조사 '의'가 가장 많이 생략된다. 서술격 조사 '이다'는 신문이나 발표문, 보고서, 사업 계획서에서 많이 생략된다. 구어에서는 주어 생략이 빈번히 일어나며 이 경우에는 주격 조사 '이/가'가 생략된다.

❌ 단어 구조 제약

단어 구조 제약은 음운론적 단어의 구성과 관련된 제약이다. 음운론적 단어보다 작은 단위는 음절이므로 음운론적 단어는 음절이 결합하여 만들어진다고 할 수 있다. 이것을 고려하면 단어 구조 제약은 음절들이 모여 음운론적 단어를 구성할 때 관여하는 제약이라고 할 수도 있다. 그런데 실제로 단어 구조 제약은 단어의

첫머리인 어두 또는 단어의 마지막 부분인 어말에 올 수 있는 음소의 종류를 제한한다. 어중(語中)의 음소 연쇄에 대한 제약은 음소 배열 제약이나 음절 배열 제약으로 기술할 수 있다. 또한 어두나 어말의 제약도 부분적으로 음절 구조 제약과 중복된다. 그렇기 때문에 순수하게 음운론적 단어와 관련된 구조 제약은 그리 많지 않다.

> ① 'ㄹ'은 어두에 올 수 없다.
> ② 어두에서 '이'나 'y' 앞에 'ㄴ'이 올 수 없다.

위 두 제약은 주로 고유어나 한자어에 적용된다. 외국으로부터 들어온 차용어에는 적용되지 않는 경우가 많다. 특히 근래에 들어오는 차용어는 단어 구조 제약의 적용을 받지 않는다.

❈ 수사

수사는 사물의 수량이나 순서를 가리키는 단어들로 이루어진 품사이다.

> ① 사과 <u>하나</u>에 얼마예요?
> ② <u>두 개</u>에 천 원입니다.
> ③ 장비 <u>하나</u> 없이 등산 가니?
> ④ 우리 <u>첫째</u>가 벌써 초등학교 5학년이에요.
> ⑤ <u>첫째</u>, 부모 말을 잘 들어라.

①과 같이 조사를 취하면 '수사'이고, ②와 같이 조사를 취하지 않고 다음에 오는 명사를 취하면 '관형사(수 관형사)'이다. 수 관형사는 개, 마리, 송이 등의 단위명사 앞에 놓여 내용을 꾸며주는 관형사이다.

또한 ③처럼 조사가 붙지 않아도 문장의 주 기능을 하면 '수사'이다. ④의 경우, 차례를 나타내는 말이 사람을 지칭하면 '명사'이며, ⑤처럼 사람을 지칭하지 않으면 '수사'이다. 이처럼 수량을 나타내는 수사를 양수사(기본수사), 순서를 나타내는 수사를 서수사라고 한다. 양수사와 서수사 각각 고유어 계열과 한자어 계열 두 가지를 가지고 있다.

> ① 양수사
> • 하나, 둘, 셋, …: 고유어 계열
> • 一, 二, 三, …: 한자어 계열
> ② 서수사
> • 첫째, 둘째, 셋째, …: 고유어 계열
> • 第一, 第二, 第三, …: 한자어 계열

수에는 가장 큰 수가 없지만, 가장 큰 수를 가리키는 수사 어휘는 어느 언어에나 한정되어 있다. 한국어에서 고유어로 셀 수 있는 가장 큰 수는 '아흔아홉'으로 그보다 더 큰 수, 즉 '百'이상은 한자어와 고유어를 섞어서 세어야 한다. 중세국어에는 '온(百), 즈믄(千)'이라는 수사가 문헌상으로 나타나지만 현대국어에서는 모두 한자어로 대치되었다.

대체로 수 단위가 낮을 때는 고유어 수사가 쓰이지만 수가 커질수록 한자어가 선호되는 것도 하나의 특징이다. '학생 아홉 명' 쪽이 '학생 구 명'보다 자연스럽지만 '학생 팔백 예순 일곱 명'보다는 '학생 팔백육십칠 명'이 더 낫다. 수학적 계산에서는 한자어가 쓰이는 것이 일반적이지만, 분류사가 없이 사람이나 사물을 셀 때는 고유어만이 쓰인다.

① 15×9=135 / 십오 곱하기 구는 백삼십오 / *열다섯 곱하기 아홉은 백서른 다섯
② 쥐 일곱이면 고양이 하나를 이길 수 있을까? / *쥐 칠이면 고양이 일을 이길 수 있을까?
③ 잘 키운 딸 하나 열 아들 안 부럽다. / *잘 키운 딸 일 십 아들 안 부럽다.

'열/십(十)' 이상의 수는 덧셈과 곱셈 방식으로 표현된다.

① 덧셈: 열 하나(열+하나), 십칠(10+7), 아흔아홉(아흔+아홉)
② 덧셈과 곱셈의 혼용: 이십오(2×10+5), 삼십육(3×10+6), 삼백육십오(3×100+6×10+5)
③ 곱셈: 이팔(2×8)청춘, 세 이레(3×7), 삼칠(3×7)일

수사는 통사적 기능으로 보아서는 명사와 비슷하고, 사물의 실질적 개념을 나타내지 못하고 어떤 명사의 수량을 나타낸다는 점과 관형어의 꾸밈을 자유롭게 받지 못한다는 점에서 대명사와 비슷하다. 그만큼 수사는 독자성이 약한 면이 있다. 그러나 위에서 살펴본 것과 같은 수사만의 독자적 특성도 있고, 또 기술상 편리한 면도 있기 때문에 수사를 독립된 품사로 본다.

✖ 관형사

주로 사물, 사람과 같이 대상을 나타내는 말(체언) 앞에서 이를 꾸며 주는 역할을 하는 부속성분을 관형사라고 한다. "그는 새 옷을 입었다."에서 '새'는 체언 '옷'을 꾸며 주며 옷의 범위를 한정하는 역할을 하고 있다. 이런 '새'와 같은 말을 관형사라고 한다. 관형사는 가장 기본적인 것으로 ① 명사의 성질이나 상태를 제한하는 성상 관형사가 있고, ② 단위성 의존명사와 결합하여 사물의 수량을 표시하는 수 관형사가 있으며, ③ 문장 밖에 존재하는 대상을 가리키는 지시 관형사가 있다.

① 그는 새 옷을 입었다.
② 두 사람이 함께 새벽길에 나섰다.
③ 저 학생은 태국에서 왔다.

✖ 관형사의 종류와 특성

1. 성상 관형사

성상 관형사는 뒤에 오는 명사나 대명사의 성질이나 상태가 어떠함을 나타내며, 고유어와 한자어 성상 관형사가 있다.

(1) 고유어 성상 관형사

새 책	헌 양말	헛걸음	옛 이야기	온갖 정성
온 세상	갖은 양념	외딴 섬	웬일	맨 꼴찌

(2) 한자어 성상 관형사

순(純) 거짓말	구(舊) 시청 건물	고(故) 이태석 신부님	성(聖) 베드로

2. 지시 관형사

지시 관형사는 문장 밖의 어떤 대상이나 상황을 가리킬 때 사용되며, 고유어와 한자어 지시 관형사가 있다.

(1) 고유어 지시 관형사: 이, 그, 저 ; 이런, 그런, 저런 ; 어떤, 어느 ; 아무

> ① 화자와 가까이 있는 것을 지시할 때: 이, 이런
> ② 청자와 가까이 있는 것을 지시할 때: 그, 그런
> ③ 화자와 청자에게서 모두 멀리 떨어져 있는 것을 지시할 때: 저, 저런
> ④ 무엇을 지칭하되, 하나를 지정해서 지칭하지 않을 때: 어떤, 어느
> ⑤ 어떤 것도 지칭하지 않을 때: 아무

(2) 한자어 지시 관형사: 귀(貴), 본(本), 현(現), 전(前), 모(某)

3. 수 관형사

수 관형사는 사물의 수량을 표시할 때 사용되며, 항상 단위를 나타내는 명사와 함께 쓰인다.

(1) 고유어 수 관형사

> ① 정수: 한, 두, 세/석/서, 네/넉/너, 다섯/닷, 여섯/엿, 일곱, 여덟, 아홉, 열, 열한, 열두, …
> ② 부정수: 한두, 두세, 두서너, 서너, 너덧, 댓, 대여섯, 예닐곱, 일여덟, 모든, 온, 온갖, …

(2) 특별히, '세, 네'는 '장' 앞에서는 '석, 넉'의 형태가 쓰이며, '말' 앞에서는 '서, 너'의 형태가 쓰인다.

> 종이 한 장 / 두 장 / 석 장 / 넉 장 ; 쌀 한 말 / 두 말 / 서 말 / 너 말

✖ 관형사와 관형어 구분

{관형사} ⊂ {관형어}로서, 관형사는 품사의 한 갈래이고 관형어는 성분의 한 갈래이다. 관형사는 반드시 관형어가 되지만 관형어에는 관형사 이외에도 동사, 형용사, 서술격 조사, 명사, 대명사, 수사, 체언 + 관형격 조사 등이 포함된다.

✖ 대명사

대명사는 사람을 나타내는 인칭 대명사, 사물이나 장소, 시간을 나타내는 지시 대명사로 나뉜다. 인칭 대명사는 말하는 사람을 가리키는 일인칭 대명사, 듣는 사람을 가리키는 이인칭 대명사, 대화에 참여하지 않는 제삼자를 가리키는 삼인칭 대명사로 나뉜다. 지시 대명사는 사물을 가리키는 사물 대명사, 장소를 가리키는 장소 대명사, 시간을 가리키는 시간 대명사로 나뉜다.

대명사의 종류

구분	대명사의 종류	대명사의 예
인칭 대명사	일인칭 대명사	나, 우리, 저, 저희
	이인칭 대명사	너, 자네, 그대, 당신
	삼인칭 대명사	그, 그녀, 저이, 그이, 이분, 저분, 누구, 아무, 자기, 당신
지시 대명사	사물 대명사	이것, 그것, 저것, 이, 그, 저, 무엇
	장소 대명사	여기, 저기, 거기, 어디
	시간 대명사	언제, (접때, 이때, 그때)

삼인칭 대명사는 다시 다음과 같이 더 분류할 수 있다. '그, 그녀, 저이, 그이, 이분, 저분'과 같이 가리키는 사람이 정해져 있어 말하는 사람과 듣는 사람이 누구인지 알고 있는 제삼자를 가리키는 정칭 대명사, '저 사람은 누구야?'처럼 가리키는 사람이 누구인지 모르는 '누구'와 같은 미지칭(의문) 대명사, '아무나 할 수 있다.'처럼 가리키는 사람이 누구라도 관계없는 '아무'와 같은 부정칭 대명사와 문맥 속에서 앞의 사람을 다시 가리키는 '자기, 당신'과 같은 재귀 대명사로 나뉜다.

시간 대명사로는 '언제' 이외에 '이때, 접때, 그때' 등도 있을 수 있으나, 이들은 주로 명사로 다루어지므로 여기서는 자세히 설명하지 않는다.

미지칭 대명사 '누구'와 지시 대명사 '무엇, 어디, 언제' 등은 의문문에서 가리키는 대상이 무엇인지 알 수 없다는 공통점이 있으므로 인칭 대명사, 지시 대명사와는 다른 범주인 의문 대명사로 분류하여 기술하기로 한다. 또한 의문 대명사 '누구'가 부정 대명사로도 쓰이듯이 '무엇, 어디, 언제' 등도 가리키는 대상에 무엇이라도 관계없는 부정 대명사로도 쓰일 수 있다. 즉, 이들은 사람을 가리키느냐, 사물이나 장소 또는 시간을 가리키느냐의 차이를 보일 뿐 같은 속성을 보이므로 이 책에서는 '누구, 무엇, 어디, 언제' 등을 의문 대명사와 부정 대명사로 분류하여 인칭 대명사, 지시 대명사와는 별도로 기술한다.

✖ 부사

부사는 용언 또는 다른 말 앞에 놓여 그 뜻을 분명하게 하는 품사이다. 주로 용언인 동사나 형용사 앞에 놓여 의미를 한정하는 기능을 담당한다. 관형사가 체언 중 보통명사와 결합한다는 제약성을 띠는 반면 부사는 동사, 형용사 외에 명사나 또 다른 부사를 수식하기도 하며 문장 전체를 수식하기도 한다.

① 한국어는 <u>너무</u> 어렵다.
② 한국어는 <u>정말</u> 너무 어렵다.
③ <u>과연</u> 철수가 일등을 할 수 있을까?
④ 밥을 먹었다. <u>그러나</u> 배가 부르지 않다.

①의 '너무'는 후행하는 '어렵다'라는 형용사를 수식하고, ②의 '정말'은 후행하는 부사인 '너무'를 수식하고, ③의 '과연'은 후행 문장 전체를 수식하고, ④의 '그러나'는 선행문과 후행문을 이어주는 접속의 기능을 담당하고 있다.

한국어의 부사는 조사와의 결합에 있어서 차이가 나타나는데 부사와 격조사는 결합이 불가능하지만 일부 보조사와는 결합이 가능하다.

① 한국어는 <u>무척이나</u> 어렵다. / *한국어는 무척(이, 을…) 어렵다.
② 이 음식은 <u>너무나도</u> 맛있다. / *이 음식은 너무(가, 를…) 맛있다.

1. 성분 부사

성분 부사란 문장 내부의 특정한 성분을 수식하는 부사로, 주로 용언의 내용을 실질적으로 꾸민다.

성분 부사의 종류

종류		형태
성상 부사		활짝, 잘, 빨리, 정말, 매우…
상징 부사	의성어	땡땡, 꿀꿀, 졸졸, 멍멍…
	의태어	깡충깡충, 반짝반짝, 사뿐사뿐…
지시 부사	시간 부사	아까, 이미, 벌써 / 요즘, 지금, 현재 / 이따, 내일
	장소 부사	이리, 그리, 저리, 여기, 저기…
부정 부사		안, 못

① <u>정말</u> 부자는 철수야.
② 학교 <u>바로</u> 앞에 가게가 있어.
③ <u>겨우</u> 셋이 가는구나.

위의 '정말, 바로, 겨우'는 각각 뒤의 명사와 수사를 수식하고 있는데, '정도, 위치, 수량'을 나타내는 말과 어울린다.

> ① <u>저리</u> 빨리 달리는 아이는 처음 본다.
> ② <u>저리</u> 안 먹는 아이는 처음 본다.
> ③ <u>저리</u> 잘 안 먹는 아이는 처음 본다.

성분 부사들끼리의 결합 시 위치에 따르는 제약이 나타나는데, 일반적으로 지시 부사가 가장 앞서고 성상 부사와 부정 부사 순으로 결합한다.

2. 문장 부사

성분 부사가 문장 중 어느 성분 하나만을 수식한다면 문장 부사는 문장 전체를 꾸며 주는 부사이다. 주로 문장 앞쪽에 위치하면서 화자의 심리적인 태도를 표현한다.

문장 부사의 종류

종류	형태
양태 부사	과연, 아마, 제발…
접속 부사	그리고, 그러나, 또한, 및…

문장 부사 중 화자의 태도를 표현하는 양태 부사는 상황에 따라 몇 가지 유형으로 나타난다.

> ① <u>과연</u> 철수는 사나이다.
> ② <u>설마</u> 내일 비가 올까?
> ③ <u>제발</u> 시험에 합격했으면 좋겠다.

①의 '과연'은 단정의 의미를, ②의 '설마'는 의심 및 의혹을, ③의 '제발'은 희망을 표현하고 있다. 또한 이들은 후행하는 특정한 형태들과 호응을 이루는 것이 일반적인데, '과연'은 서술격 조사 '이다'나 종결어미 '-구나' 등의 평서문 표현에 나타나며, '설마'는 '-(으)ㄹ까?'의 의문문 표현에서, '제발'은 명령문이나 조건의 연결어미 '-아/어라'나 '-(으)면' 등과 호응을 이루어 나타난다.

3. 접속 부사

그리고 접속 부사는 문장 수식의 접속사와 단어나 구 등을 이어주면서 그것을 꾸미는 접속사이다.

접속 부사의 종류

접속 관계		예
단어의 접속		및, 또는, 혹은
문장의 접속	'그' 계열	그리고, 그러나, 그러면, 그뿐 아니라, 그러므로, 그럴지마는…
	일반 부사 기능	곧, 즉, 또, 또한, 더구나, 도리어, 오히려, 하물며, 따라서…

이때 문장의 접속 부사에서 일반 부사가 가능한 부사가 있는데, 이는 일반 부사에 더 가깝기 때문이다.

① 그는 성적이 우수하고 또 성실한 사람이다. ② 그는 시험이 끝나자마자 곧 긴장이 풀렸다. ③ 또 읽어라. ④ 곧 만나러 갈게.

①~②의 '또'와 '곧'은 문장의 접속 의미가 강한 반면 ③~④의 '또'와 '곧'은 일반 부사의 의미가 강하다. '그' 계열의 접속 부사는 일반 부사의 의미가 드러나지 않는다.

감탄사

감탄사는 벅찬 감동이나 부름, 응답 등을 나타내는 단어들로서 다음과 같은 특징이 있다.

1. 감탄사는 어형 변화가 없다. 활용이 없고 조사와 결합하지 않는다.
2. 감탄사는 다른 문장성분의 도움을 받지 않고서도 홀로 문장과 같은 기능을 할 수 있다. 예를 들어 '허허, 여보, 네' 등은 그 다음에 이어지는 말들이 생략되더라도 각각 홀로 문장이 될 수 있다.

① 허허, 이럴 수가 있나.: 기막힌 일을 당했을 때 탄식하여 내는 소리 ② 여보, 이리 오시오.: 남을 부르는 소리 ③ 네, 갈게요.: 대답하는 말

감탄사는 의미에 따라 감정 감탄사와 의지 감탄사로 나뉜다. 감정 감탄사는 기쁨, 놀람, 한탄 등의 벅찬 감정을 나타내는 감탄사이다. 감정별로 나누어 보면 다음과 같으며, 형태가 같으면서 둘 이상의 감정을 나타내는 것은 화자의 어조로 구분된다.

① 기쁨: 하하, 호호, 와, 오 ② 슬픔: 아이고, 어이구(줄여서 '에구') ③ 놀람: 어머, 에그, 에그그, 어이구머니(줄여서 '에구머니'), 에구구, 맙소사, 세상에 ④ 한탄: 후유, 이런

의지 감탄사는 화자의 의지를 나타내는 감탄사이다. '아서라, 여보, 네, 암(아무렴), 오냐, 응, 그래, 글쎄, 아니오' 등이 그 보기이다.

✄ 격조사 · 접속조사 · 보조사(특수조사)

조사는 자립성이 있는 말에 붙어 그 말과 다른 말과의 관계를 표시하는 품사이다. 조사가 자립성이 있는 말과 어울릴 때는 스스로 형태를 바꿀 수도 있고, 앞의 말에 영향을 미칠 수도 있다. 이러한 조사는 그 종류와 용법, 분포도 매우 다양하여 체언을 비롯하여 부사, 용언의 활용형 등 한 단어뿐 아니라 모든 종류의 어절과 문장에도 결합되며, 심지어 ⑧처럼 어근까지도 결합될 수 있다. 또, ③과 같이 하나의 명사에 조사가 겹쳐서 붙을 수도 있다. 분포와 용법의 차이에 따라 격조사와 접속조사 그리고 보조사로 나뉜다.

> ① 이슬비가 내린다.
> ② 비가 몹시도 세차게 온다.
> ③ 내가 그를 본 것은 학교에서가 아니라 극장에서였다.
> ④ 사지는 않더라도 일단 입어나 보세요.
> ⑤ 서로 양보하는 모습이 참 보기가 좋구나.
> ⑥ 가뭄을 겪어 보아야 비가 얼마나 고마운 것인가를 알게 된다.
> ⑦ 그것은 결국 누가 고양이 목에 방울을 다느냐의 문제다.
> ⑧ 방이 깨끗도 하다.

1. 격조사: 체언에 붙어 그 체언의 격을 나타내 주는 조사이며, 격조사에는 주격, 서술격, 목적격, 보격, 관형격, 부사격, 호격의 7격이 있다.

> ① 은지가 학교에 간다. (주격)
> ② 저 사람은 미현이다. (서술격)
> ③ 혜미도 책상을 샀다. (목적격)
> ④ 이것은 음료수가 아니다. (보격)
> ⑤ 정수의 가방을 봤니? (관형격)
> ⑥ 어디로 가십니까? (부사격)
> ⑦ 수지야, 너 지금 어디야? (호격)

2. 접속조사: 격조사와 성질이 비슷한 것으로 접속조사가 있다. 접속조사는 두 단어를 같은 자격으로 이어주는 조사이다. 아래의 예문들은 둘 이상의 체언을 같은 자격으로 접속시켜 주는 기능을 띤다. '와/과'가 대표적이고, '하고, 이며, 에다, 이랑' 등도 해당된다.

> ① 수아와 현지는 친한 친구이다.
> ② 나는 애완동물로 개하고 고양이를 기르고 있다.
> ③ 내 지갑에 돈이며 신분증이며 다 들어 있는데!
> ④ 밥에다 떡에다 잔뜩 먹었다.
> ⑤ 관수랑 희두랑 즐겁게 먹고 놀았다.

3. 보조사: 체언, 부사, 조사, 용언의 어미에 붙어 격표시와 같은 문법적 기능 없이 의미만을 담당하는 조사이다. 의미를 보충해주는 조사라고 하여 '보조사'라고 부르기도 하고, 그 의미와 분포가 특수하다고 하여 '특수조사'라고도 부른다.

> ① 개와 고양이는 공을 좋아한다. (제시와 강조)
> ② 지은이는 수아처럼 공부를 잘한다. (비교)
> ③ 이 책을 처음부터 끝까지 다 읽었다고요? (시작과 끝)
> ④ 집 인테리어를 바꾼다고 돈깨나 들었겠다. (한정과 정도)
> ⑤ 우정이는 국어도 잘한다. (포함)
> ⑥ 매년 여름방학마다 우리 가족은 계곡으로 휴가를 간다. (매개)
> ⑦ 심심한데 영화나 보러 가자. (선택과 양보)

격조사 · 접속조사 · 보조사(특수조사)의 유형

대분류	소분류	항목	기능
격조사	주격	이/가, 께서, 에서	문장에서 앞에 오는 명사 상당의 구나 절이 지니는 격을 표현함
	관형격	의	
	목적격	을/를	
	보격	이/가	
	부사격	에, 에서, 에게/한테, (으)로 등	
	호격	아/야, 여/이여 등	
	서술격	이다	
보조사	대조, 화제, 단독, 희망, 선택, 강조 등	은/는, 만, 도, 조차, 까지, 마저, 나, 나마, 라도, 야, (이)야말로 등	명사, 부사, 어미 등의 뒤에 결합되어 어떤 의미를 더해 줌
접속조사	나열, 첨가 등	와/과, 하고, 에(다), (이)며, (이)랑 등	둘 이상의 단어를 같은 자격으로 이어 줌

✖ 어순

1. 한국어는 유형적으로 SOV 언어에 속한다. 즉, 한국어의 어순은 '주어 – 목적어 – 동사'의 순서가 기본이다. 그리고 꾸미는 말이 꾸밈을 받는 말 앞에 놓인다는 특징도 있어서 관형어가 체언에 앞서며 부사어가 용언에 앞선다. 한국어의 기본 어순은 다음과 같다.

> ① 수연이가 잔다. (주어 – 동사)
> ② 윤수가 책을 읽는다. (주어 – 목적어 – 동사)
> ③ 누리가 학교에 간다. (주어 – 부사어 – 동사)
> ④ 소영이가 재훈이에게 책을 주었다. (주어 – 간접 목적어 – 직접 목적어 – 동사)
> ⑤ 예쁜 꽃 (관형어 – 명사)
> ⑥ 빨리 달리는 자동차 (부사 – 동사(관형어) – 명사)

2. 한국어는 특히 조사가 발달한 언어로서, 어순에 비교적 융통성이 있다. 화자의 의도에 따라 목적어 명사구가 앞으로 이동하여 '목적어 – 주어 – 동사'의 어순도 가능하다.

> ① 재호가 책을 읽는다. (주어 – 목적어 – 동사)
> ② 책을 재호가 읽는다. (목적어 – 주어 – 동사)
> ③ 소영이가 학교에 간다. (주어 – 부사어 – 동사)
> ④ 학교에 소영이가 간다. (부사어 – 주어 – 동사)
> ⑤ 재훈이가 소영이에게 책을 주었다. (주어 – 간접 목적어 – 직접 목적어 – 동사)
> ⑥ 재훈이가 책을 소영이에게 주었다. (주어 – 직접 목적어 – 간접 목적어 – 동사)
> ⑦ 소영이에게 재훈이가 책을 주었다. (간접 목적어 – 주어 – 직접 목적어 – 동사)
> ⑧ 책을 재훈이가 소영이에게 주었다. (직접 목적어 – 주어 – 간접 목적어 – 동사)

3. 그러나 어순이 자유롭다고 하여 명사구의 이동이 언제나 허용되는 것은 아니다. 한국어는 조사의 생략이 가능한데, 격조사가 생략된 경우에는 명사구의 이동이 불가능하다.

> 재호가 책 읽는다. (주어 – 목적어 – 동사)
> *책 재호 읽는다. (목적어 – 주어 – 동사)

4. 격조사가 생략되지 않았는데도 이동이 불가능한 경우가 있는데, '아니다, 되다'와 같은 동사가 서술어로 쓰였을 때이다.

> ① 재호가 대학생이 아니다. (주어 – 보어 – 형용사)
>   *대학생이 재호가 아니다.
> ② 재호가 대학생이 되었다. (주어 – 보어 – 동사)
>   *대학생이 재호가 되었다.

5. 또한 수식어-피수식어의 어순도 고정되어 있어서 꾸밈을 받는 말이 꾸미는 말 앞에 올 수가 없다.

> ① 재호의 한국말이 유창하다.
>   *한국말이 재호의 유창하다.
> ② 재호가 노래를 아주 멋지게 불렀다.
>   *재호가 노래를 멋지게 아주 불렀다.

6. 부사의 경우에도 문장을 수식하는 문장 부사는 어순이 비교적 자유롭게 이동되지만, 동사나 형용사를 수식하는 성분 부사는 어순의 이동이 자유롭지 못하다.

> ① 다행히 재호가 제시간에 도착했다.
>   재호가 다행히 제시간에 도착했다.
>   재호가 제시간에 다행히 도착했다.

② 소영이가 노래를 잘 부른다.
  *소영이가 잘 노래를 부른다.
  *잘 소영이가 노래를 부른다.

✘ 용언의 활용

어간에 어미가 붙어 활용할 때는 모습이 일정한 것도 있지만 환경에 따라 형태를 바꾸는 경우도 있다. 그리고 이 경우에 일정한 환경에서 예외 없이 바뀌는 것(규칙 활용)이 있는가 하면, 부분적으로 바뀌는 것(불규칙 활용)도 있다.

1. 규칙 활용

어간이나 어미 모두 형태 변화가 없거나, 변화가 있더라도 그 현상을 일정한 규칙으로 설명할 수 있으면 규칙 활용이다. '⼀' 탈락, 'ㄹ' 탈락, 동음탈락 등이 있다.

> ① '⼀' 탈락: 어간 '으' 뒤에 모음 '-아/어-'가 오면 어간의 '으'가 탈락한다.
>   예 담그다 → 담가
> ② 'ㄹ' 탈락: 어간 끝소리 'ㄹ' 뒤에 'ㄴ, ㄹ, ㅂ, ㅅ, -오, -시-'가 오면 어간 'ㄹ'이 탈락한다.
>   예 놀다 → 노는, 노느냐, 노시고 ….
> ③ 어미 '-어/아라, -어/아서, -었/았-'은 앞에 오는 용언 어간의 모음이 'ㅏ, ㅗ'일 때 '-아라, -아서, -았-'이 선택되고, 'ㅏ, ㅗ'가 아닐 때는 '-어라, -어서, -었-'이 선택된다.
>   예 돕다 + -았- → 도왔다

2. 불규칙 활용

불규칙 활용에는 어간만 바뀌는 것, 어간과 어미가 모두 바뀌는 것, 어미만 바뀌는 것 등 세 가지가 있는데, 동사의 경우는 어간만 바뀌는 것과 어미만 바뀌는 것 두 가지가 있다.

(1) 어간만 바뀌는 불규칙 활용: 'ㅅ' 불규칙 활용, 'ㄷ' 불규칙 활용, 'ㅂ' 불규칙 활용, '르' 불규칙 활용

> ① '르' 불규칙: 어간의 끝소리 '르'가 모음 어미 앞에서 'ㄹㄹ'의 형태로 변한다.
>   예 흐르다 → 흘러
> ② 'ㄷ' 불규칙: 어간의 끝소리 'ㄷ'이 모음으로 시작하는 어미 앞에서 'ㄹ'로 변한다.
>   예 듣다 → 들어, 들으니

(2) 어미만 바뀌는 불규칙 활용: '여' 불규칙 활용, '러' 불규칙 활용

> ① '러' 불규칙: 어간이 '르'로 끝나는 일부 용언에서 연결어미 '-어'가 '-러'로 변한다.
>   예 이르다 → 이르러

(3) 어간과 어미가 모두 바뀌는 불규칙 활용: 'ㅎ' 불규칙 활용('좋다' 이외의 형용사)

✖ 문장성분

　문장에는 그 문장을 구성하고 있는 기능적 단위들이 있는데 문장의 구성에 필수적으로 요구되거나 부가적으로 요구되는 각각의 단위들을 문장성분이라고 한다. 문장성분 중 주성분에는 문장의 구성에 핵심이 되는 서술어를 비롯하여 주어, 목적어, 보어 등이 있다. 부속성분인 관형어와 부사어는 각각 체언을 수식하거나 서술어인 용언을 수식하는 기능을 한다. 마지막으로 다른 문장성분과 관련이 없는 독립성분이 있다. 주성분은 문장의 구성에 필수적이므로 빼 버렸을 때 문장이 성립되지 않지만, 부속성분은 문장의 성립 여부에는 별다른 관련을 맺고 있지 않다. 그러나 부속성분으로 분류된 부사어 중에는 서술어의 어휘와 의미적 특성에 따라 필수적으로 요구되는 것도 있다.

✖ 주성분(필수 성분)

　주성분이란 문장의 골격을 이루는 필수 성분으로서 '주어, 서술어, 목적어, 보어'가 있다.

주어	• 동작 또는 상태나 성질의 주체가 되는 문장성분 • 체언 + 주격 조사(이/가)
서술어	• 주어의 동작, 상태, 성질을 풀이하는 기능을 하는 문장성분 • 동사, 형용사, 체언 + 서술격 조사(이다) • 그 성격에 따라 필요로 하는 문장성분의 개수가 다름
목적어	• 서술어의 동작 대상이 되는 문장성분 • 체언 + 목적격 조사(을/를)
보어	• '되다, 아니다' 서술어에 필수적으로 기능하는 문장성분 • 체언 + 보격 조사(이/가)

✖ 부속성분

　부속성분이란 주성분을 수식하는 성분으로서 '관형어, 부사어'가 있다.

관형어	• 체언으로 된 주어, 목적어 같은 문장성분 앞에 붙어서 그것을 꾸며 주는 수의적 성분 • 관형사, 용언의 관형사형, 체언이나 체언 구실을 하는 말에 조사 '의'가 붙은 것으로 이루어짐 • 단독으로 쓰일 수 없음
부사어	• 서술어에 덧붙어서 그 뜻을 한정하여 주는 수의적 성분 • 부사어가 이루어지는 방식은 여러 가지임 • 성분부사어(문장의 한 성분으로서의 서술어의 뜻을 한정하여 꾸며 주는 것)와 문장부사어(문장 전체를 꾸며 주는 것)로 나뉨 • 부사어는 앞에 문맥이 주어져 있으면 단독으로 쓰일 수 있음

✖ 독립성분

독립성분이란 문장 중의 어느 성분과도 직접적인 관련이 없는 독립된 성분으로서 '독립어'가 있다.

> ① <u>아이구</u>, 허리가 아파 죽겠다.
> ② <u>지영아</u>, 저 하늘에 떠 있는 것이 무엇일까?
> ③ 수필은 쓰는 사람을 가장 솔직히 나타내는 문학형식이다. <u>그러므로</u>, 수필은 독자에게 친밀감을 준다.

✖ 서술어의 자릿수

현행 국어 문법에서는 보어까지 필수 성분이라 하고 부사어는 부속성분이라 하고 있다. 그러나 용언에 따라서는 '되다, 아니다' 앞에 오는 보어 외에도 필수적인 것을 요구하는 경우가 많다.

> ① 그는 서울 지리에 밝다.
> ② 해가 밝다.
> ③ 이것은 저것과 비슷해.

위의 예에서 '밝다'는 ②에서와는 달리 ①에서는 '서울 지리'가 없으면 문장이 성립하지 않는다. ③에서 '비슷하다'도 '저것과'가 없으면 문장이 성립하지 않는다. 다시 말해 동사나 형용사는 의미에 따라 결합되는 조사의 종류와 요구하는 자릿수가 다르다.

> ④ 꽃이 핀다.
> ⑤ 바늘 도둑이 소도둑 된다.
> ⑥ 우리가 심은 감나무가 드디어 열매를 맺었다.
> ⑦ 나는 친구에게 책을 빌렸다.

위에 예에서 '피다'처럼 주어만 필요로 하는 것이 있고(④), '되다'처럼 주어 외에 다른 것을 필요로 하는 것도 있으며(⑤), '맺다'처럼 목적어를 필요로 하는 것도 있고(⑥), '빌리다'처럼 부사어를 필요로 하는 것(⑦)도 있다.

이처럼 주어 한 자리만을 요구하는 것을 한 자리 서술어라 하고(④의 '피다'), 주어를 포함하여 두 자리를 필요로 하는 서술어를 두 자리 서술어(⑤~⑥의 '되다, 맺다'), 세 자리를 필요로 하는 것을 세 자리 서술어(⑦의 '빌리다')라 한다.

서술어의 자릿수

서술어의 종류	필수 성분	서술어 성격	예문
한 자리 서술어	주어	자동사	<u>개나리가</u> 피었다.
두 자리 서술어	주어 + 목적어 주어 + 보어 주어 + 부사어	타동사, 되다, 아니다	<u>재호가 라면을</u> 먹는다. <u>나는 천사가</u> 되었다. <u>이것은 저것과</u> 다르다.
세 자리 서술어	주어 + 목적어 + 부사어	수여 동사, '삼다'류	<u>누리가 나에게 선물을</u> 주었다. <u>오 여사는 누리를 며느리로</u> 삼았다.

✄ 동족목적어

동족목적어란 자신을 지배하는 동사의 의미와 동류의 의미를 지니고 있는 목적어를 말한다. '꿈을 꾸다'의 '꿈', '잠을 자다'의 '잠', '웃음을 웃다'의 '웃음', 만일 '덮개를 덮다'라고 말한다면 '덮개'가 이에 해당한다.

> ① 철수는 늘 호쾌한 웃음을 웃는다.
> ② 아기가 잠을 잘도 잔다.

그런데 이런 동족목적어를 거느리는 동사는 대개 자동사다. 자동사이면서 목적어를 취하는 것이다. 위에서 '웃다, 자다'는 보통 자동사로 쓰이는데 '웃음, 잠' 등의 동족목적어를 취하고 있다. 결과적으로 타동사로 쓰인 것이다. 이처럼 동족목적어는 자동사로 하여금 타동사 노릇을 하게 해 주는 특수한 목적어이며, 마찬가지로 이때의 타동사는 동족목적어만 취할 수 있는, 그 쓰임이 매우 한정된 타동사들이다. '(꿈을) 꾸다, (춤을) 추다' 등은 늘 타동사로 쓰이는 것이지만, 역시 동족목적어라는 한정된 목적어만을 취하는 점에서 같은 종류의 타동사들이다.

한편 '가다, 걷다, 기다, 날다, 다니다, 떠나다, 뛰다, 지나다'와 같은 이른바 이동(移動)동사가 '을/를'을 취하는 현상도 특수한 경우에 속한다.

> ① <u>30분을</u> 걸어서 학교에 도착했다.
> ② 비행기로 <u>하루를</u> 날아서야 남극에 닿았다.
> ③ 이 밤중에 <u>어디를</u> 가느냐?
> ④ 영희는 서울에서 <u>대학교를</u> 다녔다.
> ⑤ 제비가 푸른 <u>하늘을</u> 난다.
> ⑥ 한달음에 <u>십 리를</u> 뛰었다.

이들 이동동사들은 '30분, 하루, 어디, 대학교, 하늘' 등과 같은 시간 및 장소 관련의 표현을 목적어로 취하는 것이 특징이다.

이 같은 구성 중에는 '어디를 → 어디로, 대학교를 → 대학교에, 하늘을 → 하늘에서' 따위로 다른 조사를 허용하는 경우도 있으나 그 의미가 다르기 때문에 기저에서 다른 조사였던 것이 표면에서 '을/를'로 바뀌었다고 설명할 수도 없다.

더욱이 ①, ②, ⑥의 경우는 다른 조사를 대신할 수도 없으므로, 이동동사는 한편으로는 자동사이지만 다른 한편으로는 목적어를 취하는 특수 부류라고 할 수밖에 없을 것이다.

다음과 같이 명사 자체가 이동의 목적을 나타내는 표현일 경우에도 자동사 '가다'의 목적어가 된다.

> ⑦ 영희는 일요일에 {박물관, 시장, 극장, 설악산, 당구장}을(를) 간다.
> ⑧ 철수는 토요일에 {낚시, 구경, 등산, 해수욕, 목욕}을(를) 간다.

⑦은 특정한 목적을 위해 가는 장소, ⑧은 행위 자체를 나타내는 명사이다. ⑦은 '을(를)' 대신에 '에'도 가능하지만 ⑧은 '을(를)' 자리에 '에'가 불가능하다.

✖ 문장의 짜임새

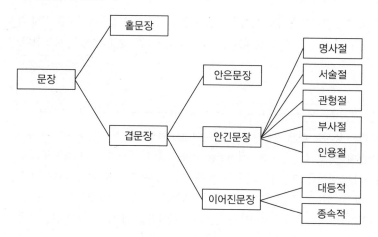

✖ 홑문장과 겹문장

　문장은 기본적으로 주어와 서술어로 이루어져 있다. 한 문장 안에서 주어와 서술어가 한 번씩 나오는 문장을 홑문장이라고 한다. 그런데 문장 안에 항상 주어와 서술어가 한 번씩만 나오는 것은 아니다. 상황에 따라 한 번 이상의 주어와 서술어가 나오기도 하는데 이러한 문장을 겹문장이라고 한다. 겹문장은 절과 절의 관계에 따라 다시 안은문장, 안긴문장, 이어진문장으로 나뉜다.

> ① 철수는 밥을 <u>먹는다</u>.
> ② 엄마는 청소를 <u>하신다</u>.
> ③ 나는 밥을 <u>먹고</u>, 동생은 TV를 <u>본다</u>.
> ④ 엄마는 라디오를 <u>들으면서</u> 설거지를 <u>하신다</u>.
> ⑤ 우리는 그가 <u>남자인</u> 것을 <u>안다</u>.
> ⑥ 나는 동생이 집에 <u>돌아간</u> 것을 <u>봤다</u>.

　위 예문에서 ①~②는 주어와 서술어가 한 번씩 들어간 홑문장이고, ③~⑥은 주어와 서술어가 두 번 이상씩 들어간 겹문장이다. 이때 ③~④처럼 두 문장이 이어진 형태로 이루어진 것도 있고, ⑤~⑥처럼 두 문장이 안김과 안음의 형태로 이루어진 것도 있다.

✖ 안은문장과 안긴문장

　안은문장은 둘 이상의 주어와 서술어를 가진 문장에서 문장 바깥쪽에 있는 문장을 말하고, 안긴문장은 둘 이상의 주어와 서술어를 가진 문장에서 문장 안쪽에 있는 문장을 말한다.

> <u>그는</u> 내일 시험이 <u>있다는</u> 얘기를 <u>들었다</u>.

위 문장에서 바깥쪽에 있는 문장인 '그는 들었다'는 안은문장이고, '시험이 있다는'은 안긴문장이다. 이때 안긴문장은 문법적 변화를 통해 명사절, 서술절, 관형절, 부사절, 인용절 다섯 가지 형태로 나타나게 된다.

1. 명사절로 안긴문장

명사절은 문장이 명사의 기능을 하는 성분이다. 즉, 명사형 전성어미 '-(으)ㅁ, -기'가 붙어서 절의 형태를 이룬다. 그런데 의존명사 '것'이 붙어 명사절을 이루는 경우도 있다. 이때는 용언의 기본형에 '-다는 것'이 붙을 때도 있고, 관형사형 전성어미에 '것'이 결합할 때도 있다.

(1) 명사형 전성어미: '-(으)ㅁ, -기'
(2) 의존명사 '것': '-다는 것, -(으)ㄴ/는/(으)ㄹ 것'

> ① 나는 <u>그녀가 전부임</u>을 깨달았다.
> ② 우리는 <u>그가 완쾌했음</u>이 기뻤다.
> ③ 모두가 <u>너의 일이 잘 되기</u>를 바란다.
> ④ <u>지구가 둥글다는 것</u>은 오래 전에 증명됐다.
> ⑤ <u>그가 고향에 돌아간 것</u>이 확실하다.
> ⑥ <u>내가 방금 먹은 것</u>은 바나나다.
> ⑦ 그는 <u>그녀가 우는 것</u>을 봤다.
> ⑧ 나는 <u>그가 올 것</u>을 알고 있다.
> ⑨ 엄마는 <u>우리 가족이 내일 먹을 것</u>을 미리 사 두셨다.

2. 서술절로 안긴문장

서술절은 한 문장이 서술어의 기능을 하는 성분을 말한다. 즉, 주어와 서술어로 이루어진 문장이 또 다른 주어를 서술하는 것이다. 이때 서술절은 하나의 독립된 문장이 되기도 한다.

> ① 철수는 <u>키가 아주 크다</u>.
> ② 이 산은 <u>나무가 많다</u>.
> ③ 서울은 <u>집 마당이 좁다</u>.
> ④ 선생님은 <u>본인이 직접 차를 운전합니다</u>.

예문을 보면 밑줄 친 서술절은 따로 떼어내면 독립된 문장이 된다. 그리고 그 독립된 문장은 하나의 서술어가 되어 또 다른 주어인 '철수, 이 산, 서울, 선생님'을 서술하기도 한다.

3. 관형절로 안긴문장

관형절은 문장이 관형어처럼 바뀌어서 체언을 꾸며주는 역할을 하는 성분을 말한다. 이때 관형절은 관형사형 전성어미가 붙거나 '-라는, -다는, -냐는, -자는'과 같이 '-(   )는'의 형태가 붙어 이루어지기도 한다.

① 나는 <u>내가 직접 그를 만난</u> 기억이 없다.
② <u>충무공이 만든</u> 거북선은 세계 최초의 철갑선이었다.
③ <u>내가 어제 책을 산</u> 서점은 바로 우리 집 옆에 있다.
④ 우리는 <u>사람이 없는</u> 곳을 찾아 나섰다.
⑤ <u>내가 내일 만날</u> 사람은 사장님이다.
⑥ <u>우리가 오후에 먹을</u> 음식은 짜장면이다.
⑦ 나는 <u>그가 착한 사람이라는</u> 생각이 들었다.
⑧ 나는 <u>우리 선수가 좋은 경기를 하고 있다는</u> 소식을 들었다.
⑨ A팀은 <u>B팀이 이 제안을 받아들이겠느냐는</u> 문제 때문에 고민하고 있다.
⑩ 그는 <u>우리가 먼저 적을 공격하자는</u> 제안을 했다.

①~⑥은 관형사형 전성어미가 붙어 안긴문장이 된 것이고, ⑦~⑩은 '-(   )는'의 형태가 붙어 안긴
문장이 된 것이다.

4. 부사절로 안긴문장

부사절은 문장이 부사어처럼 바뀌어서 서술어나 문장을 꾸며주는 역할을 하는 성분을 말한다. 이때
부사절은 부사형 전성어미 '-듯이, -게, -도록'이 붙어 이루어진다.

① 붉은 해가 <u>불이 활활 타듯이</u> 솟아오른다.
② 비가 온 후에 <u>땅이 굳듯이</u> 우리의 우정은 더욱 돈독해졌다.
③ 저 아이는 <u>재주가 있게</u> 생겼다.
④ 내 친구는 항상 <u>기분이 나쁘게</u> 말한다.
⑤ 정부는 <u>외국인이 이곳에서 살도록</u> 허가했다.
⑥ 우리 가족은 <u>태풍 피해가 없도록</u> 조심했다.

5. 인용절로 안긴문장

인용절은 문장에 인용 접사 '-라고'나 '-고'가 붙어 이루어지는 성분을 말한다. 즉, 다른 사람의 말이나
글을 인용한 문장이 하나의 절로서 안긴문장이 되는 것이다.

① 나는 <u>'인류의 진보가 산업혁명과 기술혁명의 결과다.'</u>라고 한 말에 공감한다.
② 그는 <u>"나는 한 번도 진심으로 너를 사랑한 적이 없어."</u>라고 말했다.
③ 찰리 채플린은 책에서 <u>'인생은 가까이서 보면 비극이지만 멀리서 보면 희극이다.'</u>라고 말했다.
④ 우리는 <u>그가 옳지 않은 일을 한다고</u> 판단했다.
⑤ 그는 나에게 <u>내가 정말 매력이 없냐고</u> 물었다.
⑥ 아가씨는 <u>자신이 저 별들의 이름을 다 안다고</u> 말했다.

인용절은 통사적 특징이 독특해서 별도로 인용절로 다루고 있긴 하지만 기능으로 봤을 때는 부사어에
가깝다.

6. 안긴문장의 성분 생략

지금까지 설명한 명사절, 서술절, 관형절, 부사절, 인용절은 주어와 서술어의 성분을 갖추고 있는 완전한 형태의 예문이다. 그러나 상황에 따라서 안은문장과 동일한 성분이 있을 때 안긴문장에서 중복된 성분이 생략될 수도 있다.

> ① 우리는 (우리가) 그와 함께 일하기를 거부했다.
> ② 그는 (그가) 어제 도서관에서 빌린 책을 읽고 있다.
> ③ 그녀는 나에게 (내가/나는) 내일 아홉 시까지 버스 정류장에 나오라고 말했다.

위 예문에서 ①은 명사절, ②는 관형절, ③은 인용절인데 세 문장 모두 안긴문장의 주어가 안은문장의 주어와 동일하여 중복되기 때문에 생략된 것이다. 또한 ②에서는 "(그가) 어제 도서관에서 (책을) 빌렸다."가 안긴문장이 되면서, 목적어 '책을' 역시 안은문장의 목적어와 동일하여 생략되었다.

7. 여러 겹으로 안김

안긴문장 속에 또 다른 안긴문장이 있을 수도 있다. 이 문장은 한 문장 속에 세 개의 안긴문장이 있다. 작은 문장부터 큰 문장의 순서로 구분하면 다음과 같다.

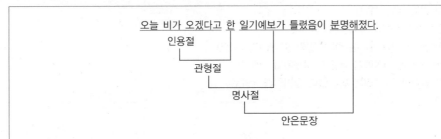

> ① 인용절: 오늘 비가 오겠다고 / 오늘 비가 오겠다.
> ② 관형절: 오늘 비가 오겠다고 한 / 오늘 비가 오겠다고 했다.
> ③ 명사절: 오늘 비가 오겠다고 한 일기예보가 틀렸음 / 오늘 비가 오겠다고 한 일기예보가 틀렸다.
> ④ 안은문장: 오늘 비가 오겠다고 한 일기예보가 틀렸음이 분명해졌다.

✖ 관형절

관형사형 어미와 결합하여 관형어의 구실을 하는 절이다. 문장의 종결형에 '-(고 하)는'과 같은 관형사형 어미가 붙거나, 종결형 어미의 자리에 '-(으)ㄹ/ㄴ'과 같은 관형사형 어미가 붙어 뒤의 체언을 꾸민다. 관형절에는 수식(관형절)과 피수식어(체언)의 정보가 일치하는 동격 관형절과 수식어인 관형절을 이루는 성분 중 일부가 생략되었을 경우 수식어와 피수식어의 정보가 불일치하게 되는 관계 관형절이 있다.

1. 관계 관형절: 피수식어가 문장의 한 성분이 된다.
2. 동격 관형절(보문 관형절): 피수식어와 관형절이 같은 의미를 갖는다.

✖ 이어진문장

홑문장 두 개가 이어지는 방법이 어떠한가에 따라 대등하게 이어진문장과 종속적으로 이어진문장으로 나뉜다.

대등하게 이어진문장은 "인생은 짧고 예술은 길다.", "눈은 내리지만, 날씨가 춥지는 않다."와 같은 문장을 말한다. 이어지는 홑문장들의 의미 관계가 대등하다고 볼 수 있기 때문이다. 대등하게 이어진문장에서 앞절은 뒷절과 '-고, -(으)며, -든지, -지만'은 나열, 대조 등의 관계를 가진다.

> ① 낮말은 새가 <u>듣고</u>, 밤말은 쥐가 듣는다. (나열)
> ② 호랑이는 죽어서 가죽을 <u>남기지만</u>, 사람은 죽어서 이름을 남긴다. (대조)

종속적으로 이어진문장은 앞절과 뒷절의 의미가 독립적이지 못하고 종속적인 관계에 있는 문장을 말한다. 이때 앞절과 뒷절이 어떠한 의미 관계를 가지느냐에 따라 다양한 종속적 연결어미가 사용된다.

'-아/어서'는 원인, '-(으)면'은 조건, '-(으)려고'는 의도, '-(으)ㄴ/는데'는 배경, '-(으)ㄹ지라도'는 양보의 의미를 띤다.

> ③ <u>비가 와서</u> 길이 질다. (원인)
> ④ 기업이 <u>없으면</u> 근로자도 없다. (조건)
> ⑤ 한라산 등반을 <u>하려고</u> 우리는 아침 일찍 일어났다. (의도)
> ⑥ 내가 집에 <u>가는데</u>, 저쪽에서 누군가 달려왔다. (배경)
> ⑦ 설령 비가 <u>올지라도</u>, 우리는 어김없이 출발한다. (양보)

✖ 전성어미

주로 서술어의 기능을 하는 용언(동사, 형용사, 지정사)을 명사, 관형사, 부사 등이 하는 기능을 하도록 전성시키는 구실을 하는 어미이다.

1. 명사형 전성어미 '-(으)ㅁ, -기': 용언의 어간에 결합하여 용언으로 하여금 명사와 같은 기능을 한다.
2. 관형사형 전성어미 '-(으)ㄴ, -는, -(으)ㄹ': 용언의 어간에 결합하여 용언으로 하여금 관형사와 같은 기능을 한다.
3. 부사형 전성어미 '-고서, -게, -도록, -듯이': 용언의 어간에 결합하여 용언으로 하여금 부사와 같은 기능을 한다.

✖ 연결어미

어말어미의 한 갈래로서 용언 어간 뒤에 붙어 한 문장을 끝맺어 주지 않고 용언과 뒤에 오는 단어, 단어 결합 혹은 문장의 부분과 부분을 여러 가지 관계로 연결하여 주는 어말어미이다. 한 연결어미는 어느 한 문장에서 한 가지 뜻을 가진 관계만을 나타내나 같은 형태를 가진 어미가 부동한 문장에서 서술어로 쓰일 때는 같지 않은 의미를 가지면서 같지 않은 역할을 하게 된다. 그러므로 어떤 어미는 여러 가지 의미와 기능을 가진다. 의미와 기능에 따라 연결어미는 대등적 연결어미, 종속적 연결어미, 보조적 연결어미로 구분된다.

1. 대등적 연결어미: 뒤에 오는 문장을 대등한 자격으로 이어주는 기능을 하는 연결어미

> -(으)고, -(으)며, -(으)나, -든지, -지만…

2. 종속적 연결어미: 앞의 문장을 뒤의 문장에 종속적인 관계로써 이어주는 기능을 하는 연결어미

> -(으)면, -(으)니, -(으)ㄴ/는데, -(으)니까, -(으)므로…

3. 보조적 연결어미: 보조적 용언을 본 용언에 이어주는 기능을 하는 연결어미

> -아/어, -고…

4. 선어말어미: 어간 뒤에 그리고 어말어미 앞에 오는 여러 어미들을 말한다. 선어말어미는 문법적 기능의 측면에서 주체 높임, 시상, 양태 등의 문법적 범주를 표시한다. 선어말어미는 어말어미와 본질적으로 차이가 있다. 어말어미는 동사나 형용사, '이다'의 활용에 필수적인 반면, 선어말어미는 문법적 기능을 표시하기 위해 수의적(자기 뜻대로 함)으로 사용된다.

5. 시상 선어말어미: 시상 선어말어미에는 '-았/었-, -겠-, -더-' 등이 있다.

✘ 문장 종결법

말하는 사람은 자신의 의도에 맞는 적절한 종결어미를 선택하여 상대방에게 자신의 생각이나 느낌을 표현한다. 문장 종결어미의 형태는 일상생활 속에서 상황에 따라 다양하게 나타난다. 일반적으로 말하는 사람과 듣는 사람의 친한 정도나 나이의 많고 적음, 지위의 높고 낮음에 따라 구분되어 쓰인다. 또 말을 하는 상황이 격식을 갖추어야 하는 공식적인 경우인지 아닌지에 따라 달라진다.

> ① 우리 민족은 흰 옷을 즐겨 입는 <u>민족이다</u>. (평서문의 해라체)
> ② 자네 어디까지 <u>왔나</u>? (의문문의 하게체)
> ③ 이 녀석을 낳느라고 몸이 많이 <u>약해졌구려</u>. (감탄문의 하오체)
> ④ 그러면 5,500원을 <u>주십시오</u>. (명령문의 합쇼체)
> ⑤ 여기에 한번 올라와 <u>보시죠</u>. (청유문의 해요체)

그리고 하나의 종결어미가 하나의 문장 종결법과 반드시 일치하여 일대일의 대응 관계가 성립해야만 하는 것이 아니라 상황에 따라 다대다 대응 관계를 가지기도 한다. 예컨대 '-아/어라'는 일반적으로 명령문에 쓰이지만 때에 따라서는 감탄문에도 쓰일 수 있다.

> ⑥ 얘야, 밥 좀 많이 <u>먹어라</u>. (명령문)
> ⑦ 함께 살고 같이 누릴 삼천 리 강산에 아아, 우리들은 <u>살았어라</u>. (감탄문)

✖ 객체 높임법

동작의 대상인 객체(목적어, 부사어)를 높이는 높임법이다. 서술어에 객체를 높이는 특수 어휘(드리다, 뵙다, 여쭙다, 모시다 등)를 사용한다.

> ① 제가 <u>모셔다 드리겠습니다</u>.
> ② 아버지가 할아버지께 뭔가 <u>드렸습니다</u>.
>
> ※ **높임법의 비교**
>   주다 → 주시다 → 주시게, 주시어요 → 주시옵니다 → 드리다
>   (주체)   (상대)   (공손)   (객체)

'계시다, 안 계시다'는 직접 높임에 사용하고, '있으시다, 없으시다'는 간접 높임에 사용한다.

> ① 어머님이 집에 <u>계셨으나</u>, 돈은 <u>없으셨어요</u>.
> ② 아무 말씀도 <u>없으신</u> 채, 그분이 앉아 <u>계셨지요</u>.

✖ 주체 높임법

주체 높임법은 문장의 주체가 되는 사람, 즉 주어를 높이는 방법으로 말하는 사람이 주체에 대해 존경하거나 공경하는 뜻을 나타낸다. 주체를 높이는 조건은 나이, 사회적 지위 등이 될 수 있고 문장의 주어는 이인칭이나 삼인칭이 되어야 한다. 말하는 자신을 직접 높일 수는 없기 때문에 일인칭 주어는 주체 높임이 될 수 없다.

> 화자: 나
>
> 어머니, 선생님께서 오셨습니다.
> (청자존대) (주체존대)
> 어머니>나 선생님>나

주체를 높이는 대표적인 방법은 동사, 형용사, '명사-이다'의 어간 뒤에 높임의 어미 '-(으)시-'를 붙이는 것이다.

> ① 어제 할아버지께서 서울에 오셨습니다.
> ② 어머니는 책을 많이 읽으십니다.
> ③ 저분이 우리 선생님이십니다.

이외에도 주체를 가리키는 주어 뒤에 붙는 조사를 높임을 나타내는 조사로 바꿔 주기도 한다.

---

① 선생님이 우리를 칭찬하셨다.
  → 선생님<u>께서</u> 우리를 칭찬하<u>셨</u>다.
② 아버지는 회사에 다니신다.
  → 아버지<u>께서는</u> 회사에 다니<u>신</u>다.

요즘은 아주 격식을 차려서 말해야 하는 공식적인 자리에서나 깍듯이 존대해야 할 사람에게 '께서'를 써서 높인다. 그러나 일상 대화에서는 높여야 할 대상임에도 거의 '께서'를 사용하지 않고 동사나 형용사에 '-(으)시-'를 쓰는 것만으로도 충분히 높였다고 생각한다. 그러나 다음과 같이 높임을 나타내는 조사는 붙이면서 서술어에 높임 표현을 쓰지 않는 문장은 사용할 수 없다.

아버지<u>께서는</u> 회사에 다닙니다. (×)

✖ 상대 높임법

상대 높임법은 말하는 사람이 듣는 사람을 높이거나 높이지 않고 말하는 방법으로, 문장 끝의 서술어 어간 뒤에 여러 종결어미를 붙여 나타낸다.

---

① 선생님, 저는 책 읽는 것을 <u>좋아합니다</u>.
② 철수야, 나는 책 읽는 것을 <u>좋아한다</u>.
③ 철수 군, 나는 책 읽는 것을 <u>좋아하네</u>.

'좋아하다'가 말하는 사람과 듣는 사람의 나이, 사회적 지위, 친분 관계 등에 따라 '좋아합니다', '좋아한다'로 달리 표현되었다. '좋아합니다'는 듣는 사람 '선생님'을 높인 표현이고, '좋아한다'는 듣는 사람 '철수'를 높이지 않은 표현이다.

이처럼 상대 높임법은 말하는 사람이 나이, 신분, 지위, 친분 관계를 고려하여, 문장 끝의 서술어에 듣는 사람을 높이거나 높이지 않는 기능을 하는 종결어미를 붙이는 것을 말한다.

✖ 격식체 · 비격식체

1. 격식체: 격식체는 의례적이며, 표현이 직접적이고 객관적이어서 공식적인 자리 또는 화자와 청자 사이에 친분이 없어 서먹서먹한 관계일 때 쓰인다. 한국어에서는 보통 대화 중 격식체와 비격식체의 '-아/어요'체를 섞어 쓴다. 그러나 공적인 일이나, 정식으로 예의를 지켜야 할 공석에선 격식체의 존댓말을 쓰는 것이 상식이다.

> ① 서두르세요. 곧 차가 올 겁니다.
> ② 좀 쉽시다. 그리고 커피 한 잔씩 마시지요.
> ③ 어서 드세요. 음식은 또 있습니다.

2. 비격식체: 비격식체는 격식을 덜 차려서 부드럽고 주관적인 느낌을 준다. 따라서, 아주 가까운 사이이거나 친근감이 있는 청자에게 사용한다. 비격식체의 존대형은 하대형에 '-요'를 붙여 쓴다.

3. 존대형: 화자가 청자에 대하여 당연히 표시해야 할 존경을 나타내고, 청자에 대한 대우와 함께 화자의 겸양이 나타나므로 정중한 대화나 공식석상에서 화자가 청자를 아주 높이는 경우에 쓰인다. 또한 화자가 청자를 처음 만났을 때나, 서로 잘 모르는 경우에는 화자, 청자의 사회적 높낮이와 관계없이 쓰이기도 한다.

> ① 철수가 집에 갑니다.
> ② 동생이 밥을 먹습니다.
> ③ 천천히 말씀하십시오.

4. 중립형: 나이가 많거나 사회적 지위가 높은 화자가 자기보다 낮은 청자를 아주 낮추지 않고 어느 정도 대우하는 경우에 쓴다. 따라서 이것은 청자가 어느 정도 나이가 든 사람일 경우에 어울리는 표현이다. 또한 나이가 많은 동년배끼리도 사용한다.

> ① 여보게, 난 내일 미국으로 떠나네.
> ② 내일 누가 오는가?
> ③ 지금 바로 사무실로 오게.

5. 하대형: 사회적 지위가 높거나 나이가 많은 사람이 나이 어린 사람에게 쓰는 것이지만, 비슷한 나이의 사람들끼리 서로 가까운 사이일 경우에도 쓴다. 이때, 나이가 비슷하지만 중년 이상일 경우에는 중립형을 쓴다. 그리고 신문이나 잡지 등 특정한 개인을 상대로 하지 않는 표현에도 하대형이 쓰이는데, 이때 독자를 낮추는 뜻은 없다.

> ① 영희는 지금 잔다.
> ② 학교에 늦을라. 서둘러라.
> ③ 이번 주말에 백화점에 구경가자.

6. 화자가 특별히 공손한 뜻을 나타낼 때, 청자를 높이기 위하여 '-(으)옵-, -삽/시옵/사오-, -잡/자옵/자오-'를 쓰는 일도 있다. 이는 옛날에는 많이 쓰였으나, 현재 일반 대화에선 거의 쓰이지 않는다.

> ① 그동안 안녕하셨사옵니까?
> ② 안녕히 계시옵소서.

✖ 시제

1. **과거형**: 한국어의 과거 시제는 동사와 형용사의 어간에 과거 시제를 나타내는 어미 '-았/었/였-'을 붙여 쓴다. 어간의 모음이 'ㅏ, ㅗ'일 때는 '-았-'을 붙이고, '하다' 동사는 '-였-'을 쓰고 그 외의 모음일 때는 '-었-'을 붙인다.

> ① 어제 지은이와 같이 밥을 먹었습니다.
> ② 제가 여행을 간 동안에는 비가 오지 않았습니다.
> ③ 지난주 승관이와 함께 도서관에서 공부를 했습니다.

2. **현재형**: 사물의 성질이나 현재의 상태, 반복되는 동작이나 습관 그리고 불변의 진리를 현재형으로 표현하고, 또한 발화시 이후에 사건이 일어나도 그것이 예정된 일이면 현재형으로 표현한다.

> ① 책상 위에 책이 <u>있습니다</u>.
> ② 해가 <u>진다</u>.
> ③ 내년에 <u>졸업해요</u>.

3. **미래형**: 미래형은 '-겠-'으로 나타낸다. 주어가 일인칭일 때 의지를 나타내고, 삼인칭일 때 추측을 나타낸다.

> ① 잠시 후에 세 시가 <u>되겠습니다</u>.
> ② 내일은 오전에 비가 <u>오겠습니다</u>.
> ③ 다음 달에 중국에 <u>가겠어요</u>.
> ④ 저는 선생님이 <u>되겠어요</u>.

✖ 양태 표현

사람들은 말할 때 단순히 사실만을 전달하는 것은 아니다. 그 사실에 대한 감정, 판단, 느낌, 태도 등도 함께 전달한다.

> ① 기환이는 벌써 갔다.: '기환이가 갔다'는 사실을 단순히 서술한 문장
> ② 기환이는 벌써 갔을걸.: '갔다'고 추측하는 의미
> ③ 기환이는 벌써 갔구나.: 말하는 사람이 뒤늦게 알게 되었다는 의미
> ④ 기환이는 벌써 갔지?: 듣는 사람에게 확인하는 의미

사람이 어떠한 태도로 말하고 있는지를 각각 어미 '-ㄴ다/는다/다, -(으)ㄹ걸, -(는)구나, -지'로 알 수 있다. 말하는 사람의 판단이나 태도는 다음과 같이 대화에 영향을 미친다.

> 윤수: 김 과장님이 부산에 도착했을까?
> 누리: ㄱ. 도착하셨을걸. 오전에 떠난다고 연락이 왔었거든.
>   ㄴ. 도착했어. 오전에 떠난다고 연락이 왔었거든. (×)

윤수: 요새 잘 안 보이던데, 어디 다녀왔어?
누리: 응, 잠깐 휴가 다녀왔어. 그동안 별 일 없었지?
윤수: ㄱ. 응, 그랬구나. 난 또 회사를 옮겼나 그랬어.
　　　ㄴ. 응, 그랬어. 난 또 회사를 옮겼나 그랬어. (×)

이처럼 문장은 단순히 사실만을 나타내는 것이 아니라 사실에 대한 말하는 사람의 확신, 추측 또는 새롭게 알게 되었거나 상대방도 알고 있을 것이라고 생각하는 믿음 등을 함께 나타낸다. 이외에도 말하는 사람의 바람, 의도, 의무 등도 나타낼 수 있다.

① 말하는 사람의 바람이나 희망: 아, 여행 가고 싶어.
　　　　　　　　　　　　　　일이 잘 되어야 하는데.
② 말하는 사람의 의도나 의지: 청소는 제가 할게요.
　　　　　　　　　　　　　이번 방학에는 운전을 배우려고 해요.
③ 말하는 사람의 의무 사항: 이 일은 다섯 시까지 끝내야 합니다.
　　　　　　　　　　　　내일은 일찍 오지 않으면 안 됩니다.

결국 문장은 말하는 사람의 확신, 추측, 바람, 의도나 행위를 하는 사람의 의무, 능력 등의 의미를 함께 나타내기도 한다. 말하는 사람이나 행위를 하는 사람의 이러한 심리적 태도를 나타내는 문법 범주를 양태 또는 양태 서법이라고 한다.

❅ 사동 · 피동

'사동'이란 "동생이 아기를 울린다."처럼 남에게 어떤 동작을 하게 하는 행위를 말한다. 즉, '사동'의 '사(使)'는 '시키다, 부리다'라는 뜻으로 앞의 예문에서 '울린다'는 '울게 한다, 울게 만든다, 울도록 시킨다'를 뜻한다. 사동법은 "개그맨이 사람들을 웃긴다."와 같이 자동사나 타동사, 또는 형용사에 접미사 '-이-, -히-, -리-, -기-, -우-, -구-, -추-' 등을 결합한 사동사에 의한 방법과 "선생님이 학생들에게 앞치마를 만들게 했다."와 같이 주동사에 '-게 하다'를 결합하여 사동의 의미를 지니게 하는 방법이 있다.

사동사에 의한 사동법
① 의사가 그 환자를 살렸다. (자동사 → 사동사)
② 엄마가 아이에게 옷을 입혔다. (타동사 → 사동사)
③ 건물의 기둥을 높이자. (형용사 → 사동사)

'-게 하다'에 의한 사동법
① 나는 아이들을 내 방에서 놀게 했다.
② 학교에 가게 해주세요.
③ 엄마가 아이에게 옷을 입게 했다.

'피동'이란 "도둑이 경찰에게 잡혔다."처럼 사물이나 사람이 스스로 행하는 것이 아니라 남에 의해 움직이게 되는 것을 말한다. 즉, 피동의 '피(被)'는 '당하다, 입다'라는 뜻으로 앞의 예문에서 '잡혔다'는 '잡힘을 당하다'를 뜻한다. 피동문은 "아기가 엄마에게 안기다."와 같이 피동사에 의한 것과 "새로운 사실이 김 형사에 의해 밝혀졌다."와 같이 '-아지다/-어지다'에 의한 것이 있다. '-이-, -히-, -리-, -기-'나 '-되다, -아/어지다' 등이 결합하여 피동사가 되거나 피동의 의미를 지니게 된다.

① 동생이 언니에게(언니한테) 업혔다.
② 토끼가 사자에게 쫓긴다.
③ 오늘 경찰에 의해 새로운 사실이 밝혀졌다.
④ 진영이와 혜수의 오해가 오늘에서야 비로소 풀어졌다.

✖ 장형 사동과 단형 사동

사동문의 형성 방법

유형	사동법	용례	비고
단형 사동	용언 어근 + 이, 히, 리, 기, 우, 구, 추 → 사동사	속이다, 묻히다, 들리다, 맡기다, 비우다, 솟구다, 낮추다	시키-
	용언 어근 + {이} + {우} → 사동문	세우다, 재우다	
장형 사동	용언 어간 + -게 하다 → 사동문	속게 하다, 묻게 하다, 들게 하다, 맡게 하다, 비게 하다, 솟게 하다	
	단형 사동 + -게 하다 → 사동문	낮추게 하다, 세우게 하다, 재우게 하다	

모든 경우에 장형과 단형이 나란히 성립하는 것은 아니고 어떤 때는 장형만이, 어떤 때는 단형만이 가능하기도 하므로 그때 양자 간의 어떤 의미 차이가 있음을 보게 된다.

1. 장형 사동: 간접 사동. 사동주는 피사동주가 어떤 행위를 하도록 이야기만 할 뿐 사동주 자신이 그 행위에 참여하지 않는 사동을 말한다.

어머니가 아이에게 밥을 먹게 했다.

2. 단형 사동: 직접 사동. 사동주 자신이 행위에 직접 참여하는 것을 말한다.

어머니가 아이에게 밥을 먹였다.

그러나 직접 사동과 간접 사동에 대한 해석은 반드시 장형, 단형이라는 사동의 형식이나 객관적인 상황에만 좌우되는 것은 아니다. 예를 들어 '차를 태우다'와 '차를 타게 하다'를 비교해 보면, '차를 태우다'는 사동주가 피사동주를 안아서 차에 올려놓는다든지 하는 식으로 사동주의 물리적인 힘이 작용하는 것으로 해석된다. 그러나 다음 예문을 비교해 보면 그것이 꼭 장형, 단형의 차이에서 말미암는 것이 아니라는 것을 알 수 있다.

> ① (장애인에게 양보를 하자는 취지에서) 장애인을 먼저 타게 합시다.
> ② (막 출발하려는 차를 향해 손을 흔들면서) 나 좀 태워 주세요.

실제로는 간접 사동인 ①에서 장애인의 휠체어를 들어 준다든지 해서 사동주가 보다 적극적으로 개입할 수도 있고, ②에서는 그저 차를 세워 주기만 하면 되는 것이다. 그렇지만 ①에서는 피사동주(장애인)의 자발적 의지를 존중하기 위해 장형 사동을 썼고, 반면에 ②에서는 사동주(운전자)의 선택이 절대적이므로 단형 사동을 썼다.

단형과 장형이 모두 성립하는 경우에는, 단형 사동이 간접 사동으로 해석되더라도 대응되는 장형 사동보다는 더 직접적이고 적극적인 사역을 나타낸다.

✖ 보조용언

1. 보조동사

(1) 동사 뒤에서 '-어 보다' 구성으로 쓰여 어떤 행동을 시험 삼아 함을 나타내는 말

(2) 동사 뒤에서 '-어 보다' 구성으로 쓰여 어떤 일을 경험함을 나타내는 말

(3) 동사 뒤에서 '-고 보니, -고 보면' 구성으로 쓰여 앞말이 뜻하는 행동을 하고 난 후에 뒷말이 뜻하는 사실을 새로 깨닫게 되거나, 뒷말이 뜻하는 상태로 됨을 나타내는 말

(4) 동사 뒤에서 '-다(가) 보니, -다(가) 보면' 구성으로 쓰여 앞말이 뜻하는 행동을 하는 과정에서 뒷말이 뜻하는 사실을 새로 깨닫게 되거나, 뒷말이 뜻하는 상태로 됨을 나타내는 말

2. 보조형용사

(1) 동사나 형용사, '이다' 뒤에서 '-(으)ㄴ가/는가/나 보다' 구성으로 쓰여 앞말이 뜻하는 행동이나 상태를 추측하거나 어렴풋이 인식하고 있음을 나타내는 말

(2) 동사 뒤에서 '-을까 보다' 구성으로 쓰여 앞말이 뜻하는 행동을 할 의도를 가지고 있음을 나타내는 말

(3) 동사나 형용사, '이다' 뒤에서 '-을까 봐, -을까 봐서' 구성으로 쓰여 앞말이 뜻하는 상황이 될 것 같아 걱정하거나 두려워함을 나타내는 말

(4) 형용사나 '이다' 뒤에서 '-다 보니, -고 보니' 구성으로 쓰여 앞말이 뜻하는 상태가 뒷말의 이유나 원인이 됨을 나타내는 말

✖ 직시

우리가 말을 하면서 특정 대상을 직접적으로 지시하는 것을 직시(Deixis)라고 한다. 이런 직시의 목적을 달성하기 위해 사용되는 언어적 형태를 직시 표현이라고 한다. 직시의 유형에는 인칭 직시(나, 너, 그/그녀, 이/그/저 사람…), 시간 직시(어제, 오늘, 내일…), 장소 직시(여기, 저기, 거기…), 담화 직시(앞, 위, 다음, 아래…), 사회 직시(저, -으십시오…) 등이 있다.

✖ 등급 함축

Gazdar(1979)는 '일반 양의 함축(Generalized Quantity Implicature)'을 '등급 양의 함축(Scalar Quantity Implicature)'과 '절 양의 함축(Clausal Quantity Implicature)'으로 분류하였고, Levinson (1983: 133~135)는 언어적 등급(Linguistic Scale)은 정보성(Informativeness)이나 의미론적 강도의 정도에 따라 직선적으로 나열될 수 있는 동일한 문법적 범주의 대조적인 표현들로 구성된 것을 등급 함축이라 말하였다. 간단하게 말하자면, 등급 함축이란 화자가 등급(Scale)을 표현하는 단어를 사용함으로써 발생하는 함축을 말한다.

① 전부(모두), 대부분, 약간(조금)
② 항상(언제나), 늘, 자주, 가끔(종종)
③ 뜨겁다, 뜨끈하다, 뜨뜻하다, 미지근하다
④ 차갑다, 쌀쌀하다, 서늘하다, 시원하다

위와 같은 단어를 이용한 등급 함축의 예시문장을 보자.

나는 이번 모임에서 대부분의 회원을 만날 수 있었다.

이 문장을 보면 화자가 '대부분'을 사용했기 때문에, 그가 만난 회원수가 '전부'가 아님을 알 수 있고, 이 값이 갖는 의미가 이 값보다 상위에 있는 모든 값을 부정하는 함축 문장을 가지게 되는 것이다. 즉, '대부분'은 그보다 상위에 있는 '전부'의 부정인 "전부가 아니다."라는 문장을 함축하고 있다는 것을 알 수 있다.

✖ 절 함축

절 함축이란 복합문 속의 내포문, 곧 절의 명제 내용에 대한 함축을 의미하는데, 다시 말하자면 내포문의 명제 내용을 확신하는 강한 표현보다 내포문 명제 내용을 확신하지 못하는 약한 표현을 사용하게 되면, "화자가 강한 입장이 아니다."라는 것을 함축하게 된다.

나는 창수가 도와줄 것이라고 믿는다.

이 문장에서 화자는 '창수가 도와줄 것'이라는 내포문 명제 내용에 대해서 강한 표현을 할 형편에 있지 않음을 함축한다는 것을 알 수 있다. 즉, 창수가 도와주지 않을 가능성도 있다는 것을 함축한다. 여기서 절 함축은 내포문을 가진 서술어가 강한 표현의 서술어를 사용하지 않고 약한 표현의 서술어를 사용해 내포문의 명제 내용에 대해서 강한 표현을 할만한 근거가 없음을 함축하고 있다는 것을 알 수가 있다.

① 딸 아니면 아들이 집에 왔다 갔다.
② 딸과 아들이 집에 왔다 갔다.

①은 딸과 아들 가운데 어느 한 사람이 집에 왔다 갔지만, 누가 왔다 갔는지 분명히 알 수가 없다. 만일 딸과 아들 둘 다 다녀간 것이 확실할 경우엔 ②를 사용하겠지만, 확실한 근거가 없을 경우에는 ①을 사용할 것이다. 여기에서 강한 표현을 할만한 근거가 없음을 함축하고 있다는 것을 알 수가 있다.

여기서 유의할 점은, 절 함축은 약한 형태와 강한 형태가 쌍을 이루고 있음을 전제한다는 것과, 강한 형태를 사용할만한 처지가 아님을 함축한다는 것을 알아야 한다.

✖ 전제 · 함의

문장에는 단어의 의미들 이외에 보이지 않는 또 다른 의미가 숨어 있는 경우가 있다. 예를 들어 "친구에게 답장을 보냈다."라는 문장에는 "친구에게서 편지를 받았다."라는 의미가 숨어 있는 것이다. 이처럼 하나의 문장에 숨어 있는 다른 의미로는 전제와 함의가 있다. 한 문장의 의미내용이 진위 여부에 상관없이 항상 참인 문장의 의미관계로 어떤 문장이 참이 되도록 하기 위해 필요한 혹은 이미 참임이 보장된 다른 명제를 전제라 하고, 문장의 의미내용이 참이고, 이 문장에서 파생된 문장이 반드시 참일 때 두 문장 사이의 의미관계를 함의라고 한다. 전제와 함의의 관계를 간략히 정리하면 다음과 같다.

① 술 한 잔 더하고 갑시다. → 바로 전에 술을 마셨다. (전제)
② 철이는 영이에게 돈을 갚았다. → 철이는 영이에게 돈을 빌렸다. (전제)
③ 철이가 영이를 일으켰다. → 영이가 넘어졌다. (함의)
④ 철이와 영이는 이혼했다. → 철이와 영이는 결혼했다. (함의)

그러나 전제는 주문장이 부정될 경우 그 영향을 받지 않는 데 비해 함의는 주문장이 부정될 때 그 의미가 보존되지 않는 특성을 지닌다.

✖ 전제 유발 장치

전제는 특정 단어나 문장 구조에 의해서 생성되는 경우가 많다. 전제를 생성하는 단어나 문장 구조를 전제 유발 장치라고 한다. 전형적인 전제 유발 장치에는 고유명사, 한정적 기술, 사실동사, 판단동사, 상태변화동사, 반복 표현, 수량사, 분열문, 부사절, 비교 표현 등이 있다.

✖ 유의 관계(유의어)

동의 관계를 이루는 동의어들은 엄격한 의미에서는 교체가 될 수 없으므로 유의어라고 부르기도 한다. 유의어는 소리는 다르지만 서로 간의 의미가 비슷한 단어들을 말한다. 영어의 '죽다'의 경우 'Pass Over, Die, Kick The Bucket'은 엄밀한 의미에서의 동의어는 아니다. '죽다'의 예를 보면 '돌아가시다, 숨을 거두다, 운명을 달리 하셨다, 뻗었다'처럼 인지적 · 문체적 · 감정적 뉘앙스가 서로 다른 동의어들이 대부분이다.

✶ 반의 관계(반의어)

의미 관계에 있어서 서로 대립하고 있는 둘 이상의 단어들을 말한다. 반의 관계이기 위해서는 단어들 사이에 공통적인 의미 요소가 있으면서 한 개의 요소만 달라야 한다.

남자 – 여자	길다 – 짧다	덥다 – 춥다	앞 – 뒤
참 – 거짓	좋다 – 나쁘다		

✶ 상보반의어 · 정도반의어 · 방향반의어

1. 상보반의어: 철저히 양분되는 상보적 반의어로 두 단어 사이에 중간 등급의 단계가 없다.
   (1) 단언과 부정에 대한 상호 함의 관계가 성립한다(중립 지역이 존재하지 않음).

   > 갑은 남자다. → 갑은 여자가 아니다.

   (2) 동시에 긍정하거나 부정하면 모순이 일어난다.

   > 갑은 남자이기도 하고 여자이기도 하다.

   (3) 정도어로서 수식이 불가능하고 비교 표현도 불가능하다.

   > 갑은 매우 남자이다. 갑은 을보다 더 남자이다.

   (4) 평가의 기준이 절대적이다(어떤 시대 어떤 지역에서도 남자/여자의 대립은 뚜렷이 구별됨).

2. 정도(등급)반의어: 두 단어 사이에 중간 등급이나 정도를 나타내거나 상정할 수 있는 반의어로 정도를 나타내는 수식어의 꾸밈을 받을 수 있다.
   (1) 단언과 부정에 대한 일방함의가 성립한다. 즉, 한쪽의 단언은 다른 쪽의 부정을 함의하나, 한쪽의 부정은 다른 쪽의 단언을 함의하지 않는다.

   > ① 다른 쪽의 부정 함의: 이 연필이 길다. (단언) → 이 연필은 짧지 않다.
   > ② 다른 쪽의 단언 함의하지 않음: 이 연필은 짧지 않다. (부정) → 이 연필은 길다.

   (2) 두 어휘 항목을 동시에 부정해도 모순되지 않는다. 즉, 중립지역이 존재한다.

   > 이 연필은 길지도 않고 짧지도 않다.

(3) 정도 부사로 수식이 가능하고, 비교 표현이 가능하다.

> 그는 매우 크다.　　　　그는 그녀보다 더 크다.

(4) 평가의 기준이 상대적이다.

> 작은 코끼리　　　　큰 개미

3. 방향반의어: 맞선 방향으로 이동을 나타내는 대립 쌍을 말한다.

> 가다 – 오다　　　시작 – 끝　　　위 – 아래　　　주다 – 받다　　　앞 – 뒤

✖ 상하 관계(상위어 · 하위어)

　　상하 관계(hyponymy)는 어휘소의 의미에 대한 계층적 구조로서, 한쪽이 의미상 다른 쪽을 포함하거나 다른 쪽에 포함되는 관계를 말한다. 상하 관계를 이루는 말 중에서 외연이 넓은 것을 상위어(상의어)라고 하고, 외연이 좁은 것을 하위어(하의어)라고 한다. 상위어와 하위어는 내포의 관점에서는 정반대이다. '장미'는 '꽃'의 하위어이고, '꽃'은 '장미'의 상위어이다.

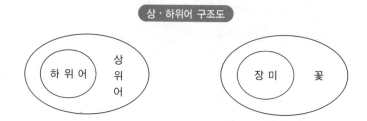

상 · 하위어 구조도

✖ 관용어

　　관용어는 언어 내외적인 조건을 갖춘 협의의 관용 표현을 대표하는 용어로 관용적인 단어, 구절, 문장을 모두 포괄하는 말로 쓰인다. 관용어는 본질적으로 중의성, 비합성성, 불투명성이라는 의미 특성을 가진다. 즉, 1차적으로는 축자 의미로 해석되고 2차적으로는 관용 의미로 해석되는 중의성을 가진다. 그리고 관용어의 의미는 각 구성 요소들의 축자 의미의 합과는 무관한 제3의 의미를 가지므로 비합성성을 가진다. 또한 축자 의미와 관용 의미 사이에 예측 가능성 또는 의미의 유연성이 없으므로 불투명성을 띤다.

✖ 관용 표현

관용 표현에는 보통 연어(連語)나 속담이 포함된다(예 눈이 높다, 마음을 먹다…). 외국어를 배울 때 어려움을 겪게 되는 어휘군 중의 하나가 바로 관용 표현이다. 관용 표현은 언중의 생활과 문화 속에서 역사적으로 형성된 것이기 때문에 배경지식을 갖고 있어야 상황에 맞는 관용 표현을 구사할 수 있다. 외국인의 경우는 관용 표현의 구사 능력이 전체 언어 능력과도 결부되어 적절하게 관용 표현을 사용하지 못하면 너무 진지하고 사무적이라는 평판을 받게 되고, 다양한 관용 표현을 올바른 문맥에 사용하게 되면 멋있고 좋은 외국인이라는 인상을 갖게 된다고 한다. 그러므로 관용 표현의 학습과 사용에 대한 교육이 필요하다.

✖ 다의 관계(다의어)

다의 관계(polysemy)는 하나의 어휘소에 둘 이상의 관계를 유지하고 있는 복합적 의미 관계이다. 다의어는 어원의 동질성과 의미의 유연성에 따라 동음이의어와 구분된다. 다의어는 기본의미(중심의미)와 파생의미(주변의미)의 다발로 이루어져 있다. 예를 들어 '먹다'는 기본의미로 "음식을 먹다."의 의미를 가지는데 그 외에도 '마음을 먹다, 나이를 먹다, 더위를 먹다, 욕을 먹다, 종이가 물을 먹다' 등의 여러 파생의미를 가진다. '먹다'가 모두 조금씩 다른 뜻으로 사용되었지만 무엇인가를 보태거나 더한다는 뜻으로 연결되어 있다. 이처럼 다의어는 조금씩 다른 의미를 가지지만 연결되어 있는 단어를 뜻한다.

✖ 동음 관계(동음이의어)

표면상으로는 하나의 어휘에 전혀 다른 의미들이 대응하고 있어서 다의어와 비슷해 보인다. 그러나 동음 관계(homonymy)는 하나의 표현에 여러 개의 의미가 대응되는 복합적 의미 관계이다. 형태(소리)만 같을 뿐 그 속에 담겨 있는 의미는 다르다.

> ① 동형태(동철자): 배(梨, pear) – 배(腹, stomach) – 배(舟, ship)
> ② 이형태(이철자): 가치 VS. 같이[가치]

✖ 완곡어 · 금기어

금기어는 불쾌한 연상을 동반하거나 점잖지 못하다는 느낌을 주는 말이고, 완곡어는 금기어의 부정적 느낌을 제거하는 수단으로 대체하여 사용하는 말이다.

> 똥 – 대변   송장 – 시신   천연두 – 마마
> 식모 – 가정부   파출부 – 가사 도우미

외래어(차용어)

원래 외국어였던 것이 국어의 체계에 동화되어 사회적으로 그 사용이 허용된 단어를 외래어라고 한다. 고유어에 완전히 동화된 귀화어에는 네덜란드어의 고무(Gomu), 중국어의 붓(筆), 일본의 구두(〈つ) 등이 있고 아직 고유어로 완전히 익지는 않고 외국어 의식이 약간 남아 있는 차용어에는 프랑스어의 즈봉(Jupon), 영어의 타이어(Tire) 등이 있다. 아직도 외국어와 다름없이 생소한 느낌이 있는 외래어에는 독일어의 아르바이트(Arbeit), 포르투갈어의 카스텔라(Castella), 이탈리아어의 템포(Tempo) 등이 있다.

그 밖에도 어느 외국어에서 차용되었는지에 따라서, ① 근세 중국어 차용어: 투슈(圖書 → 圖章), ② 중세 몽골어 차용어: 송골매(Songgor;海靑), ③ 범어 차용어: 열반(Nirvana;涅槃), ④ 서구어 차용어: 빵(Pão; 포르투갈어)·남포(Lamp;영어), ⑤ 일본어 차용어: 냄비(なべ) 등과 같이 분류하기도 한다.

한자어

한자(漢字)로 된 낱말을 말한다. 예를 들어, '국어'는 '國語'로 한자(漢字)가 결합하여 이루어진 한자 합성어이며, '단어'도 '單語'의 한자로 된 한자어이다. 이러한 한자어는 한국어 가운데 60%를 차지할 정도로 우리 말의 많은 부분을 차지한다. 서기 2세기경에 한자가 우리나라에 전래되기 시작했고, 15세기 이전까지는 우리의 문자가 없는 상태여서 한자 내지는 한자어가 우리의 언어생활을 지배했다는 사실을 쉽게 이해할 수 있다. 훈민정음 창제 이후에도 한자 사용이 일반화되어 있었고, 겨우 근대에 이르러서야 한글이 제 역할을 하게 되었다.

고유어

한국어의 고유어는 한국어 어휘 중 한자어와 외래어를 제외한 고유의 말이다. 우리말, 순우리말, 토박이말 이라고도 하며 한국어에서 가장 기본적이고 자주 쓰이는 일상어는 대부분 고유어다. 고유어는 우리말의 기본 바탕을 이루고 있으며 민족의 얼과 문화가 담겨 있다. 따라서 고유어는 우리의 감정이나 정서를 표현하기에 알맞다.

어머니	지우개	하늘	여울	시나브로

의미의 성분 분석

의미는 의미성분이라는 아주 작은 단위로 분해될 수 있다. 이러한 접근법을 성분 분석이라고 한다. 성분 분석은 단어가 가지고 있는 의미성분을 발견하고, 조직하여 궁극적으로 어휘의 의미를 규명하고자 하는 방법론을 말한다. 예를 들어, '총각'이라는 단어는 성숙한 남성이면서 아직 결혼하지 않은 사람을 가리키는데 이것을 의미성분으로 나타내면 다음과 같다.

총각: [남성] [인간] [성숙] [미혼]

또한, 클라크&클라크(Clark&Clark, 1977)는 성분 분석의 기본적인 단계를 3가지로 들었다.

① 상호 연관된 낱말의 영역을 설정할 것 (예 human)
② 그 영역의 낱말들 간에 비례식을 만들 것 (예 a:b=c:d)
③ 그 비례식에 근거하여 의미성분을 식별할 것

	human	
	male	female
adult	성인 남자	성인 여자
young	소년	소녀

그리고 의미의 성분 분석은 어휘소 자체의 의미 분석뿐만 아니라, 다양한 의미관계의 기술과 해명에도 기여한다.

1. 대립 관계

① (상보대립어) 살다 – 죽다: +LIVE/–LIVE
② (반의대립어) 크다 – 작다: ↑BIG/↓BIG
③ (방향대립어) 부모 – 자식: →PARENT/←PARENT

2. 상하 관계

① 어린이: [+인간] [–성인]
② 소년: [+인간] [–성인] [+남성]
예를 들어, 어린이는 소년보다 의미성분이 적다. 따라서 어린이는 사람의 하위어가 되며, 사람은 동물의 하위어, 동물은 생물의 하위어가 된다.

3. 동의 관계

	틈(명사/의존명사)	겨를(의존명사)
공간	모여 있는 군중들 틈을 비집고 들어갔다.	*모여 있는 군중들 겨를를 비집고 들어갔다.
시간	아침부터 저녁까지 쉴 틈이 없다.	일거리가 쌓여 잠시도 쉴 겨를이 없다.
사이	친구들 사이에 틈이 생기다.	친구들의 대화에 내가 들어갈 겨를조차 없다.
의미성분	[+공간] [+시간] [+사이]	[–공간] [+시간] [+사이]

4. 다의 관계

① 오르다
{분수/불꽃}이(가) 오르다.
{산/육지/기차}에 오르다.
{감기가/때가/명단에/화제에/입에} 오르다.
{계급/성적/성과/쌀값/살}이(가) 오르다.
② 어렵다
이 문제는 어렵다. (difficult)
살림이 어렵다. (pour)

✖ 중의성(중의적 표현)

중의성(ambiguity)은 의미가 여러 가지로 해석될 수 있는 표현을 말한다. 국어에서 중의적 표현이 이루어지는 방법은 4가지가 있다.

1. 어휘적 중의성

> 예 그는 다리를 고쳤다.
> → 사람 신체의 부분인 '다리'인지, 건너편으로 건너다닐 수 있도록 만든 구조물의 '다리'인지 상황에 따라 다르게 해석될 수 있다.

2. 구조적 중의성

> 예 그는 형과 아우를 찾아 나섰다.
> → 그가 '형과 아우'를 찾아 나선 것인지, '그와 형'이 함께 아우를 찾아 나선 것인지 상황에 따라 다르게 해석될 수 있다.

3. 영향권 중의성

> 예 그 음식을 다 먹지 않았다.
> → 음식을 먹지 않아 먹은 것이 없는지, 전부 중에서 조금 먹은 것인지 상황에 따라 다르게 해석될 수 있다.

4. 화용적 중의성

> 예 한국 축구팀은 후지산을 넘고 만리장성에 올랐다.
> → 일본과 중국을 이겼다는 비유적인 의미로 '후지산을 넘고 만리장성에 올랐다'를 사용하였다.

✖ 담화

1. 담화(Discourse)와 텍스트(Text)

한 개 이상의 문장으로 구성된 문장의 연속체가 독립적인 하나의 화행(Speech Act), 예컨대 회화나 이야기(Narrative)로 인지될 수 있을 때, 이를 담화(Discourse)라고 부른다. 텍스트 언어학에서는 텍스트를 상위 개념과 하위 개념으로 나누는데, 상위의 통합적 텍스트 개념을 '화문(話文)', 구두적 텍스트를 '말문, 대화/담화', 문자적 텍스트를 '글문'으로 번역하기도 한다. 이야기는 각종 기록이나 문헌 자료 또는 교육용 교재, 일상 발화 등의 형태로 표현될 수 있다.

2. 지시(指示)와 조응(照應)

지시(Reference)와 조응(Anaphora)은 담화(Discourse)에서 중요한 역할을 한다. 지시와 조응의 주요 기능은 담화의 연계성(Cohesion)을 유지하기 위한 장치로 대명사화(Pronominalization), 재귀화(Reflexivization), 지정화(Definitization), 생략(Ellipsis) 등 다양한 문법적 현상으로 나타난다.

(1) 화시적(Deictic) 화맥에서의 지시와 조응

화시적 화맥에서 필수적인 요소는 화자, 청자, 발화시(Utterance Time), 발화 장소이다. 이밖에 화자와 청자의 사회적·심리적 상관 관계로 규정되는 화식(Manner Of Speaking)이 우리말에서는 필수적인 화시적 요소가 된다. 그리고 담화의 상황에 등장한 사람, 사물 등이 임의의 화시적 요소가 될 수 있다. 이러한 화시적 요소가 인칭으로 문법화하며, 이 보편적인 문법 범주는 화자와 청자 사이의 사회적 화시 상황에 따른 화식에 의해 우리말에서는 다양한 인칭 대명사, 인칭 대용어, 공대 표현의 체계를 이룬다.

(2) 전제적(Presuppositional) 화맥에서의 지시와 조응

화자와 청자의 지식과 믿음의 체계, 그들의 기억과 의식 등 담화의 화용적 전제(Pragmatic Presupposition)가 언어적 지시(특히 주제(Topic), 초점(Focus), 응답의 양식 등)를 결정하는 데 큰 역할을 한다. 또한 화자와 청자의 기억과 의식이 담화 등록(Discourse Registry)에 영구/임시 등록을 한다.

(3) 언어적(Linguistic) 화맥

언어적 화맥(즉, 선행과 후속을 포함하는 담화의 문맥)에서 지시와 조응의 문제는 반복과 복수화, 대용사 조응, 재귀화 조응, 대문지시, 공백화, 생략 등과 연관되어 있다.

✖ 문어

문자로 표기된 언어이다. 문어는 음성에 의하여 표현되는 구어(口語)에 대응하는 개념이다. 문어는 일반적으로 고정된 서법체계, 즉 정서법을 가지고 있으므로 구어에 비하여 변이가 적으며, 시간과 공간을 초월하여 전달될 수 있다. 일반적으로 문어는 구어가 가지지 못한 문맥의 정합성(整合性)과 표현의 완결성이 요구되기 때문에 퇴고가 필요하며, 논리적인 글이나 문학적 표현에 적합하다.

✖ 문어의 특징(Brown, 1994)

1. 영구성: 일단 완성된 글이 독자에게 전달되면 수정이나 해명, 취소가 불가능하므로 교사는 학습자가 최종적인 글을 제출하기 전에 자신의 글을 수정하고 정교화할 수 있도록 도와주어야 한다.

2. 산출 시간: 좋은 글을 쓰기 위해서는 적절한 시간이 주어져야 한다. 그렇다고 해서 학습자가 원하는 만큼 시간을 할애할 수는 없다. 따라서 쓰기 수업에서는 학습자로 하여금 주어진 시간을 효과적으로 활용할 수 있는 전략이 필요하다.

3. 거리: 문어가 구어와 다른 가장 큰 차이는, 글은 생산되는 시점이나 장소가 아니라 다른 시간과 다른 장소에서 읽히기 때문에 필연적으로 글을 쓰는 사람과 읽는 사람 사이에 거리가 발생한다는 점이다. 가능한 한 쓰기 교육을 할 때에는 독자를 예상하면서 글을 쓰는 훈련이 필요하다.

4. 정서법: 쓰기에서는 정확하게 맞춤법에 맞게 쓰는 것이 중요하며, 정확성에 대한 이러한 요구가 학습자로 하여금 쓰기를 어렵게 느끼게 만든다.

5. 복잡성: 문어는 구어보다 문장이 복잡하게 구성된다. 또한 문화권마다 독특한 수사적인 전통이나 흐름이 있다. 모국어 쓰기와 다른 이런 점들은 직관적으로 익힐 수 없는 것들로, 훈련과 연습을 통해 목표어 문장의 연결법이나 통사적인 다양성을 익혀야 한다.

6. 어휘: 쓰기는 말하기보다 훨씬 더 많은 어휘 사용을 요구한다. 따라서 쓰기 교육에서는 어휘력 확대 방안이 함께 강구되어야 한다.

7. 형식: 어떤 종류의 글이든 각각의 글에서 요구하는 관습적인 형식이 있다. 이렇게 문자 언어는 형식성을 지닌 언어이므로 쓰기 수업에서는 수사학적인 형식, 구성상의 형식에 대한 연습과 훈련이 필요하다.

✖ 구어

　문어(文語)에 대응하는 개념이다. 음성언어라고도 한다. 몸짓·표정 등이 표현 및 이해를 도우며 억양·강약·완급의 변화가 중요한 역할을 한다. 문어와 달리 일단 말을 하고 나서는 정정이 불가능하므로 다듬어지지 않은 표현이 많으며, 각 문장은 비교적 짧고 구조가 단순하다. 대개의 경우 상대에 대한 배려가 고려되기 때문에 경어적 표현을 쓴다. 강의·강연·연설 등 많은 사람을 상대하는 경우에는 문어와 가까워지므로 일상적인 대화와는 크게 다르다. 오늘날은 대중매체가 발달함에 따라 토의·회의·발표·선전 등이 많아져서 구어가 차지하는 비중이 더 커지게 되었다.

✖ 구어의 특징

1. 문어가 단일한 철자법에 따라 전달되는 것에 반해, 구어는 음성적 변이형(變異形)이 많다.
2. 음운의 축약이나 탈락, 표준적이지는 않으나 현실적으로 사용되는 발음, 말끝의 억양을 통해서 서술이나 의문·명령이나 청유의 뜻을 나타낸다.
3. 강조하고 싶은 말을 강조하여 발음할 수 있고, 발화 속도도 조절할 수 있다.
4. 문법적으로 복잡한 구조가 사용되지 않으며 단순하고 짧은 형을 선택하여 발화(發話)한다.
5. 조사나 문장성분, 구나 절 등의 생략도 많고 발화의 단위가 문장 이하의 짧은 형, 즉 어절이나 구로 끝나는 경우가 많다.
6. 강조나 말을 할 때 잠시 멈추는 휴지(休止) 등의 삽입이 문어보다 더욱 자유롭다. 또 구어체 어미를 사용하거나 접속 조사를 반복적으로 사용한다.
7. '무지, 진짜' 등과 같은 정도 부사가 자주 사용되는 것도 구어의 고유한 특성이다.
8. '못, 안'과 같은 단형 부정이 '-지 못하다, -지 않다, -지 말다'와 같은 장형 부정보다 많이 쓰이는 경향이 있으며 이중 부정을 선호하지 않는다.

✖ 협력의 원리

　언어 사용의 원리로서 최대한의 효과와 합리성을 갖추면서 상호 협력하는 대화를 하기 위해 대화 참여자가 어떻게 해야 하는가를 밝히는 것이다. 협력의 원리는 언어적인 의사소통에만 적용되는 것이 아니라, 인간 행위 전반에 적용될 수 있다. 화자와 청자가 서로 상대방이 협력의 원리를 준수할 것이라는 가정을 함으로써, 특정의 명시적 의미를 가진 표현이 어떻게 그 이상의 의미를 전달할 수 있는지에 대해 설득력 있는 설명을 할 수 있어야 한다. 협력의 원리는 말하고자 하는 바를 함축적으로 표현할 수 있는 가능성을 제공하는 원리이다. 따라서 화자로 하여금 하나의 말하고자 의도한 바를 다양하게 표현할 수 있게 하는 것이 협력의 원리이며, 협력의 원리가 적용된 표현은 모두 적절한 표현이 된다. 그러면 화자는 협력의 원리를 통해 제공되는 가능한 한 여러 가지 표현들 중에서 하나를 선택하게 되는데, 이 선택을 통제하는 원리가 경제성 원리와 공손성 원리이다.

✖ 대화의 격률

그라이스(Grice)가 주장한 대화의 격률(Conversational Maxims)의 4가지 요소와 특징은 다음과 같다.

1. 질의 격률(Maxim of Quality): 진실(Truth)
   (1) 당신이 진리라고 믿는 것만을 말하라.
   (2) 당신이 증거를 가지는 것만을 말하라.

2. 양의 격률(Maxim of Quantity): 정보(Information)
   (1) 현재 대화의 목적에 필요한 만큼만 정보를 제공하라.
   (2) 필요 이상의 정보를 담지 말라.

3. 관계의 격률(Maxim of Relation): 타당성(Relevance)
   (1) 상호 연관성에 따라 말하라.
   (2) 그렇지 않은 경우는 연관이 없음을 지적하라.

4. 방법(태도)의 격률(Maxim of Manner): 명쾌함(Be Clear)
   (1) 불필요한 표현을 피하라.
   (2) 모호성을 피하라.
   (3) 간결하게 하라.
   (4) 논리정연하게 말하라.

✖ 발화 행위

오스틴(1962)는 발화를 행위의 측면에서 세 가지 행위로 나누었다. 하나는 발화를 통해서 우리는 아래 세 가지 발화 행위를 수행한다는 것이다.

1. 언표적 행위: 의미를 가진 문장을 발화하는 행위
2. 언표 내적 행위: 언표적 행위와 함께 수행되는 행위
3. 언향적 행위: 발화의 결과로 일어나는 행위

오스틴은 세 종류의 발화 행위 가운데서 언표 내적 행위에 관심을 두고 있다. 그것은 말을 하면서 실질적으로 어떤 행위를 실천한다는 화행이론에 가장 부합하는 것이 언표 내적 행위이기 때문이다.

✖ 한글의 변천사

한글이 이 세상에 온전히 모습을 드러낸 것은 1446년에 간행된 『훈민정음(訓民正音)』에서였다. 한글이 창제된 것은 1443년(세종 25년)이었으나 이때는 이 새 문자의 기본적인 사항들, 즉 창제자가 세종이며 창제 시기는 세종 25년 음력 12월이라는 것, 그리고 그 이름이 '훈민정음(訓民正音)'이라는 것과 자모(字母)의

수가 28자라는 것 등만 세종실록(世宗實錄)에 기록하여 알려 주었을 뿐 한글이 구체적으로 어떤 모습인지는 전혀 보여 주지 않았다. 그러다가 이 한글에 대한 종합적인 해설서인 『훈민정음』(새 문자 이름과 같아 이를 흔히 『훈민정음 해례본(解例本)』이라 부름)에서 한글 자모(字母)의 구체적인 모습이 비로소 체계적으로 제시되었다.

처음 『훈민정음』에 보인 한글의 모습은 대부분 오늘날의 것과 일치하지만 몇 가지는 지금과 달랐다. 특히 오늘날의 'ㅏ, ㅓ, ㅗ, ㅜ' 및 'ㅑ, ㅕ, ㅛ, ㅠ'가 'ㅣㆍ, ㆍㅡ'와 같은 모습을 하고 있었던 것이 그러하다.

이것은 'ㅏ, ㅗ, ㅑ, ㅛ' 등을 제자(制字)할 때 'ㅣ'와 'ㆍ'를 또는 'ㅡ'와 'ㆍ'를 좌우 또는 상하에 하나 또는 두 개 결합하여 만든 것을 반영한 것이다. 이 시기에는 'ㆍ'가 완전한 원형(圓形)으로 되어 있는 것도 특징적이다. 그리고 거의 모든 획들이 직선이면서 그 모서리가 원필(圓筆)로 되어 있는 것도 후대 문헌과는 달랐다. 그 결과 'ㄱ'이나 'ㅁ' 등 전체적으로 네모 반듯한 모양으로 되어 있었는데 한마디로 실용성보다는 하나의 교범(敎範)을 보이고자 함에 역점을 둔 서체(書體)였다고 할 수 있다.

한글의 이와 같은 서체는 1448년에 간행된 『동국정운(東國正韻)』에서 한 번 더 쓰였을 뿐 이내 변화의 길을 걷는다. 1447년에 간행된 『석보상절(釋譜詳節)』과 『월인천강지곡(月印千江之曲)』에서는 독자적인 모음으로서의 'ㆍ'의 동그라미 모습이나 획의 모서리 모습은 그대로 유지된다. 그러나 'ㅏ, ㅗ' 등에서 'ㆍ'의 동그라미 모습은 완전히 사라진다. 오늘날의 것과 같은 모습이 이미 이 무렵에 완성된 것이다. 그리고 1459년에 간행된 『월인석보(月印釋譜)』부터는 'ㆍ'도 더 이상 동그라미 모양을 띠지 않게 되고 다른 획들도 모서리가 조금씩 사각(斜角)으로 바뀌면서 부드러워진다.

이 이후에도 계속 얼마간씩 변화를 겪지만 그것은 판본이 목판본인지 활자본인지, 활자본이라면 그 활자가 목활자인지 금속활자인지에 따라 그 특징에 맞춘 성격의 것이고 근본적인 변화라 할 것은 없다.

한글은 자모(字母)의 수에서도 많은 변화를 겪었다. 창제 당시 28자라고 하였을 때는 'ㆍ', 'ㅿ', 'ㆆ' 등이 쓰였던 것인데 후세에 이것들이 쓰이지 않게 된 것이 그중 큰 변화라고 할 수 있다. 그리고 당시는 '아', '안' 등에 음가(音價) 없이 쓰이는 'ㅇ'과 '강', '풍' 등에 쓰이는 'ㆁ'이 구별되어 있었는데 이 구별도 곧 없어지게 되었다. 그리고 초기에는 28자에는 들어 있지 않았던 순경음(脣輕音) 'ㅸ'도 활발히 쓰였는데 이것도 이내 사라지게 되었다.

또 된소리 표기로 각자병서(各自竝書)라고 부른 'ㄲ, ㄸ, ㅃ' 등이 그때에도 쓰이기는 하였으나 이들은 아주 한정된 경우에만 쓰였고, 오늘날 된소리인 것들은 대개 'ㅺ, ㅼ, ㅽ'처럼 'ㅅ'을 결합한 이른바 합용병서(合用竝書)로 표기하였다. 합용병서에는 'ㅄ(ᄡᆞᆯ, ᄡᅵ)'처럼 'ㅂ'을 결합한 경우도 있는데 이 경우에는 'ㅴ(ᄢᅳᆷ)'나 'ㅵ(ᄣᅢ)'처럼 세 자음을 결합하는 경우도 있었다. 'ㅆ'은 각자병서일 수도 있고 합용병서일 수 있는데 'ㅉ'은 합용병서로 해석될 자리에서도 'ㅾ'으로 쓰이는 일은 없었고 늘 'ㅉ'으로 표기되었다. 'ㆅ'도 각자병서로만 쓰였고, 음가가 없는 'ㄴ, ㅇ'의 각자병서인 'ㅥ, ㆀ'도 아주 제약된 자리에서만 쓰였다.

우리 맞춤법에서 특기할 만한 것은 이른바 모아쓰기 방식이다. 즉, 자모 하나씩을 일렬로 풀어 'ㄱㅏㅁ'이나 'ㅂㅓㄷㅡㄹ'처럼 표기하는 방식을 채택하지 않고 '감'이나 '버들'처럼 음절(音節) 단위로 묶어 표기하는 방식을 채택한 것이다. 이 모아쓰기 방식은 훈민정음을 창제할 때부터 구상하였던 것으로, 오늘날 자음과 모음을 각각 초성(初聲)과 중성(中聲)이라 하고 받침을 종성(終聲)이라 불렀던 것도 모아쓰기를 전제로 한 이름들이고, 자음과 모음의 글자 모양을 완전히 다른 계열로 만들었던 것도 모아쓰기를 염두에 둔 조처였던 것이다. 그리하여 'ㅣ, ㅏ, ㅓ, ㅐ, ㅔ'처럼 'ㅣ'를 기본으로 하여 만든 것은 초성의 오른쪽에 쓰도록 하고 'ㅡ, ㅗ, ㅜ'처럼 'ㅡ'를 기본으로 하여 만든 글자 및 'ㆍ'는 초성의 아래쪽에 쓰도록 하였다.

모아쓰기 방식을 제외하고 우리 맞춤법은 계속 변화를 겪어 왔고 또 혼란스러운 면도 있었다. 그것은 무엇보다 오늘날 우리가 지키고 있는 『한글 맞춤법』과 같은 규정이 없었기 때문이다. 각 시대마다 뚜렷한 경향은 있었으나 정연하게 통일된 맞춤법이 지켜진 일은 없었고 심지어는 한 문헌 안에서도 서로 다른 맞춤법이 혼용되는 경우도 많았다.

초기 문헌들의 맞춤법 중 오늘날의 맞춤법과 비교하여 가장 두드러지게 달랐던 점은 받침의 표기였다. 명사와 조사를 구분하여 '사룸이, 집으로'처럼 표기하지 않고 '사ᄅᆞ미, 지브로'처럼 받침을 내려 표기하였고, 용언의 경우도 어간과 어미를 구분하여 '남으시니, 늙은'처럼 표기하지 않고 '나ᄆᆞ시니, 늘근'처럼 받침을 내려 표기하였다. 그리고 받침에 'ㅈ, ㅊ, ㅋ, ㅌ, ㅍ, ㅎ'을 쓰지 않도록 하여 '낮, 닢, 빛나니, 높고' 등을 '낫, 닙, 빗나니, 놉고' 등으로 표기하였다. 이른바 팔종성법(八終聲法)이라 하여 받침에는 'ㄱ, ㄴ, ㄷ, ㄹ, ㅁ, ㅂ, ㅅ, ㅇ'의 여덟 자만 쓰고 나머지는 이들 중의 어느 자로 바꾸어 표기한 것이다.

전체적으로 이 당시의 맞춤법은 소리 나는 대로 적는 쪽으로 기울었다고 할 수 있는데, 비록 후기로 오면서 조사와 어미 앞에서 받침을 올려 적는 이른바 분철(分綴) 표기가 많아지기는 하지만 이 발음 위주의 맞춤법은 상당히 오래 지속되어 왔다. 그리고 무엇보다도 통일된 맞춤법이 없어 혼란을 겪는 문자 생활이 20세기 초기까지 계속되어 왔다. 한글이 계속 그 생명력을 이어오긴 하였으나 나라의 공문서며 중요한 저술들이 한문으로 이루어져 왔기 때문에 한글로 영위되는 문자 생활의 비중이 그만큼 적었던 것이다.

그러다가 개화기(開化期)를 맞아 한글이 비로소 공문(公文)에도 쓰이게 되면서 학교도 세우고 교과서도 만들 수 있게 되었다. 이러한 상황이다 보니 통일된 맞춤법이 없고서는 아무것도 할 수 없게 되었다. 그리하여 1907년 국문연구소(國文研究所)를 설립하고 맞춤법 통일안을 마련하기 위한 연구와 협의를 하도록 하였다. 그 가운데 모든 자음을 받침으로 사용하도록 하는 제안이 있었는데, 이는 아주 혁신적인 것으로서 오늘날 우리가 쓰고 있는 맞춤법의 골격이 마련되었다고 할 수 있다.

이 맞춤법은 조선총독부에서 1930년에 공포한 『언문철자법(諺文綴字法)』과 조선어학회에서 만든 『한글 맞춤법 통일안』에 그대로 전수되었다. 『한글 맞춤법 통일안』은 1933년 10월에 나라의 통일안으로 공포되었고 이로써 우리 맞춤법의 오랜 표류(漂流)도 종지부를 찍게 되었다. 오늘날 우리 『한글 맞춤법 통일안』을 시대에 맞게 얼마간 손질하여 정부에서 1988년에 고시하여 1989년 3월 1일부터 시행하게 된 『한글 맞춤법』에 맞추어 새 한글 시대를 살고 있다.

✳ 훈민정음

1. 훈민정음 초성 체계

	아음 (牙音)	설음 (舌音)	순음 (脣音)	치음 (齒音)	후음 (喉音)	반설음	반치음
전청(全淸)	ㄱ	ㄷ	ㅂ	ㅈ	ㅅ	ㆆ	
차청(次淸)	ㅋ	ㅌ	ㅍ	ㅊ		ㅎ	
전탁(全濁)	ㄲ	ㄸ	ㅃ	ㅉ	ㅆ	ㆅ	
불청불탁(不淸不濁)	ㆁ	ㄴ	ㅁ			ㅇ	ㄹ

2. 훈민정음 초성 17자의 제자 원리

	기본자	가획자	이체자
아음(牙音)	ㄱ →	ㅋ	ㆁ
설음(舌音)	ㄴ →	ㄷ → ㅌ	ㄹ
순음(脣音)	ㅁ →	ㅂ → ㅍ	
치음(齒音)	ㅅ →	ㅈ → ㅊ	ㅿ
후음(喉音)	ㅇ →	ㆆ → ㅎ	

3. 중성 체계

　　제자해에 따르면 중성의 세 기본자는 天, 地, 人 삼재의 모양을 본떴다고 밝히고 있다. '·'는 하늘의 둥근 모양을, 'ㅡ'는 땅의 평평한 모양을 'ㅣ'는 사람이 서 있는 모양을 각각 본뜬 것이고 나머지 중성자 8글자는 이 기본자들의 합성으로 이루어졌다. 이들 합성은 문자 상의 합성일 뿐이고 음가의 합성은 아니다. 합성에 있어서 'ㅗ'와 'ㅜ', 'ㅏ'와 'ㅓ' 등의 자형상의 대립은 당시 학자들이 국어의 모음조화 체계를 제자(制字)에 반영했음을 보여 준다.

✖ 근대국어의 특징

　　임진왜란이 끝난 직후인 17세기 초부터 19세기 말까지의 국어 실학 사상의 영향으로 음운, 어휘, 문법, 표기 방식 등이 간편하고 실용적인 방향으로 변화·발전했다.

음운	① 'ㅿ'과 'ㆁ' 소실(예 처섬 > 처엄, 징반 > 징반) ② 방점의 소실: 평성과 거성은 단음으로, 상성은 장모음으로 발음 ③ 모음조화 현상이 문란해짐(예 놉흔, 쓰는) ④ '구개음화'와 '원순모음화' 등 음운을 쉽고 간단하게 표기하려는 현상이 나타남 　(예 뎌긔 > 져긔, 므슴 > 무솜) ⑤ 어두자음군이 'ㅅ'계 합용 병서로 통일(예 쒸놀기, 짜돔)
문법	① 명사형 어미 'ㄱ|'의 사용 활발(예 붉기, ㅎ기) ② 비교격 조사 '도곤' 사용(예 호박도곤 더 곱더라) ③ 모주격 조사 '가' 사용(예 글ㅈ가 우희 부터는지)
어휘	개화기 서구 문물의 도입과 함께 신물어가 유입(예 화륜거, 쏘이)
표기법	① 끊어적기의 확대(예 붉은, 믈 속으로셔) ② 이어적기의 잔존(예 드러, 일그니) ③ 거듭적기가 보임(예 것츨, 쯧시니) ④ 받침표기에서 'ㅅ'과 'ㄷ'이 'ㅅ'으로 통일되는 '7종성법'이 적용(예 믈밋, ㅈㅎ) ⑤ 어중의 'ㄹㄹ'이 'ㄹㄴ'으로 표기된 예가 있음(예 올나, 몰나셔, 걸너)

1. 음운의 특징

　　근대국어는 임진왜란 직후부터 19세기 말까지를 말하며 다음과 같은 음운적 특징을 지닌다.

　(1) 모음조화의 파괴, 방점과 'ㅿ, ㆁ, ㆆ' 등의 음운 소실, 아래아(·) 소멸로 인한 단모음화

　(2) 끊어적기의 확대, 거듭적기 표기의 사용

　(3) 구개음화 표기, 원순모음화

　(4) 이중모음 'ㅐ, ㅔ'가 단모음 'ㅐ, ㅔ'로 단모음화한 시기

(5) '믈(水), 블(火)'이 '물, 불'과 같이 되는 원순모음화가 일어난 시기

(6) 모음 'ㅣ' 앞의 'ㄷ, ㅌ'이 'ㅈ, ㅊ'으로 변한 구개음화가 일어난 시기

2. 문법의 특징

근대국어는 임진왜란 이후부터 19세기 말까지를 말하며 다음과 같은 문법적 특징을 지닌다.

(1) 주격 조사 '가' 출현

(2) 속격 조사 'ㅅ'이 사이시옷 기능이 됨

(3) 호격 조사 '하'의 소멸

(4) 과거 시제 '-앗/엇-' 등장

(5) 객체 경어법 '-습-' 등이 기능을 상실하고 주체/상대 경어법으로 이원화

✖ 근대국어와 현대국어의 차이점

어법	한문 번역투의 반영, '고로', '-ㄴ 즉' 등 의고적 표현 → 한문의 영향력이 큼 (**예** 아니쓰고 → '不用'의 한문 번역 투 / 구절을 쎄여 쓴즉)
표기법	① 'ㅅ'계 합용병서 쓰임: 현대국어는 각자병서 쓰임(**예** 쎄여, 싸돔) ② 재음소화 표기가 나타남(**예** 놉흔, 깁흔) ③ 거듭적기 표기가 보임(**예** 쏫시니)

✖ 중세국어의 특징

1. 음운의 특징

현재는 쓰이지 않는 소리가 있었으며, 그에 상응하는 글자도 있었다.

(1) 자음

훈민정음에서는 자음을 중국 음운학의 용어를 차용해 아음(牙音), 설음(舌音), 순음(脣音), 치음(齒音), 후음(喉音)의 다섯 가지로 분류한다. 평음, 격음, 경음으로 계열을 나누는 것은 현대어와 같지만 중세어에서 경음은 아주 특수한 경우밖에 나타나지 않는다. 'ㆅ'이 특징적이다.

치음 'ㅈ, ㅊ, ㅉ'은 현대어처럼 'ch'발음이 아니라 'ts'발음이었다고 추측된다. 언어학 용어로 말하자면 '비구개음화음'인데, 이 소리는 평안도 방언에 남아 있으며 서울 방언에서도 여성의 발음에서 가끔 들을 수 있다. 또 '시, 샤'도 구개음화되지 않고 영어 'see'처럼 발음되었다고 추측된다. 마찰음 'ㅸ, ㅿ'은 어중에만 나타나는 소리다. 'ㅸ'은 양순 마찰음 [ß]로 생각된다.

현대어 맞춤법으로는 초성에서 자음이 없는 것을 나타내는 자모와 받침소리 'ng'을 나타내는 자모는 다같이 'ㅇ'이지만 중세어에서 'ㅇ'은 오직 자음이 없는 것만을 나타내고 받침소리는 'ㆁ'으로 나타낸다.

(2) 모음

중세 모음은 '·(아래아)'가 있었던 것이 특징이다. '·'는 영어 'cut'의 'u'와 유사한 발음이었을 것으로 추측하고 있으나 확실하게 어떻게 발음되었는지는 여전히 학계에서 연구 중이다.

'ㅏ'에 'ㅣ'를 붙인 자모 'ㅐ'는 현대어로 [ɛ]처럼 발음하지만 중세어에서는 글자 구성 그대로 [ai]라고 발음되었었다. 마찬가지로 'ㅔ, ㅚ' 등도 [ei], [oi]라고 발음했다는 점도 큰 차이점이다.

(3) 악센트(성조)

　　중세국어 문헌을 보면 한글 옆에 '·'이나 ': '이 찍혀 있는 것이 보인다. 이것은 '방점'이라고 불리는 것으로, 성조를 나타낸 것이다. 성조라고 해도 중국어 성조와 다르고, 일본어 높낮이 악센트와 같은 것이다. 점이 없음을 평성이라고 하며 낮은 소리, 한 점은 거성이며 높은 소리, 두 점은 상성으로 낮다가 높아지는 소리를 나타냈다. 다시 말해, 중세어는 일본어와 마찬가지로 소리의 높낮이로 의미를 구별하는 경우가 있었던 것이다. 성조, 즉 악센트도 대부분의 방언에서는 사라지고, 지금은 경상도와 함경도 방언에만 남아 있다.

2. 문법의 특징

　　중세국어 문법은 현대국어와 상당한 차이점이 있다. 용언 활용 시 어간에 붙는 어미에서 그 차이가 두드러지는데, '-습니다'라는 어미는 중세어에는 나타나지 않는다. 이것과 같은 뜻의 어미를 억지로 중세어에서 찾는다면 'ᄂᆞ이다'로, 전혀 다른 모습이 된다. 이외에도 '-는다면'을 나타내는 '-을띤댄', '-기 때문에'를 나타내는 '-을씨' 등 낯선 어미가 수두룩하다.

✄ 훈민정음에 나타난 중세국어와 현대국어 음운의 차이점

1. 중세국어 자음 17자, 모음 11자(모두 28자)에서 현대국어 자음 14자, 모음 10자(모두 24자)로 변했다.

> '△, ㆆ, ㆁ, ·'의 소멸

2. 중세국어에서는 'ㆅ, ㅸ, ㆄ, ㅱ, ㅹ' 등이 쓰였으나 현대국어에서는 모두 소멸되었다.

3. 훈민정음에는 방점 규정이 있고, 한글로 표기된 초기의 문헌에는 발음 표시를 위한 방점이 찍혀 있다. 그러나 오늘날 방점은 사라졌다. 다만 상성은 대체로 장음으로, 평성과 거성과 입성은 대체로 단음으로 발음되고 있다.

4. 모음조화 현상
   (1) 중세국어에는 비교적 엄격하게 지켜졌으나, 현대국어는 첩어, 상징어 등에 남아 있을 뿐이다.
   (2) 중세국어의 모음 체계는 단어의 구조와 체언이나 용언의 쓰임에서 양성과 음성이 서로 대립을 보이고 중성인 'ㅣ'는 두 계열에 모두 어울린다.

놀ᄀᆞᆫ	많은	적ᄀᆞᆫ	노르다	노르다
남ᄀᆞᆫ(나모 + ᄋᆞᆫ)	년글(녀느 + 을)			
나모-나무	소곰-소금	ᄋᆞᆫ-은	올-을	롤-를

5. 중세국어의 주격 조사는 '이, ㅣ, zero(주격)' 등이 쓰였으나 현대국어는 이에 '가'가 주격 조사로 추가되어 쓰이고 있다.

6. 중세국어에는 '하'가 호격 조사로 쓰이기도 하였다.

> 님금하(하; 존칭 호격)

7. 선어말어미(삽입모음) '-오/우-'가 다양한 용례로 쓰이기도 하였으나, 현대국어에서는 사라졌다.

8. 중세국어에서는 '-시-(존칭 선어말어미)'의 자리가 현대어와 다르게 쓰였다.

> ᄒᆞ더시니   모ᄅᆞ더시니

9. 중세국어에서는 'ᄀᆞ롬과 江, 가온ᄃᆡ와 中, 죽사리와 生死, 므겁다와 重ᄒᆞ다' 등이 동의어로 공존하였으나 오늘날에는 고유어는 대체로 쓰이지 않는다.

10. 중세국어에는 초성(어두음)에 'ᄠ, ᄡ, ᄭ, ᄯ, ᄲ' 등의 이중 자음과 'ᄢ, ᄣ' 등의 삼중 자음이 쓰였으나 오늘날에는 모두 된소리로 변하였다.

11. 현대국어는 중세국어와 달리 음운에 있어 간이화의 현상이 뚜렷이 나타난다.
    (1) 구개음화 현상

    > '뎌, 됴, 디, 텨, 툐, 티'의 첫소리가 'ㅈ, ㅊ'으로 바뀜

    (2) 원순모음화 현상

    > 믈 > 물   블 > 불   플 > 풀

    (3) 모음조화 현상

    > 상ᄉᆞ애 > 상사에   효롤 > 효성을

    (4) 전설모음화 현상

    > 즛 > 짓   즘승 > 짐승   아츰 > 아침   마츰 > 마침

12. 낱말의 형태는 그대로 있으나 오늘날 뜻이 바뀐 경우
    (1) 어리다('어리석다'의 의미로 사용되다가, '(나이가) 어리다'는 의미로 바뀜)
    (2) 어엿브다('불쌍하다'의 의미로 사용되다가, '아름답다'는 의미로 바뀜)

✖ 차자 표기법의 원리

1. 차자 표기법의 원리

> 차자 표기법(借字標記法): 차자 표기법은 한글 이외의 문자를 빌려서 국어를 기록하는 방법의 총칭이다.
> 고유명사는 번역이 불가능하므로, 한자의 음을 빌어 표기할 수밖에 없었다.

차자 표기법은 문자 체계는 물론 그 운용의 규칙까지 포함한다. 따라서 넓은 의미로는 현대국어의 로마자 표기도 포함될 수 있으나 일반적으로 한자를 빌려 국어를 기록하는 문자의 운용을 일컫는다.

(1) 차자 표기법의 기본구조: 한문 구성소 + 토(吐) (토는 교착어인 우리말의 특징적인 문법형태소로 곡용이나 활용에 사용되는 조사나 어미를 가리킨다.)

(2) 차자 표기법의 발달 측면

① 고유명사 표기 이전의 단계: 한자를 사용했다는 점에서 차자 표기법과 상당히 비슷하나, 한문을 그대로 수입하여 사용했던 단계로 엄밀한 의미에서 차자 표기법에서는 제외된다.

② 고유명사 표기 이후

㉠ 고유명사 표기

차자 표기의 연원이 가장 깊고, 문장과 표음 기능을 이용했다는 점에서 다른 차자 표기법과 통하는 면이 있으나 한자의 음(音)으로만 표기했다는 점에 있어서 한자의 훈(訓)까지 이용한 다른 차자 표기법과는 구별된다.

㉡ 서기체(誓記體)

> 서기체(誓記體): 본래의 의미대로 한자를 사용하나, 중국어의 어순이 아니라 우리말의 어순대로 배열되어 있다는 점에서 중국의 한문과 다르다.

서기체는 임신서기석(壬申誓記石)에서 처음 발견되었다고 해서 붙여진 이름으로, 여기에서는 문법소가 나타나지 않는 반면 한자를 우리말 어순으로 배열하고 있다. 중국어의 어순이 아니라 우리말 어순이라는 점에서 뒤에서 살펴보게 될 이두나 향찰과 비슷한 면이 있다. 그러나 서기체는 단어의 배열이 우리말 어순을 따랐을 뿐 우리말이 가지고 있는 다른 문법적인 특성은 고려하지 않는 표기법이다.

㉢ 이두(吏讀)

> 이두(吏讀): 중국어에는 없는 우리말 고유의 문법 형태를 보충하기 위해 한자의 음(音)과 훈(訓)을 빌려 적은 문법 요소를 가리키거나 이두가 쓰인 문장을 가리킨다.

이두를 사용한 문장의 가장 큰 특징은 우리말 어순으로 표기된다는 것이다.

- 한자의 음과 훈(한자의 뜻)을 이용한다.
  → 대체로 의미부는 한자의 뜻을, 형태부는 한자의 음을 취하여 격이나 어미를 표기한다.
- 중국어에는 없는 문법 형태(조사와 어미)의 표기에 이용된다.
  → 향찰은 이두보다 더 큰 개념으로 이두가 우리말 표기를 위해 쓰인 문법형태소만을 가리킨
    다면, 향찰은 우리말을 표기하기 위해 쓰인 문법형태소뿐만 아니라 실질형태소도 포함하
    고 있는 개념이다.
- 이두가 쓰인 문장은 우리말 어순으로 표기된다.
  → 이두는 넓은 의미로는 한자 차용 표기법 전체를 가리켜 향찰, 구결 및 삼국 시대의 고유명
    사 표기 등을 총칭하는 말로 쓰이나, 좁은 의미로는 한자를 국어의 문장 구성법에 따라
    고치고 이에 토가 붙은 것만을 가리키며 향찰과 구결 등과는 다른 의미로 사용된다. 이두,
    이토, 이투, 이서 등의 호칭은 이승휴의 「제왕운기 帝王韻記」(1287)에 처음으로 나타나
    고, 이도는 「대명률직해 大明律直解」(1395)에 처음 나타나는 것으로 보아 신라 시대에는
    이러한 명칭이 쓰이지 않은 것으로 간주되며, 고려 시대에 들어와 이두가 점차 공문이나
    관용문에만 쓰이게 되자 생긴 명칭인 듯하다. 국어의 문장 구조를 가지고 있다는 점에서는
    보다 이른 시기의 서기체 표기와 공통점을 가지고 있으나, 문법형태소를 보충하여 문맥을
    보다 정확히 한다는 점에서는 구결과 공통점을 가지고 있다. 구결은 중국어의 어순을 가지
    고 있다는 점에서 이두와 차이가 있다. 이두는 신라 초기부터 발달하기 시작했다고 추측된
    다. 대체로 의미부는 한자의 새김(釋)을 취하고 형태부는 한자의 음을 취하여 특히 곡용이
    나 활용에 나타나는 격이나 어미를 표기하다가, 국어 문장 전체를 표기하게 되는 향찰에
    와서 그 난숙기에 다다른다. 「서동요」, 「혜성가」가 진평대왕(579~632)의 작품이므로
    6~7세기경에는 그 표기법이 고정된 것으로 추측된다. 훈민정음이 창제된 뒤 쇠퇴하기
    시작하였으나 소송문, 고시문, 보고서 등의 관용문서에는 조선 후기까지 사용되었다. 이
    두는 구어와는 상당한 거리가 있는 특수한 문어로 아주 보수적이었지만, 그 역사가 오래되
    어 체계 자체에 상당한 변화가 있었음을 쉽게 상정할 수 있다. 우리가 오늘날 살필 수
    있는 상당수의 이두 자료는 조선 시대의 것이다.

ⓔ 구결(口訣)

> 구결(口訣): 흔히 토(吐)라고 하는 것으로, 한문을 읽을 때 문법적 관계를 표시하여 해석을 용이
> 하게 하는 요소를 말한다.

흔히 이두라는 명칭은 이두문을 가리키기도 하고, 이두문에 쓰인 문법형태소만을 지칭하는
데 반해서 구결은 구결문에 쓰인 문법형태소만을 가리킨다. 또한 이두와 같은 형태의 구결도
존재하나 대부분의 구결은 이두와 달리 약자를 사용하는 경우가 많다.

> 구결문(口訣文): 이두문이 주로 우리말 표현에 이용된 차자표기법이라 한다면, 구결문은 주로
> 중국의 문헌을 수입하는 과정에서 우리와 다른 특성을 지닌 중국의 문어를 우리말에 가깝게
> 표기하기 위하여 한자에는 없는 문법형태소들을 삽입한 문장을 일컫는다.

- 구결은 우리말 적기에 사용된 표기가 아니라, 한문을 읽을 때 삽입된 토를 일컫는 말이다.
- 한자로 표기된 원문 사이에 구결을 삽입하는 형식이기 때문에 이두와 달리 우리말이 아닌 중국어의 어순이다.
- 구결은 직접 표기로 나타나지 않고 한문으로 된 문장을 읽는 과정에서 삽입되기도 한다.

> 天地之間萬物之中(천지지간만물지중)厓(애): 이처럼 한자로 표기된 원문 중간에 우리말의 조사(혹은 어미)에 해당하는 토를 삽입하여 읽는다.

- 구결은 한글이 창제된 15세기 이후 한글로 표기하기도 했지만 한자를 이용해서 표기하는 일이 많았다. 한자를 이용한 구결을 차자구결이라고 한다.

> 조사: 果(과), 로(奴), 애(厓), 은(隱), 을(乙), 이(伊), 시(是)…
> 어간 + 어미: 爲尼(하니), 爲也(하야), 爲去乙(하거늘), 爲里羅(하리라), 爲時彌(하시며), 伊羅刀(이라도)…

음이 같은 한자가 없는 경우에는 음이 비슷한 한자를 대신 썼다. '로'로 쓰인 '노(奴)'와 '며'로 쓰인 '미(彌)'가 그 예이다. 그 결과 한자 하나가 여러 가지 소리를 나타내기도 했다. 예를 들어 '을(乙)'은 'ㄹ, 을, 를, 늘…' 등을 나타냈다. 차자구결은 정자(正字)로 적기도 했지만 대개 약자(略字)로 적었다. 구결이 적힌 자료로 고려 이전의 것은 별로 전해지지 않고 주로 조선 시대의 것들이 남아 있다. 그래서 구결이 언제 형성되었는지 정확히 알기 어려우나 대개 신라 시대에 만들어졌을 것으로 추측한다. 구결 자료에는 책을 만들 때 구결을 함께 인쇄한 것도 있고 이미 만들어진 책에 붓으로 구결을 써넣은 것도 있다. 1973년에 발견된 고려 시대 자료인 「구역인왕경 舊譯仁王經」의 연구에 따르면 문법 요소뿐만 아니라 어순도 구결로 나타내는 일이 있었다. 더구나 한자도 음으로 읽지 않고 가능한 훈으로 읽게 되어 있어서, 구결이 지시하는 어순대로 한자의 훈을 읽으면 그것이 곧 우리말 번역과 같아진다. 이렇게 쓰인 구결을 훈독 구결이라 하여 앞에서 본 일반적인 구결과 구별한다.

㉢ 향찰(鄕札)

> 향찰(鄕札): 우리말을 표기하기 위해 한자의 음(音)과 훈(訓)을 이용한 표기법이다.

- 향찰은 우리말을 그대로 표기하기 위한 표기법이다.
- 우리말을 표기하기 위한 차자 표기이므로 우리말 어순을 가진다.
- 향찰은 한자의 음과 훈을 빌려 표기한 우리말 그 자체를 가리키는 말로, 우리말 표기에 사용된 문법형태소만을 가리키는 이두와는 구별된다.
- 실질적인 의미를 지닌 실질형태소는 훈(한자의 뜻)을, 문법관계를 나타내는 형식형태소는 음을 이용하여 표기하였다.

> 밤드리 노닐다가 (夜入伊 遊行如可): 의미를 지닌 실질형태소 '밤', 들다의 어간인 '들-', 노닐다의 '노닐'은 한자의 뜻으로 문법적 관계를 나타내는 '이', '다가'는 한자음으로 표기한다.

위에서 제시된 한자 '夜入伊 遊行如可' 전체를 향찰 표기로 본다. 만약 이 문장을 향가에 쓰인 향찰 표기가 아니라 이두문으로 본다면 문법적 관계를 나타내고 있는 '伊'와 '如可'를 이두로 볼 수 있다.

향찰은 우리말을 그대로 표기하기 위한 노력의 일환으로 탄생한 표기법으로 우리말 노래인 향가를 표기하는 데 사용되었다. 우리말을 그대로 표기하기 위해서 실질형태소들은 한자의 훈을 이용하여 적고, 한자에는 없는 문법형태소들은 한자의 음을 이용하여 표기하였다. 가요가 특히 향가의 표기에 이용되었기 때문에 향가식 표기법이라고도 한다. 이것은 문장 전체를 적었다는 점에서 고유명사 표기법과 한문 문장의 끝에 토로 쓰이던 이두와 구별하여 말하는 것이 일반적이다. 그러나 향찰이 명사, 동사, 어미를 비롯한 국어 문장 전체를 표기했다고는 해도 차자 방법은 의미부가 새김을, 형태부가 음을 빌려오기 때문에 고유명사 표기법이나 이두와 큰 차이가 나지 않는다. 향찰이라는 명칭은 「균여전 均如傳」(1075)에 실린 최행귀의 역시(譯詩) 서문에 처음 나타난다. 이 서문은 균여대사와 같은 시대를 살았던 최행귀가 균여대사가 지은 「보현십원가 普賢十願歌」를 한시로 번역하여 쓴 것으로, 여기에서의 향찰이라는 말은 신라어로 적은 문장을 가리킨 것으로 보인다. 당악(唐樂)에 대한 향악(鄕樂), 당언(唐言)에 대한 향언(鄕言)의 경우와 같이 우리 고유의 것을 '향(鄕)'으로 표현했기 때문에 당문(唐文)에 대한 상대적인 뜻으로 향찰이라는 명칭이 사용된 것으로 추측된다.

향찰이 사용된 현존 향가 중 가장 오랜 것은 융천사가 지은 「혜성가 慧星歌」로 진평왕대의 것이다. 6~7세기 전후에 많은 향가들이 지어져 전성기를 맞이했다. 그러나 고려 시대에는 균여대사의 「보현십원가」 11수로 겨우 명맥이 이어졌으나 더 이상의 향찰 표기는 보이지 않는다. 한편 관명이나 지명과 같은 고유명사나 단편적인 언어의 표기에서 시작한 향찰은 이두와 구결의 영향을 받아 발달한 것으로 보인다.

삼국 시대에 이미 임신서기석과 같은 초기 이두문이 나타나고 뒤이어 한자에 토를 다는 구결이 발달하여 이 2가지 표기법이 결합한 것으로 추정할 수 있다. 조사나 어미와 같은 문법 관계를 나타내는 부분은 한자의 음을, 개념을 나타내는 부분은 한자의 뜻을 빌려 표기하고 한문 어순이 아닌 우리말 어순을 갖는다. 고유명사의 경우 음만을 빌려 표기한 것도 볼 수 있다.

✖ 외래어 표기법

[외래어 표기의 원칙]
제1항 외래어는 국어의 현용 24 자모만으로 적는다.
제2항 외래어의 1 음운은 원칙적으로 1 기호로 적는다.
제3항 받침에는 'ㄱ, ㄴ, ㄹ, ㅁ, ㅂ, ㅅ, ㅇ'만을 쓴다.
제4항 파열음 표기에는 된소리를 쓰지 않는 것을 원칙으로 한다.
제5항 이미 굳어진 외래어는 관용을 존중하되, 그 범위와 용례는 따로 정한다.

✖ 표준어 규정

1. 2011년 새로 추가된 표준어

　　국립국어원은 국민들이 실생활에서 많이 사용하고 있으나 그동안 표준어로 인정되지 않았던 '짜장면, 먹거리' 등 39개를 표준어로 인정하고 『표준국어대사전』에 반영했습니다. 새로 표준어로 인정한 항목은 크게 세 부류입니다.

(1) 현재 표준어로 규정된 말 이외에 같은 뜻으로 많이 쓰이는 말을 복수 표준어로 인정한 경우(11개)

　　예 '간지럽히다'는 비표준어로서 '간질이다'로 써야 했으나 앞으로는 '간지럽히다'도 '간질이다'와 뜻이 같은 표준어로 인정됨

　　※ 복수 표준어를 인정하는 것은 1988년에 제정된 『표준어 규정』에서 이미 허용된 원칙을 따르는 것으로 이미 써오던 것('간질이다')과 추가로 인정된 것('간지럽히다')을 모두 교과서나 공문서에 쓸 수 있도록 하는 것입니다. 따라서 새로운 표준어를 익히는 불편을 겪을 필요 없이 이전에 쓰던 것을 계속 사용해도 됩니다.

추가된 표준어	현재 표준어
간지럽히다	간질이다
남사스럽다	남우세스럽다
등물	목물
맨날	만날
묫자리	묏자리
복숭아뼈	복사뼈
세간살이	세간
쌉싸름하다	쌉싸래하다
토란대	고운대
허접쓰레기	허섭스레기
흙담	토담

(2) 현재 표준어로 규정된 말과는 뜻이나 어감 차이가 있어 이를 인정하여 별도의 표준어로 인정한 경우 (25개)

　　예 '눈꼬리'는 '눈초리'로 써야 했으나 '눈꼬리'와 '눈초리'는 쓰임이 다르기 때문에 '눈꼬리'를 별도의 표준어로 인정함

추가 표준어	현재 표준어	뜻 차이
-길래	-기에	-길래: '-기에'의 구어적 표현
개발새발	괴발개발	'괴발개발'은 '고양이의 발과 개의 발'이라는 뜻이고, '개발새발'은 '개의 발과 새의 발'이라는 뜻
나래	날개	'나래'는 '날개'의 문학적 표현
내음	냄새	'내음'은 향기롭거나 나쁘지 않은 냄새로 제한됨
눈꼬리	눈초리	• 눈초리: 어떤 대상을 바라볼 때 눈에 나타나는 표정 　예 매서운 눈초리 • 눈꼬리: 눈의 귀 쪽으로 째진 부분

떨구다	떨어뜨리다	'떨구다'에 '시선을 아래로 향하다'라는 뜻이 있음
뜨락	뜰	'뜨락'에는 추상적 공간을 비유하는 뜻이 있음
먹거리	먹을거리	먹거리: 사람이 살아가기 위하여 먹는 음식을 통틀어 이름
메꾸다	메우다	'메꾸다'에 '무료한 시간을 적당히 또는 그럭저럭 흘러가게 하다.'라는 뜻이 있음
손주	손자(孫子)	• 손자: 아들의 아들. 또는 딸의 아들 • 손주: 손자와 손녀를 아울러 이르는 말
어리숙하다	어수룩하다	'어수룩하다'는 '순박함/순진함'의 뜻이 강한 반면에, '어리숙하다'는 '어리석음'의 뜻이 강함
연신	연방	'연신'이 반복성을 강조한다면, '연방'은 연속성을 강조
휭하니	힁허케	힁허케: '휭하니'의 예스러운 표현
걸리적거리다	거치적거리다	자음 또는 모음의 차이로 인한 어감 및 뜻 차이 존재
끄적거리다	끼적거리다	〃
두리뭉실하다	두루뭉술하다	〃
맨숭맨숭/ 맹숭맹숭	맨송맨송	〃
바둥바둥	바동바동	〃
새초롬하다	새치름하다	〃
아웅다웅	아옹다옹	〃
야멸차다	야멸치다	〃
오손도손	오순도순	〃
찌뿌둥하다	찌뿌듯하다	〃
추근거리다	치근거리다	〃

(3) 표준어로 인정된 표기와 다른 표기 형태도 많이 쓰여서 두 가지 표기를 모두 표준어로 인정한 경우 (3개)

예 '자장면', '태껸', '품세'만을 표준어로 인정해 왔으나 널리 쓰이고 있던 '짜장면', '택견', '품새'도 인정함

추가된 표준어	현재 표준어
택견	태껸
품새	품세
짜장면	자장면

2. 2014년 새로 추가된 표준어

국립국어원은 2011년에 이어 국민들이 실생활에서 많이 사용하고 있으나 그동안 표준어로 인정되지 않았던 '삐지다, 놀잇감, 속앓이, 딴지' 등 13항목의 어휘를 표준어로 인정하고 『표준국어대사전』에 반영했습니다. 표준어로 새로 인정한 항목은 크게 두 부류입니다.

(1) 현재 표준어와 같은 뜻으로 널리 쓰이는 말을 복수 표준어로 인정한 경우(5개)

예 그동안 '삐지다'는 비표준어로서 '삐치다'로 써야 했으나 앞으로는 '삐지다'도 '삐치다'와 뜻이 같은 표준어로 인정됨

추가된 표준어	현재 표준어
구안와사	구안괘사
굽신*	굽실
눈두덩이	눈두덩
삐지다	삐치다
초장초	작장초

※ '굽신'이 표준어로 인정됨에 따라, '굽신거리다, 굽신대다, 굽신하다, 굽신굽신, 굽신굽신하다' 등
도 표준어로 함께 인정됨

(2) 현재 표준어와는 뜻이나 어감이 달라 이를 별도의 표준어로 인정한 경우(8개)

예 그동안 '놀잇감'은 '장난감'으로 써야 했으나 '놀잇감'과 '장난감'은 쓰임이 다르기 때문에 '놀잇감'
을 별도의 표준어로 인정함

※ 그밖에 'RADAR(Radio Detecting And Ranging)'의 한글 표기로 '레이다'와 '레이더'를 복수로
인정하기로 결정함. 원어 발음이 [Reida:(R)]인 것을 반영하여 '레이다'를 기본적인 표기로 새로
인정하되, 교과서 등에서 그동안 널리 써온 '레이더'도 관용적인 표기로 인정하기로 한 것임

추가 표준어	현재 표준어	뜻 차이
개기다	개개다	개기다: (속되게) 명령이나 지시를 따르지 않고 버티거나 반항하다. (※ 개개다: 성가시게 달라붙어 손해를 끼치다.)
꼬시다	꾀다	꼬시다: '꾀다'를 속되게 이르는 말 (※ 꾀다: 그럴듯한 말이나 행동으로 남을 속이거나 부추겨서 자기 생각대로 끌다.)
놀잇감	장난감	놀잇감: 놀이 또는 아동 교육 현장 따위에서 활용되는 물건이나 재료 (※ 장난감: 아이들이 가지고 노는 여러 가지 물건)
딴지	딴죽	딴지: (주로 '걸다, 놓다'와 함께 쓰여) 일이 순순히 진행되지 못하도록 훼방을 놓거나 어기대는 것 (※ 딴죽: 이미 동의하거나 약속한 일에 대하여 딴전을 부림을 비유적으로 이르는 말)
사그라들다	사그라지다	사그라들다: 삭아서 없어져 가다. (※ 사그라지다: 삭아서 없어지다.)
섬찟*	섬뜩	섬찟: 갑자기 소름이 끼치도록 무시무시하고 끔찍한 느낌이 드는 모양 (※ 섬뜩: 갑자기 소름이 끼치도록 무섭고 끔찍한 느낌이 드는 모양)
속앓이	속병	속앓이: 「1」 속이 아픈 병. 또는 속에 병이 생겨 아파하는 일. 「2」 겉으로 드러내지 못하고 속으로 걱정하거나 괴로워하는 일 (※ 속병: 「1」 몸속의 병을 통틀어 이르는 말. 「2」 '위장병01'을 일상적으로 이르는 말. 「3」 화가 나거나 속이 상하여 생긴 마음의 심한 아픔)
허접하다	허접스럽다	허접하다: 허름하고 잡스럽다. (※ 허접스럽다: 허름하고 잡스러운 느낌이 있다.)

※ '섬찟'이 표준어로 인정됨에 따라, '섬찟하다, 섬찟섬찟, 섬찟섬찟하다' 등도 표준어로 함께 인정됨

3. 2015년 새로 추가된 표준어

국립국어원은 국민들이 실생활에서 많이 사용하고 있으나 그동안 표준어로 인정되지 않았던 '잎새, 푸르르다, 이쁘다, −고프다' 등 11항목의 어휘와 활용형을 표준어 또는 표준형으로 인정하고 『표준국어대사전』에 반영했습니다. 새로 표준어로 인정한 항목은 크게 세 부류입니다.

(1) 현재 표준어와 같은 뜻으로 널리 쓰이는 말을 복수 표준어로 인정한 경우(4개)

> 예 그동안 '이쁘다'는 비표준어로서 '예쁘다'로 써야 했으나, 앞으로는 '이쁘다'도 '예쁘다'와 뜻이 같은 표준어로 인정

추가 표준어	현재 표준어	비고
마실*	마을	• '이웃에 놀러 다니는 일'의 의미에 한하여 표준어로 인정함. '여러 집이 모여 사는 곳'의 의미로 쓰인 '마실'은 비표준어임 • '마실꾼, 마실방, 마실돌이, 밤마실'도 표준어로 인정함 예 나는 아들의 방문을 열고 "이모네 마실 갔다 오마."라고 말했다.
이쁘다	예쁘다	'이쁘장스럽다, 이쁘장스레, 이쁘장하다, 이쁘디이쁘다'도 표준어로 인정함 예 어이구, 내 새끼 이쁘기도 하지.
찰지다	차지다	사전에서 〈'차지다'의 원말〉로 풀이함 예 화단의 찰진 흙에 하얀 꽃잎이 화사하게 떨어져 날리곤 했다.
−고프다	−고 싶다	사전에서 〈'−고 싶다'가 줄어든 말〉로 풀이함 예 그 아이는 엄마가 보고파 앙앙 울었다.

※ 이 중 '마실'은 '이웃에 놀러 다니는 일'과 '여러 집이 모여 사는 곳'이라는 두 가지 뜻 중에서 '이웃에 놀러 다니는 일'이라는 뜻에 대해서만 표준어로서의 지위가 인정됨

(2) 현재 표준어와는 뜻이나 어감이 달라 이를 별도의 표준어로 인정한 경우(5개)

> 예 그동안 '푸르르다'는 '푸르다'로 고쳐 써야 했으나, '푸르르다'와 '푸르다'는 쓰임이 다르기 때문에 '푸르르다'를 별도의 표준어로 인정

추가 표준어	현재 표준어	뜻 차이
꼬리연	가오리연	꼬리연: 긴 꼬리를 단 연 (※ 가오리연: 가오리 모양으로 만들어 꼬리를 길게 단 연. 띄우면 오르면서 머리가 아래위로 흔들린다.) 예 행사가 끝날 때까지 하늘을 수놓았던 대형 꼬리연도 비상을 꿈꾸듯 끊임없이 창공을 향해 날아올랐다.
의론	의논	의론(議論): 어떤 사안에 대하여 각자의 의견을 제기함. 또는 그런 의견 (※ 의논(議論): 어떤 일에 대하여 서로 의견을 주고 받음) 예 이러니저러니 의론이 분분하다.
이크	이키	이크: 당황하거나 놀랐을 때 내는 소리. '이키'보다 큰 느낌을 준다. (※ 이키: 당황하거나 놀랐을 때 내는 소리. '이끼'보다 거센 느낌을 준다.) 예 이크, 이거 큰일 났구나 싶어 허겁지겁 뛰어갔다.
잎새	잎사귀	잎새: 나무의 잎사귀. 주로 문학적 표현에 쓰인다. (※ 잎사귀: 낱낱의 잎. 주로 넓적한 잎을 이른다.) 예 잎새가 몇 개 남지 않은 나무들이 창문 위로 뻗어올라 있었다.

| 푸르르다 | 푸르다 | 푸르르다: '푸르다'를 강조할 때 이르는 말
(※ 푸르다: 맑은 가을 하늘이나 깊은 바다, 풀의 빛깔과 같이 밝고 선명하다.)
'푸르르다'는 '으' 불규칙용언으로 분류함
예 겨우내 찌푸리고 있던 잿빛 하늘이 푸르르게 맑아 오고 어디선지도 모르게
흙냄새가 뭉클하니 풍겨 오는 듯한 순간 벌써 봄이 온 것을 느낀다. |

(3) 비표준적인 것으로 다루어 왔던 활용형을 표준형으로 인정한 경우(2개)

① 그동안 '말다'가 명령형으로 쓰일 때는 'ㄹ'을 탈락시켜 '(잊지) 마/마라'와 같이 써야 했으나, 현실의 쓰임을 반영하여 '(잊지) 말아/말아라'와 같이 'ㄹ'을 탈락시키지 않고 쓰는 것도 인정하기로 함

② 그동안 '노랗다, 동그랗다, 조그맣다' 등과 같은 'ㅎ' 불규칙용언이 종결어미 '-네'와 결합할 때는 'ㅎ'을 탈락시켜 '노래네/동그라네/조그마네'와 같이 써야 했으나, 불규칙활용의 체계성과 현실의 쓰임을 반영하여 '노랗네/동그랗네/조그맣네'와 같이 'ㅎ'을 탈락시키지 않고 쓰는 것도 인정하기로 함

추가 표준형	현재 표준형	비고
말아 말아라 말아요	마 마라 마요	'말다'에 명령형어미 '-아, -아라, -아요' 등이 결합할 때는 어간 끝의 'ㄹ'이 탈락하기도 하고, 탈락하지 않기도 함 예 내가 하는 말 농담으로 듣지 마/말아. 얘야, 아무리 바빠도 제사는 잊지 마라/말아라. 아유, 말도 마요/말아요.
노랗네 동그랗네 조그맣네 …	노라네 동그라네 조그마네 …	'ㅎ' 불규칙용언이 어미 '-네'와 결합할 때는 어간 끝의 'ㅎ'이 탈락하기도 하고, 탈락하지 않기도 함 '그렇다, 노랗다, 동그랗다, 뿌옇다, 어떻다, 조그맣다, 커다랗다' 등 모든 'ㅎ' 불규칙용언의 활용형에 적용됨 예 생각보다 훨씬 노랗네/노라네. 이 빵은 동그랗네/동그라네. 건물이 아주 조그맣네/조그마네.

새로 추가된 표준어에 대해 궁금한 사항은 국립국어원 홈페이지(http://www.korean.go.kr) 보도 자료를 참고하시기 바랍니다.

4. 2016년 새로 추가된 표준어

문화체육관광부 국립국어원은 국민들이 실생활에서 많이 사용하고 있으나 그동안 표준어로 인정되지 않았던 '걸판지다, 겉울음, 까탈스럽다, 실뭉치, 엘랑, 주책이다' 등 6항목의 어휘를 표준어 또는 표준형으로 인정한다는 내용의 「2016년 표준어 추가 결과」를 발표하고 2017년 1월 1일 자로 인터넷으로 제공되는 『표준국어대사전』에 반영했습니다. 이번에 새로 표준어로 인정한 항목은 크게 두 가지로 나누어 볼 수 있습니다.

(1) 현재 표준어와는 뜻이나 어감이 달라 별도의 표준어로 인정한 경우(4개)

예 그동안 '실뭉치'는 '실몽당이'로 고쳐 써야 했으나 '실뭉치(실을 한데 뭉치거나 감은 덩이)'와 '실몽당이(실을 풀기 좋게 공 모양으로 감은 뭉치)'는 의미가 서로 다르기 때문에 '실뭉치'를 별도의 표준어로 인정

추가 표준어	현재 표준어	뜻 차이
걸판지다	거방지다	[형용사] 걸판지다 ① 매우 푸지다. 　예 마침 눈먼 돈이 생긴 것도 있으니 오늘 저녁은 내가 걸판지게 사지. ② 동작이나 모양이 크고 어수선하다. 　예 소리판은 옛날이 걸판지고 소리할 맛이 났었지. [형용사] 거방지다 ① 몸집이 크다. ② 하는 짓이 점잖고 무게가 있다. ③ 매우 푸지다.(=걸판지다)
겉울음	건울음	[명사] 겉울음 ① 드러내 놓고 우는 울음 　예 꼭꼭 참고만 있다 보면 간혹 속울음이 겉울음으로 터질 때가 있다. ② 마음에도 없이 겉으로만 우는 울음 　예 눈물도 안 나면서 슬픈 척 겉울음 울지 마. [명사] 건울음(=강울음) 강울음 ① 눈물 없이 우는 울음 또는 억지로 우는 울음
까탈스럽다	까다롭다	[형용사] 까탈스럽다 ① 조건, 규정 따위가 복잡하고 엄격하여 적응하거나 적용하기에 어려운 데가 있다. '가탈스럽다01'보다 센 느낌을 준다. 　예 까탈스러운 공정을 거치다. ② 성미나 취향 따위가 원만하지 않고 별스러워 맞춰 주기에 어려운 데가 있다. '가탈스럽다02'보다 센 느낌을 준다. 　예 성격이 까탈스럽다. [형용사] 까다롭다 ① 조건 따위가 복잡하거나 엄격하여 다루기에 순탄하지 않다. ② 성미나 취향 따위가 원만하지 않고 별스럽게 까탈이 많다.
실뭉치	실몽당이	[명사] 실뭉치 ① 실을 한데 뭉치거나 감은 덩이 　예 실뭉치를 풀다. [명사] 실몽당이 ① 실을 풀기 좋게 공 모양으로 감은 뭉치

(2) 비표준적인 것으로 다루어 왔던 표현 형식을 표준형으로 인정한 경우(2개)

예 그동안 '주책'에 '이다'가 붙은 '주책이다'는 잘못된 용법으로 다루어져 왔고 그 대신 '주책없다'를 쓰도록 해 왔으나, 현실에서는 '주책이다'도 널리 쓰일 뿐만 아니라 문법적으로도 잘못되었다고 볼만한 근거가 없어 '주책이다'도 표준형으로 인정하기로 함

추가 표준어	현재 표준어	뜻 차이
엘랑	에는	• 표준어규정 제25항에서 '에는'의 비표준형으로 규정해 온 '엘랑'을 표준형으로 인정함 • '엘랑' 외에도 'ㄹ랑'에 조사 또는 어미가 결합한 '에설랑, 설랑, -고설랑, -어설랑, -질랑'도 표준형으로 인정함 • '엘랑, -고설랑' 등은 단순한 조사/어미 결합형이므로 사전 표제어로는 다루지 않음 예 서울엘랑 가지를 마오.
주책이다	주책없다	• 표준어규정 제25항에 따라 '주책없다'의 비표준형으로 규정해 온 '주책이다'를 표준형으로 인정함 • '주책이다'는 '일정한 줏대가 없이 되는대로 하는 짓'을 뜻하는 '주책'에 서술격 조사 '이다'가 붙은 말로 봄 • '주책이다'는 단순한 명사+조사 결합형이므로 사전 표제어로는 다루지 않음 예 이제 와서 오래 전에 헤어진 그녀를 떠올리는 나 자신을 보며 '나도 참 주책이군'하는 생각이 들었다.

✖ 사잇소리

사잇소리(Insertion 'ㅅ')란 파생어나 합성어를 만들 때, 앞말이 모음으로 끝난 경우, 특별한 이유가 없음에도 ① 앞말의 모음 바로 뒤에 오는 무성음 'ㄱ, ㄷ, ㅂ, ㅅ, ㅈ' 등이 된소리로 발음되거나, ② 뒷말의 첫소리 'ㄴ, ㅁ' 앞에서 앞말에 'ㄴ' 소리가 덧나거나, ③ 뒷말의 첫소리 모음 앞에서 앞뒤 말에 'ㄴㄴ' 소리가 덧나거나 하는 현상을 말하는데, 위의 세 경우 모두 앞말에 'ㅅ'을 받쳐 적는다.

1. 앞말이 모음으로 끝나고, 뒷말의 첫소리가 된소리로 나는 것

> 바다+가 → [바다까/바닫까] → 바닷가
> 코+등 → [코뜽/콛뜽] → 콧등
> 귀+밥 → [귀빱/귇빱] → 귓밥
> 배+사공 → [배싸공/밷싸공] → 뱃사공
> 차+집 → [차찝/찯찝] → 찻집

아래의 단어도 같은 현상이 나타난다.

나룻배	나뭇가지	냇가	뱃길	햇볕	혓바늘
아랫방	전셋집	찻잔	탯줄	텃세	햇수

2. 앞말이 모음으로 끝나고, 뒷말의 첫소리 'ㄴ, ㅁ' 앞에서 'ㄴ' 소리가 덧나는 것

> 계 + 날 → [겐:날] → 곗날
> 제사 + 날 → [제:산날] → 제삿날
> 내 + 물 → [낸:물] → 냇물
> 이 + 몸 → [인몸] → 잇몸

아래의 단어도 같은 현상이 나타난다.

아랫니	멧나물	뱃놀이	뒷머리	빗물	아랫마을
콧날	텃마당	깻묵	훗날	양칫물	툇마루

3. 앞말이 모음으로 끝나고, 뒷말의 첫소리 모음 앞에서 'ㄴㄴ' 소리가 덧나는 것

> 나무 + 잎 → [나문닙] → 나뭇잎
> 뒤 + 일 → [뒨:닐] → 뒷일
> 아래 + 이 → [아랜니] → 아랫니

아래의 단어도 같은 현상이 나타난다.

뒷윷	베갯잇	깻잎	댓잎	예삿일	훗일

4. 대부분의 음운 변동 현상은 일정한 음성적 조건이 주어지면 예외없이 항상 일어나지만, 이 사잇소리 현상은 같은 조건이 주어져도 일어나지 않는 경우가 있다.

> 소리 + 글자 → [소리글짜] → 소리글자
> 노래 + 방 → [노래방] → 노래방
> 노 + 스님 → [노:스님] → 노스님
> 너구리 + 집 → [너구리집] → 너구리집

5. 앞뒤의 말이 모두 한자어인 경우에는 뒷말의 첫소리가 된소리로 발음이 되더라도, 사잇소리를 받쳐 적지 않는다.

> 외(外) + 과(科) → [외:꽈/웨:꽈] → 외과
> 주(株) + 가(價) → [주까] → 주가
> 초(焦) + 점(點) → [초쩜] → 초점
> 허(虛) + 점(點) → [허쩜] → 허점

그러나 다음 여섯 개의 한자어는 예외적으로 사잇소리를 받쳐 적는다.

고 + 간 → [고깐/곧깐] → 곳간
세 + 방 → [세:빵/섿:빵] → 셋방
수 + 자 → [수:짜/숟:짜] → 숫자
차 + 간 → [차깐/찯깐] → 찻간
퇴 + 간 → [퇴:깐/퉫:깐] → 툇간
회 + 수 → [회쑤/휃쑤] → 횟수

✳ 띄어쓰기

우리 어문 규정 중 띄어쓰기 규정으로 따로 제정해 놓은 것은 없다. 1988년 1월에 문교부에서 제정 고시한 '한글 맞춤법'의 띄어쓰기 규정이 1989년 3월 1일부터 시행되고 있다. 한글맞춤법은 모두 57항으로 되어 있는데, 제2항과 제41항에서 제50항까지 모두 11개항이 띄어쓰기 규정이다. 이 규정들을 이해하기 쉽게 재정리하고 용례를 더 보완하였다.

1. 문장의 각 단어는 띄어 씀을 원칙으로 한다.
2. 조사는 그 앞말에 붙여 쓴다.
   (1) 체언 다음에 오는 조사

사람이	책을	지금으로부터	우리의
비행장에서부터	인생이야말로	성공은커녕	교수님한테

   (2) 부사 다음에 오는 조사

빨리도 달린다	사랑은 멀리서 하는 것
많이는 못 먹는다	이번에 잘만 하면

   (3) 용언의 어미 다음에 오는 조사

나라를 위해서도	먹어서는 안 된다
그는 웃기만 한다	괴롭히지는 않겠다

   (4) 문장의 끝에 오는 조사

자네 글씨 잘 쓰네그려	빨리 갑시다요

3. 의존명사는 띄어 쓴다.

　　의존명사는 문장 속에서 다른 성분, 즉 관형어의 도움을 받아야만 한다. 그러나 이들이 아무리 의존적인 성격을 가지고 있다고 하더라도 하나의 명사로서 독립된 단어이기 때문에 문장 속에 쓰일 때는 반드시 띄어 써야 한다.

　(1) 단위성 의존명사

　　　단위성 의존명사에는 '명, 권, 대' 등이 있는데 이들은 문장 속에서 자립적으로 쓰일 수가 없다. 그러나 독립된 단어이기 때문에 반드시 띄어 써야만 한다.

　(2) '한번' 띄어쓰기

　　　"이거 한번 먹어 보자"처럼 횟수의 의미가 아닌 전체의 의미를 나타낼 때는 단위성 의존명사가 아니고 합성어이기 때문에 붙여 써야 한다. 그러나 횟수를 나타내는 "한∨번, 두∨번, 세∨번"일 때는 띄어 써야 한다.

　(3) 수의 띄어쓰기

　　　단위성 의존명사는 띄어 쓰는 것이 원칙이지만 띄어쓰기는 독서의 능률을 높이기 위한 것이므로 우리나라의 숫자 계산은 '만' 단위로 하기 때문에 만 단위로 띄어 쓰도록 하고 있다.

> 십이억∨삼천사백오십육만∨칠천팔백구십팔

　(4) 의존명사 '것' 띄어쓰기

　　"볼∨것, 볼∨게 많다, 난 집에 갈∨거다"와 '것'은 독립 단어이므로 반드시 띄어 써야 한다.

　(5) 대로/만큼

　　　'대로'와 '만큼'은 의존명사로 쓰일 때도 있고 조사로 쓰일 때도 있다. "있는∨대로 가져와라."에서 '대로'는 의존명사이기 때문에 띄어 쓴다. "너는 너대로 나는 나대로, 네 마음대로 해라."에서 '대로'는 조사이기 때문에 붙여 쓴다. 즉, 의존명사는 반드시 관형 성분을 선행시키는데 대부분의 경우에는 용언의 관형사형(있+는)이 오고, 조사 앞에는 체언(명사/대명사/수사) 등이 온다. "먹을∨만큼 집어라, 동생만큼만 해라."의 경우도 마찬가지이다.

　(6) '간(間)'

　　　'간'은 의존명사로 쓰일 때도 있고 접미사로 쓰일 때도 있는데 이들은 의미에 따라 구별된다. "서울·부산∨간 야간열차, 부모와 자식∨간"처럼 사이의 뜻을 나타낼 때는 의존명사로서 띄어 쓴다. 그러나 "이틀간, 삼십 일간"처럼 일부 명사 뒤에 붙어 '동안의 뜻'을 나타낼 때는 접미사로서 반드시 붙여 써야 한다.

　(7) '상(上)'

　　　'상'은 의존명사로 생각하기 쉽지만 『표준국어대사전』을 기준으로 '상'은 의존명사의 지위를 가지고 있지 않다. "사실상 끝난 일이나 다름없다, 인터넷상에서 유행하는 표현이다, 지구상의 모든 생명은 소중하다."와 같이 '그것과 관계된 입장, 추상적인 공간에서의 위치, 물체의 위나 위쪽' 등의 의미를 더해주는 접미사이므로 앞말에 붙여 적는다.

4. 단위를 나타내는 명사는 띄어 쓴다.

> 굴비 한 갓 / 오이 한 거리 / 하루 세 끼 밥
> 실 한 닢 / 가마니 한 닢 / 자동차 한 대
> 쌀 한 말 / 소 한 마리 / 옷 한 벌 / 고등어 한 손
> 차 한 잔 / 버선 한 죽 / 연필 한 자루 / 오징어 한 축 / 북어 한 쾌

5. 단위를 나타내는 명사라도 순서를 나타내는 경우나 숫자와 어울려 쓰이는 경우에는 붙여 쓸 수 있다.

> 열한시 삼십분 오초 / 제일과 / 일학년 삼반 / 육층 삼호실
> 1446년 10월 8일 / 16동 502호 / 보병 제5사단 / 연필12자루
> 15미터 / 150원 / 기미년 3월 1일

6. 수를 적을 적에는 '만(萬)' 단위로 띄어 쓴다.

> 십오억 / 육천칠백십삼만 / 사천칠백구십칠
> 15억 6,783만 1797 / 사천구백마흔여섯(4,946)
> 일천구백구십삼(1,993) / 삼만 오천여 명
> ※ 종전에는 십진법에 의해 띄어 썼음

7. 두 말을 이어 주거나 열거할 적에 쓰이는 다음의 말들은 띄어 쓴다.

> 국장 겸 실장 / 열 내지 스물 / 청군 대 백군 / 책상, 걸상 등이 있다.
> 이사장 및 이사들 / 사과, 배, 귤 등을 사와라. / 광주, 부산 등지로 떠났다.

8. 단음절로 된 단어가 연이어 나타날 적에는 붙여 쓸 수 있다.

> 좀 더 큰 새 것을 / 좀더 큰 새것을
> 그 때 한 잎 두 잎 떨어졌다. / 그때 한잎 두잎 떨어졌다.
> 이 곳 저 곳 / 이곳 저곳
> 이 말 저 말 / 이말 저말

9. 보조 용언은 띄어 씀을 원칙으로 하되, 경우에 따라서는 붙여 씀도 허용한다.

원칙	허용
꽃이 시들어 간다.	꽃이 시들어간다.
내 힘으로 막아 낸다.	내 힘으로 막아낸다.
할아버지를 도와 드려라.	할아버지를 도와드려라.
모두 썩어 빠졌다.	모두 썩어빠졌다.
개가 짖어 쌓는다.	개가 짖어쌓는다.
날이 밝아 온다.	날이 밝아온다.
비가 올 듯하다.	비가 올듯하다.
그 일은 할 만하다.	그 일은 할만하다.
일이 될 법하다.	일이 될법하다.
비가 올 성싶다.	비가 올성싶다.
잘 아는 척한다.	잘 아는척한다.

10. 보조 용언의 앞말에 조사가 붙는 경우에는 보조 용언을 앞말에 붙여 쓰지 않는다.

> 잘도 놀아만 나는구나.   책을 읽어도 보고
>
> 음식을 먹어도 보고   저를 도와만 준다면   아는 체도 하지 마시오.

11. 보조 용언의 앞말이 합성 동사인 경우에는 보조 용언을 앞말에 붙여 쓰지 않는다.

> 이 속에 뛰어들어 보아라.   창문으로 들여다보지 말아라.
>
> 강물에 떠내려가 버렸다.   끌려가지 않는다.

12. 보조 용언의 중간에 조사가 들어갈 적에는 그 뒤에 오는 말은 띄어 쓴다. 이 경우 조사의 앞에 있는 말은 의존명사이다.

> 괜히 아는 체를 한다.   그가 당선될 듯도 하다.
>
> 일이 잘될 법도 하다.   그는 성공할 만도 하다.

13. 성과 이름, 성과 호 등은 붙여 쓴다.

> 김유신 / 이순신 / 이퇴계 / 이율곡 / 사마광

14. 성명 뒤에 붙는 호칭어, 관직명 등은 띄어 쓴다.

> 강창호 선생 / 김주열 군 / 김창숙 옹
>
> 김유신 장군 / 김형돈 박사 / 안중근 의사
>
> 유관순 양 / 이범석 총리 / 이승만 대통령
>
> 이승식 국장 / 이인직 씨 / 임갑순 여사

15. 성과 이름, 호를 분명히 구별할 필요가 있을 경우에는 띄어 쓸 수 있다. 다음과 같은 복성을 가진 경우에는 이름이나 호를 띄어 쓸 수 있다.

> 구양수 / 구양 수 남궁억 / 남궁 억
> 동방삭 / 동방 삭 제갈공명 / 제갈 공명

16. 성명 이외의 고유명사는 단어별로 띄어 씀을 원칙으로 하되, 단위별로 띄어 쓸 수 있다.

> 대한 초등 학교 / 대한초등학교 대한 중학교 / 대한중학교
> 대한 고등 학교 / 대한고등학교 대한 전문 학교 / 대한전문학교
> 대한 대학교 예술 대학 / 대한대학교 예술대학
> 한국 국어 교육 연구회 / 한국 국어교육 연구회
> ※ 표준국어대사전에는 '초등학교, 고등학교, 전문대학'이 단어로 올라 있으므로 한 단어로 붙여 써야 함

17. 전문 용어는 단어별로 띄어 씀을 원칙으로 하되, 붙여 쓸 수 있다.

> 만성 골수병 백혈병 / 만성골수병백혈병
> 중거리 탄도 유도탄 / 중거리탄도유도탄

✖ 겹받침의 발음

한국어에서는 표기상 11개의 겹자음 'ㄳ, ㄵ, ㄶ, ㄺ, ㄽ, ㄾ, ㅄ, ㄺ, ㄻ, ㄿ, ㅀ'이 받침에 올 수 있다. 이 중에서 'ㅎ'을 가진 겹받침 'ㄶ, ㅀ'을 제외하면, 표준발음법규정에서와 같이 어말이나 자음 앞에서는 하나의 자음이 탈락되고 하나의 자음만 발음된다. 한국어에서는 이 환경에서 두 자음 모두가 발음될 수 없다. 물론 겹받침 뒤에 모음이 올 경우에는 첫 번째 자음은 앞 음절에 그대로 남아 그대로 소리가 나고, 뒤 자음은 뒤 음절의 첫소리로 발음된다. 두 자음 중에서 어떤 것이 발음되느냐 하는 것은 겹자음에 따라 다르다. 겹받침이 'ㄳ, ㄵ, ㄶ, ㄽ, ㄾ, ㅄ, ㄶ, ㅀ'인 경우에는 앞 자음이 발음되고, 겹받침이 'ㄺ, ㄻ, ㄿ'인 경우에는 뒤 자음이 발음된다. 다만, 'ㄿ'의 경우에는 뒤 자음 /ㅍ/이 중화 현상을 거쳐 [ㅂ]으로 발음된다. 한국어의 겹받침은 대체로 앞 자음이 발음되고, 오로지 'ㄺ, ㄻ, ㄿ' 세 경우만 뒤 자음이 발음된다는 것이다.

그러나 겹받침의 발음에 예외적인 규정이 두 가지 있다.

1. 'ㄼ'은 기본적으로 [ㄹ]로 발음되는데, 동사 '밟(다)[밥ː따]'의 경우에는 [ㅂ]으로 발음한다. 그리고 '넓다'는 [널따]로 발음되는데, '넓죽하다[넙쭈카다], 넓둥글다[넙뚱굴다]'만은 [ㅂ]으로 발음한다.
2. 'ㄺ'은 명사와 용언 모두에 나타나는데, 기본적으로는 [ㄱ]으로 발음한다. 다만, 용언의 경우에 '-고,. -게'와 같이 /ㄱ/으로 시작하는 어미가 올 경우에는 '맑게[말께], 묽고[물꼬], 읽겠다[일껟따]'처럼 어간의 겹받침을 [ㄹ]로 발음한다. 그러나 '닭고기, 닭'과 같이 체언일 경우에는 항상 [ㄱ]으로 발음한다.

02 일반언어학 및 응용언어학

평가 영역	언어학개론, 응용언어학, 대조언어학, 심리언어학, 사회언어학, 외국어습득론

✖ 문자

1. 쐐기문자는 설형문자라고도 하며 메소포타미아를 중심으로 고대 오리엔트에서 광범위하게 쓰인 문자이다. 회화문자(繪畵文字)였는데 점토 위에 갈대나 금속으로 새겨 썼기 때문에 문자의 선이 쐐기 모양으로 보인다. 단어문자로서 수메르어를 적던 것이 아카드어에 전해지면서 음절문자가 되었고 후에 페르시아어, 히타이트어 등에 퍼졌다. 쐐기문자는 중국 문자보다 한 걸음 더 나아가 표음문자의 단계에 이르게 되었다.
2. 음절문자(Syllabic Writing, 音節文字)는 한 음절이 한 글자로 되어 있어 그 이상은 나눌 수 없는 표음문자를 말한다. 음절문자의 전형적인 예는 일본의 かな문자이며 か(ka), さ(sa)를 보면 알 수 있듯이 자음과 모음의 표기가 구별되지 않는다.
3. 음소문자는 자모문자(字母文字)라고도 불린다. 자모(字母)는 자음과 모음으로 갈라 적을 수 있는 낱낱의 글자를 가리킨다.
4. 표음문자는 음소를 각 글자의 단위로 하는 음소문자와 음절을 그 단위로 하는 음절문자를 묶어 부르는 용어이기도 하다.

✖ 언어의 정의

1. 언어는 인간 행위의 한 형태이다.
2. 언어란 여러 가지 상징들을 체계적이고 조직적으로 사용하여 사회 구성원들 간에 서로 의미를 주고받을 수 있게 하는 의사소통 체계이다.
   (1) 상징이란 어떤 사물, 사실, 사건들을 대신하여 나타내주는 것을 말한다. 말을 하는 사람과 말을 듣는 사람은 사물, 사실, 사건들 대신 말을 주고받는다.
   (2) 의미의 전달을 위한 사실, 사물, 사건을 기호화하는 추상(Abstract) → 청취 과정에서 사실, 사물, 사건을 머릿속에 떠올리는 구체화(Concretization)의 사고 과정
3. 언어는 체계적이다. 언어는 규칙에 따라 소리, 단어, 문장을 형성하는 것을 의미한다. 규칙에 따라 소리를 형성하고 단어를 형성하며, 문장을 형성하는 것을 의미한다.
4. 언어는 사회적 도구이다. 언어에 의해 사회적 관계가 성취된다.
5. 언어는 학습이 필요하다.
6. 언어는 인간 집단의 사상과 문화를 반영한다. 즉, 문화에 따라 언어 사용이 달라진다.

✖ 언어의 구조

1. 언어의 구성 요소: 형태, 내용, 사용
2. 형태적 측면: 음운, 형태소, 구문(Syntax)
3. 내용적 측면: 의미론적 요인
4. 사용적 측면: 화용론적 요인

※ 의미가 통하지 않는 언어구조의 예

> **예** '니소닭페챠콜하데쿠로': 음성학적 규칙과 형태소적인 규칙이 적용되지 않아 의미가 통하지 않는다.
> **예** '먹었다 는 그 을 밥': 음성학적·형태소적 규칙은 적용되었지만 구문 규칙이 적용되지 않아 의미가 통하지 않는다.
> **예** '코는 잠을 주었다.': 주어, 목적어, 동사 순으로 구문 규칙을 적용하여 단어들을 배열했지만 의미 규칙이 적용되지 않아 의미가 통하지 않는다.
> **예** '소가 잠을 잔다. 의사는 휴식을 취하라고 그에게 권했다. 바람이 불어 참 시원하다. 모두 학교에서 공부한다.': 아이디어와 아이디어들이 서로 의미 있게 연결되지 않아 이해가 되지 않는다.

✖ 언어의 구성 요인

전통적으로 구조주의나 생성주의 언어학자들은 이 다섯 가지 언어적 구성 요인 중에서 구문, 형태소, 음운, 의미론적 요인들을 중요하게 생각했지만, 최근에는 화용론적인 요인을 중요하게 생각하는 쪽으로 변하고 있다.

1. 음운 요인
   (1) 음운: 말소리의 조합과 관련한 것
   (2) 음소: 소리의 차이를 통해서 의미를 변별하게 하는 가장 작은 말소리 단위. 현대국어 기본 자음 14개, 기본 모음 10개
   (3) 음운 규칙: 음소들의 배분과 연결을 결정

2. 형태소 요인
   (1) 형태소: 단어의 내적 구조에 관한 것, 더 이상 작은 단위로 쪼개어지면 의미가 없어져 버리는 최소의 문법 단위
   (2) 단어: 하나 이상의 형태소로 이루어지며 분리하여 자립적으로 쓸 수 있는 말이나 이에 준하는 말

3. 구문 요인
   (1) 문장의 형태나 구조는 구문 규칙을 따라야 한다.
   (2) 구문 규칙: 단어의 순서, 문장의 구성, 단어 간의 관계성, 단어의 품사 등에 관한 성격을 밝혀 준다. 단어의 조합이 올바른지 혹은 문장이 문법적인지 아닌지를 판단할 수 있게 해준다.
   (3) 문장은 서술, 명령, 의문 등 사용해야 할 문장의 기능에 따라 그 구성을 달리한다.
   (4) 같은 의미를 지닌 문장이라도 언어에 따라 단어의 배열순서가 다르다.

4. 의미론적 요인
   (1) 단어나 단어 조합의 의미나 내용을 결정하는 규칙
   (2) 의미: 실재를 최소한의 작은 범주로 나누는 분류 체계
   (3) 사물, 사건 그리고 그것들 사이의 관계성, 인지와 사고에 관한 문제들을 언어의 형태와 관계 짓는 기능을 한다.

5. 화용론적 요인
   (1) 화용론이란 의사소통적 맥락 내에서 언어 사용과 관련한 사회·언어학적 규칙을 뜻한다.
   (2) 의사소통이 이루어지기 위해서 언어가 어떻게 구조화되어야 하는가의 문제라기보다는 언어가 어떻게 사용되어야 하는지를 고려하는 문제이다. 화행이 타당한 것이 되기 위해서는 어떤 조건들을 충족시켜야 한다. 화행의 유형으로는 직접적 화행과 간접적 화행이 있다.
      ① 직접적 화행: 화자의 의도와 문장의 의미가 같은 구문의 형태를 사용
         예 창문을 열어라.
      ② 간접적 화행: 화자가 자신의 생각을 다른 사람에게 전달할 때 있는 그대로 직접 전달하지 않고 그 내용을 다른 표현으로 돌려서 말하는 방법이다. 특히 거절의 상황은 상대방의 체면이 상하지 않도록 하는 것이 중요하다. 적절한 거절의 방법으로는 대안 제시하기, 타당한 이유 제시하기, 상대방의 입장 고려하기 등이 있다.
         예 공기가 좀 답답하지 않니?

✖ 언어의 기능

Halliday(1969)는 언어가 일어나는 모든 상황을 장(Field, 진행되고 있는 사회적 상호작용 활동의 유형), 취지(Tenor, 언어 사용자의 상호작용을 하는 의도), 양식(Mode, 언어 사용의 수사적 기능) 등 세 가지 범주로 구조화하여 기술할 수 있다고 하였다.

[Halliday의 분류]
1. 도구적 기능(Instrumental Function): 언어를 통해 자기가 원하는 것을 얻어낸다. 가장 단순한 형태의 언어 사용 단계이다.
2. 조정적 기능(Regulatory Function): 말을 사용하여 다른 사람의 행동을 조정한다.
   예 "내가 말 한대로 해."
3. 상호작용적 기능(Interactional Function): 말을 사용하여 다른 사람과 관계를 형성하고 유지한다.
4. 표현적 기능(Personal Function): 말을 사용하여 자신의 생각, 감정, 태도 등을 표현함으로써 자기만의 개성을 드러낸다.
5. 발견적 기능(Heuristic Function): 말을 사용하여 질문하고 답을 찾아내고 세상을 이해해 나간다.
   예 "왜 그런지 말해 봐."

6. 상상적 기능(Imaginative Function): 말을 사용하여 자신이 만들어낸 환경 속에 자신을 투사하기도 하고, 가상적인 세계를 만들어내기도 한다.
　예 "공주처럼 해 보자."
7. 표상적 기능(Representational Function): 말을 사용하여 정보를 전달하고 어떤 개념들을 표현한다.

✖ 언어의 특성

1. 사회성(社會性): 언어는 사회 집단 구성원끼리 맺은 약속이어서 개인이 마음대로 바꿀 수 없다.
2. 역사성(歷史性): 언어는 고정 불변하는 것이 아니라 시간의 흐름에 따라 신생(新生)·성장(成長)·사멸(死滅)한다.
3. 자의성(恣意性): 언어 기호의 형식인 음성과 그 내용인 의미 사이의 연합 관계가 필연적인 것이 아니라 임의적으로 이루어진다.
4. 체계성(體系性): 언어는 복잡하면서도 정교하고 치밀한 법칙에 따른 체계를 이룬다. 언어 체계는 하위 체계를 형성하고 각 하위 체계는 또 다른 하위 체계로 나뉜다. 이렇듯 하위 체계의 연속적인 조직으로 이루어진다.
5. 창조성(創造性): 인간의 언어는 무한한 개방적 체계에서 얼마든지 새로운 문장을 만들어 낼 수 있다.
6. 분절성(分節性): 연속적으로 이루어져 있는 세계를 불연속적인 것으로 끊어서 표현한다.
7. 추상성(抽象性): 개별적인 것들로부터 일반적·공통적 특성들을 뽑아내는 추상화 과정을 거친다.
8. 기호성(記號性): 일정한 내용(의미)을 일정한 형식(음성), 기호(記號)로 구성되어 있다.
9. 법칙성(法則性): 언어에는 일정한 법칙이 있어서 이 법칙에 어긋난 표현은 말이 되지 않는다.

✖ 언어의 분류 방법

　과거부터 현재까지 통틀어 사용되는 모든 언어를 어떤 기준에 따라 특징짓고 분류하는 것이다. 그러나 실제에 있어 언어의 변이(變異, Variation)는 점진적(漸進的)이며 복잡하기 때문에 어떤 한 가지 기준에 따라 한 언어를 특정 지을 수는 없다. 우선 두 언어 사회에서 사용되는 언어 간의 차이를 언어차(言語差)로 볼 것인지 방언차(方言差)로 볼 것인지에 대한 기준도 분명하지 못하다. 흔히 상호 이해 가능성(Mutual Intelligibility), 공통 요소(Common Elements), 등어선의 묶음(Bundles Of Isogloss) 등이 언어와 방언을 구별시키고 두 언어 사이에 경계를 짓는 기준으로 사용되지만 두 언어 사이에 존재하는 차이가 어떤 한 가지 기준에 따라 특정 지을 수 있을 만큼 그렇게 단순한 것은 아니다.

　가장 일반적으로 사용된 언어 분류 방법으로는 형태론적 분류(Morphological Classification)와 계통적 분류(Genetic Classification)의 두 가지가 있다.

　언어의 분류에 관해서 가장 먼저 개발된 것은 19세기에 시작된 형태적 분류 방법이다. 단어가 문장 속에서 다른 단어와 가지는 관계를 표시하는 형태론적 절차의 유형(Pattern)에 따라 언어를 분류하는 것인데, 이러한 분류에 따르면 모든 언어는 고립어, 교착어, 굴절어 셋으로 나누거나 여기에 포합어를 넣어서 넷으로 나누기도 한다.

1. 고립어: 문장을 구성하는 단어가 어형의 변화가 없고 단어 사이의 문법적 관계가 어순에 의해서만 표시되는 언어이다. 중국어가 고립어의 대표적인 언어이다.
2. 교착어: 문장을 구성하는 단어가 그 어형을 변화하지 않고 각 단어의 문법적 관계가 단어 또는 어간에 결합되는 조사 또는 접미사에 의해서 표시되는 언어이다. 알타이제어는 대표적인 교착어이다.
3. 굴절어: 문장을 구성하는 단어가 변화하면서 문법 관계를 표시하는 언어이다. 인구제어는 굴절어에 속한다.
4. 포합어: 문장을 구성하는 요소가 서로 밀접하게 결합해서 하나의 전체를 이룬다. 고(古)아시아제어가 여기에 속하는데, 예를 들면 목적어인 명사의 어간을 동사 속에 끼워 넣거나 형용사를 그것이 한정하는 명사 속에 끼워 넣는다.

다음으로 계통적 분류가 있다. 계통적 분류는 비교언어학 연구가 활발해지면서 언어 사이의 친족 관계를 밝히는 데 관심이 모아졌다. 언어들끼리 서로 관계가 있으며 유사점이 많은 언어들은 동일 조상어(Parent Language)에서 갈라진 동일 계통 언어일 수 있다는 가설을 바탕으로 한다.

1. 알타이어족(알타이제어): 중앙아시아와 북아시아, 러시아(북캅카스와 중부 러시아) 지역이 해당한다.

> 퉁구스어, 몽골어, 튀르크어

2. 인도-유럽어족: 유럽과 유럽인이 정착한 대부분 지역 및 서남아시아와 남아시아의 대부분 지역이 해당한다.

> 아나톨리아어파, 산스크리트, 아베스타어, 근대 힌디어, 페르시아어, 라틴어, 프랑스어, 이탈리아어, 스페인어, 포르투갈어, 고트어, 근대 영어, 독일어, 네덜란드어, 게르만어파, 아르메니아어파, 아일랜드어, 웨일스어, 알바니아어파

3. 우랄어족: 동쪽으로는 시베리아 서부에서 서쪽으로는 헝가리와 핀란드에 이르는 넓은 지역이 해당한다.

> 핀란드어, 헝가리어, 에스토니아어

4. 드라비다어족: 인도 남부와 스리랑카 지역이 해당한다.

> 텔루구어, 타밀어, 칸나다어, 말라얄람어, 곤디어, 쿠르크어, 툴루어

5. 튀르크어족: 중앙아시아를 중심으로 동유럽에서 시베리아에 이르는 넓은 지역이 해당한다.

> 터키어

6. 함셈어족: 북아프리카와 서남아시아 지역이 해당한다.

> 아랍어, 히브리어, 암하라어, 하우사어

7. 반투어족: 아프리카 대륙 남반부의 광대한 지역이 해당한다.

> 스와힐리어, 줄루어

8. 에스키모알류트어족: 캐나다, 알래스카, 시베리아 동부지역이 해당한다.

> 에스키모어

9. 아타바스칸어족: 노스웨스트 테리토리, 유콘 테리토리, 서쪽으로 알래스카 쿡 만까지 이르는 캐나다 부근의 지역, 태평양 연안의 외딴 지역들(오리건 남서부와 캘리포니아 북부), 미국 남서부(주로 뉴멕시코와 애리조나) 지역이 해당한다.

　　이 밖에 지리적인 원근(遠近)에 따른 영향 관계를 중요시하여 언어를 분류하는 지리적 분류(Areal Classification) 등의 방법도 있다.

✖ 언어학의 하위 분야

1. 음성학: 인간이 만들어 내는 모든 음성적 소리를 연구하는 학문이다. 언어에서 사용되는 소리가 어떻게 발음되고 어떤 음향적 특성이 있는지, 그 음향적 특징을 어떻게 청각적으로 지각하는지를 연구한다.
2. 음운론: 언어 속에서 체계적으로 사용되는 소리의 방법을 연구하는 학문이다. 음운을 대상으로 음운 체계를 밝히고, 그 역사적 변천을 연구한다.
3. 형태론: 한 언어에서 사용되는 형태소의 유형과 이들이 결합하여 단어를 이루는 규칙들을 연구한다.
4. 통사론: 단어들의 결합 방식을 연구한다. 문장을 기본 대상으로 하여 문장의 구조나 기능, 문장의 구성 요소 따위를 연구하는 학문이다.
5. 의미론: 단어의 의미를 연구하고 의미들이 결합하여 문장의 의미를 만들어 가는 원리를 규명한다.
6. 화용론: 실현된 언어의 문맥적 의미와 관련된 학문이다. 문장이 담화 맥락과 상호작용하는 원리를 연구한다.

✖ 언어 상대성 이론

　　"무지개는 몇 가지의 색을 가졌는가?"라고 물었을 때 우리는 무지개의 색상이 7가지라고 생각한다. 이는 우리가 무지개의 색깔을 분류하는 말이 7가지이기 때문이다. 하지만 이 무지개색이 세계 공통의 색상은 아니다. 미국에서는 무지개의 색을 6가지로 본다. 그리고 독일에서는 무지개의 색을 5가지로 본다. 또, 실제로 짐바브웨 국민 중 80% 이상이 사용하는 쇼나(Shona) 말에서 무지개색은 오직 3가지 색으로 표현된다. 이들은 우리가 7가지로 보는 색을 각각 6가지, 5가지, 3가지 밖에 인식하지 못하는 것이다. 이와 같이 실제 세계를 있는 그대로 보고 경험하는 것이 아니라 언어를 통해 비로소 인식한다는 것을 언어의 상대성 이론이라 한다.

✖ 사회언어학 관점에서의 언어 간 현상

1. 피진(Pidgin): 17~19세기 중국, 아프리카 및 북중미 대륙의 카리브해 연안에서 상업적 거래를 위해 생긴 공용어이다. 둘 이상의 언어에서 소수의 단어와 문법 요소를 혼합해 사용한다(모국어로 사용되지 않음).
2. 크리올(Creole): 피진이 보편적 의사소통 언어가 되고 이것을 2세대가 모어로 습득한다.
3. 다중 언어 현상: 한 언어공동체 안에 둘 이상의 언어가 공존하는 현상이다. 두 언어의 요소가 혼합된 언어 변종이 '피진', 피진이 모어로 습득되면 '크리올'이다.
4. 양층언어(Diglossia) 현상: 격식적인 상위어(지배계급 혹은 공식 문건)와 일상적인 하위어(하위계층, 주로 구어)가 공존하는 현상이다. '표준어 – 방언 관계'와 유사하다.
5. 코드 혼용(Code-Mixing): 제2언어 자료를 기저 언어의 형태적 표지에 첨가하는 것과 같이 기저 언어에 통합시키는 언어적 과정을 말한다.
6. 부호 전환(Code Switching): 두 개 언어를 혼합하여 사용하는 것인데, 목표어의 어휘를 모국어로 대체하여 말하는 전략으로 외국인 학습자가 많이 사용한다. 그러나 이 전략은 한국어 담화 능력을 배양하는 데 있어 방해 요소가 될 수 있다.

✖ 다이글로시아(diglossia)

한 개인이나 사회가 두 언어를 쓰는 상태를 바일링구얼리즘(bilingualism) 또는 다이글로시아(diglossia, 양층 언어)라고 한다. 사회구성원 대부분이 한 자연 언어만을 쓰는 공동체는 매우 드물다. 한국이 바로 그 드문 예이다. 하나의 공동체 안에 수십, 수백 개의 언어를 품고 있는 중국이나 인도를 비롯한 대부분의 사회와 그 사회에 사는 사람들은 다이글로시아를 지녔다. 바일링구얼리즘은 한 개인의 언어구사 능력이나 습관을 주로 가리키고, 다이글로시아는 한 사회의 언어 분포에 초점을 맞춘다는 뉘앙스 차이는 있으나 결국 두 단어 모두 개인과 사회에 두루 쓸 수 있다.

그러나 사회언어학자들은 이 두 단어를 구분하여 사용한다. 바일링구얼리즘은 한 개인이나 사회가 두 개의 언어를 쓰고, 그 두 언어가 사회적 기능에서 차별적이지 않은 경우를 가리킨다. 예를 들어 벨기에의 수도 브뤼셀에서는 프랑스어와 네덜란드어가 둘 다 통용되고, 시민들 상당수가 이 두 언어를 병용한다. 반면에 다이글로시아는 한 개인이나 사회가 두 개 언어를 쓰되, 그 두 언어를 쓰는 장소나 상황이 서로 다른 경우를 가리킨다. 예를 들어, LA의 코리아타운에 사는 한국계 미국인들은 영어로 교육을 받고, 공적 활동을 하지만 이웃끼리 파티를 열거나 가족들과 모여서 이야기를 할 때는 한국어를 쓸 것이다.

✖ 피진과 크리올(pidgin&creole)

지구상의 인간들은 오랜 옛날부터 다른 언어를 사용하는 다른 지역의 사람들과 접촉을 하며, 상업적 교류도 해 왔다. 이렇게 여러 언어를 사용하는 사람들 사이에서 의사소통을 위해 어떤 한 언어가 공동의 언어로 사용될 때 이것을 링구아 프랑카(lingua franca)라고 부른다. 현대로 따지면 현대의 링구아 프랑카는 '영어'이다. 이와 같이 어느 한 언어가 링구아 프랑카로 통용되기도 하지만, 어떤 경우에는 언어들의 접촉 과정에서 한 언어가 아주 간략화된 형태로 변형되어 링구아 프랑카로 사용되기도 하는데 이를 '피진(pidgin)'이라고 한다.

피진은 어휘 수가 작고, 복잡한 문법 규칙이 없는 기초적인 언어 형태이며, 하나의 완전한 자연 언어가 아니라 주변 언어이다. 피진은 다른 언어를 모국어로 가지고 있는 사람들 사이에서 의사소통을 위하여 사용되는 아주 단순한 언어 시스템이다. 그런데 이 피진이 사용되는 지역에서 태어나서 자란 사람들이 피진을 모국어로 습득하게 될 때, 이를 크리올(creole)이라고 한다. 크리올은 실제 모국어로 가능하기 때문에 피진보다 더 많은 문법적 구분과 단어를 가지게 된 하나의 완전한 언어이다. 가장 대표적인 예로, 미국 조지아 지역의 아프리카 노예들의 후손들이 사용하는 굴라어(Gullah)가 있다.

✖ 랑그와 파롤

랑그(Langue)와 파롤(Parole)은 구조주의 언어학의 시초인 소쉬르가 처음 사용한 용어로, 언어활동에서 사회적이고 체계적 측면을 랑그라 하였고, 개인적이고 구체적인 발화의 실행과 관련된 측면을 파롤이라고 불렀다. 랑그와 파롤은 서로 상반되지만 상호 보완적으로 작용한다. 언어는 다른 이와의 의사소통이기 때문에 서로 공통된 규칙이 존재한다. 여기서 우리가 '개별적'으로 대화하는 것을 파롤, 공통된 문법이나 낱말들에 존재하는 서로 간의 규칙으로 고정적인 것을 랑그라고 한다.

✖ 기표(시니피앙)

소쉬르의 기호 이론에서 기호의 겉모습, 즉 음성으로 표현된 모습을 이르는 말이다. 시니피앙(Signifiant)의 용어를 정의하자면 귀로 들을 수 있는 소리로써 의미를 전달하는 외적 형식을 이르는 말이다. 말이 소리와 그 소리로 표시되는 의미로 성립된다고 할 때, 소리를 의미한다. 목소리에는 각각의 단어 이전에 음절, 음절 부분으로서 음소가 있다. 음소들 사이의 차이에 의해 시니피앙이 설정된다. 시니피앙은 시니피에에 대응하여 어떤 것을 의미하기도 하나, 시니피앙이 항상 같은 시니피에를 지니는 것은 아니다. 말하는 경우에 따라 시니피앙은 시니피에를 지니기보다 언어의 체계 내에서 임의적 역할을 한다. 예를 들어 아들이 아버지에게, 연인에게, 신에게 하는 '맹세'는 시니피앙은 같지만, 시니피에는 다르다.

우리가 말하는 모든 단어는 시니피앙이고, 그 단어들의 의미는 시니피에이다. 예를 들어 '책'이라는 기호는 시니피앙이고, 그것이 의미하는 '책'이라는 개념은 시니피에이다.

✖ 기의(시니피에)

소쉬르는 언어를 외적으로 나타나는 표현이자 기호인 시니피앙, 기호에 담긴 의미인 시니피에 둘로 이분하였다. 시니피에는 시니피앙으로 실현되는 대상이 가진 실질적인 의미를 뜻하며, 기의(記意)라고도 한다.

예컨대 우리가 '나무(木)'를 [나무(namu)]라고 표현하는 것은 시니피앙의 측면이고, 이 표현 안에 담긴 '나무'의 실제적 의미인 木(Tree)은 시니피에의 측면인 것이다.

✖ 대조분석가설

대조분석가설(Contrastive Analysis Hypothesis)은 행동주의 심리학자들과 구조주의 언어학자들이 외국어 습득원리로 내세운 이론으로서 Fries(1945)와 Lado(1957)가 가장 대표적인 학자이다. 그들은 모국어(L1)와 목표어(L2) 사이에 유사성이 많을 때는 적당한 훈련과 강화를 통해 쉽게 배울 수 있고, 유사점이 적으면 배우기 어렵다고 주장한다. 즉, 모국어(L1)와 목표어(L2)의 차이를 분석하여 그 차이를 미리 알고 학습자가 겪을 어려움을 예상해 대책을 강구하는 것이다. 대조분석가설에서는 난이도 위계를 통해 학습하고자 하는 목표어의 특정 측면이 모국어와 얼마나 비슷한지 혹은 다른지를 파악해보면 얼마나 학습하기 어려운가의 정도를 미리 알 수 있다고 보았다. 또한 두 언어의 차이를 비교하고, 오류의 발생 가능성을 미리 파악하여 가르칠 내용과 그렇지 않은 내용을 분류할 수 있다. 이러한 대조분석을 실시하려면 아래의 4단계 분석 순서를 거친다.

대조분석의 분석 순서

기술	대조하고자 하는 두 언어의 언어학적 특징과 형태적 문법을 설명함

↓

선택	두 언어에서 대조하고자 하는 특정 항목을 선택함

↓

대조	대조분석의 원칙 하에서 두 언어를 대등한 조건으로 대조함

↓

예측	대조 후 제2언어 학습이 이루어질 때 학습자가 겪을 난이도를 측정하고 예상되는 오류를 목록화함

✖ 난이도 위계 가설

난이도 위계 가설(Cliford Prator, 1967)이란 두 언어의 차이를 비교했을 때 보편적으로 어떤 경우에 학습자가 가장 어려워할지 대조분석가설을 바탕으로 위계를 세운 것이다.

구분	난이도	분류	양상
1	난이도 0	전이	모국어와 제2언어 사이에 차이가 없다.
2	난이도 1	병합(융합)	어떤 요소가 모국어에는 두 가지로 나눠서 사용되는데 제2언어에서는 구별 없이 한 가지로 사용되는 경우이다.
3	난이도 2	구별 부족(결여)	어떤 요소가 모국어에는 있는데 제2언어에는 존재하지 않는 경우이다.
4	난이도 3	재해석	모국어에는 있는 어떤 요소가 제2언어에서 존재하기는 하지만 모국어와 다른 형태로 나타나는 경우이다.
5	난이도 4	과잉 구별	모국어에는 없는데 제2언어에서는 존재하는 경우이다.
6	난이도 5	분리/분열	모국어에서는 한 가지 방식으로 쓰이는 것이 제2언어에서는 두 가지 이상으로 분화되어 사용하는 경우이다.

✖ 대조분석의 원칙

대조언어학자들이 주장하는 구체적인 대조분석의 방법에는 다음 네 가지 원칙이 있다. 대조언어학이란 두 가지 언어를 비교·대조하는 것이기 때문에 대등한 조건에서 비교해야 한다.

1. 공시태성의 원칙(같은 시대): 대조의 자료는 공시적인 자료로 한정한다.
2. 단계성의 원칙(같은 난이도): 대조의 자료는 동급의 난이도로 대조한다.
3. 등가성의 원칙(같은 의미): 의미나 지시가 상호 대등하거나 대응되는 표현을 대조한다.
4. 동일성의 원칙(같은 방법): 동일한 목적으로, 동일한 방법으로, 동일한 대조 방향으로 대조한다.
5. 문제점
   (1) 대조분석의 절차가 지나치게 단순화되어 있고, 음성학적·음운론적·문법적인 측면에서 나타나는 미묘한 차이를 심도 있게 설명할 수 없다는 것이다.
   (2) 어떤 특정한 대조는 6개의 범주 중 어느 범주에 넣을지를 결정하기 어렵다는 것이다.
   (3) 난이도 예측이 실제적으로 확인되지 않는다는 것이다.

✖ 대조분석약설

대조분석의 약설은 언어 학습 상황에서 학습자가 겪을 수 있는 어려움을 이해하고 그에 적절한 처방을 내리는 데 활용하는 편이 낫다는 관점을 말한다. 대조분석의 약설은 언어 간 영향론으로도 불리는데 '언어 간 영향론'은 우리가 어떤 새로운 언어를 배울 때 모국어 또는 외국어를 학습한 이전의 경험이 일정한 영향을 미친다는 것을 중심 내용으로 한다. 이런 변화는 외국어 교육에 대한 연구가 학습자 언어에 좀 더 집중하게 만들었으며 제2언어 학습자 언어의 특성을 밝히는 계기가 되었다.

✖ 크라센(Krashen)의 다섯 가지 가설

1. 습득/학습 가설(The Acquisition/Learning Hypothesis)

　습득/학습 가설은 제2언어 혹은 외국어 언어능력을 발전시키는 뚜렷이 구별되는 두 가지 방법이 있다는 것을 주장한다. 습득은 아동의 모국어 발달에 상용하는 '자연적' 방법이다. 습득은 언어 이해와 유의미한 의사소통을 위해 언어를 사용하여 언어를 자연스럽게 숙달할 때 일어나는 무의식적인 과정을 지칭한다. 어린아이들이 언어를 배우는 것이 아니라 습득해 가는 것이 그 예이다. 그리고 제2언어도 모어를 습득할 때처럼 언어 형태에 의식적인 주의집중 없이 예문에 노출되면서 습득한다. 이와 대조적으로, 학습은 언어에 대한 의식적인 규칙들이 발전되는 과정을 지칭한다. 그것은 언어 형식에 관한 명시적 지식과 이 지식을 말로 표현할 수 있는 능력을 길러 준다. 규칙에 치중하는 교수는 '학습'이 일어나는 데 필수적이고, 오류의 정정은 학습된 규칙의 발전에 도움을 준다. 이 이론에 따르면 학습은 습득으로 전이될 수 없다.

2. 자연적 순서 가설(The Natural Order Hypothesis)

　자연적 순서 가설에 따르면, 문법 구조의 습득은 예측 가능한 단계를 통해 진행된다. 제1언어에서 먼저 습득되는 언어 구조나 형태소들이 있는 것처럼 제2언어 습득에서도 먼저 습득되는 요소가 있으며 나중에 습득되는 요소가 있다. 제2언어 습득은 모국어 습득과 동일한 과정으로 이루어진다는 원리이다. 그러나 설명하기 쉬운 언어 형태가 반드시 먼저 습득되는 것은 아니다. 더 많은 이해를 위해 우리는 어린아이가 모국어를 알아 가는 단계를 생각할 수 있다. 연구 결과 어떤 문법 구조나 형태소들이 모국어로 영어를 습득할 때 다른 것보다 먼저 습득되고, 비슷한 자연순서가 제2언어 습득에서도 발견되고 있음을 보여주고 있다고 한다. 오류는 자연스러운 발전 과정의 징표이며, 학습의 경우에는 해당되지 않지만 모국어가 어떤 것이든 간에 습득하는 도중에 언어 발달에 따른 유사한 오류가 학습자에게 일어난다.

3. 모니터 가설(The Monitor Hypothesis)

학습된 문법은 목표 언어를 정확하게 구사하기 위한 모니터 역할에 사용된다. 의식적인 학습은 오직 습득된 체계의 출력을 점검하거나 고치는 조정자 혹은 편집자로서만 기능할 수 있다. 모니터 가설(감시장치 가설)은 우리가 의사소통할 때 스스로 수정하기 위해서 학습된 지식을 요구할 수도 있으나, 의식적인 학습(즉, 학습된 체계)은 오직 이 기능만을 갖는다고 주장한다. 아래 세 가지 조건들이 모니터 가설의 성공적인 이용을 제한한다.

(1) 시간(Time): 학습자가 학습된 규칙을 선택하고 응용하기 위한 충분한 시간이 있어야 한다.

(2) 규칙에 초점(Focus on Form): 언어 사용자는 정확성이나 출력의 정확성에 초점을 맞춰야 한다.

(3) 규칙에 대한 지식(Knowledge of Rules): 감시장치 사용자는 규칙을 알아야 한다. 감시장치는 다음의 두 가지 방식으로 단순한 규칙들에 가장 잘 적용된다. 규칙은 기술하기에 단순해야 하고, 복잡한 이동과 재배열을 요구해서는 안 된다.

한편, 모니터 이론의 중심적 원칙은 언어 학습은 언제나 모니터 장치에 의해서만 가능하다는 것이다. 이 장치는 습득한 언어지식을 특정한 방식으로 조종하는 기능을 발휘한다. 즉 구체적인 언어 수련 과정에 이 장치가 개입하여 변화 혹은 조종의 통제 단계를 거쳐서 언어를 습득한다는 이론이다. 또한 주어진 발화 상황에서 충분한 시간이 부여되고, 화자가 언어 형태에 주의를 집중하거나 규칙의 정확성에 관심을 두고, 그것이 올바른 규칙임을 알게 될 경우에만 모니터 장치가 작동할 수 있다는 주장을 펼치고 있는 것이다.

4. 입력 가설(The Input Hypothesis)

입력 가설은 학습자가 언어에 노출되는 것(입력)과 언어 습득 간의 관계를 설명한다고 주장한다. 이 가설에는 네 가지 주요 논점이 포함되어 있다.

(1) 이 가설은 학습이 아니라 습득과 관련 있다.

(2) 학습자의 언어 수준보다 약간 높은 이해 가능한 입력(i+1)이 제공될 때 학습자는 이 입력을 이해하여 습득으로 연결한다. 상황과 문맥, 언어 외적인 정보, 세상 지식에 기초를 둔 단서를 이해를 가능하게 한다.

(3) 유창하게 말할 수 있는 능력은 직접적으로 가르칠 수 없다. 오히려 그것은 습득자가 입력을 이해함으로써 언어 능력을 쌓은 후에 저절로 나타난다.

(4) 만일 충분한 양의 이해 가능한 언어 자료(Comprehensible Input)가 있다면, i+1은 보통 자동적으로 제공될 것이다. 이해 가능한 언어 자료란 발화가 표현되는 언어뿐만 아니라, 그들이 사용되는 문맥에 기초를 두고 학습자가 이해하는 발화를 일컫는다. 화자가 언어를 사용해 전달한 내용을 습득자가 이해할 때, 화자는 습득자의 현재의 언어 능력 수준 주위에 언어 구조의 망을 던지는 셈인데, 이러한 언어는 i+1의 많은 예를 포함한다. 따라서 입력은 학습자의 현재 언어 능력 수준에 맞춰 세밀하게 조정될 필요가 없고, 사실상 학습자들의 언어 능력 수준이 서로 다양한 언어 수업에서는 세밀하게 조정될 수도 없다.

5. 감정(정의적) 여과장치 가설(The Affective Filter Hypothesis)

　　학습자의 감정적 상태나 태도가 습득에 필요한 입력을 자유롭게 통과시키거나, 방해하거나, 혹은 차단하는 역할을 담당하는 여과장치로 본다. 낮은 정의적 여과장치가 바람직한데 그것은 이 필요한 입력을 덜 방해하거나 덜 차단하기 때문이다. 즉, 습득은 학습자에게 강한 동기가 있고 불안감이 적을 때 촉진된다. 이해 가능한 입력이 아무리 많이 주어져도 걱정이나 불안감 때문에 학습자에게 제대로 전달되지 않으면 성공적인 학습이 일어날 수 없다. 이 가설은 제2언어 습득에 관한 연구에 기초해서 만들어졌는데 이 연구에서는 제2언어 습득과 관련된 세 종류의 정의적 혹은 태도 변인들을 확인했다.

(1) 동기(Motivation): 높은 동기를 가진 학습자는 일반적으로 더 잘한다.

(2) 자신감(Self-Confidence): 자신감과 좋은 자아상을 가진 학습자는 보다 성공적인 경향이 있다.

(3) 불안감(Anxiety): 개인적으로 덜 불안해하거나 수업이 학습자를 덜 불안하게 할 때, 제2언어 습득이 더 잘 된다.

　　정의적 여과장치 가설은 낮은 정의적 여과장치를 가진 학습자가 보다 많은 입력을 찾아 받아들이며, 자신감을 갖고 상호작용하고, 그들이 받는 입력에 더욱 더 수용적이라고 주장한다. 불안해하는 습득자는 높은 여과장치를 갖는데, 그것은 습득이 일어나는 것을 방해한다. 여과장치는 청년기의 초기에 일어나는데, 이것은 보다 나이 든 제2언어 습득자들보다 어린이들이 제2언어 습득을 더 쉽게 하는 것을 설명해 줄 수 있다.

✖ 소쉬르와 구조주의

　　소쉬르는 사람들이 어떻게 말을 하는가보다 언어의 본질과 구조에 집중하였다. 구조주의에서 언어는 단순히 실체 혹은 요소의 집합으로 파악할 수 없고, 전체 시스템 내의 어떤 층위에서 요소들이 다른 요소들과 관계를 맺고 상호작용을 하는 것으로 파악해야 한다는 것이다. 소쉬르는 언어를 2가지 차원인 '랑그와 파롤'로 구분하였고, 언어가 기호의 한 종류임을 '시니피앙과 시니피에'로 명확히 하였다.

1. '구조'의 개념을 확립
2. 언어를 랑그와 파롤이라는 차원으로 구분
3. 통시적 · 공시적 방법의 2가지 언어 연구 방법을 제시
4. 실질과 형식을 구별(음소체계와 단어체계를 구분)
5. 계열적 관계와 결합적 관계를 구별

✖ 촘스키와 생성문법

　　당시의 미국 구조주의 연구 방법을 비판하고 언어학을 인지심리학의 한 분야로 파악하였다. 촘스키의 언어관에서는 보편문법의 추구가 중요하며, 인간은 선천적으로 언어 습득능력을 가지고 태어난다는 보편문법의 실재를 어린아이의 언어 습득(언어 습득 장치, LAD)을 통하여 논증하였다. 즉, 촘스키의 생성문법은 기존의 구조주의를 비판하고, 언어 능력(생득적 언어 지식)과 언어 수행(환경 속에서 언어 수행)의 두 가지 개념으로 구분하였다.

Input → LAD(뇌) → 규칙 발견 → Output(무한한 생성)

1. 보편문법: 모든 언어에 보편적으로 존재하는 몇 가지 문법을 이미 가지고 태어난다.
2. 변형문법: 보편문법을 사용해 수만 가지의 문장을 만들어 낸다.
3. 모든 문장은 표층구조(문법), 심층구조(의미)로 나눈다. 심층구조적인 의미는 같아도 표층구조적인 문법은 다를 수 있다.

   예 나는 딸기가 싫다. (심층구조) → ① 나는 딸기가 싫어. (표층구조)
   　　　　　　　　　　　　　　　　② 내가 가장 싫어하는 과일은 딸기야. (표층구조)

　　모든 언어에는 보편적인 규칙이 존재한다는 보편문법이 있다. 여기에서의 언어 습득은 자연적 순서가 있다. 그리고 언어마다 다른 매개변항이 모국어(L1)와 목표어(L2)에서 일치(예 '주어-목적어-서술어'의 어순이 일치)하면 언어 습득이 촉진되며, 한 언어의 유표적 규칙은 의식적인 노력으로 익힐 수 있다.

✖ 언어 습득 장치(LAD)

　　촘스키(Chomsky)가 인간의 선천적인 언어 발달 능력을 설명하려고 고안한 개념으로, 인간에게 언어 습득과 관련된 가상의 장치(Device)가 있다는 것이다. 촘스키에 따르면 인간의 뇌에는 태어날 때부터 선천적으로 언어를 습득할 수 있도록 하는 보편적 문법 지식이 언어 습득 장치(LAD; Language Acquisition Device)에 미리 프로그램화되어 있어서 아동이 언어 입력(Language Input)을 통해 별다른 노력을 기울이지 않고도 자동으로 언어를 습득할 수 있다는 것이다. 촘스키의 주장은 아래와 같다.

① 인간은 선천적으로 갖추고 있는 언어 습득 장치를 통해 언어를 습득한다.
② 언어 습득은 0~13세 사이에 가장 활발하게 일어난다.
③ 언어 능력은 일반적인 지적 능력과는 다르다.
④ 인간의 언어 습득 장치는 모든 언어에서 통용되는 보편문법이 선천적으로 갖춰져 있다.
⑤ 언어는 학습하는(Learning) 것이 아니라 습득하는(Acquisition) 것이다.

　　이러한 주장은 생성문법을 주장하는 학자들이 지지하였으며, 구조 문법 학자들의 주장과는 차이가 있다. 구조 문법 학자들은 말을 학습하기 전의 어린 아동은 어떠한 언어 지식도 가지고 있지 않으며, 하나하나 기억 속에 저장함으로써 언어 학습이 일어나는 것이라 보았다.

✖ 아동 언어 습득 이론

1. 행동주의(경험주의적) 이론

　　행동주의 이론에 따르면 아동이 언어를 습득하는 것은 선천적인 능력에 의한 것이 아니라 경험적인 훈련에 의해서 오직 후천적으로만 이루어진다는 것이다. 아동은 완전한 백지 상태에서 출발하여 반복 연습과 시행착오 그리고 교정에 의해 언어라는 습관을 형성한다. 즉, 외부에서 지식을 주입해야 한다. 그리고 외부의 지식을 내재화하기 위해서 아동은 습관형성을 위한 조건화 과정(자극–반응–강화)을 해야 한다고 주장한다.

Skinner의 행동주의 이론

부모의 언어(자극)를 아동이 모방(반응)할 때, 부모가 칭찬 등의 보상(강화)을 제공한다.

예 엄마: 주세요~ 해 봐.

　아이: 주세요.

　엄마: (간식을 주며) 자, 잘했어요.

• 한계점: 아동이 모방을 통해서만 언어를 습득한다면 아동은 모든 것을 모방해야 하는데 그렇지 않은 경우가 존재한다. 들어본 적이 없는 문장을 만들어 내거나 말을 이해하는 아동의 언어 능력은 설명할 길이 없다. 장기간의 훈련과 반복 연습으로 수많은 문장 생성 능력을 갖출 가능성이 있을 수도 있겠으나, 아동이 말을 배우는 기간이 불과 4~5년인 것을 고려하면 그 기간 안에 무한한 수의 문장을 창조하는 능력은 도저히 기대할 수 없다. 결국 행동주의(경험주의)적 이론만으로는 창조성 있는 언어 능력의 획득을 설명하기가 불가능하다.

---

2. 인지주의(합리주의적) 이론

행동주의 이론과는 반대로 아동이 언어를 습득하는 것은 타고난 언어 학습 능력과 일반 언어 구조에 대한 추상적인 선험 지식에 의해서 이루어진다는 것이다. 즉, 인간은 언어 능력을 가지고 태어난다고 본다. 이를 촘스키는 '언어 습득 장치(LAD)'라고 하였다. 언어 습득 장치를 가지고 태어났기 때문에 스스로 문법 규칙을 터득하는 학습자 개인의 인지 능력을 중요하게 생각한다. 태어날 때부터 타고난 일반 언어 구조에 대한 선험적 지식은 마치 건축 설계의 청사진과도 같은 것이어서 생후의 언어 경험은 이러한 내재적인 능력에 발동을 거는 역할을 한다는 것이다. 즉, 이미 골격은 가지고 있고, 거기에다 살만 붙인다는 것이다.

Chomsky의 인지주의(선천적 언어 능력) 이론

인간 언어의 표층 구조는 심층구조를 기초로 형성된다. 즉, 언어 습득은 여러 가지 형태로 나타날 수 있는 표면적 문법을 배우는 과정이다. 촘스키에 따르면, 인간에게는 문법 구조에 대한 타고난 지식이 있다고 주장한다. 언어의 형식적인 문장 구조는 구어 환경 속에서 습득되는 것이 아니라 선천적인 구문지식으로부터 진화, 개발되는데 이러한 언어 습득 장치(LAD)는 인간은 태어날 때부터 내재된 문법체계인 언어 습득 장치(LAD)를 통해 언어의 문법구조를 변형시키고 이 변형 규칙을 사용해 무한한 언어를 만들어 낸다고 주장한다.

• 한계점: 외부로부터 오는 언어 자극은 과소평가하고, 의미와 구문을 독립적인 영역으로 간주하며, 그중 구문을 더욱 기초적인 영역으로 생각한다. 그리고 선천적인 언어 능력은 가설적인 개념이기 때문에 증명할 수 없다는 한계를 지닌다.

✵ 행동주의

인간의 심리를 관찰할 때 관찰의 대상을 의식(意識)에 두지 않고, 객관적 행동에 두는 입장이다. 행동주의는 오직 자극에 대한 반응으로 일어나는 행동을 통해서 인간의 심리를 파악하려고 하였다. 청각 구두식 교수법의 모태가 되기도 하는 행동주의 심리학은 심리적 탐구의 대상을 의식에 두지 않고 외형적으로 나타나는 행동에 두는 심리학의 중요한 학파이다. 인간을 자극에 따라 반응하는 존재로 보고, 학습이란 인간의 바람직한 행동의 변화를 일으키기 위해 적절한 자극과 그 반응을 강화시키는 것으로 이해한다. 1913년 왓슨(J. Watson)에 의해 창시된 이후 미국 심리학의 주요한 줄기가 되어 왔다. 이전까지 심리학은 심리적 탐구의 대상을 의식에 두어야 한다고 알려져 왔기 때문에 행동주의는 심리학의 과학화에 기여한 측면이 있다. 대표적인 이론들로는 파블로프(I. Pavlov)의 고전적 조건화, 스키너(B. Skinner)의 조작적 조건화, 반두라(A. Bandura)의 관찰 학습 등이 있다.

무엇보다도 행동주의는 환경의 중요성을 강조하는 것으로서, 직접 관찰 가능한 자극과 반응만을 통해 행동을 객관적으로 연구하는 것을 중요하게 여긴다. 주로 실험실을 중심으로 얻어낸 학습 원리를 인간의 행동 수정에 적용하는데 의식, 생각, 상상과 같은 정신적 개념을 거부한다. 왓슨은 정신 과정이란 궁극적으로 개인적인 사상이기 때문에 과학적으로 연구할 수 있는 대상이 아니고, 심리학이 과학이 되려면 의식이 아닌 행동을 연구 대상으로 삼아야 한다고 주장하였다. 따라서 개인과 환경 요소 가운데 행동주의자는 환경 조건에 대한 관심이 더 크다. 최근 들어서는 이 접근에 인지적인 면이 강조되어 자기 조종, 자기 통제, 자기 지도, 자기 지시 등의 용어가 많이 사용되면서, 인간 스스로가 자신의 행동을 바꿀 수 있음을 강조하고 있다.

✵ 인지주의

1960년대 들어 인지과학에서 온 학습이론을 바탕으로 다양한 연구가 진행되면서 사고, 문제 해결, 언어, 개념 형성 및 정보처리와 같이 더 복잡한 인지 과정에 관심을 가지게 되면서 인지주의 이론이 정립되었다.

인지주의라는 새로운 패러다임이 생기고 언어학에서는 촘스키의 영향을 받아 언어학의 생성 · 변형 언어학파가 나타났다. 촘스키는 이전의 행동주의나 경험주의에서 주장하는 자극과 반응의 기제만을 통해서는 인간 언어를 관찰할 수 없다고 주장하였다. 이전까지의 언어 연구가 관찰 가능한 언어 수행(Language Performance)과 관련된 것이라면 촘스키의 영향을 받은 생성 언어학자들은 명백하게 관찰될 수 있는 언어뿐만 아니라 언어 수행을 만들어내는 의미와 사고라는 기저 단계에 관심을 두었다. 이처럼 언어학에서 이성과 사고를 중시하는 학파가 출현한 것은 앞서 말한 것처럼 인지주의 심리학의 출현과 매우 관련이 깊다. 인지주의는 인간을 사고하는 존재로 전제하고 인간의 내부에서 일어나는 능동적인 사고 과정과 인간 내부의 인지 구조(Cognitive Structure)를 중시한다. 인지주의 학습이론에는 형태주의 심리학과 정보처리이론이 있다.

인지주의 학습 이론의 배경이 되는 기본 가정은, 인간의 감각을 통하여 받아들이는 외부 자극 요소들이 함유하고 있는 뜻을 추출하는 인지 혹은 사고 과정을 통하여 사고 내용이 형성되고, 이들 사고 내용이 행동을 유발하는 원인이 된다는 것이다. 인지주의 학습 이론의 중심 주제는 개념 형성, 사고 과정, 지식의 획득 등이며, 인간의 지각 · 인식 · 의미 · 이해 그리고 이와 유사한 의식적 경험 등이 학습을 결정하는 중심 개념이라고 간주한다. 인지주의 학습이론에 포함되는 것으로 게슈탈트 이론, 기호학습 이론, 정보처리 이론 등이 있으며, 현대 학습심리학 연구의 주류를 이루고 있다.

1. 입력처리 이론: 크라셴의 입력 모형은 언어의 형태가 아니라 의미 또는 전달 내용에 대한 이해가 관련된 이론이다. 언어가 가진 형태보다는 의미에 집중하기 때문에 학습자는 충분한 언어 입력 자료를 받을 때까지 시행착오, 즉 일시적인 형태로 나타나는 전이기(Transitional Period)를 거친다는 것이다.
2. 연결주의 이론: 문제 해결 분야에서 상징 접근과 대비되는 접근이다. 연결주의 접근은 인간의 사고가 상징적 심성 활동 이하의 수준에서, 더 구체적으로는 신경원과 그들의 관계를 묘사하는 수준에서 연구되어야 한다고 주장하며, 지식이 여러 처리 단위 간의 흥분적·억제적 연결 패턴으로 표상되어 있다고 본다. 정보처리 흐름을 제어하는 중앙 집행기를 가정하는 상징 접근과 달리 연결주의 접근은 여러 처리 단위들에 걸쳐 분산된 처리를 가정하며, 여러 단위로 구성된 망조직을 재구조화하는 과정에서 문제의 해결이 자연스럽게 가능해진다고 본다.
3. 경쟁모델(The Competition Model): 첫 번째 언어를 습득할 때 배웠던 언어 원리가 두 번째 언어로 전이되지 않기 때문에 제2언어 습득이 방해를 받는다고 본다.
4. 정보처리 이론: 학습자의 내부에서 학습이 발생하는 기제를 설명하려는 이론으로, 인간의 기억을 마치 컴퓨터가 외부의 자극들을 정보처럼 받아들여 그것을 처리 및 저장해 두었다가 출력으로 내놓는 것과 유사한 것으로 보는 이론이며, 학습을 기억 과정으로 간주한다.

구성주의

인지주의의 주장을 그대로 인정하면서도 사회와의 관계를 더했다. 즉, 인간은 사회 속에 존재하므로 타인과의 상호작용을 통해 지식을 구성해 나간다고 본다. 사회적 상호작용을 많이 할수록 그만큼 지식이 많이 쌓여 지식을 구성해 나간다는 의미이다.

구성주의의 지식 습득에 대한 기본 가정(인식론)

① 지식은 인식의 주체에 의해 구성: 모든 지식은 인식의 주체인 개인들에 의해 주관적으로 구성되며, 개인이 수동적으로 지식을 구성하는 것이 아니라 스스로의 경험을 바탕으로 능동적으로 구성한다.

② 지식은 맥락적: 지식은 항상 상황 안에서 이루어지고, 습득된 상황과 뗄 수 없는 관계를 형성한다. 따라서 우리가 습득하는 지식은 어떤 맥락에서 학습했느냐에 따라, 개인이 소유한 선험 지식 등에 따라 다르게 학습되고 전이하는 것도 상황에 의해 좌우된다.

③ 지식은 사회적 협상을 통해 형성: 개인들의 구성한 지식은 타인들과의 상호작용 속에서 그 타당성이 검토되어 지식으로 형성되었다. 사실 객관적인 실체가 아니라 단지 현재의 사회 구성원들이 상황에 대한 가장 그럴듯한 해석으로 받아들인 것이다.

구성주의의 유형

구분	인지적 구성주의 (Cognitive Constructivism)	사회문화적 구성주의 (Sociocultural Constructivism)
대표 학자	Piajet, Von Glasersfeld, Fosnot, Cobb, Duffy, Jonassen, Bransford, Sprio, Brown, Collins	Vygotsky, Rorty, Rogoff, Bruffee, Lave, Cole, Cunningham, Wertsch
이론적 근거	Piajet의 발달심리 이론	Vygotsky의 발달심리 이론
인지적 발달 기원	두뇌	사회 관계에 참여하는 개인
최종 목표	개인경험의 사회문화적 타당성 검증	개인들 간의 활발한 상호작용에 의한 사회문화적 관습 습득
이론적 관심	개인의 인지적 발달 과정	사회문화적 과정
분석 내용	사회적 상황에 의거한 인지적 재구성 과정	관련 공동체 참여를 통한 사회문화적 행동 양식 습득 및 동화 과정
수업 환경	교사와 학생 간에 형성되는 문화 조사	공동체 문화를 반영하는 학습 교육의 실태 조사
그룹 간 환경	상이성 강조	동질성 강조

✖ 행동주의 · 인지주의 · 구성주의의 도식화

✖ 객관주의와 구성주의

객관주의는 어떤 관념의 객관적 타당성을 인정함으로써 진리에 도달할 수 있다고 하는 입장을 말하는 것으로 순수 형태의 구성을 취지하는 입장으로, 대표적인 유형으로는 행동주의와 인지주의가 있다. 정해진 답보다는 상황에 따라 변한다고 보는 구성주의와 구분이 되며 구성주의는 인지적 구성주의와 사회적 구성주의로 구분된다.

인지적 구성주의는 지식의 형성 과정에서 인간의 인지적 작용을 주된 요인으로 보고 상대적으로 사회문화적 역할은 크게 관심을 두지 않았다.

사회적 구성주의는 피아제(Piaget)의 구성주의가 아동이 그가 속한 물리적 환경과의 상호작용 속에서 지식을 구성해 나가는 데 초점을 맞춘 개인적 구성주의라고 한다면, 비고츠키(Vygotsky)가 중심이 되는 사회적 구성주의는 아동의 지식·생각·태도, 학습 그리고 가치 등이 타인들과의 상호작용을 통해 발달함을 강조하며 문화와 언어가 인지 발달에 미치는 영향의 중요성에 초점을 맞추었다.

객관주의와 구성주의

구분	객관주의	구성주의
대표 유형	행동주의, 인지주의	개인적 구성주의, 사회적 구성주의
핵심 개념	• 자극, 반응, 강화(행동주의) • 정보처리, 정교화(인지주의)	• 개인의 구성적 과정(개인적 구성주의) • 사회, 문화적 동의(사회적 구성주의)
주요 이론	• Skinner, Thorndike(행동주의) • Bruner, Ausubel(인지주의)	• Piaget, Von Glasersfeld(개인적 구성주의) • Vygotsky, Rogoff(사회적 구성주의)
학습	• 외현적 행동의 변화(행동주의) • 인지구조의 변화(인지주의)	• 개인의 주관적 경험에 근거한 의미 구성(개인적 구성주의) • 사회적 상호작용을 통한 의미 구성(사회적 구성주의)
학습의 조건	절대적 진리 자체는 상황과 분리되어 가르칠 수 있음	어떤 사실과 기술도 그것이 사용되는 문제 상황과 독립적으로 해석될 수 없으므로 풍부하고 실세계를 반영하는 상황이 제공되어야 함
학습의 결과	모든 사람이 같은 이해에 도달	구성된 실제의 모습이나 의미는 개인에 따라 다름
교수	교사에 의해 기존의 진리가 전달되는 것	• 학습자가 세상에 대한 의미를 구성하도록 보조, 지원하는 것 • 세계에 대한 의미 구성 방법을 보여주는 것
교수의 목적	가장 효과적이고 효율적인 방법으로 지식을 전달하는 것	학습자의 의미화, 문제 해결력 배양
수업의 중심	교사	학습자
교사의 역할	진리 전달자	학습 보조자, 학습 촉진자, 코치
교수 설계	결정된 내용을 효과적으로 전달하는 것	학습이 일어날 수 있는 환경 설계
교수의 초점	사실의 이해	지식의 전이, 활용
지식의 형태	선형적·위계화된 지식	문제 해결 능력, 고차적 인지 전략
주된 교수 방법	강의식	문제 중심, 토의식 발견 학습

구분	인지적 구성주의	사회적 구성주의
지식 형성 요인	인간의 인지	사회 관계에 참여하는 개인
주요 관심 영역	개인의 인지적 발달 과정	사회문화적 동화 과정
학습의 개념	인지구조의 재편성	관련 공동체에서 문화적 동화
집단의 특성	상이성 강조	동질성 강조
최종 목표	개인 경험의 문화 사회적 타당성 검증	개인들 간의 활발한 상호작용으로 인한 사회 문화적 관습 습득
작문	의미 구성 과정, 과정 중심 쓰기 지도	생성적 과정
작문의 예	브레인스토밍 등을 사용하여 주제와 관련된 경험을 마련한다.	독자와의 실제 대화를 통해 초고를 완성하고 초고에 대해 친구의 피드백을 받고 그 결과에 반영한다.

✖ 중간언어

중간언어(中介語, Interlanguage)는 목표어나 모국어와는 독립적인 외국어 학습자의 언어를 말하는데, 제2언어 학습자(KSL; Korean as a Second Language) 또는 외국 언어 학습자(KFL; Korean as a Foreign Language)가 언어 학습 과정에서 만들어 사용하는 불안정한 상태의 언어를 말한다. 목표어에 접근해 가는 과정에서 학습자에 따라 나타나는 개인적이고 특수한 언어 체계인 것이다. 지금까지의 연구에 따르면 일반적인 제2언어 학습자가 학습 과정에서 자주 제2언어의 어법이나 문법 규칙과 관계되는 어려움을 겪으면서 나타나는데, 주로 높은 수준의 학습자, 제2언어 사용 국가에 거주하는 비원어민(NNS; Non-Native Speaker), 심지어는 비원어민인 교사에게 나타난다고 한다.

중간언어 이론에 따르면 이러한 중간언어는 시행착오와 가설 검증의 과정이라고 설명한다. 중간언어는 결국 과도적 능력(Transitional Competence), 특이 방언(Idiosyncratic Dialect), 근계(Approximative System)라 할 수 있다. 중간언어의 개념은 제2언어 습득에 대한 몇 가지 전제를 바탕으로 한다.

첫째, 학습자는 제2언어 이해와 생산의 기초가 되는 추상적인 언어 규칙 체계를 구축하는데, 이 구축 체계가 심리 문법인 중간언어이다.

둘째, 학습자 문법은 투과가 가능하여 내부의 영향과 외부의 영향을 받는다. 즉 문법은 입력을 통해 외부 영향에 노출되어 있고 생략, 과도 일반화, 전이 오류 등을 통해 내부의 영향을 받는다.

셋째, 학습자 문법은 과도기적이어서 학습자들은 규칙 첨가, 규칙 삭제, 전체 체계 재구성 등을 통하여 문법을 변화시킨다.

넷째, 중간언어 체계는 다양하다. 능력 차원의 다양성을 반영하여 학습자들이 구축하는 체계가 다양한 규칙을 포함하고, 어떤 발달 단계에서든지 서로 경쟁하는 하나 이상의 규칙을 가지게 된다.

다섯째, 학습자들은 중간언어를 발달시키기 위해 학습 전략을 사용하여 학습자들이 생산하는 오류들은 학습 전략을 반영하기도 한다.

여섯째, 학습자 문법은 화석화되기 쉽다.

✖ 브로카 실어증(Broca's Aphasia)

뇌의 좌반구 하측 전두엽 영역인 브로카 영역(Broca's Area)에 손상을 입어 구어로 말하는 데 어려움이 있는 실어증이다. 매우 느리고, 힘들고, 서투르게 말을 하는 특징이 있다. 브로카 실어증 환자의 경우 문법적 의미를 가진 단어인 기능어(Function Word)의 경우에 특히 어려움을 경험하고, 겨우 말하는 몇 마디도 대부분 내용어(Content Word)에 해당한다. 브로카 실어증 환자는 말을 이해하는 것에 비해 표현 능력이 현저히 떨어진다. 이는 일차 운동 피질의 안면 영역 바로 앞부분인 전두엽 연합피질(브로카 영역)이 손상될 때 나타난다.

✖ 베르니케 실어증(Wernicke's Aphasia)

뇌의 베르니케 영역(Wernicke's Area)에 손상이 생겨서 다른 사람의 말을 잘 이해하지 못하고 자신의 말은 유창하지만 무의미한 언어를 생성해내는 실어증이다. 구문 실어증이라고도 한다. 브로카 실어증 (Broca's Aphasia)과 달리, 베르니케 실어증 환자는 힘들이지 않고 유창하게 말을 한다. 그러나 내용어 (Content Word)는 거의 사용하지 않으며 구사한 말이 이치에 맞지 않는다. 말을 듣고 인식하는 것은 연속적인 소리의 순서에 대한 기억을 바탕으로 하는 복잡한 지각적 과제인데, 이 과제는 뇌의 좌반구에 위치한 신경 회로인 베르니케 영역에서 이루어지는 것으로 알려졌다.

✖ 대조언어학

두 언어를 체계적으로 비교·대조하여 공통점과 차이점을 밝히고자 연구하는 분야이다. 부분적 체계란 음운·형태·통어(統語)·어휘·문자 등을 일컫는 말이다. 그 비교 방법은 대조분석(對照分析; Contrastive Analysis)이라고 한다. 대조언어학은 계통상 또는 시대적인 제한을 두지 않고 두 언어를 공시적(共時的)으로 비교한다는 점에서, 동일한 조어(祖語; Protolanguage)에서 발생한 같은 계통의 두 언어를 통시적(通時的)으로 다루는 비교언어학(比較言語學; Comparative Linguistics)과는 근본적으로 다르다.

대조언어학이 발달한 시기는 미국에서 구조언어학(構造言語學; Structural Linguistics)의 연구가 활발하던 1950년대였다. 근래의 대조언어학은 언어의 보편적인 특징을 찾아내어 언어의 본질을 파악하는 데 주력하고 있으나, 무엇보다 대조언어학의 장점은 구조가 서로 다른 언어를 대조함으로써 하나의 언어만으로는 찾지 못했던 특징을 파악할 수가 있다는 점이다. 특히 외국어 교육에 이 방법을 응용하여 언어교육의 효과를 높인다.

✖ 응용언어학

응용언어학은 언어의 이론적인 연구를 목적으로 하지 않고, 언어학을 통해 얻은 성과를 언어 기술 외에 언어 습득과 언어 교육, 작문 교육, 번역 외 다양한 실용적 상황에서 응용하려는 목적을 지닌 학문이다.

응용언어학은 종종 이론언어학과 대비되는 학문 분야로 일컬어지는데, 사회학, 심리학, 인류학, 전산학, 통계학 등의 인접 학문과의 학계 간 연구의 성격을 띠는 경우가 많다. 또한 언어학의 연구 성과를 활용하여 언어와 언어 사용에 대한 이론적 모형을 개발하기도 한다.

응용언어학은 언어와 관련된 실질적이고 실용적인 문제를 해결하는 일에 관련된다고 할 수 있다. 예를 들어 언어 교수를 위한 교재 및 교수법 개발, 담화분석, 통번역, 사전 편찬, 언어치료, 언어 정책, 언어 평가에 이르기까지 다양한 분야가 포함될 수 있다.

✖ 심리언어학

심리언어학은 언어 현상을 바라보는 데 있어서 심리학적 관점과 언어학적 관점을 동시에 지닌다. 일반적으로 언어학은 '언어에 관한 학문'이며, 심리학은 '인간의 행위와 경험에 관한 학문'이라고 할 수 있으므로, 심리언어학은 '인간의 언어 사용에 관한 학문', 더 구체적으로는 '언어적 행위와 경험을 탐구하는 학문'으로 규정될 수 있을 것이다. 오늘날 심리언어학의 연구 주제는 좀 더 광범위하다. 아래의 주제들은 오늘날 심리언어학에서 관심을 갖고 있는 분야를 구체적으로 보여준다(Bot And Kroll, 2010).

1. 언어 발달에 중요한 영향을 미치는 언어 입력의 특성은 무엇인가
2. 언어 발달은 생물학적 요인에 의해 얼마나 제약을 받는가
3. 말을 듣거나 텍스트를 읽을 때 단어들은 어떻게 인식되는가
4. 어떻게 문장과 텍스트를 이해하는가
5. 어휘적 혹은 통사적 중의성은 어떻게 해소되는가
6. 추상적 사고는 발화에 앞서 어떻게 문장으로 구조화되는가
7. 뇌에서 언어는 어떻게 처리되는가
8. L2 습득은 L1 습득과 다른가
9. L2를 사용할 때 L1은 어느 정도로 영향을 미치는가
10. 코드 스위칭을 통제하는 규칙이 존재하는가
11. 둘 이상의 언어 구사자(이중언어 구사자)는 어떻게 두 언어를 별개의 상태로 유지하는가
12. 복수의 언어는 뇌에서 어떻게 처리되는가

✖ 전산언어학

컴퓨터가 인간의 언어를 처리하는 데에서 나타나는 언어학적 문제를 연구하는 학문으로 계산기언어학이라고도 한다. 전산언어학은 컴퓨터를 이용하여 언어를 자동 분석하며, 언어 자료를 자동 처리하는 데에서 나타나는 언어학적 문제를 연구하는 학문이다. 음성 인식, 음성 합성, 기계 번역, 정보 검색, 자동 대화 시스템 구축 등 자연언어의 전산적 처리와 관련된 여러 과제들을 다룬다.

✖ 비교언어학

계통이 같은 제언어를 비교하여 그들 언어의 유사점과 차이점을 검토하고 그들의 사적 변천을 밝혀 그들 언어의 근원이 된 언어와 여기서 분화된 제언어의 사적 관계를 연구하는 역사언어학의 한 분야이다. 그러므로 비교언어학의 연구대상은 계통이 같은 제언어를 전제로 한다.

✖ 관찰자의 역설(Observer's Paradox)

사회언어학에서 언어 자료를 수집할 때는 주로 인터뷰 방식을 사용한다. 그러나 몰래 녹음한다면 객관적 자료를 수집하는 데는 좋겠지만, 윤리적인 문제가 있다. 따라서 관찰자는 체계적인 관찰을 통해서 수집할 수밖에 없는데, 이때 제보자는 자신이 관찰자로부터 관찰을 받고 있다고 인식하여 자신의 언어 행위를 통제하게 된다. 따라서 사회언어학적 변인들을 고려하여 그 표본이 될 수 있는 전형적인 제보자를 구했다고 하더라도 이상적인 자료를 수집할 수 있는 것은 아니다. 왜냐하면 그 제보자가 사용하는 말은 관찰자의 태도나 조사 환경 등에 따라 변이를 보일 수 있기 때문이다.

✖ 언어유형론

언어유형론은 언어를 공시적 관점에서 비슷한 유형으로 분류하는 것을 목적으로 한다. 즉 어떤 언어의 특성, 예를 들어 통사구조나 음운론적 특성, 어순 등을 서로 비교한 결과를 가지고 언어를 분류하는 것이다. 가장 잘 알려진 유형론적 언어 분류 기준은 어순을 들 수 있다. 공시적 연구라는 점에서 언어유형론은 대조언어학과 유사한 부분이 있지만, 언어유형론이 언어의 보편성을 찾고 다양한 언어들을 공통된 특성에 따라 분류하는데 관심을 두고 있다면, 대조언어학은 주로 언어 습득과 학습의 차원에서 두 언어의 차이점을 밝히려 한다는 점에서 서로 다르다.

✖ 말뭉치 언어학(코퍼스)

말뭉치 언어학(Corpus Linguistics)은 실제 언어 혹은 실제 언어의 샘플을 이용하여 언어를 공부하는 응용언어학의 한 분야이다. 말뭉치란 언어 연구를 위해 텍스트를 컴퓨터가 읽을 수 있는 형태로 모아 놓은 언어 자료를 말한다. 초기에는 데이터 작업이 수작업으로 이루어졌으나 컴퓨터의 발달로 지금은 많이 자동화되었다.

실제 언어는 언어 수행상의 오류로 가득하기 때문에 언어학을 제대로 연구하기 위해서는 잘 제어된 환경에서 이루어진 언어를 다룰 필요가 있다고 본 촘스키의 관점에 정면으로 반(反)하는 방법론이다. 촘스키의 의견도 일리가 있으나 정제된 환경의 언어에서는 화자에 대한 정보를 아무것도 찾아낼 수가 없다. 말뭉치 언어학은 언어 능력(Competence)과 언어 수행(Performance)으로 나누는 촘스키식 이분법을 거부한다. 대신 말뭉치에 다가갈 수 있는 최소한의 인터페이스만 있으면 실제 언어를 통해 언어 현상의 본질에 다가갈 수 있다고 본다.

코퍼스는 중요한 언어 자원으로 언어 이론 연구의 기반이 될 뿐만 아니라 사전 편찬, 언어 교육 등의 응용 분야에 중요한 자료를 제공하는 원천이 된다. 특히 코퍼스 내 출현 빈도는 언어학적 가설을 검증할 때 매우 강력한 증거가 되기도 한다. 또한 특정 어휘끼리 자주 함께 어울리는 현상을 관찰 가능하게 하여 어휘 연구의 자료로 활용된다. 코퍼스는 모국어 화자의 직관이나 언어 능력만으로 설명하기 어려운 언어 현상에 대해 설득력 있는 증거를 제공하며 실제 언어생활을 객관적으로 연구하는 데에 주로 이용된다.

컴퓨터 저장 장치와 프로그램의 발달로 대용량 언어 자료를 저장하고 처리하는 것이 가능해지면서 대규모 언어 자료로부터 화자들의 언어사용 패턴을 발견할 수 있게 되었다. 또한 코퍼스는 언어의 기능적인 측면을 밝히는 데에 효과적이다. 코퍼스는 실제적이고 자연적인 언어 형식을 제공하기 때문에 언어의 의미와 화용 기능을 실제 맥락 속에서 확인할 수 있게 해 준다. 이 밖에도 최근에는 코퍼스를 이용하여 언어의 변화를 살피고, 사회가 겪어온 변화를 확인하고 나아가 앞으로 겪게 될 변화를 예측하기도 한다.

그러나 단순히 데이터를 모았다고 해서 말뭉치가 되는 것은 아니다. 가치 있는 말뭉치는 다음과 같은 요건에 맞아야 한다.

---

① 텍스트 수집이나 입력 과정에서 원래의 내용이나 형태의 누락이 있어서는 안 된다. 즉 원형을 유지하고 있다는 보장이 필요하다.
② 언어의 다양한 변이를 담아내야 한다. 즉 언어의 특성을 잘 반영할 수 있는 구성으로 조합되어야 한다.
③ 해당 언어의 통계적 대표성을 지녀야 한다. 즉 유의미한 규모로 확보되어야 한다.

✖ 라보프의 사회언어학

사회언어학(社會言語學, Sociolinguistics)은 인간의 언어 행위를 하나의 사회 현상으로 보고, 언어와 사회적 요소 사이의 관련을 조직적으로 규명해 보려는 학문이다. 라보프(William Labov)는 특히 사회적 상황이야말로 언어 행위를 결정하는 가장 중요한 요소라고 주장하였다.

델 하임즈(Dell Hymes), 수잔 무어 어빈 트립(Susan Moore Ervin-Tripp) 등은 사회언어학을 "언어 행위를 화자의 사회적 특성, 문화적 배경 및 대화 환경의 사회생태학적 특성에 비추어 연구하는 것"이라 정의 하였으며, 조슈아 아론 피시먼(Joshua Aaron Fishman)은 "언어 변이형의 특성과 이들이 갖는 기능상의 특성 그리고 이들 변이형을 말하는 화자의 특성과 언어 사회 속에서 이 셋이 끊임없이 상호작용하고 변화하는 것을 공명하는 일"이 사회언어학에서 다룰 부분이라 하였다.

즉, 사회언어학은 구체적인 사회의 장에서 인간 행동의 두 가지인 언어 사용과 사회 체계 안에서의 인간 행동과의 상호작용을 밝히고, 언어 사용 자체뿐 아니라 언어에 대한 태도나 언어 및 언어 사용자의 사회적 체계에 관련된 문제들을 연구하는 학문이다.

사회언어학은 어떤 특정 이론을 통해 생겨난 것이 아니라 분석의 대상이 되는 공동체를 중심으로 생성된 것이며, 미디어 속의 언어, 언어와 성(性, Gender), 세대별 언어 등, 사회 현상으로서의 언어, 사회 현상과 관련된 언어 문제가 모두 사회언어학의 대상이 된다. 사회언어학은 행동주의적 관점에서 언어를 후천적 학습의 결과로 파악하고 있다. 사회언어학은 언어의 내적 구조뿐 아니라 외적 요인도 연구하며 사회적 맥락에서 언어의 변화와 발전을 연구한다. 언어의 내적 요인들은 언어의 의미와 구조이며, 언어의 외적 요인들은 경제적·사회적·인구통계학적 문제들이 있다.

✖ 오스틴(Austin)과 서얼(Searle)의 화행이론

일상생활에서 어떤 문장을 발화하여 특정한 의미를 전달하거나 전달되는 것에 따라 그 발화가 특정한 행위로 인식이 되는데 이렇게 언어를 통해 이루어지는 행위를 화행이라고 한다.

1. 오스틴의 화행이론

오스틴(1962)은 의사소통을 주안점에 두고 화행을 언표적 행위, 언표 내적 행위, 언향적 행위로 구분하였다.

(1) 언표적 행위(locutionary act)

발화 행위라고도 하며, 화자가 문장을 발화하는 행위 그 자체를 말한다. 즉, 낱말을 문법에 맞게 배열한 문장을 바르게 소리 내거나 낱말이 지닌 의미대로 문법적 문장을 발화하는 것이다. 만약, 제대로 발음하지 않거나 언어 단위의 문법 의미를 몰라서 말을 하지 못 한다면 언표적 행위에 실패한 것이라고 할 수 있다.

> 예 여보, 비가 오네.
> 문장을 발화하는 행위를 말한다.

(2) 언표 내적 행위(illocutionary act)

언표적 행위와 함께 수행되는 행위로 화자의 발화 의도와 관련된다. 다시 말해, 발화수반행위라고도 하며 발화 행위를 통해서 화자가 전달하려는 의도(진술, 제안, 설명, 질문, 약속, 요청 등)를 뜻한다.

> 예 여보, 비가 오네.
> → 우산 좀 찾아줘.
> → 우산 좀 줄래?
> 문장 속에는 요청의 행위가 포함되어 있다.

(3) 언향적 행위(perlocutionary act)

발화의 결과로 일어나는 행위를 말한다. 다시 말하면, 발화효과행위라고도 하며 언어 행위로 인해 주변에 영향을 끼치는 행위이다. 언향적 행위가 발화 환경이나 청자에게 실제로 주는 영향을 발화효과라고 하는데, 이러한 영향은 발화의 상황에 따라 특수성을 가진다.

> 예 여보, 비가 오네.
> → 아내가 남편에게 우산을 준다.
> 남편의 말에 아내가 남편에게 우산을 준다면 발화의 결과로 일어나는 행위가 된다.

2. 서얼의 화행이론

서얼(1969)은 성공적이고 효과적인 발화수반행위(화행)의 네 가지 적정 조건을 제시하였다.

(1) 명제 내용 조건: 화자가 발화함으로써 전달하는 내용에 대한 조건이다. 청자가 장차 할 행위를 화자가 예견한다.

(2) 예비 조건: 청자가 행위를 수행할 수 있음을 화자가 믿는다. 또한 화자는 청자보다 권위가 있어야 한다.

(3) 성실성 조건: 청자가 미래에 이 행위를 하길 원한다.

(4) 필수(본질) 조건: 발화 행위의 객관적 효과에 관한 것이다. 예를 들어, 약속의 경우 화자는 자신이 약속한 행위에 의무감을 유발한다.

✖ 어휘 결합

1. 상호 배타적 제약(Mutual Exclusivity Constraint): 하나의 사물은 하나의 이름만을 갖는다는 뜻으로 여러 대상을 가리키는 단어들의 의미는 서로 배타적이라는 뜻이다.

2. 이웃 효과(Neighborhood Effect): 스스로의 의지가 아닌 외부로부터 영향을 받는 것을 의미한다. 특정 단어의 재인에 비슷한 소리의 단어나 비슷한 철자의 단어가 미치는 영향을 말한다.

3. 자기중심 원리(Me First Principle): 심리적으로 자신에게 가까운 것을 먼저 말하는 현상을 의미한다.

4. 인과연결망 모형(Causal Network Model): 관련된 인과 구조를 중심으로 연결하여 사용하는 것을 의미한다.

✖ 국제음성기호(IPA)

IPA(International Phonetic Alphabet)는 현재 가장 널리 사용되고 있는 로마자를 주로 한 자모적 기호로서, 보조 부호를 병용한다. J. 엘리스가 고안한 팰리오타이프라는 음성 기호를 H. 스위트가 개량하여 로믹(Romic)이라는 음성 기호를 만들었고, 이것을 더욱 개량한 것을 P. 파시가 사용하고 있었는데, 1888년 국제음성학협회에 의하여 그것에 근거한 최초의 국제음성 자모가 제정되었다. 그 후 지속적으로 수정을 거쳐 오늘에 이르렀다.

✖ 텍스트의 속성

1. 결속성(Cohesion): 텍스트에 포함되어 있는 내용 간의 '표면적인' 연결 관계를 말한다. 결속성은 내용의 연결을 위해 적절한 접속어나 연결어미 등의 형식적인 구조를 가지고 있다.

2. 응집성(Coherence): 텍스트에 포함되어 있는 내용 간의 '의미적인' 연결 관계를 말한다. 통일된 주제를 가지고 있어야 하며, 응집성을 높이려면 뒷받침 내용을 마련하고 그것을 바른 순서로 배열해야 한다.

3. 조응성(Anaphoricity): 둘 이상의 문장의 앞뒤가 서로 일치하게 대응한다.

4. 정보성(Informativeness): 텍스트의 자료가 예측한 것과 예측하지 않은 것, 알려진 것과 불확실한 것의 정도를 의미한다.

✖ 스푸너리즘

두음 전환(頭音轉換)으로, 'Well-Oiled Bicycle(기름칠이 잘 된 자전거)'를 'Well-Boiled Icicle(푹 삶은 고드름)'과 같이 발음하는 것처럼, 두 단어의 첫 음을 잘못 말하여 흔히 우스꽝스러운 결과를 낳는 실수를 말한다. 옥스퍼드 대학 뉴 칼리지의 학장이었던 W.A.Spooner(1844~1930)가 이런 실수를 자주 하였다 하여 나온 표현이다.

✖ 간섭

언어를 학습하면서 이전의 지식과 경험이 이후 과제 수행에 방해되는 부정적 전이 현상을 말한다. 이는 이전에 배운 것이 잘못 전이되거나 부정확하게 연관됨으로써 선행 학습 자료가 후행 학습 자료의 학습에 부정적인 영향을 끼치기 때문에 나타난다. 외국어습득론에서는 제1언어 혹은 모국어의 구조나 규칙이 제2언어 사용에 미치는 부정적 전이를 의미한다.

1. 과잉 구별(Over-Differentiation): 모국어에는 없고 제2언어에만 존재하는 경우를 말한다.
2. 과잉 적용(Over-Application): 어떤 결과를 그와 유사한 상황에 적용함에 있어서 먼저 습득한 일반화의 원리나 법칙을 지나치게 고집스럽게 적용하려는 현상이다.
3. 역형성(Back Formation): 유추에 의한 언어 형성의 하나로 어떤 단어가 파생 구조를 가진 것으로 생각하여 전에 존재하지 않았던 어간을 만들어내는 현상이다.
4. 치환/대치(Substitution): 언어의 연쇄(連鎖) 요소를 다른 요소와 바꾸는 분석 절차를 일컫는다. 어떤 요소가 가진 분포의 동일성 여부(與否)를 확인하는 방법으로 이용된다. 음운 구조이건 형태 구조이건 그중 어느 한 요소를 다른 요소와 대치해도 그 결과가 역시 정상적인 언어로 통용될 수 있는 것이라면 그 두 요소는 동일한 환경에 있다고 본다.

✖ 언어 전이

모국어나 이미 습득한 목표어에 대한 지식과 경험이 학습자의 제2언어 습득에 주는 영향을 말한다. 이전 학습이 현재 학습 내용에 정확히 적용되어 긍정적으로 영향을 주는 경우를 긍정적인 전이 또는 촉진이라 하고, 이전의 학습 내용이나 지식이 이후의 과제 수행에 방해되는 경우를 부정적 전이 혹은 간섭이라고 한다.

언어 전이는 모국어가 목표어 학습에 미치는 영향인 언어 내 전이로 나타난다. 대조분석론자들은 제1언어의 생성과 수용에서 오류의 주된 원인이 모국어라고 간주하며 모국어가 목표어인 제2언어에 미치는 간섭의 영향을 강조했지만, 간섭 오류의 연구 결과로 학습자의 오류중에서 언어 간 전이로 인한 오류는 대체로 30% 내외라는 점이 밝혀졌다. 한편 숙달도별로 볼 때 초급에서는 언어 간 전이에 의한 오류가 많으나 고급으로 갈수록 언어 내 전이 오류의 비중이 높아진다.

✕ 화석화

우리는 흔히, 외국어를 능숙하게 구사할 수 있는 제2언어 학습자가 계속해서 특정 언어 항목에 관하여 잘못된 언어적 특징들(오류)을 보이는 경우를 볼 수 있다. 이런 현상은 특히 사춘기 이후에 제2언어를 학습한 사람들의 발음상 나타나는 '외국 억양(Foreign Accent)'에서 잘 드러난다. 잘못된 언어적 형태를 제2언어 학습자가 지속적으로 사용하는 현상이 화석화로 알려져 있다. 화석화는 많은 학습자가 거쳐 가는 정상적이고 자연스러운 단계이다.

언어 항목이 어떻게 화석화되는 지에 대한 연구는 최근까지 거의 이루어지지 않았다. 그러나 이제 화석화는 인간 학습의 법칙과 일치하는 것이라 여겨질 수 있다. Vigil과 Oller는 긍정적이나 부정적인 정의적 또는 인지적 피드백의 개념을 통해 화석화에 대한 이론적인 설명을 제공하였다. 정의적 정보(Affective Information)는 주로 몸짓, 목소리의 높낮이, 얼굴 표정 등과 같은 신체 동작에 의해 전달되는 반면, 인지적 정보(Cognitive Information)는 음, 어구, 구조, 담화와 같은 언어적 장치에 의해서 주로 전달된다. 학습자가 주위 사람들로부터 받는 피드백(Feedback)에는 긍정적인 피드백(Positive Feedback)과 부정적인 피드백(Negative Feedback)이 있다.

즉, 화석화된 언어 형태란 학습자가 잘못 사용하는 언어 형태를 가리키는데 이는 학습자가 틀린 언어를 사용했을 때, 타인으로부터 "계속 말해라."는 긍정적인 정의적 피드백(Positive Affective Feedback)을 받고, "무슨 말인지 알겠다."라는 긍정적인 인지적 피드백(Positive Cognitive Feedback)을 받음으로써 학습자가 올바른 언어 형태를 사용하는 것으로 착각하게 하여 학습자 내에 화석화되는 것이다.

물론 Selinker와 Lamendella(1979)는 화석화에 영향을 미치는 것이 Vigil과 Oller가 말한 타인에 대한 외적인 피드백(Extrinsic Feedback)뿐만 아니라, 학습자 내부에서 발생하는 내적인 피드백(Intrinsic Feedback)도 화석화에 영향을 끼친다고 지적했다.

✕ U자형 행동 발달 곡선(U-Shaped Behavior Development)

Lightbown(1985)은 언어라는 것은 그 체계의 구성 요소가 비선형적 방식으로 상호작용하는 복잡한 계층적 체계이기 때문에 재구성이 일어난다고 보았다. 초기 단계에서 학습자는 목표어와 유사한 규범에 부합하는 즉, 오류가 없는 언어적 형태들을 생성한다. 그러다가 두 번째 단계에서는 첫 번째 단계에서 알았던 것들을 잊게 되면서 오류들이 초기 단계보다 많이 발생한다. 그러다가 마지막 단계에 가서 다시 정확한 목표어 사용이 가능하게 된다. 이러한 '진보-퇴보-진보'를 반복하는 언어 발달 과정 현상을 곡선으로 표시하면 U자형이 된다는 것이다.

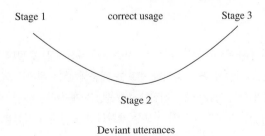

✖ 은유

비유의 가장 대표적인 하위 유형에는 은유(Metaphor)가 있다. 인지언어학에서는 은유를 개념적 현상으로 바라보므로 수사학의 은유와 구별하여 '개념적 은유(Conceptual Metaphor)'라고 부르기도 한다. Lakoff(1980/2003)는 "은유의 핵심은 결코 언어의 문제가 아니라, 한 정신적 영역을 다른 정신적 영역에 의해서 개념화하는 방식에 있다."라고 했다. 즉 은유의 본질은 한 종류의 사물을 다른 종류의 사물의 관점에서 이해하고 경험하는 것이다. 즉 구체적이고 익숙한 근원 영역으로 추상적이고 새로운 목표 영역을 구조화하고 개념화하는데, 이를 개념적 은유라고 한다. 예를 들어 "이야기를 꺼내다."라는 표현은 물리적인 실체가 없는 '이야기'를 책을 꺼내는 행위와 동일한 인지모형을 적용하여 유사하다고 인식하고 '꺼내다'라는 동사의 의미를 확장시켜서 일상생활에서 무의식적으로 이런 표현을 사용하는 것이다. 즉, 구체적인 공간에서 구체적인 실체를 외부로 이동시키는 행동을 근원 영역으로 삼아서 머릿속에서 이야기를 꺼내는 추상적인 행위(목표 영역)를 표상하는 것이다.

✖ 의사소통 능력

Canale & Swain(1980)의 연구, 그리고 이후 Canale(1983)의 연구에서 정의하고 있는 의사소통 능력은 아래 네 가지의 하위 범주로 구성되어 있다. 처음 두 가지 하위 범주는 언어 체계의 사용에 대한 것이고 나머지 두 가지 하위 범주는 의사소통이라는 기능적 양상에 대한 것이다.

1. 문법적 능력(Grammatical Competence): 어휘, 발음 규칙, 철자법, 단어 형성, 문장 구조 등의 언어학적 기호를 정확히 사용하여 문법적으로 올바른 문장을 생성하는 능력이다.
2. 사회언어학적 능력(Sociolinguistic Competence): 상황에 맞는 화행 능력을 말하는 것으로 사회적 맥락과 담화 상황에 맞게 문법적 형태를 사용하거나 이해하는 능력을 말한다. 경어법, 문화적 지시어 등의 구사력을 평가한다.
3. 담화 능력(Discourse Competence): 담화를 구성하고 담화를 이해하는 능력을 말하는 것으로 여러 가지 아이디어를 형태적인 결속성이 있고 내용상 일관성 있게 조직하는 능력을 말한다. 담화 능력을 갖춘 사람은 지시어, 접속사 등의 형식적 응집 장치와 내용의 결속 장치를 이용하여 의미적 완결성과 통일성이 있는 담화를 구성하고 이해할 수 있다.
4. 전략적 능력(Strategic Competence): 발화 생산자가 소통의 효율성을 높이고 소통 장애를 보상하기 위해 사용하는 언어적, 비언어적 전략의 사용 능력을 말한다.

✖ 스캐폴딩(비계)

스캐폴딩은 건축에서 유래된 용어(비계, 飛階)로, 학습자가 자신의 근접 발달 영역에 따라 향상될 수 있도록 수업에서 교사(또는 동료 학습자)가 도움이나 힌트를 제공해 주는 행위를 의미한다. 일반교실 수업에서 유능한 동료, 교수자, 전문가 등이 학습자에게 적절한 스캐폴딩을 제공하는 것 뿐 아니라, 이러닝(E-Learning) 상황에서도 학습자에게 다양한 도움이나 단서 정보를 제시하거나 인지적 점검을 유도하는 등의 전략을 제공한다.

✖ 근접 발달 영역(Zone of Proximal Development)

아이들이 현재보다 더 높은 발달 수준으로 올라갈 수 있는 발달 단계를 말한다. 교육심리학자인 비고츠키(Vygotsky)는 사람을 다른 사람과의 관계를 통한 작용에 영향을 받아 성장하는 사회적 존재로 정의하고, 아동의 인지 발달에서 교사와 학생, 학생과 학생 사이에서 이루어지는 사회적 상호작용이 중요하다고 주장하였다. 그는 아동이 인지할 수 있는 현재의 인지 수준과 근접하는 바로 위의 발달 수준으로 실제적인 발달 수준(Actual Development Level)과 잠재적 발달 수준(Potential Development Level) 사이의 영역인 근접 발달 영역을 제안하였다. 아이들은 보다 뛰어난 성숙된 부모, 교사, 동료들과의 상호작용을 통해 더 높은 발달 수준으로 도달할 수 있다고 보았다.

✖ 결정적 시기 가설

Lenneberg(1967)은 언어발달에 '결정적 시기'가 있다고 주장하였다. 이 '결정적 시기 가설'은 언어를 더 쉽게 습득할 수 있는 결정적인 시기가 지나면 언어습득이 점차 어려워지는 생물학적인 요인이 존재한다고 주장하는 것인데, 특히 뇌의 발달에 의해서 크게 좌우되므로 늦어도 뇌의 반구 편중화가 끝나는 시기인 사춘기 시기가 지나면 제2언어를 잘 습득할 수 없다고 주장한다.

✖ 언어 변이형

언어 변이형(言語變異形, Variety Of Language)이란 방언의 개념을 확장시킨 것으로, 동일한 언어 내부에서 특정 집단 또는 개인에 의해 사용되는 언어의 여러 변이체를 일컫는다. 주요한 언어 변이형은 다음과 같다.

---

① 지역 변이형: 흔히 말하는 방언을 일컫는다.
② 표준 변이형: 국가에 의해 정해진 표준어를 일컫는다.
③ 사회 변이형: 지배계급, 중산층, 빈민층 등 사회 계급 및 집단마다 보이는 특징적인 언어형을 가리킨다. 사회 방언이라고도 한다.
④ 상황 변이형: 특정한 직업 또는 직장 등 상황에 따라 구분하여 사용하게 되는 고유의 언어 변이형을 일컫는다.
⑤ 민족 변이형: 흑인 영어, 히스패닉 영어 등 인종 또는 민족에 의해 구별되는 독특한 언어 변이형을 일컫는다.
⑥ 가정 변이형: 각각의 가정 내에서 사용되는 언어 변이형을 일컫는다.
⑦ 개인 변이형: 각 개별 인간마다 가지고 있는 언어 변이형(말투, 어조 및 자주 쓰는 단어 등 타인과 구별되는 개인), 개인 방언이라고도 한다.

특정 언어의 화자는 몇 종류의 언어 변이형을 습득하고 있기 때문에, 상황에 따라 적당한 언어 변이형을 구분해서 사용하는 것이 일반적이다. 언어 변이형은 그 언어 변이형을 말하는 집단에 대한 귀속의식, 연대감, 자기 정체성 등과 연관된다. 예를 들어, 서울말을 구사하는 지방 출신 사람이 서울에서 같은 고향 사람을 만난 경우, 그 지역의 방언을 통해 친밀감을 표시하거나, 아르바이트생이 손님에 대해서는 아르바이트생으로서의 상황 변이형을 사용하고 아르바이트가 끝나면 친구들과 편한 말로 돌아오는 것 등이 있다.

✕ 연어

낱말들이 배열되면서 앞뒤에 놓이는 요소들과 밀접한 관련을 맺게 되는데, 특히 제한된 어휘의 결합 관계를 보이는 개별 어휘들의 상관적 관계를 말한다. 이러한 연어는 일반적인 통사 관계로는 이해될 수 없기 때문에 하나의 언어적 통합체로 이해되어야 한다. 따라서 해당 언어의 언어적 특수성을 드러낸다.

새빨간 거짓말	목 빠지게 기다리다	미역국을 먹다

✕ 학습 전략

학습자들이 제2언어를 학습하기 위해서 사용하는 특별한 접근 방법이나 기술을 말한다. 인지적 전략, 초인지적 전략, 사회적·정의적 전략이 있는데, 인지적 전략은 학습 자료를 분석하고 종합하거나 변형하여 학습 내용을 정교화하거나 조직화하는 전략이다. 초인지적 전략은 학습을 계획하고 점검하고 조절하여 학습을 향상시키는 일과 관련된 전략이다. 사회적·정의적 전략은 학습자들이 다른 화자들과 상호작용하는 방법과 관련된 전략이다.

성공적인 언어 학습을 이끄는 전략에 대한 연구 결과로 언어 학습자가 형태와 의미에 모두 주의를 기울이며 전략을 많이 사용할수록 언어 학습에 성공적임이 밝혀졌다.

✕ 제1언어(L1)

태어나 처음 접하는 언어로 자연스럽게 습득되고 그 언어권 화자들 사이에서 성장하며 배우는 언어이다. 제1언어를 충분히 습득하면 모국어가 된다. 다중 언어 환경에서 성장하는 어린이는 하나 이상의 제1언어를 배울 수 있다.

✕ 제2언어(L2)

모국어를 습득한 후 학습하는 다른 언어이다. 일반적으로 사회적으로 지배적이거나 공식어로 인정받는 언어를 의미하며, 세 번째, 네 번째 학습하는 언어도 지칭하지만, 대체로 두 번째로 학습하게 된 언어로서 모국어가 아닌 언어를 말한다.

✕ 오류의 유형

발화 표면에 드러난 오류 양상에 따라 크게 첨가, 생략, 대치, 어순 오류로 나누어 볼 수 있다.

1. 첨가: 불필요한 요소가 덧붙어서 오류가 발생한 경우
   예 친구가 한국에 놀러 왔어서(→ 와서) 같이 여행을 했어요.
2. 생략: 반드시 필요한 요소가 빠져서 오류가 발생한 경우
   예 중국 사람(→ 중국 사람은) 여행하는 것(→ 여행하는 것을) 좋아해요.

3. 대치: 비슷한 범주나 혹은 전혀 다른 범주의 요소로 바꿔 써서 오류가 발생한 경우

   예 나는 가수 <u>방탄소년단이</u>(→ 방탄소년단을) 좋아해요.

4. 어순: 목표어의 어순에 어긋나게 써서 오류가 발생한 경우

   예 한 번도 비빔밥을 <u>먹어 안</u>(→ 안 먹어) 봤어요.

✕ 자연어와 인공어

　자연어는 우리가 일상적으로 사용하는 언어를 일컫는다. 그리고 누가 만들었는지 알 수 없고, 자연적으로 생성된 언어로 이해하는 게 일반적이다. 대부분의 사람들은 자연어를 쓴다. 그러나 이와 반대로 컴퓨터 프로그램 언어나 에스페란토와 같이 인공적으로 만들어낸 언어가 인공어이다. 인공어 중 가장 유명한 것은 '에스페란토'로 알려진 언어이다. 이 언어는 폴란드어를 포함한 유럽의 8가지 언어의 특징을 섞어 만든 것으로 알려져 있다. 따라서 자연어는 인간의 언어이고, 인공어는 컴퓨터의 언어라고 볼 수 있다.

우리 인생의 가장 큰 영광은

결코 넘어지지 않는 데 있는 것이 아니라

넘어질 때마다 일어서는 데 있다

– 넬슨 만델라

2 교시

한국문화 · 외국어로서의 한국어교육론

한국어교육능력검정시험 평가 영역 및 내용: 2교시

03 한국문화			
1	일상문화	3	예술문화
2	한국문학	4	한국역사

04 외국어로서의 한국어교육론			
1	한국어교육학개론	7	한국어문화교육론
2	한국어발음교육론	8	한국어교육과정론
3	한국어문법교육론	9	한국어교재론
4	한국어어휘교육론	10	한국어평가론
5	한국어표현교육법(말하기, 쓰기)	11	언어교수이론
6	한국어이해교육법(듣기, 읽기)		

평가 영역	일상문화, 한국문학, 예술문화, 한국역사

✕ 태극기

대한민국 국기(國旗)인 '태극기(太極旗)'는 흰색 바탕에 가운데 태극 문양과 네 모서리의 건곤감리(乾坤坎離) 4괘(四卦){≡≡ ≡≡ ≡≡ ≡≡}로 구성되어 있다. 태극기의 흰색 바탕은 밝음과 순수, 그리고 전통적으로 평화를 사랑하는 우리의 민족성을 나타내고 있다. 가운데의 태극 문양은 음(陰: 파랑)과 양(陽: 빨강)의 조화를 상징하는 것으로 우주 만물이 음양의 상호작용에 의해 생성하고 발전한다는 대자연의 진리를 형상화한 것이다. 또한, 네 모서리의 4괘는 음과 양이 서로 변화하고 발전하는 모습을 효(爻: 음 --, 양 —)의 조합을 통해 구체적으로 나타낸 것이다. 그 가운데 건괘(乾卦)는 우주 만물 중에서 하늘을, 곤괘(坤卦)는 땅을, 감괘(坎卦)는 물을, 이괘(離卦)는 불을 상징한다. 이들 4괘는 태극을 중심으로 통일의 조화를 이루고 있다.

✕ 애국가

나라마다 애국가가 있으며 한국은 10여 종의 애국가 중에서도 1896년 11월 21일 독립문 정초식에서 불린 애국가의 후렴 "무궁화 삼천리 화려 강산 죠션 사람 죠션으로 길이 보존 답세"가 지금도 맥을 잇고 있다.

애국가는 작사자 미상이며, 16소절의 간결하고 정중한 곡으로 1930년대 후반 안익태(安益泰)가 빈에서 유학 중 작곡한 것을 1948년 8월 15일 대한민국 정부수립과 함께 국가로 제정하였다. 2005년 3월 16일 안익태의 부인인 로리타 안이 애국가의 저작권을 한국 정부에 기증하였다.

✕ 한국의 지리 환경

대한민국은 아시아 대륙의 동쪽 끝에 자리 잡고 있다. 북쪽은 압록강과 두만강을 경계로 중국 북동부 지역과 러시아의 연해주와 맞닿아 있고, 동쪽과 남쪽은 동해와 남해 건너편에 일본이 있으며, 서쪽은 황해를 사이에 두고 중국과 접해 있다. 그리고 대한민국은 북쪽을 제외한 동쪽, 서쪽, 남쪽 삼면이 바다로 둘러싸여 있다. 삼면이 바다로 둘러싸인 지형을 '반도'라고 하여, 한국의 '한'을 붙여서 '한반도'라고 한다. 한반도는 70% 이상이 산지로, 높은 산들은 주로 동쪽 줄기를 따라 분포된다. 이렇게 동쪽에 높은 산들이 많다 보니 한반도는 전체적으로 동쪽이 높고 서쪽이 낮은 '동고서저' 지형이다.

대한민국 산지의 특징으로는 일정한 높이에 평평한 지형이 발달한 평탄면 지형이다. 한반도와 만주를 통틀어 가장 높은 백두(2,744m)도 해발고도가 3,000m에 미치지 못한다. 강원도 대관령 주위에 젖소와 양을 기르는 목축과 고랭지 농업으로 발달한 고위 평탄면도 있다.

큰 하천은 대개 황해와 남해로 흐르며 하천의 중류와 상류에는 침식 분지가 발달했다. 대표적인 침식 분지로 한강 유역의 충주, 원주, 춘천, 낙동강 유역의 대구와 안동, 금강 유역의 청주, 섬진강 유역의 남원과 구례 등이 있다. 이러한 침식 분지 지역은 농업이 함께 발달해왔다. 하천의 하류에는 논농사를 지을 수 있는 평야가 발달했다. 대표적으로 한강 하류의 김포평야, 안성천 하류의 안성평야, 금강 하류의 논산평야, 만경강과 동진강 하류의 호남평야, 낙동강 하류의 김해평야 등이 있다.

삼면이 바다로 둘러싸인 대한민국은 해안의 모습도 다르다. 동해안은 해안선이 비교적 단순한 반면, 남해안과 서해안은 해안선이 복잡하다. 서해안은 밀물과 썰물의 차이로 바닷물이 드나들 때 생기는 갯벌이 발달했다. 특히 남서 해안은 2,000개가 넘는 섬이 집중적으로 분포된, 세계적으로 유명한 다도해 지역이다.

✖ 한류 열풍

한국문화에 대한 선호 현상을 포괄적으로 나타내는 용어다. 1996년도 중국으로 수출된 한국 드라마가 인기를 얻으면서 중국 언론이 붙인 용어인 '한류'에 '열풍'이란 단어가 더해져 하나의 사회현상을 표현하는 신조어로 부상했다. 이 용어가 확대된 대표적 사례로 2002년도 일본NHK에 방영된 한국 드라마 '겨울연가'를 들 수 있다. 중국 이외에도 타이완, 홍콩 등지에서 한국 연예인은 최고의 대우를 받을 정도로 한국의 영상·음악 문화가 커다란 반향을 불러일으켰다. 특히 한국에 대한 인식을 전환시키는 계기가 되어 한일 교류에 커다란 영향력을 발휘하기도 했다. 한류가 확대된 사회적 배경으로는 아시아의 대표 문화로 널리 알려져 있던 홍콩이 중국으로 반환되면서 그 중심에 있던 영화 산업이 할리우드로 넘어감에 따라 문화적 기능 상실과 이를 대체할 문화의 부재를 들 수 있다.

✖ 문화에 대한 관점

1. 문화상대주의: 세계 문화의 다양성을 인정하고 이해하는 견해를 의미한다.
2. 문화사대주의: 다른 사회권의 문화가 자신이 속한 문화보다 우월하다고 믿고 무비판적으로 그것을 동경하거나 숭상하며, 자신의 문화에 대해서는 업신여기고 낮게 평가하는 태도나 주의를 의미한다.
3. 문화제국주의: 경제적으로 우위에 있는 선진국의 문화가 후진국의 문화에 지배적인 영향을 미쳐 문화 식민지를 확대하는 것을 의미한다.
4. 자문화중심주의: 철저히 자문화의 가치와 습관(오래된 전통 또는 관점)에 기준하여 다른 문화를 바라보고 평가하는 태도나 그러한 주의를 의미한다.

✖ 남사당

1. 풍물: 연희의 첫 번째 순서로 꽹과리·징·장구·날라리(태평소)를 불고 치며 노는 농악이다.
2. 버나: 대접이나 접시를 돌리는 묘기이며, 버나잡이와 어릿광대가 주고받는 대사와 소리가 재미를 더한다.
3. 살판: 땅재주 묘기로, '잘하면 살판이요, 못하면 죽을 판'이라는 말에서 따온 것이다.
4. 어름: 줄타기로, 버나와 마찬가지로 어릿광대의 대사와 소리가 그만이다.
5. 덧뵈기: 탈놀음이며, 4마당(마당씻이·옴탈잡이·샌님잡이·먹중잡이)으로 구성된다. 춤보다는 재담과 연기가 좋은 풍자극이다.
6. 덜미: 맨 마지막 순서로 꼭두각시놀음이다.

✖ 가면극

본산대놀이의 영향을 받은 가면극은 서울과 경기 지역의 송파산대놀이·양주별산대놀이·퇴계원산대놀이, 황해도 지역의 봉산탈춤·강령탈춤·은율탈춤, 경남 지역의 수영야류·동래야류·통영오광대·고성오광대·가산오광대 등이 있으며, 남사당패의 덧뵈기도 본산대놀이의 영향으로 발생했다.

마을굿에서 발생하여 발전한 가면극으로는 하회별신굿탈놀이, 강릉관노가면극이 전하며, 이외에 하회의 이웃 마을인 병산별신굿탈놀이와 경북 영양군 주곡동의 가면극 등도 마을굿놀이에서 유래한 가면극이다.

✖ 하회별신굿탈놀이

안동 하회마을에 전승되어 오는 가면극이다. 1980년 중요무형문화재로 지정되었다. 하회별신굿탈놀이는 '하회가면극, 하회별신가면무극, 하회별신놀이, 하회별신굿놀이' 등으로 불리었다. 하회별신굿탈놀이는 강신, 무동마당, 주지마당, 백정마당, 할미마당, 파계승마당, 양반·선비마당, 당제, 혼례마당, 신방마당, 헛천거리굿 등의 순서로 이루어져 있다. 하회별신굿은 무당들이 주도했지만, 가면극인 하회별신굿탈놀이는 마을 사람들이 담당했다.

✖ 전통 놀이와 지역

1. 수영들놀음: 부산광역시 남구 수영동에 전승되고 있는 탈놀이
2. 송파산대놀이: 서울특별시 송파구 지역에 전승되고 있는 탈놀이
3. 고성오광대놀이: 경상남도 고성군 고성읍에 전승되고 있는 탈놀이
4. 꼭두각시놀음: 우리나라 전래의 민속 인형극으로 현존하는 유일한 전통 인형극

✖ 전통 의복

1. 잠방이: 가랑이가 무릎까지 내려오게 지은 짧은 홑바지
2. 등거리: 등깃이 없고, 소매는 짧거나 아주 없는 형태로, 주머니를 다는 경우도 있음. 베로 만든 것은 맨살에 그냥 입고, 무명으로 만든 것은 봄·가을에 속옷 위에 덧입음
3. 장옷: 조선 시대에 부녀자들이 외출할 때 내외용(內外用)으로 머리부터 내리쓴 옷
4. 마고자: 저고리에 덧입는 옷
5. 활옷: 조선 왕조 때 공주·옹주의 대례복으로 입던 소매가 넓은 옷
6. 창옷: 조선의 사대부들은 집에서 입거나 외출 시 도포나 대창의 등 겉옷의 밑받침 옷으로 입어 '소창의'라고도 함. 서민들은 겉옷으로 입었음
7. 속적삼: 저고리 안에 받쳐 입는 홑옷
8. 도포: 조선 시대에 남자들이 통상 예복으로 입던 겉옷
9. 철릭: 조선 시대 무신이 입던 무관 공복
10. 배자: 저고리 위에 덧입는 단추가 없는 짧은 조끼 모양의 옷

❊ 조선 시대의 모자

1. **원유관**: 왕과 왕세자의 조복(朝服)인 강사포(絳紗袍)를 착용할 때 썼다. 삭망(朔望), 조강(朝講), 조강(詔降), 진표, 조근(朝覲) 등에 문무백관 신하의 조하(朝賀)를 받을 때, 외국 사신을 접견할 때, 중국에 문서를 보낼 때 강사포에 원유관을 썼다.

2. **금관**: 문무백관들이 국가적 경사나 제사를 지낼 때 조복과 함께 착용하던 관으로, 금칠이 되어 있어서 금관이라고도 했다. 앞뒤로 있는 줄의 수로 계급을 구분했다. 양관(梁冠)이라고도 하는데, 줄이 5개라서 오량관(五梁冠)이라고도 한다.

3. **제관**: 종묘사직에 제사를 지낼 때 문무백관들이 제복에 착용하던 관으로 관의 모양은 금관과 같으나, 검은색이 많이 칠해져 있다. 금관과 같이 관의 앞뒤로 연결된 줄 수로 계급을 구별했다.

4. **사모**: 문무백관들의 상복(常服)인 단령과 함께 착용하던 모자로 평상시에는 흑색으로 쓰고, 국상이 났을 때는 백색 사모를 썼다.

5. **백사모**: 조선 시대 문무백관들이 국상(國喪)이 났을 때 흰색의 단령에 착용하던 모자이다.

6. **정자관**: 유학자들이 사용하였던 관으로 송나라 때 유학자인 정현 형제의 이름에서 유래했다. 말총으로 만들며, 형태는 2층 혹은 3층으로 전후좌우 봉우리의 기복이 있고, 관의 꼭대기는 터져 있다.

7. **유건**: 유생들이 평상시나 향교, 서원 혹은 과거 시험장에 나갈 때 쓰거나 제사에 참석할 때 쓰던 건이다.

8. **망건**: 상투를 할 때 머리가 흘러내리지 않도록 하기 위하여 이마부터 뒤통수까지 걸쳐 두르는 것이다.

9. **상투관**: 상투에 씌우는 관으로 왕과 사대부가 집안에서 사용하였다. 뿔·뽕나무·종이·가죽 등에 흑칠을 한다. 망건을 쓴 다음 상투관을 쓰며 비녀를 꽂아 상투를 고정시켰다.

10. **탕건**: 사대부 계층에서 망건의 덮개 및 관모의 밑받침으로 착용하였다. 중인 계층에서는 망건 위에 독립된 관모로 사용하기도 했다.

11. **호건**: 조선 말기와 개화기 때 사대부가의 남자아이들이 쓰는 건의 일종으로 복관과 비슷한 형태이나 검은색 바탕에 호랑이 얼굴 모양을 수놓는다.

12. **투구**: 무장들이 전투 때 머리에 썼던 관으로 겉감은 금속으로 만들고, 안에는 천이나 모피를 대었다. 조선 시대의 투구는 꼭대기에는 삼지창에 삭모를 달고 투구의 앞, 뒷면에는 당초문을 투조하며 투구의 뒤에는 귀와 목을 가리는 드림이 있다.

13. **흑립**: 보통 갓이라고 부른다. 말총이나 대나무를 가늘게 오려 엮어 형태를 만들고, 그 위에 흑칠을 한다.

14. **전립**: 무관과 군인들이 군복에 사용하던 모자로 고위직 무관이 쓰는 전립은 '안울림 벙거지'라 한다. 겉은 검은색 모직물, 안은 남색 운문단을 사용하고 장식으로 공작 깃털, 상모(호수), 정자를 달고 밀화 구슬로 끈을 달았다.

15. **주립**: 문관 중, 당상관 이상이 융복을 입을 때 착용하던 붉은색을 칠한 갓으로 행사 때는 갓에 호수나 보리 이삭을 꽂아 장식한다.

16. **패랭이**: 대나무를 가늘게 오려 만든 갓의 일종으로 형태는 갓과 비슷하나 정수리 모양이 둥글다. 역졸·보부상·백정 등의 하층민이 많이 사용하였다. 보부상은 패랭이에 목화송이를 달고 다녔다.

17. **벙거지**: 군노나 전령, 신분이 낮은 사람, 가마꾼 등이 착용하던 전립의 일종으로 돼지 털과 같은 거친 모직물을 이용했다.

18. 상모: 농악군이 쓰는 전모로 돌모 또는 돌림 모자라고도 한다. 고개를 돌리면서 춤을 추면 상모 장식도 돌아간다.

19. 초립: 형태는 갓과 비슷하고, 조선 초에는 대나무를 가늘게 오려 엮어 만들어, 대나무의 곱고 거친 것으로 사대부와 서민을 구별하였다고 한다. 색깔에 따라 주황초립, 자초립, 흑초립이 있다.

20. 화관: 조선 후기 궁중과 사대부가의 여인들이 행사 때 사용하는 관모의 일종으로 서민들도 혼례 때 사용하였다. 종이나 헝겊으로 관 모양을 만들고 그 위에 여러 가지 패물 장식을 하고 작은 비녀 2개로 머리에 고정시켰다.

21. 족두리: 궁중이나 사대부가의 여인들이 쓰던 검은 비단으로 만든 관모이다. 아래는 둥글고 위는 여섯 모로 되었으며, 속에 솜이 들어 있고 가운데는 비어있다. 장식이 없는 것은 민족두리, 패물로 장식을 하면 꾸민족두리라 한다.

22. 조바위: 조선 후기와 개화기 때 부녀자들이 쓰던 머리 장식의 일종으로 계절에 따라 검은색 사(紗)나 비단 종류로 만들었다.

23. 굴레: 조선 말기 때 여자아이들이 쓰던 관모의 일종으로 바느질하고 남는 자투리 천을 이용하여 여러 색으로 색동을 모아서 머리 형태로 만들고, 목에서 끈을 묶게 되어 있다.

✖ 반상 차림

반상은 밥을 주식으로 하여 여러 가지 반찬과 함께 차려내는 고유의 일상식 상차림이다. 반상을 차릴 때 주의해야 할 점은 재료나 조리법이 중복되지 않아야 하며 식품 배합이나 조리법의 원칙이 밥을 먹기에 알맞도록 배려된 상차림이어야 한다는 것이다. 반상을 차릴 때에는 그 종류에 따라 밥과 반찬의 내용과 형식이 정해져 있는데 반찬의 가짓수에 따라 3첩, 5첩, 7첩, 9첩, 12첩 등으로 나뉜다. 첩이란 밥, 국, 김치, 조치, 장류 외에 쟁첩(반찬을 담는 접시)에 담는 반찬을 말한다.

1. 3첩 반상: 밥, 국, 김치, 장 이외에 세 가지 반찬(생채나 숙채 나물, 구이 혹은 조림, 마른반찬이나 장 또는 젓갈 중에서 한 가지 택일)을 내는 반상

2. 5첩 반상: 밥, 국, 김치, 장, 찌개 외에 다섯 가지 반찬(생채나 숙채 나물, 구이, 조림, 전, 마른반찬이나 장 또는 젓갈 중에서 한 가지 택일)을 내는 반상

3. 7첩 반상: 밥, 국, 김치, 찌개, 찜, 전골 외에 일곱 가지 반찬(생채, 숙채, 구이, 조림, 전, 마른반찬이나 장 또는 젓갈 중에서 한 가지, 회 또는 편육 중에 하나 택일)을 내는 반상

4. 9첩 반상: 사대부집 또는 양반집에서의 최고 상차림으로 밥, 국, 김치, 종지(간장, 초간장, 초고추장) 세 개에 조치 두 그릇(일반적으로 찌개류 한 그릇과 찜류 한 그릇) 그리고 아홉 가지 반찬(생채 두 그릇과 숙채 한 그릇, 조림, 구이 두 그릇, 마른반찬, 전, 회류)을 내는 반상

5. 12첩 반상: 일반인이 아닌 임금만 받을 수 있는 상차림으로 수라상이라고도 한다. 임금은 하루 다섯 끼를 먹었으며, 다섯 끼 중 두 끼를 수라로 받았다. 이때 열두 가지 반찬이 올라가는데 밥(수라)과 탕은 물론, 신선로 등의 기본 반찬은 가짓수에 들어가지도 않았다. 임금은 백반과 홍반 중 마음에 드는 것을 골라 먹었다. 탕도 미역국과 곰탕 두 가지를 차렸다.

✖ 윤달

윤달은 태음력상 역일(曆日)과 계절이 서로 어긋나는 것을 막기 위해 끼워 넣은 달이다. 태음력에서의 1달은 29일과 30일을 번갈아가며 사용하는데 이렇게 하면 365일을 기준으로 하는 태양력과는 11일이 차이가 난다. 이렇듯 달을 기준으로 하는 태음력(太陰曆)으로는 태양력과 날짜를 맞추기도 어렵고 계절의 추이를 정확하게 알 수도 없다. 따라서 윤달은 이러한 날짜와 계절의 불일치를 해소하기 위해 만든 치윤법(置閏法)에서 나온 개념이다.

윤달의 계산은 통상 19태양년에 7번의 윤달을 두는 19년 7윤법이 가장 많이 쓰이는데, 이 계산법에 의하면 19태양년은 태음력 235개월이 된다. 태양력 만 3년이 채 못 되어 윤달이 한 번씩 돌아오는 형태다. 윤달이 드는 빈도는 5월이 가장 많고, 11·12·1월은 거의 없다.

1년 12개월 외에 몇 년 만에 한 번씩 들기 때문에 윤달을 여벌달·공달 또는 덤달이라고도 부른다. 그래서 보통달과 달리 걸릴 것이 없는 달이고, 탈도 없는 달이라고 한다. 속담에 윤달에는 송장을 거꾸로 세워도 탈이 없다고 할 만큼 탈이 없는 달로 되어 있다. 윤달이 아니면 집안에 못을 하나 박아도 방위를 보아야 하는 경우가 많았다. 집수리나 이사도 윤달에 하면 가릴 것이 전혀 없다고 한다. 이사나 집수리는 보통달에도 길일을 택하면 되지만, 수의(壽衣)는 꼭 윤달에 하게 되어 있어서 나이 많은 노인이 있는 집에서는 윤달에 수의를 만들었다. 산소를 손질하거나 이장하는 일도 흔히 윤달에 한다. 결혼도 평생의 대사이기 때문에 조심스러운데, 윤달에 하면 좋다고 한다.

✖ 인척

인척이란 자기의 혈족의 배우자, 배우자의 혈족, 배우자의 혈족의 배우자를 말한다(민법 제769조, 제771조). 인척 관계는 혼인의 취소나 이혼에 의하여 소멸하며, 부부의 일방이 사망한 후에 생존 배우자가 재혼한 때에도 인척 관계는 종료된다(제775조).

1. 이모: 어머니의 자매
2. 사위: 딸의 남편
3. 백부: 아버지보다 나이가 많은 형제
4. 숙모: 아버지 동생의 아내
5. 며느리: 아들의 아내
6. 장모: 아내의 어머니
7. 외숙모: 외삼촌의 아내
8. 장인: 아내의 아버지
9. 외조모: 어머니의 친정어머니

✖ 촌수

친족 간의 멀고 가까움을 나타내기 위하여 고안된 숫자 체계를 가리키는 가족 용어이다. 세계의 다양한 친족 호칭 체계 중에서도 우리나라와 같이 친족 성원을 촌수로 따지고, 그것을 친족 호칭으로도 사용하고 있는 경우는 발견하기가 어렵다. 우리의 촌수는 어느 친척이 나와 어떤 거리에 있는지를 명확하게 말해 주고 있다는 점에서 다른 어느 문화에서도 찾아볼 수 없는 우리나라 고유의 제도이다.

✖ 관혼상제

1. 관례: 머리에 갓을 써서 어른이 되는 의식이다. 여자의 경우는 계례(笄禮)라고 한다. 남자가 성인이 되었을 때는 상투를 올리고, 여자는 15살이 되면 비녀를 꽂는다. 시대가 달라져 지금은 이런 절차는 하지 않지만 남녀가 20세가 되면 성인식이라 하여 대개는 단체로 성인의식을 올리기도 한다.
2. 혼례: 혼인은 인륜대사라 하여 그 의식과 절차가 엄숙하게 이루어진다.
3. 장례(상례): 사람이 죽으면 장례를 치르게 되는데 장례일은 삼일장, 오일장, 칠일장 등 장례 기간에 따라 명칭을 붙인다. 대개는 삼일장을 치른다. 삼일이란 기간은 부활, 저승에 갔다가 되돌아오는 기간에서 유래되었다고 한다.
4. 제례: 장례가 끝나면 제례가 따른다. 장례 후 제례에는 3일 만에 산소에서 절을 하고 잘 살피는 삼우제 등이 있다. 시대의 변화에 따라 조금씩 달라져 왔으나 근본정신은 조상의 은혜에 감사하고 공경하는 마음이다.

✖ 전통 혼례 절차

1. 의혼(議婚): 중매자가 혼사를 의논한다.
2. 납채(納采): 신랑 집에서 신부 집으로 청혼서와 신랑의 사주(四柱)를 보낸다.
3. 연길(涓吉): 신부 집에서 신랑 집으로 납폐(納幣)와 전안(奠雁)할 날짜를 정해 택일단자(擇日單子)를 보낸다.
4. 납폐(納幣): 신랑 집에서 신부 집으로 납폐서와 혼수품을 보낸다.
5. 초행(初行): 신랑 일행이 신부 집으로 간다.
6. 전안(奠雁): 신랑이 신부 집에 기러기를 바친다.
7. 교배례(交拜禮): 초례상 앞에서 신랑과 신부가 맞절을 한다.
8. 합근(合졸): 신랑과 신부는 서로 술잔을 나눈다.
9. 신방(新房): 신랑과 신부가 합방을 한다.
10. 신행(新行): 신부가 가마를 타고 신랑 집으로 간다.
11. 현구고례(見舅姑禮): 신부가 시부모와 시댁 사람들에게 인사를 한다. '폐백(幣帛)'이라고 한다.
12. 묘현(廟見): 사당에 신부가 왔음을 고한다.
13. 근친(覲親): 신랑과 신부가 신부 집에 인사를 간다.

✖ 세시풍속

음력 정월부터 섣달까지 해마다 같은 시기에 반복되어 전해오는 주기전승의례(週期傳承儀禮)를 세시풍속이라고 한다. 또한 예로부터 전해지는 농경 사회의 풍속이며, 한 해의 절기나 달, 계절에 하는 생활 관습을 말한다. 설날·정월 대보름·단오·추석과 같은 명절이 되면 오랜 관습에 의해서 새 옷으로 갈아입고 술과 음식을 장만하여 제사를 지내는 등 여러 가지 행사가 있다. 이러한 행사는 오랜 생활 문화를 이루며 매년 되풀이되는 관습이어서 이를 세시풍속이라 부른다. 세시풍속이 생활에 정착된 시기는 일정하지 않으며, 사람들에게 공감을 주었거나 필요에 의해서 관습처럼 되었을 것이라고 추측한다.

1. 설날: 음력 1월 1일에는 어른들에게 세배하고 덕담을 들은 다음 떡국을 먹는다.
2. 정월 대보름: 음력 1월 15일에는 땅콩이나 밤, 호두 등 부럼을 깨물어 부스럼이 나지 않도록 한다. 그리고 찹쌀, 수수, 기장 등으로 지은 오곡밥과 귀밝이술도 마신다.
3. 한식: 동지로부터 105일째 되는 날로, 성묘를 하고 찬 음식을 먹는다.
4. 단오: 음력 5월 5일에는 두통과 불운을 막고 머리를 윤기 있게 만들기 위해 창포에 머리를 감는다.
5. 추석: 음력 8월 15일에는 송편을 만들어 먹으며, 보름달을 보고 소원을 빈다.

✖ 조선 시대 4대 명절

1. 설날

설날은 우리나라 최대의 명절로, 차례를 지내고 웃어른들을 찾아뵙고 인사하며 덕담을 나누는 풍습이 있다. 설날에 사당에 지내는 제사를 차례(茶禮)라 하고, 어른들을 찾아뵙는 일을 세배라 하였다. 아이들이 입는 새 옷을 세장(歲粧)이라고 하고, 이날 대접하는 시절 음식을 세찬(歲饌)이라고 하는데, 세찬으로는 떡국을 먹었다. 설날의 놀이로는 윷놀이, 널뛰기, 연날리기 등이 있다. 설날 이른 아침에는 '조리'를 사서 벽에 걸어두는데, 이것을 복을 담는 '복조리'라고 한다.

2. 한식

동지(冬至) 후 105일째 되는 날이다. 양력으로는 4월 5일 무렵이다. 설날, 단오, 추석과 함께 4대 명절의 하나이다. 일정 기간 불의 사용을 금하며 찬 음식을 먹는 고대 중국의 풍습에서 시작되었다. 그래서 금연일(禁烟日), 숙식(熟食), 냉절(冷節)이라고도 한다. 한식은 음력을 기준으로 한 명절이 아니어서 음력 2월에 있을 수도 있고, 음력 3월에 있을 수도 있다. 그러다 보니 2월 한식과 3월 한식을 구분하는 관념이 있다. 그래서 2월에 한식이 드는 해는 세월이 좋고 따뜻하다고 여기며, 3월에 한식이 있으면 지역에 따라서 개사초(무덤의 떼를 갈아입히는 일)를 하지 않는다.

3. 단오

모내기를 끝내고 풍년을 기원하는 제사이기도 한 단오는 우리나라에서 큰 명절로 여겨져 여러 가지 행사가 행해지고 있다. 단오의 '단(端)'자는 처음 곧 첫 번째를 뜻하고 '오(五)'자는 '다섯'의 뜻으로 통하므로 단오는 초닷새라는 뜻이 된다. 단오의 풍속 및 행사로는 창포에 머리 감기, 쑥과 익모초 뜯기, 대추나무 시집보내기, 단오장이라 하여 창포 뿌리를 잘라 비녀 삼아 머리에 꽂는 등의 풍속과 함께 그네뛰기, 활쏘기, 씨름 같은 민속놀이 등이 행해졌다. 단오는 수릿날, 중오절, 천중절, 단양이라고도 한다.

4. 추석

음력 8월 보름을 일컫는 말로 가을의 한가운데 달 또는 8월의 한가운데 날이라는 뜻을 지니고 있는 연중 으뜸 명절이다. 가배(嘉俳), 가배일(嘉俳日), 가위, 한가위, 중추(仲秋), 중추절(仲秋節), 중추가절(仲秋佳節)이라고도 한다.

✖ 단오

단오의 '단(端)'자는 처음, 곧 첫 번째를 뜻하고, '오(午)'자는 다섯을 뜻하므로 단오는 '초닷새'라는 뜻이다. 1년 중에서 양기가 가장 왕성한 날로 음력 5월 5일에 지내는 우리나라의 4대 명절 중 하나이며 수릿날, 중오절, 천중절이라고 부르기도 한다. 단오에는 수리취떡, 앵두화채, 쑥떡, 망개떡 등과 같은 음식을 먹는다. 풍속 행사로는 창포에 머리감기, 대추나무 시집보내기, 단오 비녀 꽂기 등과 같은 벽사 및 기풍 행위를 주로 하며, 더운 여름날 신체를 단련하는 그네뛰기·씨름·활쏘기 등과 같은 민속놀이도 행해졌다. 집단적인 민간 행사로는 강릉 단오굿(단오제·단오굿)을 하기도 하였다.

✖ 전통 장례 절차

1. 첫째 날

(1) 초종: 초종(初終)의 종(終)은 별세하는 순간, 운명하는 순간을 의미하는 것으로 임종(臨終), 종신(終身) 등과 같으며, 운명을 확인하는 것을 말한다.

(2) 복: 시신의 영혼을 부르는 의식으로서 육체를 떠나는 영혼을 부르는 행위이다.

(3) 입상주: 상(喪)의 주인을 세우는 것으로 여기서 주인이라 함은 장자를 이르는 것이며 장자가 없으면 장손이 승중(承重: 아버지나 할아버지를 잃은 사람이 할아버지 또는 증조할아버지의 뒤를 이어서 일체의 의무와 책임을 이행하는 것. 또는 그 사람을 의미)해서 모든 예를 받드는 것을 말한다.

(4) 역복불식: 초종의 육신 단절, 복의 영혼 단절을 통해 완전한 죽음을 확인한 후 행하는 죽은 자에 대한 예우로 옷을 벗고 음식을 먹지 않는 것이다.

(5) 치관: 호상이 목공을 시켜 나무를 가려서 관을 만들게 하는 것으로, 생전에 미리 만들어 놓기도 하였다.

(6) 부고: 호상(護喪)과 사서(司書)가 상가(喪家)를 위해 친척과 동료에게 서신을 발송하는 것이다.

(7) 목욕: 시신을 목욕시키는 것을 말한다.

(8) 습: 시신에 옷을 입히는 것으로, 의복을 겹쳐서 입힌다.

(9) 전: 예찬을 갖추어 장만하여 상에 진설(陳設)하고 향로(香爐), 향합(香盒), 초(燭; 촉)를 그 앞에 설치하는 것이다. 습전(襲奠)이라고도 한다.

(10) 위위곡: 주인 이하 모두 위(位; 자리)를 정하고 위(位)에 나아가 부복(俯伏)하고 곡하는 것이다.

(11) 함: 새로 길은 물로 씻은 입쌀과 진주(眞珠)를 장만하며, 베개를 치우고 방건을 들치고서 입안 오른쪽에 숟가락으로 쌀을 떠서 채우고 구슬 한 개를 채우며, 왼쪽과 가운데에도 이와 같이 한다. 함이 끝나면 베개를 도로 괴고 방건을 걷고 수관을 씌우고 충이를 하고 명목을 덮어 싸매고 상복을 입히고 대대를 매고 악수를 싸매고서 이불을 덮는다.

(12) 영좌: 시신의 자리를 뜻하는 것으로 육체를 대신하여 유의(遺衣; 살았을 때 입던 옷. 복을 한 옷을 쓰기도 함)를 놓고, 영혼을 대신하여 혼백을 놓아 사자를 대신하고 있다.

(13) 명정: 죽은 사람의 직위와 이름을 쓴 기(杞)를 명정이라고 하며, 붉은 비단으로 길이는 왕은 9척, 5품 이상은 8척(6품 이하는 7척)으로 하고, 왕은 "대행왕재궁(大行王梓宮)", 벼슬이 있는 사람은 "모관 모공지구(某官某公之柩; 아무 벼슬 아무 공의 구)", 벼슬이 없으면 "수생시소칭(隋生時所稱; 생시의 이름을 따른다)"이라 쓴다. 대나무로 깃대를 만드는데 명정의 길이와 같게 하며 부[趺; 명정을 바치는 대(臺)]가 있고 영좌의 오른편에 세운다.

2. 둘째 날

(1) 소렴: 죽은 다음 날에 행한다. 시신을 교포, 산의, 염의로 싸는 것을 소렴이라 하며, 소렴상을 설치하고 욕석과 베개를 깔고 그 위에 교(絞; 염할 때 마지막으로 묶어 매는 베, 교포)를 펴는데 가로로 매는 것을 아래쪽, 세로로 매는 것을 위쪽에 두며 양 끝을 세 갈래로 하여 쓴다. 그다음에 이불, 산의(産衣; 특별한 때가 아닌 평소에 입는 옷), 염의 일습을 깐다. 베개를 빼고 갠 옷을 펴 머릿밑에 깔고 양 끝을 말아서 양어깨 쪽의 빈 곳을 채우고 또 옷을 말아 양 정강이 사이에 끼워서 모가 반듯하게 한다. 그런 뒤에 남은 옷을 왼 깃이 위로 가게 좌임으로 여미는데 고름은 매지 않는다. 그리고 이불로 염하는 데 아직 교로 묶어 매지 않는다. 따로 이불을 덮고 병풍을 치고 습상을 치운다.

(2) 전: 예찬을 진설하고 그 앞에 향로, 향합, 초를 설치한다.

3. 셋째 날

(1) 대렴: 소렴한 다음날 죽은 지 사흘째 날에 행한다. 소렴한 시신을 교포와 이불 및 옷으로 싸서 묶고 입관하는 절차이다. 대렴상을 설치하고 욕석과 베개를 깐 후 교를 깐다. 교는 가로로 매는 것 다섯은 아래에 두는데 두 폭을 여섯 조각으로 찢어서 다섯을 쓰며, 세로로 매는 것 셋은 위에 두는데 한 폭을 세 조각으로 찢어서 쓴다. 먼저 발을 싸고 다음에 머리를 싸며, 다음에 왼쪽을 싸고 다음에 오른쪽을 싼다. 먼저 보쇄로 발부터 위로 올려 감추고 나서 금모(질)로 머리부터 아래로 감춘 다음 대를 매고 관에 모신다. 평시 빠진 이와 머리털 깎은 손톱, 발톱을 관 안의 네 구석에 넣고 빈 곳은 옷을 말아서 막는다. 그런 뒤에 뚜껑을 덮고 임을 박고, 수보관의로 덮고서 병풍을 친다. 대렴 후 전을 올리고 대렴한 날 성빈(成殯)을 하고 전을 올린다.

4. 넷째 날

(1) 성복: 대렴한 다음 날, 즉 죽은 지 나흘째 되는 날에 오복제도에 따라 상복을 입는 것이다.

(2) 조상: 조문은 모두 소복(素服)을 하고, 부의(賻儀)는 돈과 비단을 쓴다. 자(刺; 명함)를 갖추어 통성명을 한 후 들어가 곡하고 전을 드린다.

5. 장례 이후 기간

(1) 문상/분상: 문상은 멀리서 상을 듣고 의례를 행하는 것이고, 분상은 상을 듣고 장사를 지내러 집으로 달려가는 것을 말한다.

(2) 치장: 장사 기간에 묘 터를 잡고, 묘역을 조성하고, 돌이나 구운 자기 또는 편회 등으로 죽은 사람의 공덕을 기록한 표지물인 지석을 만든다.

(3) 천구: 발인 전날 아침 전제를 드리며 영구를 옮기는 것을 아뢰고 영구를 모시고 조상을 뵙는다. 이튼날 영구를 상여로 옮기고 나서 견전(遣奠; 발인하기에 앞서 영구를 떠나보내기 위해 올리는 전)을 차린다.

(4) 발인: 관을 상여에 싣고 장지로 가는 절차로, 방상씨 등이 앞에서 인도하고 명기, 명정, 영차, 공포, 상여, 상주와 복인, 존장, 무복친, 빈객의 순으로 간다. 친속과 빈객은 휘장을 성 밖 길가에 설치하고 영구를 멈추고 전을 올리며, 도중에 슬픔이 복받치면 곡한다.

(5) 급묘/하관: 급묘는 영구가 묘지에 도착하는 것을 말하며, 하관은 관을 땅속에 묻는 것을 말한다.

(6) 반곡: 영거를 모시고 천천히 집으로 오면서 슬픔이 복받치면 곡하고, 문에 이르면 곡한다.

(7) 우제: '우'는 '편안하다'는 뜻으로, 부모의 장사를 지내고 돌아와 당일 빈소에서 돌아가신 이의 혼령을 편안하게 해드리기 위해 제사를 지내는 것이다.

(8) 졸곡: '졸곡'은 '곡을 그친다'는 뜻으로 삼우 후에 강일을 만나면 졸곡을 하며, 제사는 우제 때와 같이 하고, 이후에는 조석곡만 하고 이외에는 곡을 하지 않는다.

(9) 부제: '부'란 '합사한다'는 뜻으로 신주를 조상의 사당에 함께 모시도록 하는 절차이다. 졸곡 다음날 지낸다.

(10) 소상: 첫 기일이며, 초상으로부터 13개월이 되는 날로 만 1년을 맞아 지내는 제사이다.

(11) 대상: 죽은 지 2년 만에 두 번째 기일로 제사를 지내는 것이다.

(12) 담제: 대상 뒤 한 달을 걸러 담제를 지내며, 초상 때부터 27개월째로 날을 받아야 하고, 절차는 대상과 같다. 삼헌에는 곡을 하지 않으며, 사신에 이르면 곡으로 슬픔을 다하고, 신주를 보내고 사당에 이르러도 곡하지 않는다. '담'은 '담담하니, 편안하다'는 뜻으로 평상의 상태로 돌아가기를 기원하는 의미에서 지내는 제사이다. 담제를 지낸 후 비로소 고기와 술을 먹을 수 있다.

(13) 길제: 신주의 대를 바꾸는 제사로서 집안의 종손이 바뀌고 상주가 주인이 되었음을 의미한다. 담제 다음날 날을 받아 지낸다. 담제는 이틀에 걸쳐 첫날, 신주의 분면을 고쳐 쓰는 개제고사를 드리고, 다음날 길제를 지낸다. 주인은 길복으로 성장을 하고 주부는 혼례 때의 원삼 족두리를 한다. 체천하는 신주를 받들어 옮겨 묘소 옆에 묻는다. 이로써 상주는 완전히 일상으로 돌아가고 복침한다.

제사상 차림의 원칙

제례는 효를 다하는 유교 사상의 유습으로 죽은 지 3년이 지나 소상, 대상이 끝나면 해마다 사망한 전날을 제삿날로 정하여 음식을 차리고 절을 올린다. 그 형식은 소상(小祥), 대상(大祥), 기제사(忌祭祀), 절사(節祀), 천신(薦新), 시제(時祭), 묘제 등 제사의 종류에 따라 또 가문의 정통과 가세에 따라 달라진다. 제사는 고인의 기일 전날 지내는데 의식이 번거롭고 진설도 생전에 놓는 법과 반대이다. 제기와 제상은 우리가 보통 쓰는 그릇과는 달리 잘 간수했다가 쓴다. 제기는 보통 나무, 유기, 사기로 되어 있으며 높이 숭상한다는 뜻으로 굽이 달려 있다.

✖ 진설법

진설법은 제사상에 제물을 차리는 규칙이다.

1. 조율이시(棗栗梨柹): 왼쪽에서부터 대추, 밤, 배, 감 순으로 놓는다.
2. 홍동백서(紅東白西): 붉은 과일은 동쪽, 흰 과일은 서쪽에 놓는다.
3. 생동숙서(生東熟西): 생채(김치)는 동쪽, 숙채(나물)는 서쪽에 놓는다.
4. 강신(降神): 주인이 분향하고 술을 따라 모사기에 따른 후에 두 번 절을 한다.
5. 좌포우해(左脯右醢): 포는 왼쪽, 젓갈은 오른쪽에 놓는다.
6. 어동육서(魚東肉西): 생선은 동쪽, 육류는 서쪽에 놓는다.
7. 아헌(亞獻): 주부가 두 번째 잔을 올리고, 네 번 절을 한다.
8. 두동미서(頭東尾西): 생선의 머리는 동쪽, 꼬리는 서쪽에 놓는다.
9. 건좌습우(乾左濕右): 마른 것은 왼쪽, 젖은 것은 오른쪽에 놓는다.
10. 반서갱동(飯西羹東): 밥은 서쪽, 국은 동쪽에 놓는다.
11. 고서비동(考西妣東): 아버지 신위는 서쪽, 어머니 신위는 동쪽에 모신다.

✖ 한국에서 창시된 민족 종교

1. 천도교(天道敎): 동학이라는 명칭을 1905년에 개칭
   (1) 창시: 1860년 최제우(최수운)
   (2) 중심 사상: 侍天主 人乃天(인간은 누구나 하늘을 모시고 있으므로 인간 개개인이 곧 하늘이다.)
   (3) 특징: 유교적
   (4) 관련: 전봉준(동학교도이며 동학농민운동을 일으킴), 3대 교주 손병희(독립선언문작성 33인 중 1인)

2. 증산교 계통: 대표적으로 대순진리회, 증산도
   (1) 창시: 1901년 강일순(강증산)
   (2) 중심 사상: 解冤思想(이 세상의 악은 원한에서 오는데, 이 원한이 풀려야 유토피아가 도래한다.) 교주 자신이 하늘의 옥황상제이며 이 세상을 구하기 위하여 이 땅에 내려왔다고 주장
   (3) 특징: 도교적(종교성과 주술성)
   (4) 관련: 桓檀古記(환단고기, 한단고기)

3. 원불교(圓佛敎)
   (1) 창시: 1916년 박중빈
   (2) 중심 사상: 교주의 독자적 깨달음 후 자신의 깨달음이 불교와 가장 가깝다고 생각하여 불교적 노선을 택함. 전통 불교의 것을 그대로 따르지 않고 개혁하여 한국적인 불교를 만듦(불상이 아니라 부처의 마음 또는 진리를 나타낸다는 원형의 조형물을 신앙 대상으로 삼음)
   (3) 특징: 불교적

✖ 금줄

부정(不淨)을 막기 위하여 문이나 길 어귀에 건너질러 매거나 신성(神聖)한 대상물에 매는 새끼줄이다. 아이를 낳으면 그 집에서는 대문에다 금줄을 친다. 이때의 금줄에는 남자아이의 경우에는 숯덩이와 빨간 고추를 간간이 꽂고 여자아이의 경우에는 작은 생솔가지와 숯덩이를 간간이 꽂는다. 출산의 금줄이 쳐 있는 집에는 그 집의 식구 외에 다른 사람은 출입이 금지되고 또 삼가게 된다.

✖ 가택신

가택신이란 민간 신앙의 일종으로 집안을 평안하게 보살펴 주는 신이자, 집안 곳곳에 좌정하여 그 처소를 관장하고 있다고 여기는 신들을 일컫는 말이다. 가신(家神)·가정신(家庭神) 등으로 불리기도 한다.

1. 업신: 집안의 재물을 관장하는 신으로 구렁이, 족제비, 두꺼비의 형태로 집안의 오래된 나무나 마루 밑에 있다고 한다.
2. 조왕신: 부엌에 머물러 있는 가신(家神)으로 조신·조왕할매·조왕대신·부뚜막신 등의 이름으로도 부르며, 물이 담겨진 종지나 단지를 부뚜막에 올려놓고 조왕신을 모셨다.
3. 성주신: 성주신은 성주(城主 또는 星主) 또는 성조(成造)라고 표현되기도 하는데 여러 가택신 중의 우두머리로서 마루(대청)에 모신다. 성주의 상징물은 쌀이 담긴 항아리, 들보에 매단 종이, 헝겊 등 지방에 따라서 여러 형태로 모신다.
4. 터주신: 집터를 관장하는 지신(地神)으로 지방에 따라 터주대감·터대감·터주가리·터주지신 등 여러 이름으로 부른다. 집안의 액운을 걷어주고 집터를 맡아서 재복(財福)을 가져다준다고 믿어 대개 항아리에 쌀이나 벼 또는 콩·팥을 넣어서 짚주저리(볏짚으로 우산처럼 만들어서 가려 덮는 물건)를 씌우고 뒤뜰이나 마당, 장독대 근처에 놓아둔다.

✖ 시조의 창법

시조의 시적 형식은 음악적인 창곡의 형식과 연관성을 가진다. 음악으로서의 시조는 가곡창(歌曲唱)과 시조창(時調唱)이라는 두 가지 창곡으로 가창된다. 가곡창은 가야금을 비롯한 여러 가지 악기의 연주가 수반되는 정악(正樂)이다. 가곡창으로 시조를 노래하고자 할 경우에는 3행으로 구분되어 있는 시조의 시적 형식을 음악적 형식에 따라 5장으로 나누어 가창한다. 그러므로 가곡창으로 시조를 노래하기 위해서는 상당한 수준의 전문적인 음악적 소양을 갖추어야 한다. 악기의 반주에 따라야 하기 때문에 악공이 없는 곳에서는 가창이 불가능하다. 이러한 번거로움을 피하기 위해 시조창이라는 새로운 창법이 등장한다. 시조창은 악기의 반주가 없이 간단한 무릎장단만으로도 박자를 맞춰 가창할 수 있다. 시조의 시적 형식인 3행을 그대로 따라 3장의 음악적 형식으로 노래하면 된다. 그러므로 시조창은 민간에게 널리 유행하게 된다.

정악

정악은 전통음악 중 '아정(雅正)한 음악'을 가리키는 말로 '민속악'에 상대(相對)가 되는 개념이다. 현재 일반적으로 아악(雅樂)과 정악(正樂)을 구분하여 정악은 1910년 무렵부터 영산회상과 가곡 등에 새로 붙여진 이름인 것처럼 소개되고 있으나, 실상 아악과 정악은 같은 성격을 띤 음악이다. 즉, 아정한 음악이나 정대한 음악이라는 말은 같은 뜻이다.

정악에 속하는 음악을 여러 갈래로 분류해 보면, 먼저 관현악 합주에는 거문고 중심의 음악(줄풍류)과 향피리 중심의 음악이 있고, 관악합주에는 향피리 중심의 음악(대풍류・삼현육각)과 당피리 중심의 음악이 있으며, 취타에는 대취타・취타・길군악이 있다. 그리고 성악곡으로 가곡・가사・시조가 있다.

속악

우리나라 전통 음악을 중국 아악(雅樂)과 비교하여 이르는 말이다. 장악원(掌樂院)의 우방(右坊)에서 담당하는 향악(鄕樂)과 당악(唐樂)을 통칭한 것으로 세간의 통속적인 음악이다. 판소리, 잡가, 민요 등이 있다.

강강술래

음력 8월 한가윗날 밤에 호남 지역에서 널리 놀았던 여성 집단놀이다. 현재는 전국적으로 이 놀이가 확산되어 굳이 호남 지역의 민속놀이라기보다는 전국화된 놀이라고 할 수 있다. 강강술래는 우리나라의 대표적인 여성놀이로서 아름다움과 율동미가 넘치는 민속놀이요, 민속춤이요 또한 민요이다.

가무악(歌舞樂)이 일체화된 강강술래는 주로 추석날 밤에 행해지며, 지방에 따라서는 정월 대보름 밤에 하기도 한다. 1966년 2월 15일에 중요무형문화재 제8호로 지정되었다.

윷놀이

네 쪽으로 된 윷(도; 돼지・개; 개・걸; 양・윷; 소・모; 말)을 던져 나온 결과에 따라 윷판에 말을 쓰는 놀이이다. 4말을 가지고 29밭이 있는 윷판을 쓰며, 상대편 말을 잡거나 지름길로 가는 등 여러 수가 있어 말을 쓰는 전략이 중요하다. 남녀노소 누구나 즐길 수 있고, 장소에 크게 구애받지 않는 전통놀이이다.

판소리

판소리는 한 사람의 창자(唱者)가 한 고수(鼓手)의 북장단에 맞추어 긴 서사적인 이야기를 소리(唱, 노래)와 아니리(白, 말)로 엮어 발림(몸짓)을 곁들이며 구연(口演)하는 창악적 구비서사시(口碑敍事詩)이다. 판소리는 전 세계적으로 다양하게 존재하였던 구비서사문학의 독특한 발전형인 동시에, 한민족이 지녀온 갖가지 음악언어와 표현방법이 총결집된 민속악의 하나이며, 현장연희에서는 일부 연극적인 표현요소까지도 구사하는 종합적 예술이다.

조선 중기에는 소리광대가 여러 이야기를 판소리로 짜서 불렀던 가운데 열둘을 골라 판소리 열두 마당이라 부르니 그것이 송만재(宋晩載)의 ≪관우희(觀優戱)≫와 정노식(鄭魯湜)의 ≪조선창극사(朝鮮唱劇史)≫에 보인다. ≪관우희≫에는 <춘향가>·<심청가>·<흥보가>·<수궁가>·<적벽가>·<가루지기타령(변강쇠타령)>·<배비장타령>·<장끼타령>·<옹고집타령>·<강릉매화타령>·<왈자타령>·<가짜신선타령>, ≪조선창극사≫에는 ≪관우희≫와 같되, <왈자타령>을 <무숙(武淑)이타령>이라 하였고 <가짜신선타령> 대신에 <숙영낭자전>을 들고 있다. 판소리 열두 마당은 조선 후기에 하나씩 사라져 조선 말기에 활동하던 명창을 마지막으로 <춘향가>·<심청가>·<흥보가>·<수궁가>·<적벽가> 다섯 마당만 남고 나머지는 모두 전승이 끊어졌다.

판소리에는 느린 장단인 진양, 보통 빠른 중모리, 조금 빠른 중중모리, 빠른 자진모리, 매우 빠른 휘모리 등 다양한 장단이 있다. 이렇게 느리고 빠른 여러 장단이 있어 사설에 나타난 긴박하고 한가한 여러 극적 상황에 따라 가려 쓴다.

✖ 판소리 장단

판소리에 쓰이는 장단은 진양, 중모리, 중중모리, 자진모리, 휘모리, 엇모리, 엇중모리 등이다.

1. 진양(진양조)

3소박으로 분할이 가능한 느린 6박자를 한 단위로 하는 진양 장단은 소리의 맺고 푸는 데에 따라 3~6단위를 주기로 북 장단을 변주한다. 그러나 통상 4단위의 반복이 많으므로, 진양장단을 24박(72소박)으로 이해하기도 한다. 진양은 느린 장단이므로 판소리에서 사설의 내용이 한가하고 유장한 대목에 주로 쓰인다.

2. 중모리

'중머리'라고도 하며, 2소박으로 분할 가능한 보통 빠르기의 12박자로, 소리의 사설 전개에 따라 북장단을 맺거나 풀면서 변주한다. 중모리장단은 보통 빠르기의 장단이므로 서정적인 대목이나, 상황을 평탄하게 서술하는 대목에 주로 쓰인다.

3. 중중모리

3소박의 조금 느린 4박 장단이지만, 이를 조금 빠른 12박으로 인식할 수도 있다. 이를 3~8단위로 하여 소리의 내용에 따라 북 장단을 맺고 풀며 변주한다. 중중모리는 춤을 추는 듯한 흥겨운 느낌의 장단이므로, 판소리의 내용에 춤추는 장면이나 활발하게 걷는 장면에 주로 쓰이고, 때로는 통곡하는 장면 등에도 쓰인다.

4. 자진모리

3소박의 보통 빠르기 4박 장단인데, 이를 몇 개의 단위로 하여 소리의 내용에 따라 맺고 풀면서 북장단을 변주한다. 느진(느린) 자진모리는 판소리에서 어떤 일을 길게 설명하거나 나열하는 대목에 많이 쓰이며, 자진 자진모리는 극적이고 긴박한 대목에서 자주 쓰인다.

5. 휘모리

2소박으로 분할되는 매우 빠른 4박 장단이다. 이를 몇 개의 단위로 하여 소리의 내용에 따라 맺고 풀면서 북장단을 변주한다. 휘모리는 매우 빠른 장단이므로 판소리에서 극적인 상황이 매우 분주하게 벌어지는 대목에서 쓰인다.

6. 엇모리

3박자와 2박자가 혼합된 장단으로, 매우 빠른 10박 장단이다. 이를 몇 개의 단위로 하여 소리의 내용에 따라 맺고 풀면서 북장단을 변주한다. 엇모리는 판소리에서 범상한 인물의 거동이나 신비스러운 장면을 묘사할 때 쓰인다.

7. 엇중모리

2소박의 보통 빠르기 6박 장단으로, 판소리의 뒤풀이에 흔히 쓰인다.

✖ 아리랑

'××아리랑'이라고 하여 뒤에 '아리랑'을 붙인 다른 아리랑과 구별하기 위해 『본조(本調)아리랑』이라고도 한다. 어느 때부터 불리기 시작하였는지 확실하지 않으나, 고대로부터 조금씩 첨가·개조되면서 오늘의 노래가 이루어진 것으로 전해진다. 남녀노소 사이에서 가장 널리 애창되는 이 노래의 기본 장단은 세마치장단으로 우리의 정서에 알맞고, 내용도 한말(韓末)에서 일제강점기를 통하여 이 겨레의 비분을 표백(表白)한 것으로 지방에 따라 여러 가지 아리랑이 불리며, 장단과 사설(辭說)도 매우 다양하다. 『본조아리랑』, 『신아리랑』은 현재의 곡조와 같으나, 이 밖에도 『밀양아리랑』, 『강원도아리랑』, 『정선아리랑』, 『진도아리랑』, 『긴아리랑』, 『별조(別調)아리랑』, 『아리랑세상』 등 종류가 매우 많고, 그 유래설(由來說) 또한 갖가지이다.

〈아리랑 유래설〉

1. 아랑설(阿娘說): 옛날 밀양 사또의 딸 아랑이 통인(通引)의 요구에 항거하다 억울한 죽임을 당한 일을 애도한 데서 비롯하였다.
2. 알영설(閼英說): 신라의 시조 박혁거세(朴赫居世)의 비 알영을 찬미하여 "알영 알영" 하고 노래 부른 것이 '아리랑 아리랑'으로 변하였다.
3. 아이롱설(我耳聾說): 흥선대원군이 경복궁을 중수할 때 백성들이 원납금(願納金) 성화에 못 견뎌 "단원 아이롱 불문원납성(但願我耳聾 不聞願納聲: 원하노니 내 귀나 어두워져라, 원납소리 듣기도 싫구나!)" 하고 부른 '아이롱(我耳聾)'이 '아리랑'으로 와전되었다.
4. 아리랑설(我離娘說): 역시 흥선대원군 시절 경복궁 공사에 부역 온 인부들이 부모처자가 있는 고향 생각을 하며 "아리랑(我離娘) 아리랑" 노래한 것이 발단이었다.

이 밖에도 다른 발생설이 전하나 오히려 구음(口音)에서 자연 발생적으로 유래하였다는 것이 자연스럽다. 이 노래는 외국에도 널리 소개되어 세계적으로 그 이름이 널리 알려져 있다. 노래는 다음과 같다.

"아리랑 아리랑 아라리요 아리랑 고개로 넘어간다. 나를 버리고 가시는 임은 십리도 못 가서 발병 난다."

2012년 12월 특정 지역의 아리랑이 아닌, 후렴구가 '아리랑, 아리랑, 아라리요'로 끝나는 노래를 모두 포함하여 유네스코 인류 무형유산에 등재되었다.

✖ 민요

1. 민요의 특징

민요는 특정 개인의 창작이거나 아니거나 창작자가 문제 되지 않는다. 악보에 기재되거나 글로 쓰이지 않고 구전(口傳)된다. 엄격한 수련을 거치지 않고 생활하면서 자연스럽게 익힐 수 있다. 또한 악곡이나 사설이 지역에 따라 노래 부르는 사람의 취향에 맞게, 노래 부를 때의 즉흥성에 따라서 달라질 수 있다. 민요는 이런 특징을 지니기에 민중의 소리이고, 민족의 정서를 가장 잘 함축하고 있는 예술이라고 평가된다. 민요는 민속이고, 음악이고, 문학이다. 민속으로서의 민요는 구비전승(口碑傳承)의 하나이되, 생업·세시풍속·놀이 등을 기능으로 하여 생활과 밀접한 관련이 있으며, 집단적인 행위를 통하여 부르는 기회가 많은 점이 구비전승의 다른 영역과 다르다.

음악으로서의 민요는 일반 민중이 즐기는 민속 음악에 속하는 창악(唱樂)이되, 전문적인 수련을 필요로 하지 않는 점에서 판소리·무가·시조·가사 등과 구별된다. 문학으로서의 민요는 구비문학의 한 영역이며 일정한 율격을 지닌 단형시라는 점이 설화·속담·수수께끼 등에서는 찾을 수 없는 특징이다. 민요는 이러한 민속·음악·문학의 복합체로 존재할 따름이지, 그 세 측면이 서로 분리될 수 있는 것은 아니다.

2. 민요의 기능

민요의 기본적인 형태는 생활에서 일정한 기능을 하는 것이고, 그 가운데 노동요가 가장 큰 비중을 차지한다. 노동을 하면서 노래를 부르면 행동 통일을 할 수 있고, 흥겨워서 힘이 덜 들기 때문에 노동요는 전통적인 노동의 거의 전 영역에 걸쳐 구비되어 있었고, 노동의 방식에 따라서 서로 다른 방식으로 불렸다.

노동요는 노동의 종류에 따라서 농업노동요, 어업노동요, 그리고 그 밖의 여러 가지 일을 하면서 부르는 잡역노동요로 크게 나눌 수 있다. 농업노동요와 어업노동요는 대부분 여러 사람이 함께 일하면서 부르는 집단노동요이다.

의식요는 사람의 일생에 따르는 통과 의례(通過儀禮)와 일 년 동안의 절후에 따르는 세시의례(歲時儀禮)를 거행하면서 부르는 민요이다.

일정한 기능이 있는 민요의 또 한 가지 부류는 유희요(遊戲謠)이다. 유희요는 놀이를 하면서 부르는 민요인데, 주체가 누구냐에 따라서 아동유희요·남성유희요·여성유희요로 나눌 수 있다. 아동들이 하는 놀이는 대부분 노래를 필요로 하며, 동요라고 일컫는 것은 대부분 아동유희요이다.

✖ 향가

삼국 시대 말엽에 발생하여 통일신라시대 때 성행하다가 말기부터 쇠퇴하기 시작, 고려 초까지 존재하였던 한국 고유의 정형시가(定型詩歌)이다. 향가는 향찰로 썼기 때문에 한자를 아는 사람이 기록하거나 창작할 수 있었다. 따라서 당시 수준 높은 교육을 받아야만 향가를 지을 수 있었다. 그러나 처음부터 향가가 교육수준이 높은 사람들에 의해 창작된 것은 아니었다.

전해 오는 향가 중에 가장 오래된 작품은 「서동요」이다. 이 노래는 어린아이들도 쉽게 따라 부를 수 있는 민요의 형태를 지니고 있다. 그리고 「서동요」 외에도 지은이가 알려지지 않은 「풍요」, 월명사가 지은 「도솔가」, 견우 노인이 지었다는 「헌화가」 등은 모두 형식이 「서동요」와 비슷하다. 아주 짧은 4구 형식의 노래인데 이를 두고 4구체 향가라고 부른다. 결과적으로 신라 향가는 민요에서 출발했다.

시간이 흐르면서 향가에도 변화가 나타나기 시작했다. 4구체였던 향가가 그 두 배인 8구체 형식으로 발전했다. 대표적인 8구체 향가로는 「처용가」와 「모죽지랑가」가 있다. 「처용가」는 처용이 아내를 범한 역신을 물리치기 위해서 지어 부른 노래로 사악한 귀신을 물리치는 벽사의 의미를 지니고 있다. 또한 「모죽지랑가」는 죽지랑의 죽음을 추모하면서 득오곡이 부른 노래이다. 8구체 향가는 두 작품 이외에 현재 남아 있는 작품은 없다.

고대가요

한국 고전 시가의 기원은 상고 시대(上古時代)의 집단적 원시 종합 예술의 형태가 기원 전후 1, 2세기 삼국 시대에 들어서면서 문학, 음악, 무용 등으로 분화되었을 것으로 추측하고 있다. 이 과정에서 시가의 형태로서 그 구체적인 면모를 처음 드러내게 된 것이 바로 고대가요이다.

고대가요는 『삼국유사(三國遺事)』에 전하는 「구지가(龜旨歌)」, 「황조가(黃鳥歌)」 그리고 『해동역사(海東繹史)』에 기록되어 있는 「공무도하가(公無渡河歌)」 등 세 편의 시가가 있다. 이 작품들은 상대가요(上代歌謠) 라고도 지칭하는데, 모두 한문으로 기록된 설화 속에 삽입되어 전한다. 4언 4구의 한시 형태로 번역되어 있기 때문에 고대가요의 형식적 특징을 논하기는 어렵지만 그 형태가 간결하고 단순하다는 것을 짐작할 수 있다.

「구지가」는 가락국(駕洛國)의 시조인 수로왕(首露王) 신화와 함께 전한다. 수로왕이 가락국을 다스리기 위해 하늘에서 내려올 때 백성들이 춤을 추며 이 노래를 불렀다고 한다. 건국 신을 맞이하면서 부른 의식요(儀式謠)에 해당하지만, 주술적인 성격도 강하다. 「공무도하가」는 백수광부(白首狂夫)의 아내가 남편을 여읜 슬픔과 한(恨)을 노래하고 있다. 「황조가」는 고구려의 유리왕(琉璃王)이 지은 작품이라고 되어 있지만 고대 사회에 널리 유행하던 민요가 유리왕 신화 속에 삽입된 것으로 보기도 한다. 이 작품은 역사 속의 인물이 개인적인 비애와 고독을 하소연한 서정적인 노래라고 할 수 있다.

민화

민화는 한 민족이나 개인이 전통적으로 이어온 습속에 따라 제작한 대중적인 실용화를 말한다. 한국 민화의 작가는 도화서 화원과 화원의 제자에서부터 화원이 되지는 못하고 그림에 재주가 있어 사람들의 요구에 따라 그림을 그렸던 화공 그리고 일반 백성들에 이르기까지 다양하다.

민화는 주제에 따라 종교적 민화와 비종교적 민화로 나눌 수 있고 그림의 소재인 화목별 분류에 의하면 화조영모도(花鳥翎毛圖)·어해도(魚蟹圖)·작호도(鵲虎圖)·십장생도(十長生圖)·산수도(山水圖)·풍속도(風俗圖)·고사도(故事圖)·문자도(文字圖)·책가도(册架圖)·무속도(巫俗圖) 등이 있다.

일월오봉도

일월오봉도(日月五峯圖)의 다른 명칭으로는 일월도(日月圖), 곤륜도(崑崙圖) 등이 있으며 놓이는 위치는 주로 용상 뒤였다. 장식성이 강한 일월오봉도는 왕권을 상징할 뿐만 아니라 백성들의 태평성대를 염원하는 의도에서 제작된 것이다. 일월오봉도에는 다섯 개의 산봉우리와 해, 달, 소나무, 물이 일정한 구도로 배치되어 있다. 여기에는 나름의 상징적인 의미가 있는 것으로 이해되는데, 유교의 고전인 『시경(詩經)』에 있는 「천보(天保)」라는 시를 표현한 것으로 해석되기도 한다. 이 시는 왕의 덕을 칭송하고 왕에 대한 하늘과 조상의 축복을 기원하는 내용을 담고 있다. 그림 속의 소재들은 한결같이 도식적으로 표현되어 있다. 이 그림은 궁중에 있던 일월오봉도 가운데 하나로 4폭 병풍으로 제작된 것이다. 다른 일월오봉도와 도상이나 표현법에서 매우 유사하다. 즉, 청색과 녹색이 주류를 이루는 농채를 사용하였고 준법이 구사되어 있지 않으며, 화면 양 끝에 소나무를 배치하고 그 가운데에 다섯 봉우리의 산과 해와 달을 그려 넣은 구도상의 특징 등에서 강한 보수성과 전통성이 느껴진다. 그러나 수면의 전면에 이는 물보라 표현과 산의 표현에서 녹색과 청색 이외에 노란색이 들어간 점은 다른 유물에서는 볼 수 없는 특징이다.

✕ 세한삼우

세한삼우(歲寒三友)란 겨울철에 추위에 강한 소나무, 대나무, 매화나무를 가리킨다. 소나무, 대나무, 매화나무는 겨울철이 되어도 제 모습을 간직한다. 그래서 추운 겨울의 세 가지 벗이라고 한다. 선비란 지조와 절개를 중시해 상황이 변해도 한결같은 인격을 갖추고 있다는 뜻에서 이런 표현이 태어났다. 이 표현은 나무의 이름을 따서 송죽매(松竹梅)라고도 한다. 또한 그 모습이 뛰어나 동양화의 화제(畫題)로도 자주 사용되었다.

✕ 사물놀이

사물놀이는 사물(四物), 꽹과리·장구·북·징의 네 가지 악기 놀이(연주)라는 의미이다. 사물놀이는 야외에서 이루어지는 대규모 구성의 풍물놀이를 1978년 무대예술로 각색한 것이다. 풍물놀이가 대규모의 놀이를 동반하여 야외 공연의 활동성을 강조하였다면 사물놀이는 악기 연주 자체에서 느낄 수 있는 감동을 강조한 공연 형태라 할 수 있다. 다양한 장단을 연주하며 긴장과 이완의 주기적인 흐름 속에서 기경결해(시작, 진행, 절정, 마무리)의 전개 방식으로서 진행한다.

✕ 차전놀이

경상북도 안동 지역에 전승되는 편싸움 형식의 대동놀이다. 중요무형문화재 제24호로 지정되어 있다. 문화재의 명칭은 안동차전놀이지만 안동 지역에서는 차전(車戰) 또는 동채싸움이라고 한다. 동채싸움이라는 이름은 나무로 만든 놀이기구가 동채(동태)인 데서 연유한다.

✕ 수막새

수막새는 기왓골 끝에 사용되었던 것이므로 보통의 평기와, 즉 암키와·수키와에 비해서는 그 수량이 현저히 적게 제작되었다.

✕ 전통 한옥 구조

조선 시대 전통 한옥의 구조를 살펴보면 일(一)자형 가옥에는 부엌·안방·건넌방이 나란히 위치하고, 앞쪽에 긴 쪽마루를 놓아 서로 연결했으며, ㄱ자형 가옥에서는 부엌과 안방 그리고 대청을 건너면 건넌방이 있다. 안방과 건넌방 사이의 대청마루는 비교적 좁은 주택 구조에서 독립되고 안정된 공간을 마련하기 위함이며, 일찍이 도입된 유교적 관념에서 남녀유별의 이념이 강조된 면도 있다.

안채는 가정의 화목을 도모하는 곳으로 여성적 취향을 살려 화사하고 밝은 분위기로 꾸몄으며, 남성들의 사랑채는 선비들의 인격을 수행하고 학문을 닦는 정신적인 면을 강조하여 검소하면서도 안정된 가구 배치를 선호해왔다.

이처럼 남녀 공간이 분명히 나뉘어 있었으므로 각각의 공간에 배치되는 가구들 역시 형태와 용도에 따라 형식, 구조, 재질, 무늿결, 비례, 색채 등에서 조형 양식이 서로 독특하게 발전해왔는데 이는 우리나라의 목가구가 가진 큰 특성이라 할 수 있다.

✖ 조선 시대 사대문

동쪽부터 흥인문(興仁門), 남으로는 숭례문(崇禮文), 서쪽으로 돈의문(敦義門) 그리고 북쪽에는 숙청문(肅淸門), 궁의 중앙에 보신각(普信閣)이 있다. 이는 유교의 근본 사상인 인의예지신(仁義禮智信)을 기준으로 정도전이 한양도성을 지을 때 이름 붙였다.

✖ 다도의 도구

1. 차관(다관): 차를 우리는 데 사용하는 그릇(도기, 자기, 동, 은)
2. 찻잔: 차를 따라 마실 때 쓰는 그릇(도자기, 은, 동, 나무)
3. 차탁: 찻잔 받침(은, 동, 철, 도자기, 나무)
4. 숙우: 차 우릴 물을 식히는 데 사용하는 대접. 두 번째, 세 번째 우린 차를 손님에게 낼 때도 사용함
5. 차호: 차를 덜어서 쓰는 작은 항아리
6. 차시: 차 수저(은, 동, 철, 나무, 대나무)
7. 퇴수기: 차관이나 찻잔 등을 예열하고 헹구어낸 물을 버리는 그릇. 차 찌꺼기를 씻어내기도 함(도자기, 목기)
8. 탕관: 찻물을 끓이는 솥 또는 주전자(자기, 은, 동, 철, 옹기, 석기)
9. 차건: 차 도구의 물기를 닦고 청결히 하는 데 사용하는 천[면, 무명, 세마포(細麻布)]
10. 찻상: 손님에게 차와 다식을 낼 때 사용하는 상(은, 동, 나무)
11. 찻상보: 차도구나 찻상을 덮는 보자기

✖ 신사임당

신사임당은 온아한 천품과 예술적 자질을 가진 최고의 여성상인 태임을 본받는다는 뜻인 '사임당'으로 당호를 지었다. 이는 정치가이자 학자인 이이(李珥)를 길러낸 훌륭한 어머니로서의 위치를 평가했기 때문이다. 또한, 신사임당은 완전한 예술인이자 어머니이자 아내의 역할을 성숙시켰다. 그녀는 조선 시대의 유교적 여성상에 만족하지 않고 독립된 인간으로서의 생활을 스스로 개척한 여성이었다.

신사임당은 이미 7세에 안견(安堅)의 그림을 스스로 사숙(私淑)했다. 성격만큼이나 그림·글씨·시도 매우 섬세하고 아름다운데, 그림의 주된 화제(畫題)는 풀벌레·포도·화조·어죽(魚竹)·매화·난초·산수 등이었다. 마치 움직이는 듯 섬세한 사실화여서 풀벌레 그림을 마당에 말리기 위해 내놓으면, 풀벌레인 줄 알고 닭이 와서 쪼아 종이가 뚫어질 뻔했다는 일화도 있다. 신사임당의 대표적인 작품으로는 「자리도(紫鯉圖)」·「산수도(山水圖)」·「초충도(草蟲圖)」·「노안도(蘆雁圖)」·「연로도(蓮鷺圖)」·「요안조압도(蓼岸鳥鴨圖)」와 6폭초서병풍 등이 있다.

✳ 정약용

조선 후기에 실학사상을 체계적으로 완성한 실학자이며, 호는 '다산'이다. 정약용은 서양의 자연 과학과 천주교에 대해 관심을 두기 시작하면서 선진 기술이나 새로운 사상의 도입에도 영향을 미쳤다. 그는 관직에 있는 동안 정조가 추진한 여러 가지 개혁 정책을 돕고, 정조의 신임과 지원을 받으며 수원 화성 건설을 이끌었고, 『경세유표』와 『목민심서』, 『흠흠신서』 등 사회 개혁 방안을 담은 책을 남겼다. 『경세유표』는 나라를 다스리는 제도에 관한 내용을, 『목민심서』는 관리들이 지방을 다스리는 도리와 방법에 관한 내용을, 『흠흠신서』는 사람의 목숨을 다루는 형벌에 관한 내용을 담았다. 정약용이 1836년에 세상을 떠나기 전까지 남긴 책은 무려 500여 권에 이른다. 그는 책을 통해 조선 후기의 실학사상을 체계적으로 정리하고, 백성들이 잘 살 수 있도록 정치 기구나 지방 행정, 토지 제도, 노비 제도 등 사회 전반에 대한 개혁 방안을 제시했다.

✳ 동의보감

『동의보감』은 선조 29년(1596) 임금의 병과 건강을 돌보는 어의 허준(1546~1615)이 선조의 명을 받아 중국과 우리나라의 의학 서적을 하나로 모아 편집에 착수하여 광해군 2년(1610)에 완성하고 광해군 5년(1613)에 간행한 의학 서적이다. 이는 총 25권 25책으로 금속활자로 발행하였다. 『동의보감』은 그가 관직에서 물러난 뒤 15년간의 연구 끝에 완성한 한의학의 백과사전격인 책이며, 허준은 이외에도 중국의 의학 서적을 국역하는 데에도 많은 업적을 남겼다. 『동의보감』은 모두 25편으로 내과학인 『내경편』 6편, 『외형편』 4편, 유행병·곽란·부인병·소아병 관계의 『잡병편』 11편, 『탕액편』 3편, 『침구편』 1편과 이외에 목록 2편으로 되어 있고, 병마다 처방을 풀이한 체제 정연한 서적이다. 이 책은 중국과 일본에도 소개되었고, 현재까지 우리나라 최고의 한방 의서로 인정받고 있다.

✳ 씨름 기술 명칭

1. 손기술

　씨름에서 손기술에는 앞무릎 치기, 앞무릎 집기, 앞무릎 뒤집기, 오금 당기기, 앞무릎 짚고 밀기, 뒷오금 당기기, 옆무릎 치기, 콩꺾기, 팔 잡아 돌리기, 앞다리 들기(통다리 들기), 손 짚이기, 들안아 놓기(들어서 안아 놓기), 등 채기, 등 쳐 감아 돌리기, 등 쳐 감아 젖히기, 애목 잡채기, 앞으로 누르기, 꼭 뒤집기(꼭두잡이) 등이 있다.

(1) 앞무릎 치기: 손기술 중 가장 기본적인 기술로 대개 다른 기술로 넘어가기 위해 쓴다. 왼발을 상대방 쪽으로 이동시키고 오른손으로 상대의 오른쪽 다리 무릎 위에 손을 받친다. 그리고 오른쪽 발이 뒤로 빠지며 시계 방향으로 재빠르게 회전시켜 넘어뜨린다. 상대방은 허리샅바를 잡고 앞무릎 치기를 하여 되치기할 수 있다.

(2) 뒷무릎 치기: 상대의 왼쪽 다리가 앞으로 나와 있을 때, 오른 손바닥으로 상대방 왼쪽 다리의 오금을 당겨 넘어뜨린다. 밭다리 걸기로 되치기할 수 있다.

(3) 앞무릎 당기기: 상대의 앞다리를 두 손으로 당겨 넘어뜨린다.

(4) 오금 당기기: 상대의 오른쪽 다리가 앞으로 나와 있을 때, 허리샅바를 당긴 채로 오금을 당기고 어깨로 밀어 넘어뜨린다. 상대방은 차돌리기로 되치기할 수 있다.

2. 발기술

씨름에서 발기술에는 안다리 걸기, 밭다리 걸기(바깥다리 걸기), 밭다리 후리기(바깥다리 후리기), 밭다리 감아 돌리기, 안다리 걸기, 오금걸이, 호미걸이, 낚시걸이, 뒷발목걸이, 뒤축 걸어 밀기, 발목 걸어 틀기, 앞다리 차기, 모둠 앞무릎 차기, 무릎 대어 돌리기, 연장걸이, 빗장걸이, 무릎 틀기, 덫걸이 등이 있다.

(1) 안다리 걸기: 상대방의 왼쪽 다리가 자신의 발 앞으로 왔을 때 샅바를 당기고 오른 다리를 상대방 왼쪽 오금에 걸어서 넘어뜨린다. 상대방이 안다리 걸기를 풀면 되치기가 가능하다.

(2) 밭다리 걸기: 다리가 길거나 키가 클 때 유리하며, 샅바를 당기고 오른 다리를 상대방 다리에 걸어 밀면서 넘어뜨린다.

3. 허리 기술

씨름에서 허리 기술에는 배지기, 오른배지기, 맞배지기, 엉덩 배지기, 돌림 배지기, 들배지기, 들어놓기, 돌려 뿌리기, 공중 던지기, 허리 꺾기, 밀어 던지기, 차 돌리기, 잡채기, 들어 잡채기, 옆채기, 업어 던지기, 어깨 넘어 던지기, 자반 뒤지기 등이 있다.

(1) 배지기: 씨름 기술 중에서 매우 기본적인 기술로, 대표적인 공격 기술이기도 하다.

(2) 들배지기: 상대를 들어서 넘기는 기술로, 본인이 상대적으로 덩치가 클 때 사용한다. 호미걸이로 되치기가 가능하다.

(3) 엉덩배지기: 상대가 무거워 배지기로 넘기지 못할 때, 상대방을 들면서 엉덩이에 밀착시켜 넘겨 버린다.

(4) 자반 뒤지기: '씨름의 꽃'이라고도 불리는, 정교하고 멋진 기술이다.

✖ 조선 왕릉

조선왕조는 1392년 개국 이래 왕조(1897~1910, 대한제국 포함)의 문을 닫는 1910년까지 519년의 세월을 이어오면서 27대에 걸쳐 왕과 왕비를 배출하였다. 조선 왕릉이라 함은, 이들 조선의 역대 왕과 왕비의 무덤을 말한다. 이 가운데 조선 개국 초기에 조성되어 현재 북한 개성에 자리한 태조 왕비 신의왕후 제릉과 정종과 정안왕후의 후릉, 폐위된 연산군묘와 광해군묘 등 4기를 제외한 40기의 왕릉이 서울 시내와 근교에 자리 잡고 있다. 그리고 2009년에는 조선 왕릉 40기 전체가 유네스코 세계유산으로 등재되었다.

✖ 의궤

의궤란 조선 시대에 왕실이나 나라에서 개최한 주요 행사의 내용을 정리한 기록들을 정리한 보고서 혹은 백서 형태의 기록이다. 국가 의례나 행사 중에서 상시적으로 행해지는 제사나 의례, 일상적인 수준의 건물이나 악기 수리 등이 있는가 하면 비상시적으로 혹은 특별한 이유로 이루어진 의례나 행사들이 있다. 이런 경우에 국가에서는 후대에 참고할 자료로 삼을 수 있도록 참여한 인원과 들어간 비용까지 자세하게 정리한 기록을 의궤의 형태로 남겼으며, 이는 후대 비슷한 성격의 행사가 벌어질 때 참고 자료로 활용되었다. 2007년에는 조선 시대에 만든 의궤 가운데 『조선 왕실 의궤』가 유네스코 세계 기록 유산에 지정되었으며, 이어 2016년에는 국가문화재(보물)로 지정되었다.

『의궤』는 행사가 끝난 뒤 책임을 맡은 담당자가 도감과 관련 기록들을 모아 작성했다. 지금 남아 있는 『의궤』는 모두 임진왜란 이후에 만들어진 것으로, 선조 때인 1600년에 작성된 『의인 왕후 빈전혼전도감 의궤』와 『의인 왕후 산릉도감 의궤』가 가장 오래된 것이다. 『빈전혼전도감 의궤』는 왕이나 왕비가 죽었을 때 장례를 치르는 과정과 절차를 적은 책이고, 『산릉도감 의궤』는 왕과 왕비의 능을 정하거나 의식을 치르는 과정을 적은 책이다. 조선은 1392년부터 『의궤』를 만들어 『조선왕조실록』을 비롯한 여러 가지 서적들과 함께 규장각·오대산·태백산·정족산의 사고에 나누어 보관했다. 하지만 1866년 병인양요 때 프랑스군이 외규장각에 있는 『의궤』를 약탈해 갔고, 일제 강점기에는 조선 총독부가 오대산 사고에서 보관하던 왕실 서적을 가져갔다. 프랑스에 있던 『의궤』는 박병선 박사에 의해 발견되었고, 이후 우리나라 정부가 지속적으로 돌려줄 것을 요구하여, 2011년에 임대 형식으로 반환되었다. 또한 2010년에는 일본이 가져간 문화재에 대해서도 반환 협상이 이루어져 『조선 왕실 의궤』 167책이 돌아오게 되었다.

조선왕조실록

국보 제151호로 1997년 훈민정음과 함께 유네스코 세계기록유산으로 등재되었다. 조선왕조실록(朝鮮王朝實錄)은 조선 시대 역대 임금들의 실록(實錄)을 통칭하는 것으로서 조선 태조부터 철종에 이르기까지 472년간에 걸친 25대 임금들의 실록 28종을 일컫는다. 현재 남한에는 정족산본 1,707권 1,187책과 오대산본 75책, 태백산본 1,707권 848책 등이 남아있다. 『고종태황제실록(高宗太皇帝實錄)』과 『순종황제실록(純宗皇帝實錄)』은 일제 치하에 편찬되었기 때문에 포함하지 않는다.

유네스코 세계문화유산

유네스코(UNESCO)가 '세계 문화 및 자연 유산 보호협약'에 따라 지정한 유·무형의 문화재를 말한다. 현재 한국의 유네스코 유산은 다음과 같다(2023년 기준).

1. 세계유산(문화유산, 자연유산): 해인사 장경판전(1991), 종묘(1995), 석굴암·불국사(1995), 창덕궁(1997), 수원화성(1997), 고창·화순·강화 고인돌유적(2000), 경주 역사유적지구(2000), 제주 화산섬과 용암동굴(2007), 조선왕릉(2009), 한국의 역사 마을: 하회와 양동(2010), 남한산성(2014), 백제역사유적지구(2015), 산사·한국의 산지승원: 통도사·부석사·봉정사·법주사·마곡사·선암사·대흥사(2018), 한국의 서원: 소수서원·남계서원·옥산서원·도산서원·필암서원·도동서원·병산서원·무성서원·돈암서원(2019), 한국의 갯벌(2021)

2. 인류무형문화유산: 종묘제례 및 종묘제례악(2001), 판소리(2003), 강릉단오제(2005), 영산재(2009), 남사당놀이(2009), 강강술래(2009), 처용무(2009), 제주 칠머리당 영등굿(2009), 가곡(2010), 대목장(2010), 매사냥(2010), 줄타기(2011), 택견(2011), 한산모시짜기(2011), 아리랑(2012), 김장 문화(2013), 농악(2014), 줄다리기(2015), 제주해녀문화(2016), 씨름(2018), 연등회(2020), 한국의 탈춤(2022)

3. 세계기록유산: 훈민정음(1997), 조선왕조실록(1997), 직지심체요절(2001), 승정원일기(2001), 고려대장경판 및 제경판(2007), 조선왕조 의궤(2007), 동의보감(2009), 일성록(2011), 5·18민주화운동 기록물(2011), 난중일기(2013), 새마을운동 기록물(2013), KBS '이산가족을 찾습니다' 기록물(2015), 한국의 유교책판(2015), 국채보상운동 기록물(2017), 조선왕실 어보와 어책(2017), 조선통신사에 관한 기록(2017)

금오신화

조선 초기에 김시습이 지은 한문 단편소설집이다. 금오신화는 일반적으로 우리나라 최초의 소설로 인정되고 있으며 완본은 전하지 않는다. 현재 전하는 것으로는 「만복사저포기(萬福寺樗蒲記)」, 「이생규장전(李生窺牆傳)」, 「취유부벽정기(醉遊浮碧亭記)」, 「남염부주지(南炎浮洲志)」, 「용궁부연록(龍宮赴宴錄)」 등 5편이다.

서사무가 「바리공주」

서사무가는 소설이나 설화와 같이 줄거리를 갖추고 있는 무속신화이며, 청중들 앞에서 악기 반주에 맞추어 줄거리를 노래한다는 점에서 구비서사시이기도 하다. 그중, 「바리공주」는 서울의 진오기굿·안안팎굿·새남굿 등에서 불리는 서사무가로, 부모에게 버림받은 바리공주가 부모의 병을 낫게 하기 위해 양유수와 꽃을 구하러 저승 여행을 떠난다는 내용이다. 그곳까지 가는 동안 바리공주는 여러 가지 주문과 주령을 들고 지옥에서 신음하고 있는 자들을 구원한다. 그리고 마침내 그곳에서 공덕을 쌓고, 부모님을 살려 신직을 부여받으며 만신의 몸주가 되어 만신의 섬김을 받는다.

박씨전

조선 숙종 때 창작된 것으로 전해지며, 정확한 작자와 창작시기는 알려지지 않는다. 조선 시대 병자호란 때 주인공 박씨 부인이 전쟁에서 큰 활약을 펼쳐 나라를 구한다는 이야기로, 주인공이 전쟁을 통해 영웅적인 활약을 펼치는 여성영웅소설이다.

원효의 십문화쟁론

신라의 고승 원효가 불교의 여러 가지 이론(理論)을 정리한 책이다. 이 책은 불교의 이론(理論)을 10문으로 분류하여 정리한 것이며, 쟁론을 조화시킨 원효 사상의 총결산적인 저술이다. 이 화쟁론의 제1문에서는 「일체불법이 곧 일불승(一佛乘)」이라는 통불교사상(通佛教思想)을 전개했으며, 제2문에서는 당시 국내외적으로 대승불교 철학의 2대 조류로 되어 있던 중관파(삼론종)·유식파(법상종) 두 학파의 공(空)과 유(有)의 대립을 비판하고 과감히 공·유의 무대립론(無對立論)을 전개했다. 제3문에서는 모든 중생에겐 불성이 있어 성불할 수 있다는 설을 제시했으며, 제4문에서는 인(人)과 법(法)에 대한 불교계의 쟁점에 대해, 제5문에서는 삼성(三性)에 대한 이론(理論)을 화쟁했다. 제6·7·8·9·10문에서는 각각 오성(五性)·이장(二障)·열반(涅槃)·불신(佛身)·불성(佛性)에 대한 서로 다른 견해들을 회통시켰다.

이상과 같이 원효는 이 책에서 백가(百家)의 서로 다른 쟁론을 화해시켜 일미(一味)의 법해(法海)로 돌아가게 한다는 화쟁 사상을 제시했다.

✕ 고려 시대 문학

고려 시대 문학은 한문학(漢文學)의 성장, 향가문학의 소멸, 조선 시대까지 구비문학으로 전승된 고려가요(高麗歌謠)의 등장을 주목할 수 있다.

1. 판소리계 소설: 조선 후기에 등장한 판소리의 사설을 바탕으로 새롭게 서사화된 고전소설
2. 패관문학: 임금의 정사를 돕기 위하여 가설항담(街說巷談)을 모아 엮은 설화문학(說話文學)
3. 가전체문학: 전기 형식을 띠는 글로 사물을 의인화해서 서술하는 문학 양식
4. 한글수필: 주로 궁궐이나 사대부가의 여성이 창작하였고, 여성의 경험을 사실적으로 표현
5. 시가문학: 조선 전기에는 격식을 존중하고 질서와 조화를 내세우는 경향의 문학이 중심이었으나 점차 개인적 감정과 심성을 나타내려는 귀족적인 시가문학 성행

✕ 김인겸의 「일동장유가」

이 작품은 1763년(영조39) 8월 일본 통신사 조엄(趙曮), 부사 이인배(李仁培), 종사관 김상익(金相翊), 제술관(製述官) 남옥(南玉) 등으로 구성된 이른바 계미통신사(癸未通信使)의 삼방서기(三房書記)로 수행한 작자가 이듬해 7월 8일 복명할 때까지 11개월 동안 견문한 바를 기록한 것이다.

작자의 강직 청렴한 정신과 여유와 해학이 넘치는 성격이 반영되어 있고, 지명·인명·일시·거리와 역사적인 사실에 객관성을 잃지 않은 고전 기행문의 대표작이다. 국내의 노정은 주로 삽화와 지방의 특색을 서술하고 감상을 주로 하고 있으나, 일본에 대한 묘사는 객관적인 관찰과 주관적 비판으로 일관하면서도 주체적 정신에 입각하고 있다.

그리고 국문학 자료로서는 물론, 외교 사절단의 규모와 일본의 풍속 및 외교의 방법 등 한일 외교사의 측면에서도 귀중한 자료이다. 이 작품은 가사체로 된 기행문이라는 특성 때문에 서정적 가사라기보다 기행수필의 범주에 포함시키는 이도 있다.

✕ 한국 설화

1. 박혁거세설화: 신라의 시조인 박혁거세에 관한 설화이다. 박혁거세가 알에서 탄생하여 왕위에 등극하고 용의 옆구리에서 나온 알영과 결혼하는 과정이 서술되어 있다.
2. 수로왕설화: 수릉(首陵)이라고도 하며 김해 김씨의 시조이다. 42년(신라 유리왕19) 금관가야 아홉 부족의 추장인 9간(干)이 김해구지봉(龜旨峰)에 모였을 때 붉은 보자기에 싸여 하늘로부터 내려온 금합(金盒) 안에서 해처럼 둥근 황금알 여섯 개를 얻었다. 반나절 만에 여섯 개의 알은 모두 사람으로 변화하였는데 수로도 그중의 한 사람이었다. 키가 9자(尺)이고 팔자 눈썹이며 얼굴은 용과 같이 생겼는데, 처음으로 사람으로 변화했기 때문에 '수로'라는 이름을 갖게 되었다.
3. 동명왕개국설화: 주몽은 천제(天帝)의 아들로서, 모친은 하백(河伯)의 딸이었다. 방 안에서 이상한 햇빛을 받은 후 알을 낳았는데, 그 알을 깨고 나온 것이 주몽이다.

✖ 한용운

한용운은 독립운동가 겸 승려이자 시인이었다. 불교 관련 책과 잡지를 저술하며, 불교를 통한 청년운동을 강화했다. 1919년 백용성 등과 함께 불교계를 대표하여 3·1 운동에 참여하였다. 그리고 일제강점기인 1926년 한국 근대시의 기념비적 작품으로 인정받는 대표적 시집『님의 침묵』을 발간하였다. 이곳에 수록된 88편의 시는 대부분 민족의 독립에 대한 신념과 희망을 은유적 수법으로 드러낸 작품으로 한용운은 저항문학에 앞장섰다. 1927년 일제에 대항하는 단체였던 신간회(新幹會)를 결성 및 주도하였으며, 더 나아가 신간회는 광주학생의거 등 전국적인 민족운동으로 전개 및 추진되었다. 한용운은 1930년『불교』라는 잡지를 인수하여 사장으로 취임하였으며 후에『조선일보』와『조선중앙일보』에 장편소설을 꾸준히 연재하기도 하였다. 이러한 장편 소설을 쓴 까닭은 원고료로 생활에 보탬을 얻기 위한 까닭도 있지만 그보다도 소설을 통하여 민족운동을 전개하려는 의도가 더 큰 것으로 해석된다.

✖ 윤동주의 「서시(序詩)」

1941년 11월 20일에 지은 윤동주(尹東柱)의 대표적인 시로 1948년 그의 유고시집『하늘과 바람과 별과 시(詩)』에 수록되어 있다. 이 시는 윤동주의 생애와 시의 전모를 단적으로 암시해주는 상징적인 작품이다.

〈서시〉는 내용적인 면에서 3연으로 나눌 수 있는데, 첫째 연은 '하늘-부끄럼', 둘째 연은 '바람-괴로움', 셋째 연은 '별-사랑'을 중심으로 각각 짜여 있다. 첫째 연에서는 하늘의 이미지가 표상하듯이 천상적인 세계를 지향하는 순결 의지가 드러난다. 바라는 것, 이념적인 것과 실존적인 것, 한계적인 것 사이의 갈등과 부조화 속에서 오는 부끄러움의 정조가 두드러진다. 둘째 연에는 대지적 질서 속에서의 삶의 고뇌와 함께 섬세한 감수성의 울림이 드러난다. 셋째 연에는 "별을 노래하는 마음"으로서의 '진실한 마음, 착한 마음, 아름다운 마음'을 바탕으로 한 운명애의 정신이 핵심을 이룬다. 특히 "그리고 나한테 주어진 길을 걸어가야겠다."라는 구절은 운명애에 대한 확고하면서도 신념에 찬 결의를 다지고 있는 것으로 해석된다.

✖ 김소월

시작(詩作) 활동은 1920년『창조(創造)』에 시 「낭인(浪人)의 봄」·「야(夜)의 우적(雨滴)」·「오과(午過)의 읍(泣)」·「그리워」·「춘강(春崗)」 등을 발표하면서 시작되었다. 작품 발표가 활발해지기 시작한 것은 1922년 배재고등보통학교에 진학하면서부터인데, 주로『개벽』을 무대로 활약하였다.

이 무렵 발표한 대표적 작품들로는, 1922년『개벽』에 실린 「금잔디」·「첫치마」·「엄마야 누나야」·「진달래꽃」·「개여울」·「제비」·「강촌(江村)」 등이 있고, 1923년 같은 잡지에 실린 「예전엔 미처 몰랐어요」·「삭주구성(朔州龜城)」·「가는 길」·「산(山)」,『배재』 2호의 「접동」,『신천지(新天地)』의 「왕십리(往十里)」 등이 있다.

그 뒤 김억을 비롯한『영대(靈臺)』동인에 가담하여 활동하였다. 이 무렵에 발표한 대표적 작품들을 게재지별로 살펴보면,『영대』에 「밭고랑 위에서」(1924)·「꽃촉(燭)불 켜는 밤」(1925)·「무신(無信)」(1925) 등을,『동아일보』에 「나무리벌노래」(1924)·「옷과 밥과 자유」(1925)를,『조선문단(朝鮮文壇)』에 「물마름」(1925)을,『문명(文明)』에 「지연(紙鳶)」(1925)을 발표하였다.

김소월의 시작 활동은 1925년 시집『진달래꽃』을 내고 1925년 5월『개벽』에 시론「시혼(詩魂)」을 발표함으로써 절정에 이르렀다. 이 시집에는 그동안 써두었던 전 작품 126편이 수록되었다. 이 시집은 그의 전반기의 작품 경향을 드러내고 있으며, 당시 시단의 수준을 한층 향상시킨 작품집으로서 한국 시단의 이정표 구실을 한다.

민요 시인으로 등단한 김소월은 전통적인 한(恨)의 정서를 여성적 정조(情調)로서 민요적 율조와 민중적 정감을 표출하였다는 점에서 특히 주목되고 있다. 시의 율격은 3음보격을 지닌 7・5조의 정형시로서 자수율보다는 호흡률을 통해 자유롭게 성공시켰으며, 민요적 전통을 계승, 발전시킨 독창적인 율격으로 평가된다. 또한, 임을 그리워하는 여성화자(女性話者)의 목소리를 통하여 향토적 소재와 설화적 내용을 민요적 기법으로 표현함으로써 민족적 정감을 눈뜨게 하였다.

1981년 예술분야에서 대한민국 최고인 금관문화훈장이 추서되었다. 시비가 서울 남산에 세워져 있다. 저서로 생전에 출간한『진달래꽃』외에 사후에 김억이 엮은『소월시초(素月詩抄)』(1939), 하동호(河東鎬)・백순재(白淳在) 공편의『못잊을 그사람』(1966)이 있다.

✖ 한국 근・현대 문학 작품

일반적으로 갑오개혁을 전후한 시기로부터 1960년대까지의 문학을 근・현대 문학이라고 한다. 근대 문학은 신소설, 신체시 및 서구의 근대 문예 사조들이 유입・반영되었던 시기의 문학을 말하며, 현대 문학은 고전문학의 기반인 봉건적인 사회제도와 관습이 붕괴되며 양식적 개방성을 가지고, 경험적인 일상과 현실을 그린다.

1. 염상섭「만세전」: 3・1 운동 직전인 1918년 겨울을 시간적 배경으로 하여 도쿄 유학생인 주인공 이인화가 조선에 있는 아내가 위독하다는 전보를 받고 귀국하는 동안 목격하게 되는 여러 현실들을 사실적으로 묘사한 작품
2. 최인훈「광장」: 광복과 동시에 남북이 분단됨으로써 야기되는 이념의 분열을 주제로 한 작품
3. 안수길「북간도」: 1870년경부터 1945년 8・15 광복 사이에 이창윤 일가 4대가 겪는 수난과 민족자주권을 쟁취하기 위한 그들의 사연을 그린 작품
4. 이청준「당신들의 천국」: 일제 강점기부터 1960년대까지의 소록도를 배경으로 한센병 환자들의 지도자와 그 원생들 간의 갈등을 그린 작품
5. 이인직「혈의 누」: 청일전쟁을 배경으로 10년이라는 시간의 경과 속에서 한국, 일본, 미국을 무대로 여주인공 옥련의 기구한 운명에 얽힌 개화기 시대상을 그린 작품
6. 김동인「감자」: 가난한 농가에서 바르게 자란 복녀가 환경에 의해 타락해 가는 과정을 보여주는 작품
7. 이상「날개」: 오감도(1934)・지주회시(1936) 등 실험적인 작품에 대한 생경한 반응을 신심리주의 또는 심화된 리얼리즘이라는 평가로 바꾸게 한 작가의 대표적 작품
8. 박태원「소설가 구보 씨의 일일」: 홀어머니와 함께 살고 있는 미혼의 소설가 구보가 어느 날 집을 나서서 서울 거리를 배회하는 과정을 그린 작품
9. 현진건「운수 좋은 날」: 인력거꾼의 비애를 그렸으며, 가난한 하층민의 비참한 현실을 고발한 작품

✴ 황순원

황순원은 서정적인 아름다움과 소설문학이 추구할 수 있는 예술적 성과의 한 극치를 시현한 소설가로, 주요 작품 「목넘이 마을의 개」, 「카인의 후예」 등을 통해 우리 정신사에 대한 적절한 조명을 하였다. 소설 문학이 서정적인 아름다움을 추구하는 데 주력할 경우 자칫하면 역사적 차원에 대한 관심의 결여라는 문제점 이 동반될 수 있지만 황순원의 문학은 이러한 위험도 잘 극복하고 있다. 그의 여러 장편소설을 보면, 서정적인 아름다움을 충실하게 살려놓으면서 일제강점기로부터 이른바 근대화가 제창되는 시기까지 이르는 긴 기간 동안의 우리 정신사에 대한 적절한 조명이 이루어졌음을 확인할 수 있다.

✴ 문학관과 소재지

1. 정지용 문학관: 충청북도 옥천군에 있는 시인 정지용의 문학관
2. 청마 문학관: 경상남도 통영시에 있는 시인 유치환의 문학관
3. 혼불 문학관: 전라북도 남원시에 있는 최명희의 소설 「혼불」을 주제로 조성한 문학관
4. 김유정 문학촌: 강원도 춘천시에 있는 김유정 마을에 있는 문학관
5. 이효석 문학관: 강원도 평창군에 있는 소설가 이효석의 문학관
6. 박경리 문학공원: 강원도 원주시에 있는 공원으로, 한국 문단의 기념비적인 작품인 대하소설 「토지」를 주제로 꾸민 공원
7. 황순원 문학촌 소나기 마을: 경기도 양평군에 위치한 군립 문학관으로 소설가 황순원의 문학관

✴ 1960년대 이후의 한국 현대 문학 작품

1. 김재영의 「코끼리」는 2004년에 발표된 소설로, 외국인 노동자 2세인 소년의 시선을 통해 외국인 노동자들의 현실을 사실적으로 그려낸 작품
2. 김려령의 「완득이」는 2008년 발표작으로, 베트남 출신 어머니와 난쟁이 춤꾼 아버지를 둔 '완득이'가 괴짜 담임 선생님을 만나 성장해 가는 이야기
3. 박범신의 「나마스떼」는 2005년 발표된 장편소설로, 외국인 노동자의 코리안 드림을 소재로 지은 작품
4. 공선옥의 「가리봉 연가」는 2005년 발표된 단편소설로, 가리봉동 내 중국 조선족의 삶을 통해 이주노동자 및 조선 동포의 고단한 삶을 표현한 작품
5. 황석영의 「삼포 가는 길」은 1973년 발표된 소설로, 생계를 위해 세상에 나왔다가 길을 잃어버린 사람들의 고달픔과 쓸쓸함이 곳곳에서 묻어나는 작품
6. 박완서의 「그해 겨울은 따뜻했네」는 1982년 한국일보에 연재했던 장편소설로, 배창호 감독이 연출을 맡고 안성기·이미숙·유지인·한진희 등이 출연하여 1984년 영화로 제작됨
7. 이문열의 「우리들의 일그러진 영웅」은 1987년 ≪세계의 문학≫ 여름호에 발표된 소설로, 1992년 박종원 감독에 의해 영화로 제작됨
8. 박완서의 「나목」은 1970년 여류 장편소설 공모에 응모해 당선된 박완서의 첫 작품으로, 6·25전쟁과 분단 문제, 물질 중심주의 풍조와 여성 억압에 대한 현실비판을 사회 현상과 연관해서 그려냄

✖ 이광수의 「무정」

「무정」은 1917년 1월 1일부터 6월 14일까지 126회에 걸쳐 『매일신보』에 연재된 이광수의 첫 번째 장편소설이다. 「무정」은 당시 청춘 독자들의 열광적인 호응을 받았다. 소설의 주된 줄거리는 청년 교사 이형식을 둘러싸고 벌어지는 박영채와 김선형의 삼각관계 이야기이다. 그러나 「무정」은 단순한 애정 소설의 범주를 넘어, 시대적인 상징성을 가지고 있다. 박영채는 구한말의 지사였던 박진사의 딸로, 비록 기생으로 전락하였으나 전통적인 가치관을 한 몸에 체현하고 있는 인물이며, 김선형은 개화주의자 김장로의 외동딸로 근대지향성을 대표하고 있다. 그러므로 이 둘 중 한 편을 선택해야 하는 이형식의 갈등은 근대와 전통 사이의 갈등과도 같다.

✖ 이중섭

이중섭은 오산고등보통학교(五山高等普通學校)에 들어가 당시 미술 교사였던 임용련(任用璉)의 지도를 받으면서 화가로서의 꿈을 키웠다. 그 후 1937년 일본으로 건너가 분카학원(文化學院) 미술과에 입학하였다. 재학 중 독립전(獨立展)과 자유전(自由展)에 출품하여 신인으로서 각광을 받았다. 분카학원을 졸업하던 1940년에는 미술창작가협회전(자유전의 개칭)에 출품하여 협회상을 수상하였다. 1943년에도 역시 같은 협회전에서는 태양상(太陽賞)을 수상하였다. 이중섭은 1945년 일본인 여성 야마모토(山本方子)와 원산에서 결혼하여 2남을 두었다. 그리고 1946년에는 원산사범학교에 미술 교사로 봉직하기도 하였다.

북한 땅이 공산 치하가 되자 자유로운 창작 활동에 많은 제한을 받았다. 친구인 시인 구상(具常)의 시집 『응향(凝香)』의 표지화를 그려 두 사람이 같이 공산주의 당국으로부터 비판을 받기도 하였다. 6 · 25전쟁이 일어나고, 유엔군이 북진하면서 그는 자유를 찾아 원산을 탈출, 부산을 거쳐 제주도에 도착하였으나 생활고로 인해 다시 제주도에서 부산으로 돌아왔다.

이 무렵 부인과 두 아들은 일본 동경으로 건너갔으며, 이중섭은 홀로 남아 부산 · 통영 등지를 전전하였다. 1953년 일본에 가서 가족들을 만났으나 며칠 만에 다시 귀국하였고 이후 줄곧 가족과의 재회를 염원하다 1956년 정신이상과 영양실조로 그의 나이 40세에 적십자병원에서 죽었다.

화단 활동은 부산 피난 시절 박고석(朴古石) · 한묵(韓默) · 이봉상(李鳳商) 등과 같이 만든 기조전(其潮展)과 신사실파에 일시 참여한 것 외에 통영 · 서울 · 대구에서의 개인전이 기록되고 있다. 많은 인간적인 에피소드와 강한 개성적 작품으로 1970년대에 이르러 갖가지 회고전과 재평가 작업이 활발하게 일어났다. 1972년 현대화랑에서의 유작전과 화집 발간을 위시하여, 평전(評傳)의 간행, 일대기를 다룬 영화 · 연극 등이 상연되었으며, 많은 작가론이 발표되었다. 그가 추구하였던 작품의 소재는 소 · 닭 · 어린이(童子) · 가족 등이 가장 많다. 불상 · 풍경 등도 몇 점 전하고 있다. 소재상으로는 향토성을 강하게 띠었으며 동화적이며 동시에 자전적(自傳的)이라는 특징을 가졌다.

「싸우는 소」, 「흰 소」(홍익대학교박물관 소장), 「움직이는 흰 소」, 「소와 어린이」, 「황소」(개인 소장), 「투계」(국립현대미술관 소장) 등은 전자의 대표적인 작품이다. 「닭과 가족」, 「사내와 아이들」, 「길 떠나는 가족」(개인 소장)과 그밖에 수많은 은지화(담뱃갑 속의 은지에다 송곳으로 눌러 그린 일종의 선각화)들은 후자를 대표하는 작품들이다.

✖ 한국의 신문 변천사

1. 근대신문이 발행되기 전: 조보(朝報) 또는 기별(奇別)(관보 성격의 필사 신문)
   (1) 확실한 기원은 알 수 없으나, 조선 전기 또는 15세기 무렵부터 있었던 것으로 보임
   (2) 승정원 발표 자료들을 각 관청의 기별서리들이 손으로 베껴서 서울과 지방의 각 관청과 양반층에 보냄
   (3) 내용: 국왕의 동정, 관리의 임면, 때로는 일반 사회기사도 있었음
   (4) 『한성순보』와 『한성주보』 발행 전까지 존재하다가 1894년 정부가 『관보』를 창간하면서 폐지됨

2. 한국 최초의 근대신문: 『한성순보』
   (1) 1883년 10월 31일에 창간, 박문국에서 발간
   (2) 당시의 개화파들이 국민에게 외국의 사정을 널리 알려 개화사상을 고취시키려는 데 큰 목적을 둠
   (3) 1884년 갑신정변으로 폐간되었으나, 1886년 1월 25일에 다시 『한성주보』를 창간하여 1888년까지 발행

3. 한국 최초의 민간신문: 『독립신문』
   (1) 1896년 4월 7일 서재필이 창간, 한글 전용과 띄어쓰기 단행
   (2) 민간신문 제작에 큰 영향을 주었고, 민중 계몽과 자주 독립 사상을 확립하는 데 크게 기여
   (3) 독립신문에 자극을 받아 1898년에는 『매일신문』, 『제국신문』, 『황성신문』 등의 일간지들이 창간됨

4. 항일운동의 선봉에 섰던 민족지: 『대한매일신보』
   (1) 1907년 영국인 E. T. 베델이 창간
   (2) 구한말의 최대 민족지였으나, 1910년 국권 피탈 후에는 『매일신보』로 제호를 바꾸고 총독부의 기관지로 전락

5. 1920년 『조선일보』, 『동아일보』, 『시사신문』 창간
   (1) 1910년 일본의 강점에 의해 식민지 시대에 접어들게 되면서부터 언론 및 출판을 엄격하게 규제 받았고, 1919년 3·1운동을 통해 촉발된 민족적 자기 각성에 힘입어, 문학은 자아의 발견과 개성의 표현에 적극성을 드러내기 시작하여 『창조』(1919)·『폐허』(1920)·『백조』(1922) 등의 문예동인지가 등장하여 문단이 형성됨
   (2) 또한 『개벽』(1920)과 같은 종합지의 발간으로 문학 창작활동이 더욱 활발하게 전개되기도 함. 특히 『동아일보』·『조선일보』 등의 민족지가 간행됨으로써, 문예활동의 폭넓은 기반을 제공하게 됨
   (3) 국권 피탈 후 일제는 한국인에게는 신문 발행을 허용하지 않아 한국어로 발행되는 신문은 매일신보가 유일함
   (4) 3·1 운동 후 일제는 1920년부터 문화정치를 표방하며 민간지를 허용했으나 이 민간지들은 일제의 탄압으로 수많은 압수와 정간 처분을 당했고, 필화로 많은 언론인이 고통을 겪음. 『시사신문』은 1921년 폐간
   (5) 『동아일보』와 『조선일보』도 1940년 8월 일제의 강제폐간으로 문을 닫음
   (6) 광복 후 미 군정이 신문 발행을 허가제에서 등기제로 바꾸자 많은 신문이 창간됨
   ※ 1980년 언론 통폐합, 1988년 6공화국 때부터 언론 자율 경쟁, 한겨레신문 창간 등이 이루어짐

✖ 한국 영화

1. 취화선: 조선 시대 말 천재 화가 장승업(1843~1897)의 일대기를 담은 임권택 감독 작품으로, 1946년 칸 영화제가 창설된 후 한국 영화 최초로 장편 경쟁부문에서 감독상을 수상했다.

2. 사의 찬미: 1991년에 영화감독 김호선이 윤심덕과 김우진을 주인공으로 한 멜로 영화를 만들었을 때 이 노래의 제목에서 따온 '사의 찬미'라는 제목을 붙였다.

3. 미인도: 2008년에 제작된 신윤복의 일대기를 다룬 전윤수 감독의 한국 영화이다.

4. 기생충: 봉준호 감독의 블랙코미디 영화로 2019년 칸 영화제 황금종려상 수상작이다.

5. 왕의 남자: 2005년 12월에 개봉한 이준익 감독의 영화이다. 김태웅이 희곡을 쓰고 직접 연출한 연극『이(爾)』가 원작이다.

6. 천문: 2019년 12월에 개봉한 허진호 감독의 영화이다. 조선의 하늘과 시간을 만들고자 했던 세종(한석규)과 장영실(최민식)의 숨겨진 이야기를 그린 작품이다.

7. 명량: 2014년 7월에 개봉한 김한민 감독의 영화이다. 이순신 장군의 명량 해전을 다룬 한국 영화이다.

8. 사도: 2015년 9월에 개봉한 이준익 감독의 영화이다. 영화는 사도세자가 뒤주에 갇혀 있던 8일간의 시간을 영화의 현재 시점으로 삼고 있다.

9. 공동경비구역 JSA: 박찬욱의 대표작 중 하나로 판문점 북쪽에서 남한 병사가 일으킨 북한 병사 총기 난사 사건을 수사하는 과정을 그린 미스터리 휴먼드라마이다.

10. 웰컴 투 동막골: 배종(박광현) 감독의 장편 데뷔작이다. 한국전쟁이 피해 간 가상의 공간 동막골에 길을 잃은 국군, 인민군, 미군이 들어오면서 발생한 일을 코믹하게 보여주는 영화이다.

11. 모가디슈: 1991년 소말리아 수도 모가디슈에서 내전으로 인해 고립된 사람들의 생사를 건 탈출을 그린 영화로, 실화를 바탕으로 한 작품이다. 류승완 감독의 작품으로, 2021년 7월 28일 개봉하였다.

12. 미나리: 정이삭(리 아이작 정) 감독의 작품으로, 미국에 정착한 한국계 이민자 가족의 이야기를 다룬 작품이다. 제93회 아카데미 시상식에서 작품, 각본, 감독, 음악, 여우조연, 남우주연상 등 6개 부문에 노미네이트되는 기록도 남겼으며 한국 배우가 최초로 여우조연상을 수상하는 대기록을 달성했다.

13. 헤어질 결심: 2022년 6월 29일에 개봉한 박찬욱 감독의 영화이다. 산에서 벌어진 변사 사건을 수사하게 된 형사가 사망자의 중국인 아내를 만난 후 의심과 관심을 동시에 느끼며 시작되는 이야기를 담아내고 있다. 제75회 칸 영화제에서 감독상을 받았다.

✖ 홍난파

홍난파는 한국의 작곡가이자 바이올리니스트이다. 도쿄신교향악단의 제1바이올린 연주자가 되었으며 조선 음악가협회 상무이사를 지냈다. 총독부의 정책에 동조하여 대동민우회(大同民友會), 조선음악협회 등 친일단체에 가담했다. 작품으로는「봉선화」,「성불사의 밤」,「옛 동산에 올라」,「달마중」,「낮에 나온 반달」등이 있다.

✶ 한국전쟁

발생 시기	주요 사건
1949년	• 북한, 소련과 '조소군사비밀협정' 체결 • 남한에서 주한 미군 철수
1950년	미국, 애치슨라인 발표
1950년 6월 23일	• 국군, 비상경계령 해제 • 병력의 1/3 이상이 외출
1950년 6월 25일	• 북한, 38선 전역에 걸친 국군 방어진에 대해 기습 공격 개시 • YAK 전투기 서울 상공에 침입 • 미국, 유엔 안전보장이사회 즉시 소집 요구 • 미국 결의안 채택(소련 결석)해 북한군 철수 요구
1950년 6월 27일	안전보장이사회, 유엔 회원국에 대한민국 원조를 권고하는 결의 채택
1950년 9월 15일	유엔군, 인천상륙작전
1950년 10월	유엔군, 평양을 수복하고 압록강과 두만강까지 진격
1950년 11월	중공군 개입
1950년 12월	북한 지역에서 유엔군 철수
1951년 1월	대한민국 정부, 서울에서 철수
1951년 2월	유엔 총회, 중공군 철수 요구
1951년 7월	개성에서 휴전 회담 시작
1951년 10월	회담 장소를 판문점으로 옮김
1952년 10월	공산 측의 비타협적인 태도를 문제로 유엔군 사령부 회담 중지
1953년 7월	판문점에서 유엔군 사령관과 공산군(북한군과 중공군) 사령관 간 휴전 협정 조인

✶ 해방 이후 한국 정부의 해외이주 정책

1950–1960년대	1945년 광복 후 대한민국 정부가 이민정책을 수립한 1962년 이전까지는 전쟁고아, 유학생, 미국인과 결혼을 한 여성들이 미국과 캐나다 등으로 이주를 하였다. 1950년부터 1964년까지 6,000여 명의 여성이 미군과 혼인을 하여 미국으로 건너갔으며, 한국전쟁으로 인해 전쟁고아, 혼혈아가 생겨나자 1954년부터 해외입양이 시작됐다. 그렇게 2002년까지 해외로 입양된 아이들만 15만 명으로 추산이 되고, 약 10만 명의 아이들이 미국 가정에 입양이 되었다.
1960–1970년대	1960년대 한국은 농촌의 과잉인구가 생존의 문제로 도시로 집중함에 따라 인구과잉을 방지하고, 넘치는 인구를 통해 국내경제를 활성화시키고자 정부주도의 해외 이주를 추진하게 되었고, 이는 곧 경제개발에 도움을 주는 외화획득을 위한 방법을 의미하였다. 즉, 국내의 인력을 해외에 진출시키고 또 이주를 장려하면서 실업자감소, 인구조절, 국제수지개선, 외화획득, 교역증진 등을 목적으로 한 것이다. 　1960년대부터 1970년대까지는 한국정부가 직접 나서서 인력 업무를 맡았다. 초기에는 대학 재학생 등을 포함한 젊은이들이 돈을 벌고 다양한 꿈을 이루고자 파독광부와 간호사로 독일행을 지원하였다. 말조차 제대로 통하지 않는 이역만리에서 광부와 간호사들은 독일 국민이 감탄할 정도로 성실하게 일했고, 그렇게 번 돈 대부분을 고국의 가족들에게 송금하였는데 그 총 금액은 1억 달러가 넘었다. 1966년부터 1977년까지 약 만 여명의 간호사와 8천여 명의 광부가 서독으로 파견되었다. 또한 1970년대 한국인들은 광부, 간호사, 연수생, 의사 교육생 등으로 해외 곳곳에 파견되었다.

| 1980–1990년대 | 　그리고 1962년부터 1990년대까지는 정찰을 목적으로 하는 이민이 이루어졌으며 유럽, 중남미, 동남아시아 등 대부분의 한인 사회가 이 시기에 형성이 되었다. 또한, 1965년 미국 이민법이 개정되면서 연 3만 명의 한인들이 미국으로 이민을 갔다. 1997년에는 한국의 외환위기로 고용 불안감을 느낀 30–40대가 미국과 캐나다로 이민을 많이 떠났다. |
| 2000년–현재 | 　2000년대에 들어서는 학업, 취업, 자녀의 미래 등 아주 다양한 목적으로 이주를 많이 하고 있다. |

✳ 6자 회담

　북한의 핵 문제를 해결하고, 한반도의 비핵화를 실현하기 위해 한국·북한·미국·중국·러시아·일본 등 6개국이 참가하는 다자 회담이다.

　1994년 북한과 미국은 제네바 합의(GAF)를 통해 북한이 핵 개발을 중단하고 핵 사찰을 받는 대신, 미국은 북한에게 체제 안전 보장과 경수로 발전소를 지어준다는 내용으로 핵 문제에 대한 합의를 마쳤다. 그러나 2002년 10월 북한의 새로운 핵 개발 의혹이 제기되면서 한반도에는 긴장이 감돌기 시작하였다. 미국은 북한에 대해 먼저 핵을 포기할 것을 강하게 주장하고, 이에 대해 북한은 미국이 먼저 불가침조약을 맺은 뒤에 핵 문제를 논의하자는 주장을 펴며 맞섰다. 6자 회담은 북미 사이의 이러한 대립 구도 속에서 북한의 핵 문제를 평화적으로 해결하고, 한반도에 평화 체제를 구축하자는 차원에서 제안된 것이다.

　제1차 회담은 2003년 8월 27일부터 29일까지 열렸다. 이후 2007년 9월의 회담까지 모두 6차례 열렸는데, 모두 중국 베이징(北京)에서 개최되었다. 제1차 회담은 북한이 2003년 1월 핵 확산금지조약(NPT) 탈퇴 선언을 하고, 다음 달 국제원자력기구(IAEA) 특별이사회가 북핵 문제를 국제연합 안전보장이사회에 보고하기로 결의안을 채택한 뒤에 이루어졌다. 이 회담에서 미국은 북한의 선 핵 폐기를, 북한은 핵 폐기와 대북지원 등을 비롯한 모든 사안을 동시에 추진하자고 주장해 큰 성과를 거두지 못하였다. 하지만 북핵 문제를 평화적으로 해결하기 위한 대화의 장을 마련했다는 점, 북핵 관련 6국의 공감대가 형성되었다는 점 등은 성과로 평가받았다.

　제2차 회담은 2004년 2월 25일부터 28일까지 열렸다. 이 회담에서는 참가국들이 상호 존중하면서 대화와 평등에 기초한 협의를 통해 핵 문제를 평화적으로 해결하자는 데 뜻을 모았다. 또 참가국들이 평화 공존 의지를 밝히고, 관심사에 대한 상호 조율된 조치를 하기로 합의하였다.

　제3차 회담은 2004년 6월 23일부터 26일까지 열렸다. 이 회담에서는 한반도 비핵화 목표에 대한 의지를 재확인하고, 핵 문제의 평화적 해결을 위한 단계적 과정에 대한 필요성을 논의하였다. 또 비핵화를 위한 초기 조치인 범위·기간·검증·상호조치 등은 제4차 회담에서 건의하기로 하고 회의를 끝냈다.

　제4차 회담은 원래 2004년 9월에 열릴 예정이었다. 그러나 미국이 3차 회담에서 내놓은 제안에 대한 북한의 반발과 2005년 2월 북한의 핵무기 보유 선언 등으로 인해 2005년 7월 26일에야 열렸다. 회담은 회기를 정하지 않은 무제한 회담의 형식으로 8월 7일까지 13일 동안 열렸다. 이 회담에서는 한국이 경수로 대신 '대북 직접 송전'이라는 중대 제안을 내놓아 주목받았는데, 결과는 얻지 못하였다. 주요 쟁점은 핵 폐기 범위와 북한의 평화적 핵 이용 권리에 대한 용인 여부였으나, 역시 북미 사이에 이견을 좁히지 못한 채 3주 동안 휴회에 들어갔다. 9월에 열린 회담에서는 한반도 비핵화, 미국의 대북 불가침 의사 확인 등을 내용으로 하는 6개 항목의 이른바 '9·19 공동성명'이 발표되었다.

제5차 회담은 2005년 11월부터 2007년 2월까지 3단계에 걸쳐 열렸다. 북한의 핵실험 이후 열린 3단계 회담에서 북한의 핵시설 폐쇄와 불능화, 북한의 핵 프로그램 신고와 이에 상응하는 5개국의 에너지 100만 톤 지원, 북한의 테러지원국 지정 해제 과정 개시 등을 내용으로 하는 이른바 '2·13 합의'가 채택되었다.

제6차 1단계 회담은 '2·13 합의'의 이행 조치를 구체화하기 위한 방안 등을 논의하기 위하여 2007년 3월 베이징에서 열렸다. 같은 해 9월에 열린 2단계 회담에서는 2007년 말까지 북한이 핵시설을 불능화하고 핵 프로그램을 신고하는 대신 미국 측은 북한에 대한 테러 지원국 명단 삭제와 적성국 무역법에 따른 제재 해제, 5개국의 중유 100만 톤에 해당하는 경제적 보상 완료 등을 골자로 하는 이른바 '10·3 합의'가 채택되었다.

✵ 한국의 경제성장

한국은 1960년대에 들어서면서, 과감한 경제개발 계획의 추진으로 '한강의 기적'이라 부르는 고도의 경제 성장을 이룩하면서 세계의 이목을 끌었는데 그 요인으로는 경제개발 계획 추진 세력의 출현(정치적 리더십의 확립), 국민의 강인한 생활의지(사회 전체로서의 가치관 개선, 국가적 당면 과제의 변화), 저렴한 노동력, 국제 정세의 호전이 있다. 이 밖에도 1960년대의 많은 기술혁신, 새로운 시장의 형성, 새로운 자원의 발견, 국내 정치의 안정, 원조 정책의 전환, 교육 발전에 따른 전문 인력의 향상 등이 경제성장에 기여했다고 볼 수 있다.

그러나 이와 같은 급격한 경제성장의 부작용으로 빈부 격차의 심화, 물질 만능주의 사상으로 인한 사회 정의의 타락, 도시인구의 과밀화와 농촌의 인력 부족, 환경오염(環境汚染)과 같은 심각한 문제들이 제기되어, 이에 대처할 새로운 정책과 경제구조의 전환이 앞으로의 과제가 되고 있다.

✵ 경제개발 계획

1. 경제개발 5개년 계획의 추진 과정

미국의 원조 감소와 유상 차관으로 전환되면서 위기를 느낀 이승만 정부가 경제개발 7개년 계획을 수립하였으나(1959) 4·19혁명으로 실행하지 못하였다. 이후 장면 내각도 경제 제일주의를 내세워 5개년 계획을 수립하였으나 5·16 군사 쿠데타로 실행하지 못하였다. 이후 박정희 정부가 경제개발 계획을 1차부터 4차까지 추진하였다. 우리나라 경제개발 계획의 특징은 정부가 주도하여 성장 위주의 경제 정책과 수출 주도형 성장 전략을 실행하게 되었다는 것이다. 그 결과 고도의 경제 성장을 이룩할 수 있었으며 수출과 국민소득이 크게 신장되었고 아시아 신흥 공업국으로 부상하게 되었다. 하지만 빈부 격차와 도·농 격차의 심화, 경제의 대외 의존 심화, 재벌 중심 경제 구조 출현 등의 부작용도 발생하였다.

2. 제1·2차 경제개발 5개년 계획(1차: 1962~1966, 2차: 1967~1971)

이 시기는 경공업을 육성하고 수출 주도형 성장 전략으로 가발, 섬유 산업 등 낮은 임금을 이용한 노동 집약적 산업을 중심적으로 발달시켰다. 사회간접자본 확충 노력으로 경부고속도로 건설(1970), 포항제철 건설을 시작하였다. 또한 베트남 특수 등에 힘입어 빠른 경제 성장과 수출 증대를 가져왔다.

3. 제3 · 4차 경제개발 5개년 계획(3차: 1972~1976, 4차: 1977~1981)

이 시기는 재벌 중심으로 수출 주도형 중화학 공업을 육성하였고 석유파동으로 인한 경제 위기(1970년 대 초)를 건설업의 중동 진출 등으로 극복하였다. 그 결과 중화학 공업의 생산이 경공업 생산보다 많아지면서 산업구조의 고도화가 이루어졌다. 중소기업 진흥 정책도 추진되었으나 재벌 중심의 성장 전략은 지속적으로 이루어졌다. 또한 이 시기에 낙후된 농촌의 개발을 위해 새마을 운동을 전개하기도 하였다.

✕ 한국개발연구원(KDI)

한국개발연구원(KDI)은 제2차 경제개발 5개년 계획의 수립과정에서 경제 · 사회개발 정책을 연구하는 전문연구 기관의 필요성에 따라 1971년 3월에 설립되었다.

주요 사업은, ① 국민경제의 발전에 관한 조사 · 연구, ② 중 · 장기 경제 예측 및 계획에 관한 기초 연구와 정책안 발안, ③ 국내외 연구 기관과 공동 연구, ④ 국내외 연구 기관 개인에 대한 연구 용역 위탁 및 정부의 연구 용역 수탁, ⑤ 연구 결과의 출판 및 발표, ⑥ 관계 기관 공무원 및 기타 단체 직원의 수탁 훈련 등이다.

✕ 베이비붐 세대

각 나라의 사정에 따라 베이비붐 세대의 연령대가 다르다. 미국의 경우 제2차 세계대전 이후인 1946년부터 1965년 사이에 출생한 세대를 지칭한다. 제2차 세계대전 동안 떨어져 있던 부부들이 전쟁이 끝나자 다시 만나고, 미뤄졌던 결혼이 한꺼번에 이루어지면서 생겨난 세대로 '베이비부머'라고도 한다. 미국 역사상 제대로 교육받았다고 평가받는 베이비붐 세대는 이전 세대와는 달리 경제적인 성장과 풍요 속에서 높은 교육 수준과 미디어의 영향으로 다양한 사회운동과 문화운동을 주도해 왔다. 로큰롤 음악과 히피 문화가 베이비붐 세대의 대표적인 문화이며, 이들은 냉전의 이념 아래 베트남 전쟁을 겪으면서 반전(反戰)운동을 전개하고, 성(性) 해방, 시민사회의 권리운동 등 사회운동에 참여하였으며, 과학기술의 발전, 에너지 위기, 우주선 시대를 겪었고, 1980~1990년대의 소비 주체가 되기도 했다. 우리나라에서는 6 · 25전쟁 이후인 1955년부터 1963년, 일본의 경우 1947년부터 1949년 사이에 출생한 세대를 베이비붐 세대라 한다.

✕ 국제회의

1. 핵안보정상회의: 주요 핵무기 보유국과 원전 보유국들이 참여하는 국제회의로 2012년 3월 26~27일 이틀간 대한민국 서울특별시에서 2차 회의인 '2012 서울 핵안보정상회의'가 열렸다.
2. ASEM회의: 아시아와 유럽 사이의 동반자 관계를 구축하기 위한 정상회의로 제3차 회의는 2000년 10월 20~21일 서울에서 개최되었다.
3. G20 정상회의: 세계 경제를 이끌던 G7과 유럽 연합(EU) 의장국에 12개의 신흥국, 주요 경제국들을 더한 20개 국가의 모임으로 다섯 번째 모임이 2010년 11월 11~12일 이틀간 서울 코엑스에서 개최되었다.
4. APEC 정상회담: APEC 회원국 정상들이 해마다 11월에 한자리에 모여서 아시아 · 태평양 지역의 비전과 그 실현 방안에 대해 자유롭게 의견을 교환하는 비공식 회의로 2005년 제13차 정상회의는 11월 18~19일 부산에서 열렸다.

✖ 인구 피라미드

어떤 지역의 일정한 시점에서 연령 계층별 인구를 저연령층에서 고연령층으로 쌓아 올려 만든 도표를 말한다. 인구 피라미드는 어떤 지역의 인구 발전 단계 및 인구 변동의 역사적 과정을 잘 나타내므로 그 지역의 사회적 특성과 추세를 파악하는 데 유용하다. 피라미드형, 종형, 방추형, 도시형, 표주박형 등 다섯 가지가 있다. 피라미드형은 유・소년층의 비중이 크고 노년층이 적은 다산 다사형으로 개발도상국의 유형에 속한다. 종형은 출생률의 저하로 유・소년층의 인구 증가가 둔화되고 노년층의 인구가 증가하는 소산 소사형으로 선진국의 유형에 속한다. 이 유형의 사회에서는 인구의 노령화에 따른 노동력 부족과 노인 복지 문제가 대두되는 경우가 많다. 방추형은 출생률이 사망률보다 낮아 인구가 감소하는 형태로 에스키모와 유럽 일부 국가에서 볼 수 있는 유형이다. 별형은 도시형으로서 청・장년층의 전입 인구가 늘어나는 사회적 증가로, 도시나 신개발지에서 나타나는 유형이다. 이와 반대로 표주박형은 농촌형으로서 청・장년층의 전출 인구가 늘어나는 사회적 감소로 농촌에서 나타나는 유형이다. 현재 우리나라의 인구 피라미드는 피라미드형에서 종형으로 변화되고 있으며, 2020년에는 인구 정체와 노동력의 부족 문제를 예측하였다.

04 | 외국어로서의 한국어교육론

평가 영역	한국어교육학개론, 한국어발음교육론, 한국어문법교육론, 한국어어휘교육론, 한국어표현교육법(말하기, 쓰기), 한국어이해교육법(듣기, 읽기), 한국어문화교육론, 한국어교육과정론, 한국어교재론, 한국어평가론, 언어교수이론

✖ 공공외교 전문기관/단체

1. 한국국제협력단(KOICA; Korea International Cooperation Agency): 국제협력 사업을 통합 관리하는 대외협력 전담기구로 보건 ODA 규모 확대, 취약국·취약계층 지원 강화, 재난재해 대응 지원, 인프라 지원 등 다양한 사업을 펼치고 있다.
2. 한국국제교류재단(KF; Korea Foundation): 대한민국과 외국 간의 각종 국제교류 사업을 시행하는 기구로 한국(어)학 교수직 설치, 한국(어)학 교원고용 지원, 한국(어)학 객원교수 파견 등의 사업을 펼치고 있다.
3. 재외동포재단(OKF; Overseas Koreans Foundation): 재외동포들이 거주국 내 민족 정체성을 유지하고, 스스로의 권익과 지위를 향상시키며 역량을 결집할 수 있도록 지원하는 단체로 한글학교 육성, 청소년 교류사업, 다문화 취약동포 지원, 홈페이지 '코리안넷' 운영, 교육문화센터 건립사업 등 다양한 사업을 펼치고 있다.
4. 세종학당재단(KSIF; King Sejong Institute Foundation): 국외 한국어교육과 한국문화 보급 사업을 총괄하기 위해 설립된 공공기관으로 한국어교육 및 한국문화 보급을 위해 세계 곳곳에 세종학당 지정 및 운영을 하고 있으며, 홈페이지 '누리-세종학당' 개발 및 운영, 한국어교원 파견 및 교원의 전문성 강화를 위한 양성과정 운영, 한국어와 한국문화 교육 지원 등의 사업을 펼치고 있다.
5. 반크(VANK; Voluntary Agency Network Of Korean): 한국을 알고 싶어 하는 사람들에게 이메일을 통해 한국에 관한 모든 것을 알려 주는 사이버 관광가이드이자 사이버 외교사절단이다.

✖ 한국어교원 자격 취득

한국어교육능력검정시험은 국어기본법 시행령에 의해서 외국어로서의 한국어교육의 질을 높이기 위하여 매년 1회 이상 실시하도록 규정되어 있는 시험을 말한다. 본 시험은 양성과정(120시간)의 수료생들이 한국어교원 자격(3급)을 취득하기 위하여 반드시 치러야 한다. 국어기본법 시행령 제13조 제1항에 따른 한국어교원의 자격 취득에 필요한 한국어교육경력이 인정되는 기관 또는 단체 등은 다음 각 호와 같다.

1. 외국어로서의 한국어 강의가 개설된 국내 대학 및 대학 부설기관, 국내 대학에 준하는 외국의 대학 및 대학 부설기관
2. 외국어로서의 한국어 수업이 개설된 국내외 초, 중, 고등학교
3. 외국어로서의 한국어를 가르치는 국가, 지방자치단체, 또는 외국 정부기관

4. 「재한외국인 처우 기본법」 제21조에 따라 외국인 정책에 관한 사업을 위탁받은 비영리법인 또는 비영리 단체

5. 「외교부와 그 소속기관 직제」 제55조에 따른 문화원 및 「재외국민의 교육지원 등에 관한 법률」 제28조에 따른 한국교육원

6. 그 밖에 문화체육관광부장관이 제3항에 따른 한국어교원자격심사위원회의 심의를 거쳐 한국어교육 경력 이 인정되는 기관 등으로 정하여 고시하는 기관 등

[「국어기본법 시행령」에 따라 고시된 기관]

(1) 세종학당재단이 지정한 세종학당

(2) 다음의 어느 하나에 해당하는 기관으로서 외국인근로자를 대상으로 한국어교육을 시행하는 기관

    ① 「외국인근로자의 고용 등에 관한 법률」 제24조에 따라 국가로부터 지원을 받는 기관 또는 단체

    ② 지방자치단체의 장으로부터 가목에 준하는 업무를 위탁받아 수행하는 기관 또는 단체

(3) 「다문화가족지원법」 제12조 제1항에 따라 지정받은 다문화가족지원센터

(4) 「초·중등교육법」 제60조의2에 따른 외국인학교와 제60조의3에 따른 대안학교

(5) 「초·중등교육법」 제28조에 따라 각 지방교육청의 장으로부터 위탁을 받아 운영하는 교육기관

(6) 국내외 기관에 한국어교육 프로그램의 운영을 위탁하거나 한국어교원을 파견하는 「공공기관의 운영에 관한 법률」 제4조 제1항 각 호에 따른 공공기관

(7) 「청소년복지지원법」 제30조에 따른 이주배경청소년지원센터 및 이와 관련된 업무를 위탁받아 운영하는 기관

✕ 외국어로서의 한국어교육

외국인이나 재외 한국 동포, 다문화 가정의 자녀 등에게 외국어로서 또는 제2언어로서 한국의 말과 글을 습득하게 하는 교육을 의미한다. 한국어교육은 우리의 말과 글을 누구에게 가르칠 것인가에 따라 세분화할 수 있다. 우리말과 우리글을 한국 사람이 한국인을 대상으로 교육을 실시한다면, 그것은 국어 교육이라고 부를 수 있다. 이에 비해 우리말과 우리글을 다른 나라 사람이나 재외 동포를 대상으로 교육을 실시할 경우 그것은 '외국어로서의 한국어교육'이라고 부를 수 있다.

한국어교육의 학습 대상자가 다양해짐에 따라 외국어로서의 한국어교육, 제2언어로서의 한국어교육이 필요하게 되었다. 몇 년 전까지만 해도 한국어교육은 성인이 주류를 이루었지만, 최근에는 그 자녀들에 대한 한국어교육이 필요하게 되었고, 한국의 노동자로 입국한 외국인 근로자의 자녀, 국제결혼으로 생긴 다문화 가정의 자녀 등 학습 대상자가 확대되었다. 이에 따라 각 언어권과 연령층, 교육 수준과 영역에 적합한 교재 개발과 효율적인 지도 방법 개발이 한국어교육의 새로운 과제라고 말할 수 있다.

✖ 한국어능력시험(TOPIK)

한국어능력시험(TOPIK; Test of Proficiency In Korean)은 한국어를 모국어로 사용하지 않는 외국인이나 재외동포들에게 한국어 학습방향을 제시하고 세계 속의 한국어 보급 확대를 위해 교육부 국립국제교육원에서 주관하는 한국어 사용 능력 측정 시험이다. 한국어능력시험은 2014년에 개편이 확정되어 2014년 35회 시험부터 시험 체제가 개편되었다.

구분	변경 전	변경 후	
시험 등급	한국어능력시험 초급(1~2급)	한국어능력시험 I (1~2급)	
	한국어능력시험 중급(3~4급) 한국어능력시험 고급(5~6급)	한국어능력시험 II (3~6급)	
평가 영역	한국어능력시험	한국어능력시험 I	한국어능력시험 II
	• 어휘 및 문법(30문항) • 쓰기(서답형 4~6문항, 선택형 10문항) • 듣기(30문항) • 읽기(30문항) ※ 초・중・고급 동일	• 읽기(40문항) • 듣기(30문항)	• 읽기(50문항) • 듣기(50문항) • 쓰기(4문항)
총 문항 수	초・중・고급 각 104~106문항	70문항	104문항
	312~318문항	174문항	
배점(시험 시간)	초・중・고급 각 400점 (각 180분)	200점 (100분)	300점 (180분)
합격 기준	• 사전 공지된 등급 분할점수로 등급 판정 • 영역별 최저득점 요구 과락제도	• 획득한 총 점수에 따른 인정 등급 판정 • 영역별 최저득점 요구하는 과락점수 폐지	

또한 인터넷 환경이 구축된 시험장에서 PC를 통해 온라인으로 시험을 실시하는 i-TOPIK(인터넷 기반 시험)과 '질문에 대답하기, 그림 보고 역할 수행하기, 그림 보고 이야기하기, 대화 완성하기, 자료 해석하기, 의견 제시하기'의 총 여섯 문항으로 구성된 TOPIK 말하기가 추가되었다.

✖ KSL 학습자 특성

KSL(Korean as a Second Language) 학습자란 한국어가 모국어가 아닌 학습자를 말한다. 2012년에 고시된 '다문화 배경 학생을 위한 한국어 교육과정'에서 규정하고 있는 '다문화 배경 학생'에는 국제결혼 가정 자녀, 외국인 가정 자녀, 중도 입국 학생, 탈북 학생, 귀국 학생 등이 포함되며, 이들 중 한국어 능력이 부족하여 학교 수업에 적응이 어려운 학생을 한국어 과목의 대상으로 명시하고 있다. 즉, 중도 입국 학생이나 외국인 가정 자녀처럼 한국에서 태어나지 않았거나 한국어가 아닌 다른 언어를 모어로 하는 학생들과 한국어 능력이 부족한 경우 혹은 한국에서 태어나고 자라긴 했으나 외국인 어머니의 제한된 한국어 수준으로 인해 가정에서의 한국어 학습이 부족하여 한국어 숙달도가 일반 가정 학생들과 차이가 나는 경우 등이 해당된다. 또한, 제3국 등을 통한 오랜 탈북 과정으로 인해 한국어 능력이 부족하게 되고, 남한에서의 학교생활 적응에 어려움을 보이는 탈북 학생 역시 한국어 교육과정에서 명시하는 한국어교육의 대상자이다. 마지막으로, 오랜 해외 체류 후 귀국한 가정의 자녀 중에 한국어 의사소통 능력이 부족해 한국어로 이루어지는 수업에 참여하는 데 어려움을 겪고 있는 학생도 '다문화 배경 학생'에 포함된다.

✖ Stern의 외국어 교육 목적

Stern(1992)은 외국어 교육 목적을 숙달도 목적, 지식 목적, 정의 목적, 전이 목적 등으로 구분하였다.

1. 숙달도 목적: 말하기, 듣기, 읽기, 쓰기의 네 가지 언어 기술, 즉 구체적 언어 행위에 통달하는 것
2. 지식 목적: 언어 지식과 문화 지식에 통달하는 것
3. 정의 목적: 목표어에 대한 긍정적 태도 및 감정, 자신감을 갖는 것
4. 전이 목적: 학습 방법을 터득함으로써 미래에 새로운 내용을 학습할 때 그 방법을 활용할 수 있도록 하는 것

✖ 학습 동기

사람이 추구해야 할 목표와 어떤 일이나 행동을 일으키게 하는 계기가 동기의 사전적 정의이다. 동기는 내적 동기와 외적 동기로 나뉜다. 그리고 학습과 관련된 동기를 살펴보면 통합적 동기와 도구적 동기로 나뉜다.

1. 내적 동기: 학습자 내면에서 내적으로 동기화된 보상으로 개인의 욕구, 요구, 욕망을 말한다.
2. 외적 동기: 학습자가 외적으로 주어지는 보상을 기대하는 것으로 전형적인 외부 보상은 돈, 상, 성적, 긍정적 피드백을 말한다.
3. 통합적 동기: 해당 언어 화자들의 집단에 대한 긍정적인 감정에서 나오는 언어 학습 욕망을 말한다.
4. 도구적 동기: 어떤 경력상의 목표, 교육적인 혹은 재정적인 목표를 이루기 위한 언어 학습 욕망을 말한다.

✖ 성공적인 한국어 학습 전략

학습 전략은 학습자가 보다 효과적인 학습을 위하여 사용하는 전략을 말한다. 한국어 학습에서 성공적인 학습자는 다음과 같은 학습 전략을 지니고 있다.

1. 학습에 대한 책임을 지고, 자신만의 학습 방법을 찾는다.
2. 언어에 대한 정보를 구조화한다.
3. 창의성을 발휘하여 문법과 어휘를 다양하게 적용해 봄으로써 언어적인 '감각'을 계발한다.
4. 수업 시간뿐만 아니라 생활 속에서도 언어를 사용할 기회를 창출한다.
5. 모르는 단어가 나와도 당황하지 않고 애매함을 수용하면서 계속 듣고 말한다.
6. 배운 내용을 회상하기 위하여 기억술과 그 밖의 책략을 활용한다.
7. 오류가 자신에게 불리하게가 아니라 유리하게 작용하도록 한다.
8. 제2언어 학습에 모국어 지식을 포함한 여러 언어적 지식을 충분히 활용한다.
9. 맥락적인 단서를 이용하여 내용의 이해를 도모한다.
10. 지적으로 추측하는 법을 배운다.
11. 어떤 언어 표현들을 분석하지 않고 통째로 배워 '실력 이상'의 언어를 구사한다.
12. 대화를 지속시키는 비결을 배운다.

13. 능력이 좀 부족한 경우 이를 메워주는 적절한 표현 책략을 배운다.
14. 다양한 구어체와 문어체를 배워 격식상 다른 상황에 따라 적절한 표현을 사용한다.

✖ 언어 교육의 학습 목표, 정확성과 유창성

언어 교육에서의 학습 목표는 정확성과 유창성 모두 추구해야 한다. 물론 실제 상황에서 적합하고 효율적으로 의사소통할 수 있는 능력의 개발에 초점을 맞추게 되면 정확성보다 유창성에 더 비중을 두게 된다. 그러나 유창성을 강조한다고 해서 정확성을 무시할 수는 없다. 부정확한 언어는 결코 유창한 언어가 될 수 없기 때문이다. 특히, 한국어처럼 문법적 활용이 많은 언어에서 정확성을 무시하고 언어의 의사소통적 기능만을 강조하는 것은 자칫 잘못된 언어 습관을 화석화시킬 위험이 있다. 또한 최근 들어 유창한 언어에는 이해를 방해하지 않을 정도의 정확성을 필수 요소로 보는 견해가 많다. 정확성이 높을수록 유창한 언어에서 요구하는 적절성 (Appropriateness)과 용인성(Acceptability)이 증대되기 때문이다. 다시 말해 의사소통적 언어 교육에서 강조하는 유창성에는 언어의 자연스러움을 잃지 않을 정도의 정확성까지 포함되어 있다고 할 수 있다.

✖ 문법의식 고양 과제

문법의식 고양 과제는 스스로 문법 규칙을 찾도록 유도하는 기법이다. 이 과제는 활동 집단이 목표 문법에 대한 주목의 빈도가 높고, 스스로 특정 언어 형태의 규칙을 인식하게 하는 것이다. 명시적인 지식을 학습자가 얻도록 도와주고, 의미 협상(학습자들끼리 서로 문법에 대해 합의의 과정을 이루는 것)을 통해 문법 항목에 대한 이해를 돕는 것이다.

> 입력 자료 제시 → 문법 규칙에 대해 동료와 생각해 보기 → 문법성 판단 → 규칙 만들고 서술하기 → 간단한 문장 만들기의 절차로 수행

하지만 문법의식 고양 과제는 항상 교사에 의해 만들어지고, 일반적으로 긴 글이 아닌 문장으로 제한되어 있다. 그리고 메시지의 전달보다는 문법 항목의 이해를 위한 메타언어가 사용되어 초급 단계의 학습자의 경우 메타언어가 어렵고 복잡하여 문법 학습이 재미없다는 편견을 가질 수 있다.

✖ 소그룹 활동

짝 활동이나 소그룹 활동은 교사의 발화량을 줄이고 학생들의 발화량을 더욱 증가시키는 방법이다. 이런 활동은 다음과 같은 장점이 있다.

1. 학생 스스로가 적극적으로 말할 기회를 갖게 된다.
2. 교사 중심 수업보다 짝 활동 또는 소그룹 활동이 더 활발한 상호작용을 이끌어 낸다.
3. 학생들은 서로 얼굴을 대하고 직접 말하기 때문에 교실 밖 현실 세계의 언어 사용 방식과 더욱더 가까워진다.
4. 소그룹 활동은 수업 시간에 여러 가지 다양한 활동을 제공하여 수업에 변화를 줄 수 있다.

✖ 교육 단계의 목표

[초급]
1. 인사하기, 자기 소개하기, 물건 사기, 음식 주문하기, 길 묻기, 약속하기 등 일상생활을 하는 데 필요한 가장 기초적인 한국어 말하기를 교육한다.
2. 가게나 식당, 우체국, 은행 등 생활과 밀접한 장소에서 필요한 일을 처리하는 데 필요한 말하기를 교육한다.
3. 기본 문장 구조를 이용해 일상생활과 관계가 깊은 주제(자기 자신, 가족, 주말 활동, 날씨 등)에 대해 묻고 대답하기를 교육한다.
4. 자주 쓰이는 연결어미나 관형사형 등을 사용해 일상적이고 친숙한 주제(가족, 취미, 여행, 교통, 감정, 운동, 경험 등)에 대해 묻고 대답하기를 교육한다.
5. 개별 음을 정확하게 발음하고 대표적인 통용 발음을 듣고 이해하도록 교육한다.

[중급]
1. 일상생활과 관련된 내용을 유창하고 정확하게 표현하도록 교육한다.
2. 설명하기, 묘사하기, 비교하기, 말 전달하기 등의 기능을 익혀 짧은 문단을 구성하는 것을 교육한다.
3. 문어와 구어의 기본적인 특성을 구분해 말하는 것을 교육한다.
4. 직장에서 격식에 맞게 의사소통을 하는 방법과 한국어로 기본적인 업무를 처리하는 것을 교육한다.
5. 개별 음과 억양을 정확하게 발음하며, 통용 발음을 듣고 이해하도록 교육한다.

[고급]
1. 정치, 경제, 사회, 문화 분야의 다양한 주제를 정확하고 유창하게 다룰 수 있도록 교육한다.
2. 공식적 상황과 비공식적 상황, 구어 상황과 문어 상황에 적절한 표현을 사용해 말하는 것을 교육한다.
3. 토론하기, 발표하기, 브리핑하기 등 전문적인 업무 수행에 필요한 말하기를 교육한다.
4. 한국인이 즐겨 쓰는 담화의 구조를 관찰하고, 유사한 구조로 말을 하는 것을 교육한다.
5. 격식적 발화 상황에서 적절하게 발음하고, 일반적인 방언을 이해할 수 있도록 교육한다.

✖ 교육 내용의 조직

내용 선정을 기준으로 교육 내용이 선정되면 이를 조직하는 원리를 고려해야 한다. 원리로는 계열성의 원리와 계속성의 원리가 있다.

계열성의 원리는 교육과정 내용이 제시되는 순서와 관계있는 것으로 특히 한국어교육에 있어서는 수준별 문법의 순서를 들 수 있다. 즉, 문법 사항의 난이도에 따라 순위를 정할 수 있을 것이다. 이러한 순서가 어떻게 조직되느냐에 따라 교수·학습의 효율성이 달라지게 된다.

계속성의 원리는 교육과정 구성 요소의 수직적 조직 혹은 반복을 나타낸다. 이는 학생들이 교육과정 전체에 걸친 지식의 깊이와 폭을 넓히기 위해서는 어떤 주요한 아이디어 혹은 기능을 반복할 필요가 있다는 것을 의미한다. 예를 들어 읽기를 능숙하게 잘하는 사람이 되려면 다양한 형태의 읽기 자료를 지속적으로 접해야 할 것이다.

1. 간단한 내용에서 복잡한 것으로 조직: 일반적으로 학습 항목의 제시 순서는 난이도에 따라 처음에는 쉬운 수준부터 시작해서 어려운 수준으로 조직한다.
2. 시간적 발생의 순서로 조직: 과정 중심 쓰기의 경우, '관련 주제 탐색 → 주제 선정 → 쓰기 → 수정 및 편집' 등의 순서로 설계된다.
3. 전체에서 부분으로, 부분에서 전체적 내용으로 조직: 교육과정의 특성에 따라 귀납적 접근과 연역적 접근이 모두 가능하다.
4. 나선형 조직화: 가르친 내용을 계속 반복적으로 구성하는 원리이다.
5. 친숙한 내용에서 낯선 내용으로 조직: 학습자들에게 친숙한 내용을 먼저 제시하고 그 내용과 관련시켜 나가도록 한다.
6. 선수학습에 기초해서 조직: 먼저 가르친 학습 내용은 그다음의 단계에서 진행할 때의 중요한 기초가 된다.

✖ 교육과정

교육과정은 교육을 목적으로 하는 각 기관에서 교육 대상자를 위해 프로그램을 기획, 운영, 관리하고 그 효과를 검증하는 주요 원리이다. 교육과정의 정의에는 다양한 시각이 존재하는데 먼저 정규 기관의 내부와 외부에서 수립되는 교육과 관련된 모든 계획을 교육과정으로 보는 입장이 있다. 다음으로 교과목이나 교과목에 담긴 교육 내용을 일컫기도 하는데 이러한 경우 교육과정은 교과과정으로 불린다. 또한 학습자들이 이루고자 하는 목적을 달성하기 위해 학습자가 익히고 수행해야 할 다양하고 구체적인 과제들로 보기도 한다. 마지막으로 학습자가 실제로 배우게 되는 학습 결과를 의미한다.

✖ 교수요목 설계 시, 고려사항

1. 학습해야 할 언어적 지식에 관한 여러 가지 항목들을 열거한 뒤 그 순서를 정해야 한다.
2. 학생들이 습득해야 할 언어의 기능과 의미에 관한 여러 가지 항목들을 열거한 뒤 그 순서를 정해야 한다.
3. 학습자가 대인 관계를 형성하고 상호작용하기 위해 사용할 담화 과정을 순서대로 기술한다.
4. 학습자가 참여해야 할 의사소통 활동들을 열거하고 순서를 정해야 한다.

✖ 교수요목 모형

1. 선형: 문법이나 구조와 같은 언어 요소를 순서화, 등급화하여 제시하는 유형으로 교과에서 다루게 되는 내용을 교수에 편리하도록 논리적인 체계를 세워 조직한 것을 말한다. 난이도가 낮은 것부터 점차 어려운 것의 순서로, 사용 빈도가 낮은 것부터 많은 것의 순서로 가르쳐야 한다. 특히, 초급 학습자에게 구조와 문법을 가르치기에 적절한 모형이다. 위계가 뚜렷하여 청각구두식 교수법에서 많이 사용되나 의사소통 기능 중심으로 구성되어 있는 경우에는 선형 교수요목을 적용하기 어렵다.
2. 나선형: 한 과정에서 언어 항목, 개념, 주제 등을 두 번 이상 반복적으로 구성한 것이다. 한 가지를 가르치고 그 다음 과정을 가르칠 때, 이전에 학습한 내용을 포함하여 가르치는 것을 말한다. 점차 더 많이 학습할 수 있는 구조이며, 전과정을 통하여 여러 번 다시 제시된다.
3. 조립형(모듈형): 주제나 상황에 관련된 언어 내용과 언어 기능을 통합한 유형이다. 학습하게 될 단원을

집단으로 구성하여, 각 단원에서 언어 기능을 순서대로 제시하여 구성한다. 주제나 상황에 관련된 언어 내용과 언어 기능을 통합한 유형으로 주제형 또는 상황중심형이라고도 한다. 주제를 선택하고 그 주제를 읽기-듣기-읽기 또는 쓰기-읽기-말하기-쓰기와 같이 정해진 형태로 전반적인 내용을 먼저 알려주고, 가르치는 것을 말한다.

4. 줄거리 제시형: 주제의 일관성과 계속성을 유지하고, 이야기의 흐름을 알고 순서에 따라 문제를 해결하는 데 도움이 되도록 구성한다. 실용 중심의 회화 교재를 제작하거나, 동화나 단편소설 중심의 읽기 교재를 제작하는 경우 이 모형을 이용할 수 있다.

5. 기본내용 제시형(매트릭스형): 학습해야 할 과제와 여러 상황을 표로 제시하여, 사용자가 주제를 선택하여 학습할 수 있도록 최대한으로 융통성을 제공한다.

�֍ 교수요목(Syllabus)의 유형

교육과정(커리큘럼)과 혼동되어 사용되기도 하나, 교수요목은 교육과정의 하위 부류로 분류된다. 교육과정을 효과적으로 수행하기 위해 준비된 교육 내용의 목록·방법을 상세히 기술해 놓은 교육 계획서라고도 할 수 있다. 잘 짜인 교수요목은 학습자에게 목표가 무엇인지를 분명하게 인식시켜 줌으로써 학습 효과를 극대화할 수 있다.

교수요목의 유형	장점	단점
문법 중심	• 가장 익숙한 유형(난이도, 복잡성, 빈도 원리에 의해 항목들이 선택되고, 배열됨) • 문법 지식을 풍부하게 쌓음	• 문법 지식을 의사소통에 전이시키지 못함 • 학습자의 흥미가 저하될 수 있음
상황 중심	• 필요한 상황이 무엇인가에 초점을 맞추어 교육하는 방법 • 실생활에 필요하기에 학습 동기를 진작시킴	• 사회적인 상황만 다루기에 개인적 상황에서의 구체적인 표현 문제는 어려움 • 언어 구조가 적절하게 제시되기 어려움
의미-기능 중심	• 의미와 기능을 중심으로 교과를 구성해야 한다는 관점 • 초기 단계부터 문법적·상황적 요소를 배제하지 않음	• 학습이 체계적으로 이루어지지 않음

※ 학습자들의 요구(Needs)(학습 동기/목표/모국어/동기와 태도/나이/교육 정도/학습 기간/선호하는 학습 방법)를 조사한 자료를 분석함으로써 새로운 교수요목 설계가 필요하다.

✖ 과정 지향적 교수요목

과제 중심 교수요목과 절차적 교수요목처럼 교실 수업의 과정에 관심을 가지는 교수요목을 과정 지향적 교수요목이라고 한다. 과정 지향적 교수요목은 언어학적 분석에 따라 결정된 항목의 목록이나 과정(Course)을 마칠 때 학습자가 도달하게 될 학습 결과를 묘사한 것이 아니라, 교실에서 학습자가 하게 될 과제나 활동을 상술하는 것으로 구성된다.

✖ 결과 지향적 교수요목

문법적(Grammatical) 교수요목, 기능적(Functional)-개념적(Notional) 교수요목 등은 교육과정의 결과로 얻어낸 산물에 초점을 맞추고 있다는 점에서 결과 지향적 교수요목이라고 할 수 있다.

✖ 분석적 교수요목과 종합적 교수요목

분석적 교수요목이란 언어를 배우고자 하는 목적과 필연적으로 그 목적에 부합하는 언어활동의 종류를 고려하여 조직된 것이다. 문법구조나 난이도가 아닌 의사소통 목적으로 상황에 맞는 언어를 학습하는 것으로 교사와 학생들 간의 협상을 통하여 결정하므로 분석적 교수요목이라 하고 화제-주제 중심 교수요목, 상황 중심 교수요목 등이 여기에 속한다.

한편 언어의 전체적 구조가 완성될 때까지 언어의 각 부분이 점진적으로 축적되어 가는 과정이 되도록 여러 가지 부분을 따로따로 지도하는 방법에 의해서 작성되는 교수요목은 종합적 교수요목이라 한다. 이 교수요목은 전체 언어를 문법적 구조와 어휘별로 구분하여 작성하므로 문법적 교수요목과 구조적 교수요목으로 구분되고, 이 둘을 합쳐서 문법-구조적(Grammatical-Structural) 교수요목이라 한다. 학생을 중심으로 한 교수요목이 아니라 교사가 학습 내용을 보다 쉽게 다룰 수 있다는 관점에서 교사 중심의 교수요목이다.

✖ 학습자의 학습 유형

학습자의 유형에 따라 교수 방법을 달리해야 한다. 학습 유형은 학습자가 어떻게 학습 환경을 지각하고 상호작용하고 반응하는가를 보여주는 지표이며 인지적·정의적·생리적 특성이라고 할 수 있다. 대표적인 학습자 유형의 예로는 심사 숙고형과 충동형, 장 독립적 유형과 장 의존적 유형, 좌뇌 학습자와 우뇌 학습자, 시각적 유형과 청각적 유형 등이 있다.

1. 장 독립적 유형: 전체에서 부분을 식별하거나 각 요인들을 구분하여 분석할 수 있으나, 너무 지나치게 장 독립적인 부분들만 보고 그 부분들이 전체와 어떻게 연결되는지 파악하기는 어려워한다.
2. 장 의존적 유형: 전체 장에 의존하며, 전체는 명확하게 인식하지만 내포된 부분들을 쉽게 감지하지 못한다. 장 의존적 학습자는 수동적으로 학습에 참여하고 교사의 명시적인 설명을 필요로 하나 주위 사람들로부터 자아 정체성을 끌어내며 다른 사람들의 감정과 생각을 좀 더 잘 포용하고 지각한다. 그러므로 짝 활동이나 소집단 말하기 활동이 적합하다.
3. 우뇌 우성: 우뇌는 시각적·촉각적·청각적 이미지를 지각하고 기억한다. 우뇌는 총체적·통합적·정의적 정보를 처리하는 데 좀 더 효율적이다.
4. 좌뇌 우성: 좌뇌는 논리적·분석적 사고 그리고 정보의 수학적·선형적 처리를 주로 관장한다. 논리적인 문제 해결을 선호한다.
5. 시각적 유형: 그림이나 글자로 볼 때 이해가 더 잘 되는 학습자를 말한다. 그래서 시각적 학습자는 그림, 도표, 플로차트, 타임라인, 필름 그리고 시범을 볼 때 가장 잘 기억한다.
6. 청각적 유형: 설명이나 문장을 귀로 들었을 때 이해가 더 잘 되는 유형이다.

✖ 외국어로서의 한국어교육의 역사

1. 한국어교육의 시작(1950년대~1970년대)

   (1) 1950년대 '명도원'에서 외국인 선교사를 대상으로 시작

   (2) 대학에서의 한국어 교육과정

   (3) 정부 관련 단체 한국어 교육과정: 재외동포재단, 한국국제교류재단, 한국국제협력단, 국립국어원, 한국교육과정평가원, 유네스코 한국위원회

   (4) 시민단체에서의 한국어 교육과정: 지자체에서 실시하는 다문화 가정 프로그램

2. 한국어 교육기관의 급증(1980년대~1990년대)

   (1) 1988년 서울올림픽을 기점으로 한국어교육의 양적 성장이 이루어짐

   (2) 고려대학교(1986), 이화여자대학교(1988), 서강대학교(1990) 등에서 한국어교육 시작

   (3) 1993년 이후, 경희대학교, 성균관대학교, 한양대학교 등 대학 부설 어학기관 급증

3. 한국어교육의 질적·양적 성장: 2000년대 이후

4. 국외 한국어교육의 현황

   (1) 미국: 1997년부터 SAT에 외국어로서의 한국어가 포함

   (2) 일본: 교포 중심의 한국 학교 설립

   (3) 중국: 1980년대 후반 이후 한국어교육 급부상

   (4) 유럽: 영국 5개, 프랑스 4개, 독일 10개의 대학에서 한국학 전공 개설

   (5) 호주: 1980년에 대학 입학시험에 한국어를 선택 과목으로 채택

   (6) 태국: 2018년부터 대학 입학시험에 제2외국어 선택 과목으로 '한국어' 도입

   (7) 인도: 2021년부터 한국어를 제2외국어로 채택

   (8) 베트남: 2016년에 시범교육을 시작해 2021년 2월부터 한국어를 제1외국어로 채택

   (9) 러시아: 2020년에 한국어 교육과정을 개발 및 승인하여 2022년도에 한국어교육을 위한 검인정교과서가 정식으로 채택

   (10) 홍콩: 2025년부터 홍콩대입시험 제2외국어 영역에 한국어 과목 신설을 확정하고, 해당 과목의 대입시험 성적으로 한국어능력시험(TOPIK) 성적을 최초로 공식 활용

※ 목적에 따른 한국어 학습자 구분

① 일반 목적 한국어교육: 한국 생활에 필요한 한국어 의사소통 능력을 기르고, 한국 사회와 문화 이해, 친교, 정보교환 목적

② 특수 목적 한국어교육: 학문 목적 학습자, 직업 목적 학습자

※ 외국어로서의 한국어교육의 특징

① 대학의 부설기관이 주요 한국어 교육기관이다. 하지만 최근에는 다문화센터 및 사회통합 관련기관 등 다양한 교육기관이 생겨서 선택의 폭이 넓어졌다.

② 민간 차원에서 성장하기 시작하여 1990년대 이후 크게 성장했다.

③ 초기에는 비전문가에 의해 교육되었으나 체계적인 교육과정에 의해 점차 전문화되고 있다.

상위 인지 전략(초인지 전략)

학습할 내용을 학습자가 미리 점검하고 계획함으로써 언어 학습 과정을 스스로 관리하고 통제하는 전략을 말하며, 듣기 이해에 있어서 계획·점검·평가를 말한다. 과제의 요구와 흐름을 깨닫고, 적절한 전략을 적절한 시기에 적절한 방법으로 사용하는 것을 총괄하는 것이 초인지 전략의 과제이다.

[O'Malley Et Al.(1990)의 분류에 따른 한국어 듣기 초인지 전략]
1. 점검하기: 들으면서 내가 잘 이해하고 있는지를 순간적으로 점검하고, 자신의 듣기 능력에 맞게 듣기 수행을 계획한다.
2. 자기 관리하기: 듣기 전이나 듣는 중에 마음을 가다듬고 정신을 집중한다.
3. 목적을 가지고 선택적으로 듣기: 무엇을 들어야 할지를 간단하게 선택한 후 듣는다.
4. 못 들은 내용에 집착하지 않기: 못 들은 문장에 대해 걱정하지 말고 빨리 다음 문장에 주의를 기울여 듣는다.

메타 인지 전략

인지 전략으로는 분류하기, 예측하기, 귀납하기, 메모하기, 개념도 만들기, 구분하기, 도표 만들기, 추론하기가 있다. 메타 인지 전략에는 학습에 집중하기(전체를 보고 이미 아는 내용과 연결하기, 주의 기울이기), 학습을 준비하고 계획하기(언어 학습에 대해 알아보기, 조직하기, 목적과 목표 세우기, 언어 과제의 목적 파악하기, 언어 과제 수행을 위한 계획 짜기, 연습 기회 갖기), 학습을 평가하기(자기 모니터하기, 자기 평가하기)로 나뉜다.

제시(설명) 단계

제시(설명) 단계에서는 학습할 어휘와 문법(문형)에 대한 제시와 설명이 이루어지고, 학습 주제와 관련된 내용 이해 과정도 진행된다. 이 단계에서는 교사가 다음과 같은 사항에 유의하여 미리 철저히 준비해야 한다.

1. 어휘나 문법의 용법을 분명하게 보여줄, 대표성이 있는 예문을 선별해서 제시함
2. 설명이 논리적이고 구체적이어서, 학습자들이 한국어를 한국어로 이해할 수 있도록 해야 함
3. 중요도에 따라 제시 내용을 적절하게 배열해야 함
4. 설명에 도움이 될 수 있도록 학습자들 수준에서 이해 가능한 비교 또는 비유 등을 준비함
5. 수업 중 수시로 질문을 통해 학습자들의 이해도를 확인하고 적절한 피드백을 제공함
6. 판서를 통해 제시할 것과 구두로만 제시할 것을 구분하여 염두에 두어야 함
7. 보조 자료 사용에 대해 미리 계획해 두어야 함

❈ 발음 교육의 역사

한국어 발음의 교육은 시기별 주도적 교수 학습법에 따라 조금씩 그 강조점이나 중요성이 달라지는 모습을 보였다. 19세기 문법 번역 교수법이 주도하던 시기에는 정확한 문법 지식을 바탕으로 목표어와 모국어의 상호번역을 주된 목적으로 삼았기 때문에 읽기나 쓰기 기능에 강조하고 말하기나 듣기 기능과 관련한 발음 교육 분야는 거의 무시되었다.

19세기 중엽 의사소통의 필요성이 많아지면서 문법 번역식 교수법을 비판하였고, 직접 교수법이 등장하면서 발음 교육이 강조되기 시작하였다. 교육목표가 의사소통을 위한 언어 교육으로 초점이 바뀌었으며 모국어 사용을 피하기 위해 불가피하게 그림이나 실물, 동작 등 시각적 보조 자료를 많이 활용하였다.

이후 1940~1950년대에 청각 구두식 교수법이 등장하였다. 학습을 기계적인 습관 형성의 과정으로 보기 때문에 수업 중에 모방과 암시 반복이 주를 이룬다. 테이프 듣기, 교사의 읽기를 통해 학습할 어휘와 구조들을 대화를 통해 제시한다. 학습 초기부터 말하기가 요구되어 자연스러운 구어를 대화나 연습에 활용한다. 정확한 발음을 중시하므로 초급 단계에서 어떤 표현이나 문형을 익히는 데 효과적이다.

1970년대에는 침묵식 교수법과 전신 반응 교수법을 주로 사용했다. 이 중 침묵식 교수법은 학생이 주로 말을 하고 선생님은 지켜보는 형태의 수업 방식이다. 조별 활동이나 과제를 통해 이루어지는 이 교수법은 학습자들이 외국어를 듣고 이해하며 말을 유창하게 할 수 있도록 하는 데 목적을 둔다. 원어민에 가까운 유창성을 기르도록 하며 이를 위해 올바른 발음을 익히도록 한다. 침묵식 교수법은 정확한 발음의 모델을 따라 반복 연습하는 것이 아니라, 학습자 스스로 시각적인 자료 등을 활용하여 자신의 시행착오, 시도, 판단, 결론 등의 수정 과정을 통해 이루어지는 것이다.

1980~1990년대에 이르러 언어가 가지고 있는 의사소통적인 속성들을 강조하면서 학습 내용의 진정성, 실제성, 교실 밖 현실과의 근접성 등에 바탕을 둔 접근법들이 발달하였는데 의사소통 중심 교수법이 대표적인 예라 할 수 있다.

❈ 한국어 발음 교육

효율적이고 올바른 발음 지도를 위해서는 한국어 교사가 한국어의 표준 발음을 구사할 수 있는 능력이 있어야 한다. 한국어의 음성학과 음운론에 대해 정확한 지식을 갖추고 있어야 할 뿐만 아니라 음성학적인 훈련도 되어 있어야 한다. 또한 학습자의 발음을 더 효율적으로 교육하려면 한국어의 음운 체계가 해당 학습자의 모국어의 음운 체계와 어떤 관계가 있는지 정리하여 유사점과 상이점을 파악하는 것이 중요하다. 특히 언어권별로 자주 나타나는 발음상의 문제점을 지도하는 구체적인 방법을 제시해 주어야 한다.

효과적인 발음 교육을 위해서는 교사가 학습자들에게 '무엇을, 왜' 학습하고 있는지를 분명히 알도록 해야 하는 제시 단계가 필요하다. 제시·설명 단계에서는 음성기관의 그림이나 모형 또는 교사의 발음, 동작 등을 이용하여 한국어의 발음 체계가 어떻게 이루어져 있는지 또는 학습자의 모국어와는 어떤 차이가 있는지를 간략하게 설명하고 인식시킨다. 그런 다음에는 원어민의 자연스러운 발음을 듣고 따라 하는 연습 단계가 필요하다. 마지막으로는 학습자가 연습과 같은 인위적인 상황에서 벗어나 자연스러운 상황에서도 학습한 방법대로 발음할 수 있도록 하는 생성 단계가 필요하다.

✖ 발음 교육의 목표

1. 한국어로 의사소통을 하는 데 있어서 화자가 말하고자 하는 바를 청자가 아무런 불편함 없이 이해할 수 있는 수준으로 발음하는 것을 목표로 한다.
2. 화자가 의사소통 능력에 대한 감각을 갖고 청자에게 전달하고자 하는 내용을 효과적으로 표현할 수 있는 수준의 언어 능력 습득을 목표로 한다.
3. 학습자에게 자기 자신에 대한 자신감과 긍정적인 자아의 모습을 심어주어 목표어의 구어를 편안하게 사용할 수 있도록 한다.
4. 학습자가 주도적으로 자기 자신의 발음을 돌아보고 오류를 스스로 수정할 수 있는 능력과 전략을 개발시키도록 한다.

✖ 언어권별 한국어 발음의 문제점

학습자는 모국어의 언어 체계의 영향을 받아, 목표어를 학습하는 과정에서 지속적인 방해를 받는다. 그러므로 언어권별로 학습자의 모국어와 목표어를 대조 분석하여 구체적인 사례를 통해 문제점을 해결할 수 있는 방법을 마련해야 한다.

① 영어권 학습자
  • 한국어의 'ㅡ, ㅓ, ㅢ'를 발음하기 어렵다.
  • 한국어의 경음, 격음, 마찰음, 파찰음을 구별하여 발음하기 어렵다.
② 일본어권 학습자
  • 한국어의 'ㅓ, ㅔ, ㅡ, ㅕ, ㅛ'를 구별하여 발음하기 어렵다.
  • 한국어의 경음, 격음, 마찰음, 후두음, 비음, 유음을 발음하기 어렵다.
  • 한국어의 받침을 발음하기 어렵다.
③ 중국어권 학습자
  • 한국어의 'ㅏ, ㅡ, ㅗ, ㅓ'를 발음하기 어렵다.
  • 한국어의 평음을 발음하기 어렵다.
  • 한국어의 받침으로 쓰이는 자음을 발음하기 어렵다.
  • 한국어의 마찰음 'ㅅ, ㅆ'과 파찰음 'ㅈ, ㅊ'의 구별을 어려워한다.
  • 중국의 산둥 지방 사람은 'ㄴ'을 발음하기 어렵다.
  • 탄설음 'ㄹ'을 발음하기 어렵다.

✖ 발음 교정

학습자의 발음 오류 문제점을 진단하고, 오류의 원인을 찾아 과학적이고 효과적인 방법을 동원하여 교정하는 것을 말한다. 발음 지도는 청각적인 구분, 인지와 이해, 발성, 확인과 교정 네 단계가 있다. 발음 교정에서 주로 지도하는 내용은 모음의 교정(단모음, 이중모음), 자음의 교정(파열음, 마찰음, 파찰음, 비음, 유음), 초분절음소의 교정(강세, 억양), 음절 구조의 교정 등이 있다.

효율적인 발음 교정 방법으로는 목표어와 모국어의 음운 체계를 비교하여 정리하고 유사점과 차이점을 파악하여 교정하는 것이다. 예를 들어 일본어권 학습자는 자음 중에서 '평음/격음/경음'이 초성으로 올 때와 /ㄴ, ㅁ, ㅇ/이 받침으로 쓰일 때 정확하게 구별해서 듣거나 발음하는 것을 어려워하고 모음 중에서는 구별하지 못 하는 것이 있다. 중국어권 학습자는 한자음처럼 발음하는 데서 오는 오류가 많으므로, 중국어 발음과 비슷한 자음과 모음을 골라 교육한다. 그리고 중국어에서 존재하지 않는 /ㅡ/와 같은 발음을 강조하여 교정한다. 또한 /ㅗ/와 /ㅓ/ 경우에 중국어 발음 /e/와 비슷한 발음을 중점으로 교육한다. 자음과 모음의 교정 절차가 같은데, 한국어의 파열음, 마찰음, 비음, 유음, 초분절음소의 교정(강세, 억양), 음절 구조를 빠짐없이 교정해 주어야 한다.

✘ 유창성 중심의 발음 교육

언어 학습에서 발음 교육이 가장 기본이라고 하는 이유는 문법 지식이나 어휘력 등 해당 언어 지식을 많이 가진 학습자라도 발음의 정확성과 유창성이 떨어지면 효과적인 의사소통을 하지 못할 가능성이 많기 때문이다. 또한 발음이 좋지 않을 경우에는 실제 학습자의 언어 능력보다 더 낮게 평가받을 가능성이 있다.

최근의 언어 교육은 의사소통 중심 교수법을 채택해 진행하고 있는데, 이 교수법은 발음의 정확성보다 유창성에 중점을 둔다. 유창성을 강조하는 발음 교육에서는 초분절음 교육이 중시된다. 교사는 학습자 발음의 유창성을 기르기 위해서 관심을 가지고 세심한 관찰을 해야 한다. 발음은 단기간에 향상되는 것이 아니라 오랫동안 훈련되어야 하는 것이기 때문에 교사는 인내심을 가지고 지도해야 한다.

✘ 어휘 교육의 필요성

어휘력은 의사소통의 기본이 되므로 어휘는 한국어교육에서 기본적으로 교육해야 할 분야이다. 어휘의 습득을 바탕으로 언어를 습득하게 되므로 어휘는 언어 습득의 시작이라고 할 수 있다. 어휘가 효과적으로 언어를 구사하는 데 꼭 필요한 요소인데, 이는 다른 이들의 말을 들어 이해하는 과정에서도 크게 다르지 않다. 상대방의 이야기 내용을 충분히 이해하기 위해서는 이야기 내용에 담긴 어휘의 의미를 정확하게 알고 있어야 하기 때문이다. 문법 지식이 다소 부족하더라도 어휘력이 풍부한 경우가 그 반대의 경우보다 문장 이해력이나 표현력을 높게 만든다. 그리고 작문에 나타난 어휘의 오류가 문법의 오류보다 훨씬 의미 파악을 어렵게 한다는 지적이나, 어휘만으로도 간단한 의사소통이 가능하다는 것은 어휘 교육의 필요성을 단적으로 보여주는 것이다. 구로 이루어진 고정 표현에는 연어, 상투 표현, 속담, 관용적 숙어, 문형 표현 등이 있다. 이러한 고정 표현은 언어와 문화 사이의 상관관계를 잘 보여주는 영역으로 문화적 정보를 가장 많이 담고 있다.

✴ 어휘 지도 방법

1. 유의미한 어휘 교육을 해야 한다. 의사소통 상황 속에서 배우는 단어가 더 쉽게 이해될 뿐만 아니라, 연상 작용을 통해 장기 기억으로 이어질 수도 있다.
2. 학습자 능력을 고려한 어휘 교육을 해야 한다.
3. 한 낱말의 핵심적인 의미에서 시작하여, 점차 주변적인 의미를 이해할 수 있도록 단계적으로 지도해야 한다. 대부분의 낱말은 다양한 문맥에서 다양한 의미로 사용된다. 한 낱말의 다의적인 쓰임을 익히는 것은 어휘력을 늘리는 좋은 방법의 하나이다.
4. 학습자 어휘 학습 전략을 개발해야 한다.
5. 한국어의 특징을 고려한 어휘 교육을 해야 한다.

✴ 어휘 확장

어휘 확장은 학습자의 수준과 능력에 맞춰서 해야 한다. 초급에서는 기초적인 뜻을 가르치고 급이 올라갈수록 주변적인 의미로 확장해 나가야 한다. 중급부터는 어휘를 생성하는 원리에 의해서 어휘 확장을 이룰 수 있는 파생어와 합성어에 관한 교육이 이루어져야 한다. 고급에서는 이미 구축된 어휘를 이용하여 어휘를 확장 시키는 방법을 택한다. 따라서 어휘 형성 원리에 대해 체계적인 교육을 실시해야 할 것이며, 의미 관계에 따른 다의어, 동음이의어 등에 관한 교육이 이루어져야 한다.

✴ 어휘 선정 기준

어휘에는 사용 빈도, 이용도, 사용 범위, 치환성 기준이 필요하며, 능동적 어휘와 수동적 어휘를 구별하여 선정하고 지도해야 한다.

1. 사용 빈도: 사용 빈도는 어휘가 모국어 화자에 의해 어느 정도로 자주 사용되는가를 나타내는 것으로 어휘 선정에서 가장 중요한 기준이다.
2. 이용도: 이용도는 하나의 단어가 특정한 상황에서 연상되거나 필요한 정도를 말한다. 쉽게 기억되고 회상 되는 단어가 이용도가 높다.
3. 사용 범위: 사용 범위는 특정한 어휘가 얼마나 다양한 문맥에서 사용되는가에 대한 척도이다. 제한된 글과 말에서만 쓰이는 어휘보다는 여러 형태의 다양한 글과 구어에서 사용되는 어휘를 선정하여 지도하는 것이 효과적이다.
4. 치환성: 치환성은 하나의 어휘나 구조가 유사한 의미를 지니는 다른 언어나 구조를 대신하거나 포괄해서 사용될 수 있는 정도 혹은 관련된 다른 의미를 표현하는 단어와 결합되어 쓰이는 정도를 말한다.
5. 수동적 어휘: 수동적 어휘는 수용 기능인 듣기나 읽기 이해에는 필요하지만 표현 기능에 사용되는 빈도는 극히 드문 어휘를 말한다. 일반적으로 독자나 청자는 능동적 어휘보다 수동적 어휘를 더 많이 알고 있다.
6. 능동적 어휘: 능동적 어휘는 수동적 어휘에 비해 그 수가 적지만 학습자가 일상생활과 교실 활동에서 그 의미를 알고 자주 활용하는 어휘를 의미하며 수업에서 더 많은 활용 연습이 필요하다.

✂ 어휘 제시 방법

1. 설명하기: 일반적으로 교사가 가장 선호하는 방식으로, 새로운 어휘가 나왔을 때 교사가 그 의미를 말로 설명해 주는 방식이다.
2. 의미 관계를 이용한 어휘 제시: 유의어, 반의어 등을 활용하여 비슷한 말 찾기나 반대말 찾기 활동 역시 가장 널리 활용되는 어휘 확장의 한 방법이다.
3. 문맥을 통한 어휘 제시: 학습 목표가 되는 낱말이 들어 있는 문장을 제시해 문장의 의미를 통해 해당 낱말의 의미를 유추하게 하는 방법이다.
4. 어휘장 구성하기: 어휘를 제시할 때 고립적으로 제시하는 것이 아니라 관련 있는 주제나 상황과 함께 어휘 목록으로 제시하는 방법이다.
5. 암기하기: 가장 기초적인 어휘 학습 방법으로 교실 수업에서 교사에 의해 직접 활용되기보다는 학습자의 개인적인 노력이 필요한 부분이다.
6. 플래시 카드 이용하기: 어휘 제시나 연습(대체 연습이나 교체 연습) 시 플래시 카드를 이용할 수 있다.
7. 어휘 게임: 어휘 게임은 교수의 목표를 어휘에 집중시킴으로써 어휘 학습의 효율성을 높이고, 교사와 학습자 간, 또는 학습자와 학습자 간의 활동을 증대시킨다는 이점이 있다. 일반적으로 어휘 게임은 모든 단계에서 사용할 수 있으나 초급에서는 어휘의 양이 제한되기 때문에 게임의 종류 역시 제한될 수밖에 없을 것이다. 특히 한글 자모 읽기・쓰기를 통한 어휘 연습에서는 어휘의 숫자가 극히 제한되어 게임 활용이 어려울 수도 있을 것이다.

✂ 언어사용역

대화 상황(장면)에 따른 변이형을 언어사용역이라고 한다. 화자와 청자의 관계에 따른 변이형, 광고 문장과 일상생활 표현이 다른 경우, 각각의 학문 영역에서 사용하는 전문용어, 같은 직업집단에서 사용하는 어휘 등 같은 내용을 가리키면서도 사용되는 분야에 따라 다른 어휘에 관한 교육이 필요한데, 이를 학습하는 것이 언어사용역 교육이다.

✂ 문법 교육

한 항목의 여러 사용법 중 기본 사용법부터 단계적으로 가르치는 것이 좋으며 유사한 의미를 나타내는 문법 항목 간의 학습 순서를 조절해야 한다. 간단하고 쉬운 것부터 복잡하고 어려운 것으로 학습 순서를 정해 나가야 한다. 하나의 문법 항목을 지도할 때는 가르치고자 하는 문법의 의미와 기능이 잘 드러나는 간단한 문장으로 예시하고 질의응답으로 예시문의 이해를 확인하도록 하며 연습 문장은 학습자가 관심을 가지는 주제로 하여 학습자 중심의 교수가 이루어지도록 한다. 예문을 제시할 때는 제시만 하는 것이 아니고 그 예문의 발생 상황을 학생들이 알아들을 수 있는 말을 사용하여 예문 제시 전에 설명해 주는 것이 필요하다.

✖ 문법 교육의 효율성에 대한 대립의 관점

Thornbury(1999)에 따르면 의사소통 능력과 문법과의 관계를 보고, 문법 교육이 필요 있다는 유용론과 없다는 무용론이 있다고 하였다. 또한 최근에는 타 영역과의 관련성에 초점을 맞춰 통합적, 포괄적, 독자적인 입장을 취하고 있다.

1. 문법 교육 유용론
   (1) 문장 제조기론: 문법을 알아야 무한한 언어를 창조할 수 있다.
   (2) 정치한 조절 기능론: 문법을 알아야 미묘한 의미차이를 교정할 수 있다.
   (3) 화석화론: 언어능력 화석화를 지연시키는 기능을 한다.
   (4) 선행조직자론: 차후 언어습득에 긍정적인 도움을 준다.
   (5) 개별문법항목론: 언어를 항목별로 구분하여 교육 가능한 형태를 제공한다.
   (6) 문법규칙론: 문법은 평가할 수 있는 구조화된 언어규칙체계를 제공 및 평가한다.
   (7) 학습자 기대치론 I : 능률적이고 체계적인 언어학습경험을 기대한다.

2. 문법 교육 무용론
   (1) 실천방법지식론: 문법을 알고 있다고 해서 의사소통(언어사용능력)을 잘하는 것이 아니다.
   (2) 의사소통론: 문법 지식은 의사소통능력의 한 구성요소일 뿐이다.
   (3) 습득론: 문법 규칙은 학습하는 것이 아닌 습득되는 것이다.
   (4) 자연적순서론: 문법 교육은 자연적 언어습득능력을 파괴한다.
   (5) 어휘청크론: 문법보다 어휘 덩어리 형태로 학습하는 것이 중요하다.(단어〈청크〈문장)
   (6) 학습자 기대치론 II : 문법보다 배운 문법을 활용할 기회(언어 활용 능력)에 더 많은 관심이 있다.

✖ 문법 제시 훈련 모형

제시 단계에서는 학습자에게 목표 문법 표현의 형태와 의미를 인식할 수 있도록 그 형태를 제시하고, 본격적인 연습 단계로 가기 전에 그 문법 항목의 의미와 기능, 활용 정보 및 문형 정보와 같은 형태, 제약 등에 대해 설명을 한다. 연습 단계에서는 기계적인 연습과 유의미한 연습을 통해 제시 단계에서 얻은 문법에 대한 지식에 대해 연습한다. 사용 단계에서는 유창성에 초점을 맞춰 앞에서 연습한 것들을 과제로 통합해서 실제로 사용해 본다.

✖ 문법 교육의 역사

문법 번역식 교수법에서는 언어의 형태적인 측면에 초점을 맞추고, 문법에 대한 명시적인 설명을 하고 규칙을 연역적으로 가르친다. 직접 교수법은 명시적인 문법 교수를 지양하여 문법은 교사의 직접적인 설명 없이 귀납적으로 학습된다. 청각 구두식 교수법에서 문법은 목표 언어의 구조를 반영하는 문형 연습을 주요한 문법 교육 방법으로 삼았고, 직접 설명 없이 귀납적인 유추를 통해 학습된다. 문법은 규칙 자체가 중요한 것이 아니고, 하나의 문형으로 제시되고 습관을 형성하는 반복 연습이 중시되었다. 인지주의 교수법에서는 문장 유형을 기계적으로 암기하기보다 문법 체계의 작동에 대한 이해에 초점을 두어 문법 규칙을 설명함으로써 학습자로 하여금 문법 과정을 이해하도록 하였다. 초기 의사소통적 접근법에서 문법은 상황의 제시와 의사소통적 상호작용 속에서 자연스럽게 학습되고, 후기 의사소통적 접근법에서는 문법 규칙을 설명하기보다는 이해 가능한 자료를 제시하여 학습자 스스로 외국어의 문법을 습득한다는 것으로 보았다. 그러므로 교실에서 이루어지는 명시적인 문법 교육은 불필요하다는 입장이다.

그동안의 문법 교육 관련 논의는 문법 요목을 중심으로 문법 용어나 규칙을 사용해 외형적으로 가르칠 것인지, 경험적 학습과 의사소통에 중점을 두고 내재적으로 가르칠 것인지에 관한 방법론이 쟁점이었고, 문법의 필요성 자체를 부인한 것은 아니었다. 최근에는 의사소통 상황에서 언어의 형태와 구조에 관심이 모아지는 형태 초점 교수법이 주목을 받고 있다.

✖ 연역적 문법 교수와 귀납적 문법 교수

일반적으로 문법을 제시하는 방법에는 두 가지가 있다. 규칙을 토대로 하여 언어 자료를 설명하는 연역적인 방법과 언어 자료를 토대로 하여 규칙을 추출해 내는 귀납적인 방법이 그것이다. 연역적인 방식은 '규칙에서 예로'라는 말로 대변할 수 있는데, 규칙을 먼저 제시한 후 그것이 적용되는 예를 보여주는 방식이다. 그에 반해 귀납적인 방식은 '예에서 규칙으로'라는 말로 대변할 수 있는데, 많은 실제의 예들을 제시한 후, 그것에 공통적으로 적용되고 있는 규칙을 찾아내는 방법이다. 언어 교육에서 문법을 제시할 때는 두 가지 방법을 상황에 따라 적절히 혼용하고 있다.

의사소통적 접근법에서는 일반적으로 귀납적인 방법을 선호한다. 귀납적인 방식으로 문법을 제시, 설명하는 것은 학습자의 학습 동기를 유발하고 장기 기억을 통한 학습 효과의 지속을 도모할 수 있다는 장점이 있다. 그러나 성인 학습자인 경우 지적 능력을 이용하는 것이 학습 시간을 단축하는 효과가 있으며, 명시적인 규칙 제시가 없이 학습자의 추론에만 맡겨둘 경우 추론이 잘못되어 학습자들이 잘못된 중간 언어 단계로 고착될 수도 있다. 또한 귀납적 방법을 이용한 규칙의 발견이 어려운 복잡한 문법 항목의 경우에는 연역적 방법을 사용하여 시간과 노력을 절약하는 것이 필요하다. 따라서 귀납적 방식을 기본으로 하되, 연역적 제시 방법의 장점을 최대한 활용하는 것이 널리 권장되고 있다. 즉, 학습자로 하여금 귀납적으로 규칙을 추론하도록 유도하지만 연습에 들어가기 전에 교사가 문법 항목의 형태·의미·사회적 기능과 담화적 기능에 관련해서 올바르고 최대한 간단하게 설명하는 것이 좋다.

문법을 어떤 방식으로 제시, 설명할 것인가는 교수, 학습 상황이나 학습자 변인 등을 고려하여 그때그때 절충적으로 활용할 수 있다. 일반적으로 귀납적인 문법 제시 방법은 직접 교수법이나 청각 구두식 교수법에서 선호하며, 연역적인 문법 제시 방법은 문법 번역식 교수법이나 인지주의적 교수법 등에서 선호한다.

✖ 형태 중심 교수법(Focus on Forms)

형태 중심 교수법은 의사소통 상황이 배제된 채 정확한 언어 형태를 익히는 것으로, 정확한 발음과 문법적 오류가 없는 문장을 생성하도록 하는 것에 목표를 둔다. 그러나 정확성을 너무 강조하다 보면 학생들은 옳은 문장만 생성하기 위하여 끊임없이 자신이 만든 문장을 검토하고 오류에 민감해지면서 자신감을 잃게 되고, 새로운 것에 대한 시도조차 두려워하게 된다는 문제점이 있다.

✖ 의미 중심 교수법(Focus on Meaning)

의미 중심 교수법은 가르치는 언어적 단위를 '의미를 지닌 덩어리'로 보고 의미를 중심으로 가르치는 교수 방법이다. 모국어를 배우는 과정처럼 문법을 무시하고 자연스러운 언어 활동을 강조하였으나 이렇게 지도를 받은 학생들의 문장은 이해하기 어렵고 틀린 표현이 화석화되는 현상이 초래된다는 문제점이 있다.

✖ 형태 초점 교수법(Focus on Form)

의사소통적 언어 교수법이 등장한 이후, 실제적 언어 사용을 위해 유창성이 강조되었다. 그러자 학습자의 오류가 화석화되거나 고급 수준의 화자가 불명확한 문장을 사용하는 것 등의 새로운 문제가 대두하였다. 이런 문제들을 해결하기 위해 형태 초점 교수 기법이 나오게 되었다. 형태 초점(Focus on Form)은 정확한 지식과 유창한 의사소통 능력을 길러줄 수 있는 문법 지도 방법 중의 하나로 Long이 형태 중심 교육(Focus on Forms)과 의미 중심 교육(Focus on Meaning)의 문제점을 지적하면서 제시된 교수 기법이다.

Doughty와 Williams(1998)는 언어의 형태적 요소에 대한 집중과, 언어의 의미에 대한 집중을 동시에 포함하는 것이라고 보았다. 형태 초점 교수 기법의 종류는 다음과 같은 것들이 있다.

① 교체 연습: 교사가 단어나 문장을 교체하여 제시하면 학습자가 이를 해당 문법 항목에 맞게 바꾸는 연습
② 입력 홍수: 가르치려는 언어 형식을 학습자가 스스로 알아차릴 수 있도록 중요한 문법 항목의 빈도수를 높여서 문맥 속에서 제공하는 방식
③ 입력 강화: 시각적·청각적 방법으로 언어 자질을 강조함으로써 명시적 설명 없이 입력되는 문법 항목을 스스로 알아차리도록 하는 방법
④ 의미 협상 과제: 학습자의 언어 출력에 대해 동료가 피드백을 제공하여 언어 형식에 대한 직접적인 설명 없이도 의미 협상 과정을 통해 언어 자질을 알게 하는 방법
⑤ 고쳐 말하기: 잘못되거나 미완성된 발화를 다시 고쳐 말해 주거나 확장하는 교정적인 피드백
⑥ 출력 강화: 단순히 확인 점검 차원이 아니라 의사소통 과정에서 명료화 요구나 확인 점검 등의 방법으로 학습자로 하여금 언어 출력상의 오류를 스스로 수정할 기회를 주는 방법
⑦ 상호작용 강화: 실제적 담화로 목표 형태를 사용하도록 하는 상호작용적 문제 해결식 과제
⑧ 딕토글로스: 내용을 단순히 받아 적도록 하는 것이 아니라 텍스트의 문법이나 어휘에 주의를 기울이며 들은 내용을 메모했다가 그것을 토대로 다시 텍스트를 재구성하며 쓰도록 하는 방법. 마지막 단계에서는 원본과 대조하여 학습자는 자신이 사용한 언어 형태에 대해 반성의 시간을 가진다.
⑨ 의식 고양 과제: 문법 체계의 자질을 지적하여 학습자가 언어 항목에 주의하도록 하는 교수 방법
⑩ 입력 처리: 확실한 사례와 설명을 통해 학습자들이 문법 형태를 인지하고 이해하도록 하는 교수 방법
⑪ 순차 제시(가든 패스): 학습자로 하여금 오류를 범하게 한 뒤에 오류를 지적하며 이루어지는 교수 방법

✖ 입력중심과 출력중심의 형태 초점 교수법

1. 입력중심 형태 초점 교수법(Input-based Focus on form Instruction)

형태 초점 교수법의 한 형태로 입력중심 교수법은 목표 언어 형태를 의미와 기능과 연결하여 습득할 수 있도록 하며, 유의미한 의사소통적 맥락 속에서 언어 형태에 주의를 기울이도록 하여 목표 언어 형태의 습득을 촉진시킬 수 있다. 입력중심 형태 초점 교수법의 핵심은 '입력 처리'이다. 입력 처리는 학습자들이 입력(Input)으로부터 흡입(Intake)을 이끌어오는 과정 중에 일어나는 처리 과정이다. 입력 처리는 습득으로 연결되는 과정의 한 부분으로 흡입이란 입력에서 받아들여진 언어적 데이터라고 할 수 있다. 입력은 데이터를 제공하고, 입력 처리는 습득이 일어나도록 하는 특정 데이터를 제공하고, 출력은 학습자들의 의사소통이 가능하도록 해주며 입력을 더 잘 처리할 수 있도록 도와준다. 입력은 습득이 일어나기 위한 기본이며, 언어 체계의 기저 정신적 표현의 형성에 있어서 꼭 필요한 것이다.

Krashen(1985)의 입력 가설을 보면 목표어의 문법이나 어휘를 가르치지 않아도 이해 가능한 입력(Comprehensible Input)을 적절하고 충분히 제공한다면 학습자는 자연스럽게 그 언어를 익힐 수 있다고 한다. 즉, 말하기와 쓰기 같은 출력은 습득된 지식의 산물일 뿐, 학습이나 습득 과정에 영향을 미치지 않는다고 보기 때문에 입력이 가장 중요한 언어습득 요소이며, 학생들은 이 충분한 양의 이해 가능한 입력을 받게 되면 자동적으로 이해할 수 있기 때문에 교사는 자연적으로 다음에 나오게 되는 구조를 일부러 먼저 가르칠 필요가 없다고 주장한다. 그러나 목표어를 익히려면 충분한 양의 입력이 주어져야 한다. 또한 질도 중요한 요소로 아무리 많은 입력이 주어진다고 하더라도 그 범위가 제한되어 있으면 학습자는 제한된 언어를 발전시킬 수밖에 없으며, 문법에 어긋난 말이나 원어민 억양이 아닌 억양이 지속적으로 입력되면 학습자는 불완전한 언어를 발전시키게 되는 것이다.

2. 출력중심 형태 초점 교수법(Output-based Focus on form Instruction)

이해 가능한 입력(i+1)만이 언어 유창성을 높이는 데 효과적이며 출력은 학습자의 언어 습득 지표가 될 뿐이지 습득 과정에는 중요한 기능을 하지 못한다는 Krashen(1985)의 입력 가설은 충분한 입력에도 불구하고 모국어 같은 정확한 습득이 일어나지 않은 몰입 프로그램에 대한 Swain(1995, 1998a, 1998b)의 연구 결과에 의해 도전을 받았다. 출력 가설은 제2언어 습득 과정 전체에 출력의 적극적 역할을 주장한다. 학습자들은 입력에 대해 구문적인 분석을 하지 않아도 내용을 이해하고 받아들이는 것이 가능하다. 그러나 출력을 통해서는 의사소통적 목적 달성을 위해서 자신의 중간 언어를 사용하며 언어 형태에 주의를 기울여 목표어와 자신의 중간 언어의 차이, 즉 중간 언어의 문제점을 인식하게 됨으로써 중간 언어 체계를 발전시킨다. 다시 말해 중간 언어의 유창성과 정확성을 둘 다 향상시키기 위해서는 이해 가능한 입력뿐만 아니라 이해 가능한 출력 또한 반드시 필요하다.

이처럼 Swain(1985)은 입력 못지않게 출력 역시 언어 학습에 중요한 역할을 한다고 주장했다. 그 증거로 캐나다의 몰입교육을 들었는데, 몰입교육에서 학생들은 정규 과목을 목표어로 배우며 학교에 있는 내내 목표어 입력을 지속적으로 받는다. 그 결과 몰입교육은 일반 외국어 교육 프로그램에 비해 월등히 효과적이었고 학생들의 이해 수준도 원어민과 같았다. 다만 출력 능력에서 몇 가지 미묘한 문법 요소는 원어민 수준에 미치지 못한다는 연구 결과도 있다.

✖ 연역적 제시 방법

문법 규칙에 대한 설명을 제시한 후 문법이 적용된 예를 보여주는 방법이다. 연역적 제시 방법의 장점으로는 문법의 요점을 바로 제시하여 시간을 절약할 수 있고, 성인 학습자의 문법적 능력이나 지식을 활용할 수 있고, 분석적인 학습 방식을 선호하는 학습자들을 만족시킬 수 있다는 점 등이 있다. 반면에 수업이 교사 중심으로 진행될 수 있고, 단순히 문법에 대한 지식만 기르게 하며, 메타언어에 익숙하지 않은 어린 학생을 당황하게 할 수 있다는 단점도 있다. 또한 학습이 지루하고, 지나치게 전문적이어서 학습자는 학습 동기를 잃을 수 있다. 어린 학습자를 포함하여 특정한 학습자들은 부정적으로 반응할 수도 있다. 언어를 학습하는 것이 단지 규칙을 아는 문제에 지나지 않는다는 믿음을 조장하기도 한다.

✖ 귀납적 제시 방법

실제적인 언어 자료를 제시하고 이를 통해 그 언어 자료 속에 내재되어 있는 문법 규칙들을 추출하게 하는 방법이다. 귀납적 제시 방법은 학습자가 규칙을 접하지 않고, 언어 자료를 탐구하고, 해당 자료를 통하여 규칙을 이해하게 하는 것이다. 귀납적 제시 방법의 장점으로 학생 스스로 규칙을 찾아내도록 하여 기억이 잘 되고 유용하며 학생들의 능동적 참여를 이끌어 낼 수 있고 도전이나 문제 해결을 좋아하는 학습자에게 유리하며 스스로 규칙을 발견하므로 자기 신뢰감을 가질 수 있고, 학습자의 자율적인 학습 능력 향상에 도움이 된다는 점 등을 들 수 있다. 단점으로는 규칙을 찾아내는 데 시간과 노력을 허비할 수 있고 학생들이 스스로 잘못된 가설을 세우고 적용할 수 있어 위험하며 교사는 귀납적 추론으로 규칙을 잘 도출해 낼 수 있는 자료들로 수업을 조직해야 한다는 점 등이 있다.

✖ 종합적 접근법과 분석적 접근법

접근법이란 언어, 학습, 교수의 성격에 관해서 기본 가정들을 묶어 놓은 것이다. 종합적 접근법은 문법적 교수요목과 동일시되는 경우가 많았는데 문법에 초점을 맞추는 점에서가 아니라 결과 중심적인 측면에서 요소들의 분리된 목록으로서 상세히 기술되고, 교실 수업의 초점이 이러한 분리된 요소들을 가르치는 것에 맞춰져 있다면 '종합적'이라고 할 수 있다. 반면에 분석적 접근법은 학습자들이 다양한 난이도에 따라 문법적 구조가 포함된 '언어의 덩어리(Chunks of Language)'를 접하게 되는데, 분석적 교수요목에서는 언어의 문법적 체계가 아닌 언어가 사용되는 의사소통적 목적에 초점을 맞추어야 한다는 점을 강조한다.

✖ 기능 중심 문법 교육

학습자로 하여금 실제적 의사소통 기능을 수행하기 위해 문법 항목을 활용하도록 하는 문법 교육 방법이다. 최근 한국어 교수 현장에서는 기능에 문법 항목들을 연계시키는 경향이 있는데, 이것이 기능 중심의 문법 교육 방식을 보여 준다. 기능은 언어 표현이 담화에서 쓰이는 역할이며, 1990년대 한국어교육 분야에서 의사소통식 교수법이 도입된 이래로 대부분의 수업에서 문법은 기능과 연계되어 교수되고 있다.

✖ 유의미한 연습

문법 교수 항목을 창의적으로 생성하도록 하는 문법 연습 방법의 하나이다. 맥락화된 상황이 설정되고 의사소통의 의미가 중시된다는 점에서 문법적인 정확성에 초점이 있는 기계적인 연습과 구분된다. 한편 긴 흐름의 담화를 구성하지 않는다는 점에서 유의미한 생성 혹은 사용과 구분된다.

유의미한 연습에서는 사진, 그림 자료 등을 활용하여 학습자들로 하여금 문장을 만들어 내도록 유도한다. 유의미한 연습은 의미를 고려한다는 점에서 유창성을 신장하도록 고안되지만, 목표 문법이 쓰인다는 점에서 정확성 배양도 함께 이루어지는 연습 유형이다. 학습자들은 유의미한 연습 단계를 거치며 목표 문법의 사용 맥락을 정확하게 이해하고, 문법적인 지식을 실제적인 사용으로 연결하도록 유도된다.

✖ 언어 경험 접근법

언어 경험 접근법은 학생들이 직접 경험한 내용을 바탕으로 읽기 및 단어 학습을 행하는 방법으로, 학생들이 자신의 경험을 발표하는 과정에서 발생하는 구어적 표현과 읽기 학습에 통합적으로 접근할 수 있다는 장점이 있다. 시행 단계와 설명은 다음과 같다.

1. 발표하기: 주제를 정해서 학생들이 자유롭게 자신의 경험을 이야기하도록 한다. 가령 소풍을 주제로 했을 때 학생별로 자신의 소풍 경험들을 발표해 볼 수 있을 것이다.

2. 받아쓰기: 받아 적는 과정은 교사나 학생이 할 수 있는데, 해당 교수법이 읽기 교수의 초기 단계에 주로 이루어진다는 점을 감안할 때 일반적으로 교사가 학생들이 발표한 내용을 받아 적는다.

3. 읽기: 받아 적은 내용을 학생들이 읽어 볼 수 있도록 한다. 도움을 제공하다가 점차 도움을 줄이는 과정이 필요하다.

4. 단어 학습: 읽은 내용 중 학생들이 모르는 단어나 기능적으로 필요한 어휘들을 선정하여 이를 단어 카드로 만들어 교수한다. 만들어진 단어 카드는 계속적으로 활용하여 학생들이 그 단어를 완전히 습득하도록 할 수 있다.

5. 확장하기: 같은 주제의 다른 텍스트 등을 통해서 읽기 및 단어 학습을 해본다. 가령 소풍에 대한 소설이나 동화책 등을 단어 학습이 마무리된 이후에 수업 시간에 활용해 볼 수 있을 것이다.

언어 경험 접근법은 그 시행에 있어 일반 주입식 수업보다 조금 어려운 면도 있지만 학생의 경험을 바탕으로 하기 때문에 일반화 가능성 및 흥미도가 높은 장점이 있다. 하지만 학생의 경험을 바탕으로 하기 때문에 교육과정을 구조화하는 데에는 어려움이 있을 수 있다. 따라서 교사는 많은 경험을 통해서 학습자에게 적절한 교육 기법을 항상 고민해야 한다.

✕ 과제 훈련 모형(TTT)

TTT모형(Task-Teach-Task)에서 언어는 한꺼번에 비약적으로 습득되며, 유창성이 발달한 다음에 정확성이 발달한다고 보았다. 그리고 내적 문법은 노출과 상호작용을 통해 발달한다고 본다. TTT모형은 과제 훈련 모형이라고도 하는데, 학습자들은 먼저 교사가 제시한 의사소통 과제를 수행하고, 교사의 교수 그리고 처음의 과제나 그와 유사한 과제를 다시 수행한다.

✕ 제시 훈련 모형(PPP)

언어학습을 일종의 습관 형성으로 보는 교육 모형으로, 유창성이 발달한 다음 정확성이 발달한다고 보는 TTT모형과는 반대로 정확성을 통한 유창성을 강조하는 상향식 접근 모형이다. 즉, 교사가 올바른 언어 사례를 제시(Presentation)한 후 학습자에게 반복 연습(Practice)을 하게 하면 학습자가 바른 언어 자료를 자율적으로 생성하여 발화(Production)할 수 있다는 것이다. 그러나 문법에 대한 이해가 실제 발화로 이어지지 않을 수 있고, 수업에 대한 흥미가 떨어질 수 있다는 점에서 비판을 받기도 한다.

✕ 하임즈의 SPEAKING 모형

하임즈는 촘스키의 언어능력 개념이 특정 상황에서의 발화의 적합성을 도외시하고 문법적인 문장 생성 능력만을 지시하는 것이라고 비판하였다. 즉, 사람이 언어를 배우고 이를 적절히 발화하기 위해서는 어휘나 문법이 필요할 뿐 아니라 그 단어가 사용되는 문맥 역시 필요하다는 것이다. 이에 따라 하임즈는 의사소통 능력이라는 개념을 처음으로 도입하고 언어적 상호작용의 요소들을 정의하고 규명하는 데 도움을 주는 모델을 만들었다.

1. Setting And Scene: 발화가 일어나는 물리적 상황(시간과 장소 등)과 심리적 배경
2. Participants: 대화에 참여하는 모든 사람(청자와 화자)
3. Ends: 대화의 목적 혹은 논조
4. Act Sequence: 메시지의 형태와 내용
5. Key: 말과 행위에 수반되는 태도나 어조
6. Instrumentalities: 말의 전달 경로나 형태(표준어/방언, 음성/문자 등)
7. Norms: 발화자의 행동, 반응, 사건을 전체적으로 지배하고 있는 사회적 규칙
8. Genre: 장르, 담화의 유형

✷ 의사소통적 접근법

1970년대 등장한 후 많은 수정과 변형을 거쳐 지금까지 널리 사용되고 있는 의사소통적 접근법은 Hymes의 의사소통 능력 개념을 토대로 형성된 것으로 다음과 같은 특징을 가지고 있다.

1. 언어 사용법(Usage) 위주의 교육에서 탈피하여 실제적인 발화 상황에 적절하게 언어를 사용할 수 있는 언어 사용(Use) 위주의 교육을 한다.
2. 기존 언어 교수법의 탈맥락성을 비판하고, 맥락화된 상황에서의 발화의 이해와 생성을 강조한다.
3. 문법, 구조 등 언어의 형태적 측면은 언어 교육의 일부일 뿐이며, 기능, 사회언어학적 요소, 담화 요소 등이 주요 교육 내용이 되어야 한다고 본다.
4. 언어의 형태보다는 의미를 중시하여, 정확성보다는 유창성 획득이 중요한 교육목표가 된다.
5. 문법은 가능한 한 교육하지 않으며, 교육하더라도 자연스러운 상황을 통하여 제시하거나 학습자가 유추하도록 가르친다.

이전의 언어 교수법이 가지고 있던 한계를 극복한 획기적인 언어 교수법이지만, 언어의 형태적 측면에 대한 교육은 소홀히 한 채 의미를 중시하고 정확성보다는 유창성을 추구하면서 언어의 부정확한 사용이라는 부정적인 결과를 낳기도 했다. 이는 일정 수준에 도달한 학습자가 그 이상의 단계로 나아가는 것을 방해한다는 점에서 비판을 받기도 했다.

✷ 듣기를 강조한 언어 교수 이론(자연적 접근법, 전신 반응법)

1. 자연적 접근법

1980년대 초반, Terrell과 Krashen이 어린아이가 모국어를 습득하는 것처럼 제2언어를 배울 때에도 어린이의 자연스러운 언어 습득 원리를 따른다는 자연주의 원리에 기반을 두고 제안한 교수법이다.

자연적 접근법은 습득・학습 가설, 자연적 순서 가설, 입력 가설, 정의적 여과 장치 가설 등 Krashen의 다섯 가지 제2언어 습득 가설에 이론적 기반을 두고 있다. 자연적 접근법의 수업에서는 이해 가능한 입력(i+1)을 가능한 한 많이 제공하고 듣기와 읽기를 중심으로 지도하고, 침묵기를 인정하며, 정의적인 필터를 낮추기 위하여 유의미한 의사소통 활동 중심으로 수업 분위기를 긴장되지 않도록 운영한다.

이 교수법은 언어 습득의 초기에는 전신 반응 교수법을 적극적으로 권장하고 있다. 이 교수법은 문법적으로 완벽한 발화의 생성을 중시하기보다는 이해 가능한 입력, 이해, 유의미한 의사소통을 강조하는 활동을 가능하게 하는 방법을 사용한다는 점에서 다른 교수법과 구분된다.

2. 전신 반응법(TPR; Total Physical Response)

신체적 운동 활동을 활용해 언어를 습득할 수 있다는 언어 학습법으로, 1950년대 미국의 대표적 언어학자이자 심리학자인 제임스 애셔 교수가 창안하였는데, 발달심리학, 학습 이론, 인본주의 교육 등 여러 이론과 연관이 있다. 그는 단순 암기식 언어 학습이 비효율적이며 신체감각을 활용하여 학습하는 것이 도움이 된다고 강조하였고, 듣기 능력이 말하기 능력보다 훨씬 먼저 발달하므로 듣기 능력을 먼저 길러 이해력을 도와야 한다고 했다.

또한 좌뇌는 특정 정보를 분석적・비판적으로 파악하는 능력을, 우뇌는 창의적인 능력을 지니고 있으므로 좌뇌보다 우뇌를 활용하는 언어 교육이 더 효과적이라고 주장했다.

✴ 듣기 전략

학습자 전략은 크게 세 가지로 분류된다. 메타 인지 전략, 인지 전략, 사회 정의적 전략이다. 메타 인지 전략은 학습을 계획하고 학습이 일어날 때, 그 과정에 대해 생각하고 자신의 발화와 이해를 감시하고 완수된 후 학습을 평가하는 전략이다. 학습 내용 자체보다는 학습자의 태도・상황을 중요시하며, 목적을 가지고 선택적 듣기, 자기 자신 점검하기 등이 있다. 인지 전략은 특정 학습 과업에 좀 더 국한되며 학습자료 그 자체를 직접 다루는 문제에 관한 것이다. 학습 내용과 직접적 관계가 있으며, 메모하며 듣기, 배경지식을 통해 정교화하기, 요약하기, 다음 내용 이해하기 등이 있다. 사회 정의적 전략은 의미 전달을 위해 타협하는 활동들을 포함하는 사회적 중재 활동이나 타인과의 상호작용과 관련된 것이다. 다른 사람과의 관계와 관련되며, 협동하기, 부연 설명하기, 반복 요구하기 등이 있다.

✴ 수준별 듣기 교육

1. 초급 단계에서의 듣기: 음운이나 단일어 수준에서 듣기 지도
   (1) 담화 내용에 맞는 그림이 어느 것인지 구별
   (2) 담화를 듣고 찾아가야 하는 건물의 위치를 지도에 표시
   (3) 담화 내용을 듣고 사건의 진행 또는 발생 순서대로 그림을 배열

2. 중급 단계에서의 듣기: 어휘, 문장, 이야기 단위로 듣기 연습
   (1) 짝이 되는 내용을 선으로 연결
   (2) 담화의 중요한 핵심어를 듣고 빈칸에 쓰기
   (3) 담화의 중심 생각, 중심 내용 등을 알아보기

3. 고급 단계에서의 듣기: 담화와 문맥의 단위에서 이야기를 이해하는 연습
   (1) 주장이나 논제가 있는 대화, 뉴스 등을 듣고 주어진 담화의 제목 고르기
   (2) 담화 장소, 시간 등 담화 장면을 파악, 화자의 발화 태도 추측
   (3) 담화를 듣고 논평, 의견 피력

✴ 듣기 연습 유형

1. 음소의 식별 연습: 학습자가 어떤 특정한 음을 정확하게 식별할 수 있도록 하는 연습이다. 교사는 비슷한 음소가 포함된 단어를 연속적으로 들려주고 학습자가 이를 구별해 내도록 하는 방법을 쓴다.
2. 단어, 억양의 식별 연습: 음소의 식별 연습이 초급 단계의 학습자를 위한 것이라면, 이 훈련은 중급 이상의 학습자를 위한 훈련이다. 특히 한국어가 가지고 있는 연음, 자음동화와 같이 문자와 소리가 다르게 나는 어휘의 식별과 의미를 바꾸는 억양에 대한 식별을 목표로 하는 연습이다.
3. 그림 또는 지도 찾기: 학습자에게 동일한 그림 또는 지도를 나누어 주고 교사가 설명하는 것을 찾도록 한다. 초급 단계에서는 하나의 단어(예를 들어 교실 같은 건물)나 간단한 정의(예를 들어 우리가 공부하는 곳)를 내려 학생이 이를 표시해 나가도록 한다.

4. 그림 맞추기: 하나의 이야기를 구성할 수 있는 그림 몇 장을 주고 교사의 말에 따라 그림을 맞춰 나가도록 한다.

5. 그림 그리기: 학습자에게 흰 종이를 나누어 준 다음 교사가 말하는 대로 그림을 그리도록 한다. 이때 학습자가 그리는 그림은 간단한 것이어야 하며, 그림에 자신이 없는 학습자를 위해 글로 표시하는 것을 허용한다.

6. 단어 게임: 교사는 학습자가 이미 배운 단어를 문제로 삼아 이에 대한 설명을 단계적으로 해나간다. 관련은 있되, 좀 더 광범위한 설명으로부터 시작하여, 핵심적인 단어로 접근해 간다. 흔히 스무고개 게임 이라고 불리기도 하나 듣기 교육용으로는 열 개 이내의 질문이 적당하다.

7. 듣고 행동하기: 교사가 학습자에게 특정한 지시를 내리면 학습자가 이를 행동으로 수행한다. 초급 단계에 서는 간단한 문장 하나를 주는 것이 좋고 급이 올라갈수록 복잡한 지시를 내려 다양한 행동을 가져오도록 한다. 이러한 유형은 동시에 전체 학습자를 대상으로 할 수도 있고, 개별적으로 실행할 수도 있다.

8. 듣고 완성하기(빈칸 채우기): 들을 내용이 부분적으로 쓰인 교재를 미리 학습자에게 주고 교사가 들려주는 단어 또는 문장으로 빈 곳을 채워 완성하는 연습이다. 특히 초급 단계에서 많이 사용되는 것으로 그림, 지도, 표를 활용하면 더욱 효과적이다. 답에 필요한 최소한의 내용을 제시하는 경우가 있는가 하면 다량의 정보를 전달하고 그중에서 답에 필요한 정보만을 선택하도록 하는 방법이 있다.

9. 관련이 없는 내용 찾기: 교사가 하나의 이야기를 계속 들려준다. 중간에 이야기의 흐름과 관계가 없는 문장을 말하고 학습자로 하여금 이를 찾아내도록 한다.

10. 정리/요약/메모하기: 교사에게서 들은 내용을 간단하게 정리하거나 메모하도록 한다. 주로 초급 단계에 서 활용되나 좀 더 복잡한 상황에서의 담화를 이해하는 경우 중급 단계 이상에서도 활용할 수 있다.

11. 대화 완성하기: 개인적이고 친숙한 주제로부터 공식적이고 전문적인 주제에 이르기까지 학습자 수준에 맞추어 작성된 대화문에서 일정한 부분을 학습자가 이어 나가도록 한다. 기초 단계에서는 언어의 구조나 형태와 같은 표면 구조의 이해 연습에도 활용할 수 있으나 주로 맥락 이해를 전제로 하는 담화 이해 능력 을 연습시키는 데 초점을 맞추는 것이 좋다.

12. 담화의 전체 내용 이해, 세부 내용 이해, 중심 주제 이해하기: 실생활 관련 친숙한 주제부터 전문적 주제에 이르기까지 전체 담화를 듣고 학습자의 목적에 따라 전체 내용을 파악하도록 한다. 많은 정보 중에서 유목적적인 듣기 활동을 하도록 하는 것으로 시작 전에 과제를 제시하는 것이 좋다.

13. 추측하기/추론하기: 특정 맥락을 가진 담화를 듣고 이어질 이야기, 함축된 이유, 배경 등에 대해 학습자 스스로 유추하여 대답해 보도록 한다.

14. 의견 조정하기: 특정 주제에 대한 담화를 들은 후, 서로 다른 의견을 가진 교사와 학습자, 학습자와 학습 자 사이에서 들은 내용을 바탕으로 의견을 조정하도록 한다. 또한 교사의 진행에 따라 대화를 진행하는 과정에서 서로 다른 의견을 맞추어 나간다.

15. 듣고 답하기: 문제에 대해 답하는 형식이다.

✖ 듣기 수업 구성 원리

1. 학습의 동기화: 학습자의 흥미를 끌 만한 적합한 자료를 선정하여 활용한다.
2. 실제 상황의 듣기: 실생활에서 접할 가능성이 높은 과제가 제시된 듣기를 한다.
3. 약간 높은 수준의 듣기: 학습자가 흥미를 가질 수 있는 약간 높은 수준의 듣기 활동이 좋다.
4. 교사를 적극 활용: 학습자 수준에 맞는 속도로 조절하고, 한국어 표준 발음을 구사한다.
5. 전신 반응 교수법 적용: 간단하고 기초적인 지시어에서 출발하여 긴 문장까지 들어 볼 수 있다.
6. 과정 중심의 듣기 교육: 3단계(듣기 전-듣기-듣기 후) 활동이다.

✖ 듣기 자료

  교실 밖에서 학습자들이 듣는 언어는 다양하고, 경우에 따라 처리 기법이 달라지므로 듣기 자료는 다양한 구어 형태를 포함해야 한다. 듣기 수업에서 자료로 사용할 수 있는 구어 형태의 독백 자료는 연설, 강연, 의례적 인사, 의식사 등이 있고, 대화 자료로는 비격식적인 일상 대화와 격식적인 토론, 회의, 대담, 보도 등이 있으며, 이와 같은 자료들은 실제적인 대화나 교육적인 목적으로 구성된 자료 또는 방송 자료의 형태로 사용된다.

  또, 듣기 자료를 선택할 때에는 학습자 수준을 고려하여 너무 쉽거나 어렵지 않은 정도의 자료를 선택하여야 한다. 자료의 난도는 학습자의 동기와 관련이 될 수 있으므로 신중히 선택해야 한다. 너무 쉽거나 어려운 자료는 학습자의 학습 의욕과 동기를 꺾을 수 있다. 듣기는 학습자가 단시간에 집중하는 활동이므로 내용이 너무 지루하거나 지나치게 길어서는 안 된다. 그리고 자료에는 적절한 소음이 함께 녹음되어야 하며, 학습자 숙달도를 고려하여 적절한 속도로 녹음되어야 한다.

  교실의 듣기 수업에서는 실생활로 전이될 수 있도록 실제적인 자료를 구성해 사용해야 한다. 실제적인 자료라는 것은 담화 유형이 실제적인 것으로, 학습자의 숙련도에 따라 다소 변형될 수는 있으나, 텍스트의 담화 유형은 원래 것이 그대로 유지되어야 학습자가 유사한 텍스트를 접했을 때에도 동일한 전략을 사용할 수 있다. 또한 실제적인 언어생활을 반영한 자료를 사용해야 하는데, 구어의 특성상 형태적으로 비언어적이고 비문법적인 요소를 다수 포함하게 되고, 수행 과정에서는 머뭇거림, 반복, 수정 등의 다양한 전략적 기술이 사용되기 때문이다.

✖ 듣기 수업 단계

  듣기 전 단계는 앞으로 듣게 될 내용에 대한 예측을 할 수 있도록 돕는 단계로서, 주제를 소개하고, 동기와 흥미를 유발해 듣기 목적을 유도하는 단계이다. 청자가 자신이 들을 내용에 대해 예측을 하는 것은 내용 이해에 큰 영향을 끼친다. 그러나 교실이라는 학습 환경은 실제 의사소통 상황에서 유리되어 있으므로 학습자들은 들을 내용을 발화 상황 속에서 자연스럽게 이해할 준비를 하기 힘들다. 따라서 듣기 활동을 하기 전에 들을 내용을 예상하거나 예측할 수 있는 기회를 주어야 한다. 일반적으로 다음과 같은 방법이 이용된다.

1. 주제에 관한 질문을 통해 타인의 경험을 공유하고 필요한 문화와 지식에 대한 정보를 공유한다.
2. 사진, 삽화, 도표, 실물 등의 주제와 관련된 시각 자료를 제시해 주제로 유도하고 들을 내용을 예측한다.
3. 들을 내용과 관련된 필수적인 어휘를 자연스럽게 제시한다.

　　듣기 후 단계는 듣기 자료를 제대로 이해하였는지를 확인함과 동시에 듣기 자료에 나타난 정보를 확장하거나 화자들의 태도, 대화 방법 등에 대해 토론해 보는 단계이다. 듣기 후 단계의 활동으로는 들은 내용의 세부 사항들을 관련짓기, 화자의 태도나 의도를 파악할 수 있는 근거 듣기, 들은 내용에 대한 자신의 입장 표현하기, 문제 해결을 위한 역할극, 듣지 않은 부분의 내용을 예측하는 글쓰기 등이 있으며 듣기 후 단계에서 활용할 수 있는 상위 인지 전략으로는 과제의 파악 정도 평가하기, 듣기 과제의 유형과 듣기의 진행 과정에 대해 평가하기, 사용된 전략이 과제의 목적에 적절했는지 결정하기, 전략 수정하기 등이 있다.

✖ 학습자 중심의 듣기 교육에서 교사의 노력

　　학습자에게 학습 초기부터 자신이 의도하는 의미를 표현하고 언어 기능을 수행할 수 있는 연습 기회를 가능한 한 많이 부여할 때 학습자의 적극적인 참여가 촉진될 수 있다. 학습자의 적극적인 참여를 유도할 수 있는 방법으로는 짝 활동, 소그룹 활동 등 학습자들이 상호 활동할 수 있는 기회를 보다 많이 제공하고 의사소통의 질을 높이는 것이다. 또한 학습자의 이해 처리 과정을 중시한 교육이 되려면 학습자의 등급 및 선택된 학습 자료의 성격에 따라 상향식·하향식·상호작용식 모형을 적절히 사용해야 한다.

✖ 듣기 활동 모형

　　정보를 이해하고 처리하는 과정에 따라 듣기를 세 가지 모형으로 나눌 수 있다. 외부로부터 전달된 여러 정보를 처리하는 과정을 상향식과 하향식, 상호작용식으로 나눌 수 있다.

1. 상향식은 단어, 구, 절, 문장, 담화의 순으로 정보를 이해하는 방법이다. 이것은 어휘, 문법 등의 언어 지식에 대한 이해가 매우 중요하며, 학습자는 주어진 정보에 의해서만 판단하는 수동적 입장에 머무른다.
2. 하향식은 학습자가 가지고 있는 배경 지식을 토대로 가정이나 추측을 통해 정보를 이해하는 방법이다. 학습자가 가지고 있는 배경 지식에 부분적인 의미들을 종합해 가는 학습자 자신의 적극적 인지 활동이 중요하며, 인지 활동은 학습자의 능동적 참여와 과제 수행이 수반되어야 한다. 언어 지식 자체에 대한 이해보다는 '언어 내용'에 대한 이해를 중시한다.
3. 상호작용식은 이 둘의 장점을 잘 살린 교수 모형이다. 문법에 대한 지식과 이해 없이 올바른 내용 이해가 이루어질 수 없고, 형태적, 문법적 지식만 가지고 전체의 의미를 이해하기 어려울 수 있으므로 이 둘을 보완하는 교수 모형이 필요하다.

✖ 듣기 이해 처리 과정

'들리기', '듣기', '깨닫기'로 구분되는 듣기의 과정을 말한다. '들리기'는 자신의 귀에 들리는 소리만 인지하는 것이고, '듣기'는 들은 것에서 의미를 구성해 내는 의도와 의식의 언어활동으로서 본질적으로는 감각의 경험을 인지로 처리하는 심리 과정이다. '깨닫기'는 듣기 과정의 처리 결과를 종합적으로 이해하고 해석한 것과 말하는 이의 정의적인 반응까지 곁들이는 과정이다. 연속적으로 이어지는 의미를 넘어 높은 수준의 인지적·통합적·정의적 처리 과정을 말하므로 이 단계에서는 듣는 이의 비판적 사고 기능과 수용적 태도가 형성된다.

다시 말하면, '깨닫기'는 정보를 분석하고 비판하여 종합적으로 활용할 수 있는 상위 구조나 체계를 확립하는 행위를 말하므로 모든 정보를 연결하고 종합·비판할 수 있는 수준의 사고 능력과 관련된다. '깨닫기'에 가장 직접적으로 영향을 미치는 요인에는 배경지식과 경험, 동기, 흥미, 어휘력 등이 있고 다양한 문화적·언어적 경험도 포함된다.

✖ 강의 듣기

강의 담화는 학문적 목적을 가지고 있는 학문적 텍스트이다. 강의 듣기는 일반적인 대화 듣기와는 달리 전문적인 배경지식이 요구되며, 주된 정보와 부수적 정보를 구별하는 능력이 필요하다. 그렇기에 강의 듣기에서 요구되는 듣기 기술로 강의의 구조를 표시하는 담화 표지의 역할을 알아내는 능력이 포함된다. 이것은 상호작용적인 대화와 달리, 한 명의 긴 발화를 들어야 하는 경우이므로 일반적인 듣기의 기술과는 많은 차이가 있기 때문이다. 그러므로 학문 목적의 듣기 교육에서는 실제로 강의 듣기를 수행하는 데 도움을 줄 수 있는 효과적인 전략으로 담화 표지를 가르쳐야 한다.

✖ 학습자 듣기 향상을 위한 교사의 전략

학습자들의 듣기 부담감을 가능하면 줄이고, 흥미를 가지고 듣기에 임할 수 있도록 만드는 교사의 지도 전략을 말한다. 학습자의 듣기 향상을 위한 교사 전략은 다음과 같다.

1. 모든 단어를 다 들어야 한다는 강박 관념에서 탈피시킨다. 교사는 학습자에게 듣기 활동에서 중요한 것, 주의 집중해서 들어야 하는 것이 무엇인지 알려주고, 이를 이해할 수 있도록 적극적으로 도와야 한다.
2. 학습자가 들어야 하는 이유를 분명히 해야 한다. 학습자가 무엇을 들어야 하는지를 분명하게 해 주는 것이 중요하다. 듣기 전, 듣기, 듣기 후에 무엇을 해야 하며 어떤 부분에 주의를 집중해야 하는지를 정확하게 지시한다.
3. 몸짓, 표정, 시청각 자료를 많이 활용한다. 언어의 의미를 보충해주는 자료들을 많이 활용하는 것이 좋다. 교사는 듣기 전 활동에서 시청각자료를 적극적으로 활용하여 학습자의 듣기 활동을 도와야 한다.
4. 과제 중심적인 듣기 교육이 되어야 한다. 과제는 실생활과 관련된 것으로 교실에서 학습한 것이 그들의 삶에 그대로 적용될 수 있는 것이어야 한다. 그러므로 전문적인 듣기 교재나 수업용 부교재를 개발해 과정 중심의 듣기 지도가 되어야 한다.

5. 듣기 결과를 가시적으로 표현하는 듣기 활동 유형을 다양하게 구성해 지도한다. 교사는 핵심어 찾기, 비언어적 단서 찾기, 전달하고자 하는 정보와 배경지식 연결하기, 추측하기, 요점 듣기 등의 가시화된 일련의 활동으로 학습자가 이해했는지를 점검해야 한다.

6. 듣기 자료는 학습자의 인지 능력을 고려해 흥미 있고 쉬운 것이어야 한다. Krashen은 적절한 수준의 듣기 자료는 이해할 수 있으면서도 학습자의 현재 수준보다 약간 상회하는 수준(i+1)이라고 하였다. 이미 알고 있는 자료에 더하여 새로운 학습 내용이 있는 자료는 학습자에게 도전감을 주고 적절히 반응하게 할 것이다.

7. 교실 한국어를 많이 활용한다. 언어를 배우는 좋은 방법은 그 언어를 실제 의사소통 수단으로 사용하고 경험하는 것이다.

✖ 말하기 단계별 목표

1. 1급: 생활에 필요한 기초적인 언어 기능을 수행할 수 있으며, 매우 사적이고 친숙한 화제에 관련된 내용을 말할 수 있다.

2. 2급: 일상생활에 필요한 기능과 공공시설을 이용할 수 있는 기능을 수행할 수 있으며, 사적이고 친숙한 화제에 관해 말할 수 있다.

3. 3급: 일상생활을 영위하는 데 별 어려움을 느끼지 않으며, 다양한 공공시설의 이용과 사회적 관계 유지에 필요한 기초적 언어 기능을 수행할 수 있다. 친숙하고 구체적인 소재는 물론 친숙한 사회적 소재에 대해 말할 수 있다.

4. 4급: 공공시설 이용과 사회적 관계 유지에 필요한 언어 기능을 수행할 수 있으며, 일반적인 업무 수행에 필요한 기능을 어느 정도 수행할 수 있다. 일반적·사회적·추상적 소재를 비교적 정확하고 유창하게 사용할 수 있다. 자주 사용되는 관용적 표현이나 대표적인 한국문화에 대해 말할 수 있다.

5. 5급: 전문 분야에서의 연구나 업무 수행에 필요한 언어 기능을 어느 정도 수행할 수 있다. 친숙하지 않은 주제에 관해서도 말할 수 있다. 공식적·비공식적 맥락과 구어적·문어적 맥락에 따라 언어를 적절히 구분하여 사용할 수 있다.

6. 6급: 전문 분야에서의 연구나 업무 수행에 필요한 언어 기능을 비교적 정확하고 유창하게 말할 수 있다. 원어민 화자의 수준에는 이르지 못하나 기능 수행이나 의미 표현에는 어려움을 겪지 않는다.

✖ 말하기 전략

의사소통을 위해 교사는 학생들에게 말하기 전략을 가르치는 것도 중요하다. 말하기 전략은 크게 성취 전략과 축소 전략으로 나눌 수 있다. 학습자들이 문제를 만났을 때 실제 사용하는 의사소통 전략을 살펴보면, 여러 가지 적극적인 방법으로 의사소통 목적을 달성하는 성취 전략과 형식적 또는 기능적으로 목표하는 발화 내용을 회피하는 축소 전략이 관찰된다. 성취 전략에는 추측 전략, 어휘 대치 전략, 협동 전략이 있고 축소 전략에는 회피 전략이 있다.

✕ 말하기 활동 유형

1. 따라 읽기: 학습자가 교사의 발화를 그대로 따라 읽는 방식이다.
2. 인터뷰: 상대방의 개인 정보나 의견, 감정, 사실에 대해 묻고 대답하는 활동으로, 가장 흔한 짝 활동이다. 모든 숙달도 단계에서 사용 가능하며, 인터뷰 결과를 통계로 처리하거나 분석·정리하여 발표나 브리핑 활동으로 연결할 수 있다.
3. 응답 연습: 교체 연습을 한 후에 습득 여부에 관해 확인을 하기 위해서 교사 혹은 동료 학습자가 질문을 던지면 학습자가 긍정과 부정의 응답을 준비한다. 오류가 발생할 때는 그 원인을 분석하여 재교육 한다.
4. 프로젝트: 구성원들이 서로 협력하여 하나의 과제를 만들어 내는 활동으로, 역할 분배와 팀워크를 통해 과제를 성취하게 된다. 목적 있는 프로젝트를 수행함으로써 언어를 실제적이고 유의미하게 사용하게 한다는 장점이 있다. 대체로 고급 단계에서 많이 활용되는 말하기 활동이다.

✕ 프로젝트 수업

프로젝트는 구성원들이 서로 협력하여 하나의 일을 만들어 내는 활동으로, 역할 분배와 팀워크를 통해 과제를 성취하게 된다. 목적이 있는 프로젝트를 수행함으로써 언어를 실제적이고 유의미하게 사용하게 한다는 장점이 있다. 대체로 고급 단계에서 많이 활용되는 말하기 활동이다. 주제의 선정이나 역할 분담 등을 학습자 주도로 운용하는 것이 바람직하다.

✕ 기능적 의사소통 활동

Littlewood(1981)가 제시한 의사소통 활동의 하나로, 학습자들의 정보 차이(Information Gap)를 극복하거나 문제를 해결하도록 상황이 구조화되어 있는 활동이다.

1. 정보차 활동: 한 사람이 가지고 있는 정보를 다른 사람이 갖지 못할 때 생기는 정보차를 극복하고 서로의 정보를 공유하는 활동이다.
2. 직소(Jigsaw) 활동: 하나의 완성된 형태를 만들기 위해 다른 정보의 조각들을 조합시키는 과업으로, 소집단 구성원 각자가 반드시 과제 일부를 책임지고 분담하여 소집단 전체 목표를 달성하도록 조직화하여 소외되는 학습자 없이 모두 활발히 상호작용할 수 있도록 만든 활동이다.
3. 문제해결 활동: 학습자에게 일정한 문제를 지닌 상황을 제공하여 학습자로 하여금 주어진 문제를 해결하도록 하는 것을 말한다. 이 활동에서 학습자는 먼저 문제 상황을 파악하고 이를 해결하기 위해 짝지어 또는 소그룹으로 토의를 한다. 이러한 과정에서 자신의 의견을 말하고 다른 사람의 의견을 듣는다. 그리고 다양한 의견을 수렴하여 최상의 해결책을 강구한다.
4. 묘사하여 말하기: 한 사람은 어떤 사물이나 물체를 보고 말로 묘사하고 짝 또는 반의 학생들은 그 사람이 말하는 대로 그림을 그린다.

✖ 직소(Jigsaw)

직소란 하나의 완성된 형태를 만들기 위해 다른 정보의 조각들을 조합시키는 과업으로, 소집단 구성원 각자가 반드시 과제 일부를 책임지고 분담하여 소집단 전체 목표를 달성하도록 조직화하여 소외되는 학습자 없이 모두 활발히 상호작용할 수 있도록 만든 모형이다.

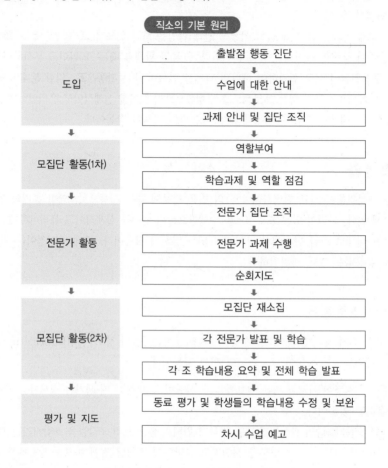

직소의 기본 원리

도입	출발점 행동 진단
	수업에 대한 안내
	과제 안내 및 집단 조직
모집단 활동(1차)	역할부여
	학습과제 및 역할 점검
전문가 활동	전문가 집단 조직
	전문가 과제 수행
	순회지도
모집단 활동(2차)	모집단 재소집
	각 전문가 발표 및 학습
	각 조 학습내용 요약 및 전체 학습 발표
평가 및 지도	동료 평가 및 학생들의 학습내용 수정 및 보완
	차시 수업 예고

✖ 의사소통 활동

Littlewood(1981)는 의사소통 활동을 의사소통 전 활동과 의사소통 활동으로 나누었다.

1. 의사소통 전 활동: 언어의 부분적인 기능을 훈련하는 단계
   (1) 구조 활동 단계(기술 습득 활동): 문법 구조를 중심으로 언어 항목들을 결합하는 전형적인 연습에 의해 학습이 이루어진다.
   (2) 준(準)의사소통 단계(유사적 의사소통 활동): 대화와 같은 고정된 형식의 연습 방법을 통해 특정 의미, 의사소통 기능, 사회적 상황과 연계된 표현을 반복 학습하는 활동을 한다.

2. 의사소통 활동: 언어의 종합적인 기능을 훈련하는 단계
   (1) 기능적 의사소통 활동: 목표어를 사용하면서 문제 해결을 해 나가는 활동으로 구성되는데, 주로 원활한 의미 전달을 주목적으로 한다.
   (2) 사회적 상호 교류 활동: 역할극과 같은 활동을 통해 일상생활에서 접할 수 있는 언어 사용 상황을 만들고 상황과 연계된 표현을 적절히 사용해 보는 활동이다.

✖ 의사소통 전략

다양한 발화 전략을 이용하여 의사소통의 장애를 극복할 수 있어야 하는데 발화 전략으로는 정형화된 표현 사용하기, 간투사 사용하기(음……, 중간에 소리를 내어 시간 끌기), 바꿔 말하기(근접어 대체), 대화 상대자의 이해 여부 묻기, 대화 상대자로부터 지원 구하기, 반복 요청하기, 의미 파악을 위한 도움 요청하기 등이 있다. 이 밖에 외국어 학습자들은 제2언어에 존재하지 않는 단어를 창조하거나, 단어 그대로 본래 뜻을 직역하는 직역 전략, 단어를 모를 때 그 의미를 풀어 말하는 전략을 사용하기도 한다.

✖ 읽기의 정의

Nuttall(1996)에 따르면, 1920년대부터 1950년대에 걸쳐 구조주의 언어학자들은 읽기를 '해독 과정'으로 인식하였다. 의사소통 과정 모형에서 읽기란 글쓴이에 의해 기호화된 메시지를 독자가 해독하는 수동적인 과정이라고 보았다. 즉, 이러한 정의에서 독자는 단순히 글에 제시된 의미를 스펀지와 같이 빨아들이는 역할을 할 뿐이라는 것이다.

✖ 읽기 교육의 목표

한국어 읽기 교육의 목표는 학습자의 한국어 읽기 능력을 배양하는 것에 있으며, 학습자가 읽기 의사소통 상황에서 제한된 시간 내에 정확하고도 유창하게 과제를 해결할 수 있도록 하는 것이다. 한국어 읽기 교육은 이해와 사용의 차원을 모두 고려하여 접근해야 할 필요가 있어 지식, 방법, 태도를 모두 고려한 목표 설정이 필요하다. 이에 읽기 교육의 목표를 설정하면 다음과 같다.

1. 한국어 어휘와 문법과 관련된 읽기의 기초 지식을 안다.
   (1) 자음과 모음을 구별하고, 그 결합 방식을 파악하여 간단한 글자부터 복잡한 글자까지의 짜임을 이해할 수 있다.
   (2) 쉽고 간단한 낱말과 문장을 정확히 소리 내어 읽고 의미가 잘 드러나도록 글을 알맞게 띄어 읽을 수 있다.
2. 한국어로 표현된 글의 의사소통 기능을 이해한다.
   (1) 글의 내용을 확인하는 단계로 사실적 이해, 추론적 이해, 비판적 이해, 감상적 이해 능력을 향상시키는 것을 목표로 한다.
   (2) 한국어로 표현된 다양한 글의 의사소통 기능과 쓰임을 이해하는 것을 목표로 한다(예 안내문, 제품 사용 설명서, 표지판 등).

3. 한국어로 표현된 다양한 글의 유형과 특성을 이해한다.

   (1) 한국어로 표현된 다양한 글을 몇 가지의 유형(예 정보 전달의 글, 설득하는 글, 친교 및 정서 표현의 글 등/설명적인 글, 논증적인 글, 문학적인 글 등)으로 나누고 각 유형의 구조(미시적, 거시적 구조 등)를 이해하는 것을 목표로 한다.

   (2) 유형에 따른 글의 특성과 구조를 파악하고 실제적인 자료를 활용함으로써 학습자가 읽기에 흥미를 가지는 것을 목표로 한다.

4. 한국어로 표현된 글의 사회·문화적 의미를 이해한다.

   (1) 읽기 자료에 담겨있는 사회·문화적 의미를 어휘와 문법, 글의 구조, 주제 등을 통해 이해하는 것을 목표로 한다. 이와 같은 목표를 달성하기 위해 상호 문화적 관점으로 다른 영역과의 통합 활동을 할 수 있다.

5. 한국어 읽기에 흥미를 갖고 자발적으로 읽는 태도를 기른다.

   (1) 한국어로 된 글을 읽는 읽기 자체에 흥미를 가지고 자발적으로 읽는 태도를 기르는 것을 목표로 한다. 궁극적으로는 읽기를 통해 자신의 삶을 성찰하고 타 문화의 보편성과 특수성을 이해하는 능력을 기르도록 한다.

✖ 읽기 수업 단계

읽기 수업을 학습자의 스키마를 작동시키는 읽기 전 단계, 본격적인 읽기 단계, 그리고 학습자의 읽기 이해를 심화시키는 읽은 후 단계로 구성해야 한다.

1. 읽기 전 단계

   본격적인 읽기를 수행하기 위한 준비 단계로서, 읽기의 특성을 고려해 볼 때 읽기 교육 중 가장 중요한 절차이다. 이 단계에서는 독자가 가지고 있는 사전 지식과 텍스트에 포함되어 있는 정보를 연결시키는 활동을 통해 학습자의 학습 동기를 유발하고 학습의 목적을 분명히 한다. 즉, 앞으로 읽어야 할 읽기 자료를 이해하기 위한 스키마를 구성하고, 이를 바탕으로 '무엇을 읽을 것인가, 왜 읽는가' 등의 이유를 생각하면서 그 내용을 예측하도록 유도하는 단계이다. 독자의 사전 지식과 텍스트의 정보를 연결시켜 주는 학습이 효과적으로 이루어지도록 하기 위해서는 사전 지식을 조성하고, 사전 지식을 활성화하는 활동이 있어야 한다. 읽기 전 단계에서 사용할 수 있는 주요 학습 활동은 다음과 같다.

> ① 어휘 가르치기
> ② 제목이나 삽화 보고 유추하기
> ③ 학습 목표 확인하기
> ④ 사전 검사 및 사전 질문하기
> ⑤ 시청각 자료 활용하기
> ⑥ 글의 구조적 패턴 파악하기

2. 읽기 단계

읽기 단계는 글의 내용이 무엇인지 분명히 이해하며, 글쓴이의 의도를 이해하고 글의 구조를 파악하는 단계이다. 즉, 학습자들이 읽기 전 단계에서 얻은 사전 정보와 스키마를 토대로 텍스트를 이해하고, 자신이 예측한 것을 텍스트 내용에 비추어 확인하고 검증하는 단계이다. 읽기 단계에서는 글의 기능이 무엇인지, 글이 어떻게 조직되어 있고 전개되고 있는지, 어떤 정보나 내용을 담고 있는지 등을 확인하고, 목적을 가진 이해 활동으로서의 읽기 전략 개발이 이루어져야 한다. 이때 글의 목적 및 저자의 의도 등을 파악하기 위해서 글의 종류 및 목적에 따라서 상향식 모형이나 하향식 모형, 혹은 상호작용적 읽기 모형 등을 선택적으로 적절히 활용해야 한다.

3. 읽은 후 단계

읽은 내용을 학습자의 지식, 관심, 견해 등과 관련시켜 정리하거나 강화하는 단계이다. 이 단계는 읽기 활동을 다른 언어 기능과 연계하는 다양한 활동을 통해 학습자의 텍스트 내용 이해를 심화, 정착시키고 정리하는 단계이다. 따라서 교사는 텍스트의 내용 및 종류에 따라 적당한 형태의 과제를 제시하여 읽기 활동이 다른 언어 기능들과 통합되고, 의사소통 능력의 신장에 기여할 수 있도록 해야 한다.

✖ 수준별 읽기

등급	담화 유형
초급	문장, 대화문, 실용문, 생활문, 설명문, 메모, 초대장, 안내장, 표지, 광고, 일기예보, 편지
중급	문단, 대화문, 실용문, 생활문, 설명문, 메모, 광고, 안내문, 일기예보, 신문 기사, 방송 자료, 수필, 옛날이야기, 동화, 우화, 편지, 서식, 설문지
고급	글, 대화문, 실용문, 설명문, 논설문, 안내문, 신문 기사, 방송 자료, 수필, 옛날이야기, 동화, 시, 소설, 비평, 담화문

✖ 자유 읽기

자유 읽기란 독자가 읽고 싶을 때 읽는 것을 말하며 읽기의 부담이 배제된 상태에서 편안하게 스스로 선택하여 읽는 것을 말한다. 독자는 자신의 흥미 수준에 맞는 책을 읽으면 된다. 자유 읽기의 특징은 다음과 같다.

> ① 즐거움과 정보를 얻기 위한 읽기로 시간과 장소의 제약이 없다.
> ② 읽기 속도가 빠르다.
> ③ 읽기 자료는 학습자의 언어 능력에 적합하다.
> ④ 교사는 책을 읽는 모범적인 역할을 한다.

✖ 읽기 자료

읽기 자료를 개발할 때는 글의 종류를 다양하게 구성하고, 다양한 담화 유형이 도출되도록 해야 하는데, 초급 단계에서 설명문에 한정해 읽게 하는 경우가 있으나, 다양한 읽기 자료를 적절히 배합하는 것이 실제 생활에서 적응력을 높이는 방법이 된다. 또 교실의 수업이 실생활로 전이될 수 있도록 실제적인 자료로 구성해야 한다. 외국인 대상의 읽기 자료는 숙련도에 따라 어휘와 표현을 수정하는 것이 필수적이나, 담화 유형은 그대로 유지되어야 학습자가 유사한 글을 접했을 때 동일한 전략을 사용해 읽을 수 있다. 실제적인 글은 학습자의 동기를 유발하고, 목표어의 문화를 전달해 줄 뿐만 아니라 실질적인 내용을 전달해 줄 수 있으며 학습자들이 교실 밖 상황에서 읽기를 할 수 있도록 준비시켜 준다.

초급 단계는 교육적 차원에서 자료를 단순화하는 작업이 필요하나 가능하면 이를 최소화하여 실제성을 살려야 한다. 텍스트의 특성과 구조가 잘 드러날 수 있도록 제시되어야 하므로 난이도 조절은 텍스트의 특성과 구조를 손상시키지 않는 범위에서 이루어져야 한다. 그리고 실제적 자료를 활용한다고 해서 실제적 읽기 활동이 되는 것은 아니므로 일반 의사소통 상황에서 하는 읽기처럼 의사소통을 위한 목적을 가지고 읽기 활동을 구성하는 것이 좋다.

읽기 자료 수정

텍스트 수정은 텍스트 단순화(Text Simplification)와 텍스트 상세화(Text Elaboration)로 구분할 수 있다. 텍스트 단순화는 실제 텍스트를 언어적으로 단순화하여 문장의 길이, 어휘의 난이도 등을 바꾸는 것으로 외국어 교육 현장에서 많이 사용됐으나 부자연스러운 텍스트를 만든다는 비판을 받았다. 또한 문맥적 단서나 구조 등의 단순화가 오히려 학습자들이 활용할 수 있는 정보를 제거하는 결과를 가져와 부정적인 영향을 미친다는 단점이 지적되었다. 텍스트 상세화는 텍스트 내의 어려운 어휘들을 그대로 유지하면서 반복, 바꿔 쓰기 등의 활동을 통해 텍스트의 내용을 보충하는 방법이다. 학습할 내용의 증가로 학습자가 부담을 느낄 수 있다는 우려가 있으나 한편으로는 다양한 텍스트 자료를 상세화하는 작업을 통해 해당 텍스트의 정보를 이해하는 데 도움이 되는 경우도 있어서 최근 선호하는 추세이다.

상호 텍스트성

상호 텍스트성이란 텍스트 간의 상호 관련성을 지칭하는 개념으로, 하나의 텍스트나 구문의 이해는 공간과 시간을 초월하여 다른 텍스트와 결합하거나 전이된다는 것이다. 하나의 텍스트는 독자적인 것이 아니라 이전에 존재했던 수많은 텍스트와 상호작용한다는 것이다.

SQ4R 모델

SQ4R은 학습 기술 연구에 선구자 역할을 했던 미국의 교육심리학자 로빈슨(Francis Robinson)이 개발한 다양한 읽기 자료에 체계적으로 적용될 수 있는 초인지(메타인지) 전략이다. SQ4R 모델에서 S에 해당하는 'Survey(개관하기, 조사하기)'는 학습자료를 훑어보고 제목에 대해서 생각해 보는 정보 처리의 첫 번째 단계이다. 다음 Q는 'Question(질문하기)' 단계이며, 4R은 'Read(읽기), Reflect(숙고하기), Recite(암송하기), Review(검토하기)'의 순서로 이루어진다.

1. Survey(개관하기, 조사하기): 본격적인 읽기에 들어가기 전에 중요한 부분을 훑어보고 내용을 미리 생각해 본다.
2. Question(질문하기): 제목, 소제목 등과 관련지어 이 책이 말하고자 하는 바가 무엇인지 자신에게 물어본다.

3. Read(읽기): 차분히 읽는다.

4. Reflect(숙고하기): 차분히 읽으면서 스스로 던진 질문들을 확인하거나 새로운 아이디어를 기존 지식에 관련지어 본다.

5. Recite(암송하기): 질문에 답을 해 보고, 읽은 내용을 머릿속으로 정리한다.

6. Review(검토하기): 중요한 내용은 기억할 수 있도록 다른 사람에게 이야기하거나 기록으로 남긴다.

✖ 읽기 전략

1. 정의: 독자가 글을 읽을 때 의식적으로 사용하는 책략으로 읽기 기술과 혼용하여 사용되는 경우가 많음(훑어 읽기를 읽기 기술로 보기도 하고, 읽기 전략으로 분류하기도 함)

2. 읽기 기술: 글을 읽을 때 독자가 사용하는 인지적 능력으로 보며 읽기의 결과가 아닌 읽기 과정의 한 부분으로 보는 텍스트 중심의 능력

3. 읽기 전략: 독자 중심의 의식적 선택 수단(훑어 읽기는 빠른 시간 안에 긴 글의 요지를 파악하는 읽기 기술인데, 이를 위해 각 단락의 첫 문장만을 읽는다면 이는 훑어 읽기를 위한 전략임)

   (1) 인지 전략(Cognitive Strategy)

   ① 문맥 내에서 모르는 낱말의 의미를 추측하는 것

   ② 담화 표지어를 찾아 문장이나 단락 간의 연결 관계를 이해하려고 하는 것

   ③ 제목을 먼저 읽어 글의 요지를 파악하려고 하는 것

   ④ 배경지식을 활용하여 글의 의미를 파악하려고 하는 것

   ⑤ 추론하는 것 등

   (2) 메타 인지 전략(Metacognitive Strategy)

   ① 읽기 과정과 이해 정도를 모니터링하기

   ② 읽기 전에 어떻게 읽을 것인지 계획하는 것

   ③ 읽기 능력을 향상시키기 위해 달성해야 할 목표를 설정하는 전략

   ④ 새로운 자료를 읽기 전에 관련 어휘 목록을 만드는 전략

   ⑤ 동료 학습자와 읽기 기술을 익히기 위해 서로 협력하여 학습하는 전략 등

   ※ 읽기 전략이 항상 읽기를 도와주는 것은 아니다. 읽기 전략을 누가 사용하는가, 어떤 글을 읽을 때, 어떤 상황에서 사용하는가, 어떤 목적을 갖고 사용하는가에 따라 그 유용성이 달라진다고 본다. 따라서 개별적인 전략의 지도보다는 여러 가지의 전략을 글과 상호작용하는 과정에서 유기적으로 활용하는 능력을 키워주어야 할 것이다.

✖ 읽기 활동 유형

1. 훑어 읽기와 찾아 읽기

   (1) 훑어 읽기(Skimming)

   대략적 정보를 찾기 위한 훑어 읽기

   (2) 찾아 읽기(Scanning)

   특별한 정보를 찾아내기 위한 자세히 읽기(스케줄, 메뉴)

2. 낭독과 묵독

　(1) 낭독

　　소리 내어 읽음으로써 글의 이미지, 정서, 전달하려는 느낌을 파악하는 데에 효과적이나 의미에 집중
　　하기가 어려울 수 있다(시).

　(2) 묵독

　　독해 속도가 빠르다(소설책 등 대부분 종류의 텍스트).

3. 정독과 통독

　(1) 정독

　　세부적인 내용까지 다 파악해 가면서 꼼꼼하게 읽는 방법(계약서, 전공 책 읽기)

　(2) 통독

　　글의 흐름에 유의하면서 전체적인 주제나 핵심 요점을 파악해 가는 읽기 방법(소설책 읽기)

✖ 내용 중심 읽기 수업의 읽기 전략

　내용 중심 읽기는 목적에 따라 읽기 전략을 다르게 사용하며, 텍스트에 대한 접근을 내용 중심으로 한다. 그러므로 내용 중심 읽기 교수에서는 전체에서 부분으로 접근해 가는 텍스트 접근 전략을 가르친다. 내용 중심 읽기 수업의 원리(이정희・김지영, 2003)는 다음과 같다.

1. 언어를 통한 언어 교수가 아니라 내용을 통한 언어 교수가 되어야 한다. 텍스트의 전체적인 내용과 주제를 파악함으로써 문법, 어휘 등의 세밀한 언어 교수가 이루어지게 된다.
2. 전체에서 부분으로 진행하는 방식으로 읽기 수업에서는 하향식 모형과 같으며, 언어의 형태나 용법의 학습보다 내용 학습이 우선되어야 한다.
3. 학습자 중심의 수업이어야 하고, 교사의 촉진적 활동에 기반한 수업이어야 한다. 주제의 선정은 학습자의 토론을 통해 이루어지게 되고 자료 역시 학습자가 관심을 가진 자료를 스스로 찾아오게 하는 것이다.
4. 유의미하고 유목적적인 수업이 되어야 하며, 이는 텍스트의 실제성과 관련이 있다. 텍스트를 통해 학습자에게 주어지는 지식은 학습자의 요구에 맞고 실제적으로 필요한 정보여야 한다.
5. 읽기 수업에서 교사와 학습자의 상호작용이 중심이 아닌 그룹 활동, 짝 활동, 전체 학급 활동 등을 통하여 다른 화자와 접촉함으로써 상호작용적 읽기 활동을 실시한다.
6. 네 가지 의사소통 기술의 통합에 기반한 수업이 되어야 하며, 여기에서는 읽기 활동을 중심으로 한 말하기, 듣기, 쓰기 기술의 통합이 이루어져야 한다. 즉, 쓰기를 잘하기 위한 읽기, 언어와 문화적으로 올바른 화법을 습득하기 위한 읽기, 듣기를 잘하기 위한 읽기, 읽기를 통한 배경지식 쌓기 등의 통합 활동이 가능하다.
7. 학습자의 모국어 및 문화와 관련성이 있는 수업이 되어야 한다. 학습자는 이 과정을 통해 자신의 문화와 목표 문화를 비교-대조할 수 있는 비판적 읽기 능력을 향상시킬 수 있고 발표 능력까지 기르게 된다.
8. 교사는 학습자들에 대해 믿음을 가져야 하고 학습자들은 스스로 자신의 언어 발달에 대해 예측하고 성취 정도에 대해 만족하는 수업이 되어야 한다.

✖ 등급별 읽기 성취 기준

등급별 성취 기준은 '국제 통용 한국어교육 표준 모형'에서 제시하고 있는 읽기 영역의 등급별 목표를 참고하고 본 읽기 교육과정의 내용 체계를 이루는 지식, 방법, 태도의 세부 내용이 고루 포함되도록 제시하였다. 특히 언어 능력 수준이 올라갈수록 해석적이고 비판적인 태도로 글을 읽는 것을 목표로 하고 더 높은 단계에서는 글을 감상적인 태도로 읽을 수 있는 것을 목표로 삼았다.

1. 초급 단계는 한글의 자모를 익히고 기초적인 읽기 능력을 갖추는 데 중점을 둔다.

> • 한글의 자모를 식별하고 소리와 철자의 관계를 이해할 수 있다.
> • 낱말과 문장을 정확하게 소리 내어 읽을 수 있다.
> • 의미가 드러나도록 글을 알맞게 띄어 읽을 수 있다.
> • 시각적 이미지를 활용하여 일상생활 속 간단한 단어의 의미를 파악할 수 있다.
> • 일상생활 속의 표지나 지시문에서 단어의 의미를 이해할 수 있다.
> • 소리와 표기가 다를 수 있음을 알고 단어와 문장을 바르게 읽을 수 있다.
> • 일상생활과 관련된 간단한 글을 읽고 내용을 이해할 수 있다.
> • 쉽고 간단한 주제의 글을 읽고 전체적인 내용을 이해할 수 있다.
> • 글을 읽고 중요한 내용을 파악할 수 있다.
> • 글을 읽고 자신이 겪은 일과 관련지어 이해할 수 있다.

2. 중급 단계는 친숙한 소재나 비전문적인 내용으로 된 다양한 장르의 글을 접하고 읽기 능력을 신장하는 데 중점을 둔다.

> • 고유어, 한자어, 외래어의 개념과 특성을 알고 이해할 수 있다.
> • 한자어의 구성을 알고 의미를 이해할 수 있다.
> • 의성어와 의태어를 이해할 수 있다.
> • 친숙한 사회적 소재의 글을 읽고 이해할 수 있다.
> • 실용문을 읽고 주요 내용과 세부 내용을 파악할 수 있다.
> • 설명하는 글을 읽고 글의 구조와 세부 내용을 파악할 수 있다.
> • 주장하는 글을 읽고 주장과 근거를 구분할 수 있다.
> • 사회 문화적 소재의 글을 읽고 글에 나타난 상황을 추론할 수 있다.
> • 관심 있는 분야의 실용문이나 비전문적인 글을 사전을 활용하여 읽을 수 있다.
> • 배경 지식을 이용하여 글의 구성과 내용을 파악할 수 있다.
> • 짧고 단순한 문학 작품을 읽고 이해할 수 있다.
> • 출현 빈도가 보통인 속담과 관용 표현을 이해할 수 있다.
> • 다양한 글을 읽고 한국문화의 보편성과 특수성을 알고 자신의 문화와 비교할 수 있다.

3. 고급 이상의 단계는 친숙하지 않은 사회·문화적 소재와 자신의 관심 분야가 아닌 전문 영역에 관련된 다양한 장르의 글을 접하고 읽기 능력을 신장하는 데 중점을 둔다.

- 글의 장르에 따른 문체와 어조의 차이를 이해할 수 있다.
- 자주 접하는 속담과 관용 표현의 대부분을 이해할 수 있다.
- 전문 영역에서 쓰이는 한자 어휘의 대부분을 이해할 수 있다.
- 문학 작품에 나타난 함축적, 은유적 표현을 이해할 수 있다.
- 자신의 관심 분야와 관련된 복합적인 내용의 글을 읽고 주요 내용을 이해할 수 있다.
- 친숙하지 않은 사회·문화적 소재(시사, 전문 분야 등)에 관한 글을 읽고 주요 내용을 이해할 수 있다.
- 학술적인 글을 읽고 핵심 개념과 글의 논리적 전개 방식을 이해할 수 있다.
- 글을 쓴 목적과 이유를 파악하고 필자의 의도를 추측할 수 있다.
- 복합적인 사안을 다룬 글의 주제와 세부 내용을 파악하고 요점을 정리할 수 있다.
- 글에 나타난 사회·문화적 배경을 고려하여 읽을 수 있다.
- 문학 작품을 읽고 당시의 시대상과 역사적·문화적 배경을 파악할 수 있다.
- 맥락적 단서나 어휘 분석을 활용하여 낯선 어휘의 의미를 예측하며 읽을 수 있다.
- 사회·문화적 소재에 관한 글을 읽고 글의 적절성이나 가치를 판단하고 평가할 수 있다.
- 한국문화의 보편성과 특수성에 관한 글을 읽고 자신의 문화와 비교, 평가할 수 있다.
- 논점이 뚜렷한 글을 읽고 자신만의 관점 또는 가치관을 형성할 수 있다.
- 새로운 관점의 글을 읽고 자신의 입장과 비교할 수 있다.

✳ 과정 중심 쓰기

인지주의 작문 이론은 과정 중심 쓰기 교육이 강조되면서 글을 쓰는 과정에 초점을 둔 것이다. 단번에 글을 완성하는 것이 아니라 여러 번의 수정을 거치고 글을 쓰기 전 소집단 활동을 통해 아이디어를 모으는 등 귀납적인 쓰기를 강조하였다.

✳ 결과 중심 쓰기

1960년대까지 유행한 쓰기 교육의 방법으로 완성된 글(결과)을 중시하고, 작성한 글을 평가하는 것에 중점을 둔 글쓰기 지도 방법을 말한다. 모범이 되는 글을 흉내내도록 유도하므로 형식주의 쓰기 지도 방법이라고도 말한다. 교사는 가장 좋은 모범 글을 제시하여 그 모범이 되는 글을 모방할 것을 강조했다. 이와 같은 교사 중심의 통제식 수업은 학습자가 습득한 지식과 기능, 책략 자체를 강조하였을 뿐, 어떤 과정을 거쳐서 그러한 지식이나 기능을 달성했는지에 대해서는 관심을 갖지 않았으므로 학습자의 생각을 제대로 반영하지 못 하였다.

학습자가 쓴 글에 나타난 오류를 분석하는 데 초점을 두었으므로, 학습자들에게 글을 쓰는 방법을 구체적으로 가르쳐 주기 어려웠다. 단지 오류를 지적해 주고, 다음에 쓸 때에는 같은 오류를 반복하지 않도록 지도하였다. 이러한 평가 과정에서 학생들은 교사가 제시하는 평가 결과를 객관적으로 인식할 수 없었다.

글을 쓰는 과정을 인식한 단계 모형은 1960년대 중반에 논의되었다. Rohman과 Weleck(1964)는 사고와 쓰기는 별개의 활동이고, 사고가 쓰기에 선행되어야 한다는 인식 아래 교사는 학생의 사고 활동을 강조해야 한다고 보았다. 이들은 쓰기 활동을 하기 전에 학생들의 사고를 자극하는 방법으로 '예비 쓰기, 쓰기, 다시 쓰기'의 3단계 모형을 제시했는데, 일명 '단계적 쓰기 모형'이라 불리는 이 모형은 작품 자체의 결과에만 초점을 두었던 전통적인 모형에 비해 쓰기 과정을 인정하고 모형을 제시했다는 점에서 과거의 모형보다 진보한 것이다. 하지만 쓰기가 문제 해결이나 사회적 상호작용이라는 점을 고려하지 못해 결과 중심의 쓰기 교육에서 크게 벗어나지 못했다는 한계를 지닌다.

✖ 쓰기 단계별 목표

숙달도에 따른 단계별 목표는 다음과 같다. 초급(1~2급)에서는 글자를 쓰는 법에 대한 지도부터 들려주는 낱말, 문장을 정확하게 받아쓰는 지도가 필요하다. 중급(3~4급)에서는 간단한 문장을 만들고 그것을 연결하여 하나의 글을 완성시키는 연습을 한다. 고급(5~6급)에서는 간단하고 표면적인 쓰기에서 벗어나 주장을 우회적으로 표현하여 쓰기, 일화나 속담을 사용하기, 예를 들어 주장하기 등의 좀 더 깊이 있는 쓰기가 요구된다.

1. 1급: 외운 문장을 이용하거나 문장의 기본 구조를 이해하여 간단한 문장을 생성할 수 있다. 일상생활과 관련된 매우 간단한 대화나 생활문을 쓸 수 있다. 맞춤법의 기본 원리에 맞춰 글자를 쓸 수 있다.
2. 2급: 자주 쓰이는 문장의 종결형과 연결형을 사용하여 간단한 문장을 구성할 수 있다. 일상생활에서 요구하는 평이한 대화나 생활문을 쓸 수 있고, 자주 접하는 실용문을 쓸 수 있다.
3. 3급: 일상생활과 관련된 친숙한 소재에 관하여 정확하고 유창하게 글을 쓸 수 있으며, 생활과 밀접한 관련이 있는 사회적 소재에 대해서도 어느 정도 글을 쓸 수 있다. 설명, 비교의 기능을 수행할 수 있으며, 문단 단위로 글을 쓸 수 있다.
4. 4급: 표현할 수 있는 추상적 소재의 범위가 넓어지며, 보다 정확하고 유창하게 표현할 수 있다. 업무 환경에서 요구되는 일반적인 글쓰기 기능을 수행할 수 있다.
5. 5급: 정치·경제·사회·문화 전반에 걸쳐 친숙하지 않은 주제에 관해 어느 정도 표현할 수 있다. 자신의 전문 분야에서 요구되는 글쓰기 기능을 부분적으로 수행할 수 있으며, 논증이나 추론 과정을 거쳐 자신의 주장을 펴는 글을 쓸 수 있다.
6. 6급: 정치·경제·사회·문화 전반에 걸쳐 친숙하지 않은 주제에 관해 대체로 표현할 수 있다. 사회적·업무적·학문적 영역에서 요구되는 글쓰기 기능을 전면적으로 수행할 수 있어 자신의 업무나 전문 분야와 관련된 글을 정확하고 유창하게 쓸 수 있다. 간혹 오류가 나타날 수 있으나, 의미 파악에 지장을 주지는 않는다.

✖ 쓰기 이론

1. 형식주의 쓰기 이론에서는 규범 문법의 준수, 모범적 텍스트의 모방, 어법상의 정확성 등을 강조한다.
2. 인지주의 쓰기 이론에서는 개별적인 쓰기 행위를 분석 대상으로 하며, 텍스트를 필자의 계획, 목적, 사고를 언어로 바꿔 놓은 것으로 규정한다.
3. 사회적 구성주의 쓰기 이론에서는 담화 공동체가 지니고 있는 이상적인 형태와 관습에 초점을 둔다.

✂ 쓰기 단계

쓰기 전 단계는 앞으로 쓸 글에 대해 구상하고 생각하는 아이디어 형성 단계라고 할 수 있다. 즉, 글을 쓰는 목적이나 주제와 관련하여 무엇을 쓸 것인지, 또 어떻게 글을 구성할 것인지, 어떻게 하면 효과적으로 의미를 전달할 것인지 등에 대해 아이디어를 형성해 보고, 그에 필요한 자료 수집 등이 이루어지는 단계이다. 이 구상하기 단계에서 사용할 수 있는 학습자 전략은 매우 다양하다. 일반적으로 개요 쓰기, 브레인스토밍, 목록 만들기, 다발 짓기, 자유연상, 마인드맵, 주제에 대해 토론하기, 정보 수집 활동, 상의하기 등이 주로 활용된다.

쓰기 단계는 글을 쓰고, 초고와 피드백 주고받기 단계로 구성된다. 피드백 주고받기에서의 피드백은 전체적인 구성과 내용을 중심으로 하며, 문법적 오류는 지적은 하되 수정은 스스로 하게 한다. 또, 학습자 간 오류 수정은 종합적 평가방식보다 분석적 평가방식으로 진행하여 오류를 교정해준다.

마지막으로 쓰기 후 단계는 발표하기 등 다른 기능과 통합하는 단계이다. 교실 수업에서 동료피드백이나 고쳐쓰기는 쓰기 후 단계로 보기도 한다.

✂ 쓰기 연습 활동

쓰기는 자모를 단순히 베껴 쓰는 것부터 자신의 생각을 자유롭게 표현하는 자유 작문에 이르기까지 그 연습 유형이 다양하다. 쓰기 연습 활동은 교사의 학습자 통제에 따라 통제된 쓰기, 유도된 쓰기, 자유로운 쓰기가 있다.

통제된 쓰기는 베껴 쓰기, 받아쓰기, 바꿔 쓰기, 문장 연결하기, 빈칸 채우기 등이 있다. 유도된 쓰기에는 이야기 재구성하기, 그림, 도표, 통계 보고 서술하기, 담화 완성하기, 이야기 구성하기 등이 속한다. 자유로운 쓰기는 강의 메모, 일기, 에세이, 읽기와 연계하여 실시되는 읽고 요약하기, 읽고 모방해서 쓰기, 읽고 자신의 생각을 정리하여 견해 쓰기 등이 해당된다. 그리고 자유 작문도 자유로운 쓰기에 해당된다.

✂ 쓰기 지도 방안 및 피드백

우수한 학습자의 특징을 고려하고 쓰기 결과와 과정의 균형을 유지하며 쓰기 과정 단계별 학습, 평가와 지도법의 연계성 등이 쓰기 지도 방안을 계획할 때 고려해야 할 요소이다. 먼저 쓰기를 지도할 경우에는 우수한 학습자의 특징을 파악하여 이러한 학습자가 될 수 있도록 도와줄 수 있는 학습 활동을 제시하여야 한다.

쓰기 학습에서 학습자들이 쓰기 계획을 체계적으로 해 볼 수 있는 활동, 독자에 따라 글의 내용과 구성을 달리하는 연습 등을 제공하는 것이 바람직하다. 또한 쓰기 과정과 결과가 균형을 이룰 수 있도록 지도해야 하며, 아울러 쓰기의 세 단계를 적절하게 학습할 수 있는 지도가 이루어져야 한다. 목표어에서 선호되는 글의 구성, 문형 등 수사학적 관습에 대한 지식도 필요하므로 문자 언어와 관련된 문화적 측면도 쓰기 활동을 계획할 때 고려되어야 하고, 학습자가 실제 접할 수 있는 독자와 쓰기 목적을 고려하여 학습자에게 의미 있는 실제 작문이 될 수 있도록 해야 한다. 또한 협동 학습의 중요성도 지적되고 있다. 아울러 브라운은 학습자의 글에 대한 적절한 피드백을 줄 수 있는 방안도 중요한데, 초고와 수정본에 대해 교사는 다른 평가를 하여야 한다고 본다. 즉, 초고는 내용, 주제, 핵심적인 오류 중심으로 전체적으로 평을 하는 것이 바람직하고 수정본과 최종본에 대해서는 문법·철자 오류도 지적하고 아울러 결론, 논리 전개 문단 결합에 대한 평을 주는 것이 바람직하다.

✖ 쓰기 지도 접근법

장르 중심 접근법은 설명문, 논설문 등 글의 종류에 따라 알맞은 방법을 가르쳐 주는 것이고 과정 중심 접근법에서는 결과를 산출해 내기까지의 과정을 강조한다.

1. 장르 중심 접근법: 글쓰기의 사회문화적인 면을 강조하여 장르의 유형, 사회적 기능, 형식과 내용을 가르친다. 사회의 다양한 맥락 내에서 전개되는 텍스트의 언어 형식과 특징을 자유자재로 다룰 수 있는 능력을 기르는 것을 목표로 삼는다.
2. 과정 중심 접근법: 과정 중심의 쓰기 교육은 쓰기 결과물 자체보다 최종적인 쓰기 생산물로 나아가는 쓰기 과정에 더 초점을 둔다. 학습자가 쓰기 과정을 통해 자신이 표현하고자 한 것을 스스로 발견하는 과정을 중시한다.

✖ 쓰기 유형

1. 개인적 내용의 쓰기: 일기, 일지 등과 같이 개인적 필요에 따라 쓰는 글로 대개 기억을 도와주기 위한 수단으로 사용하는 글
2. 창의적 내용의 쓰기: 시나 소설, 수필 등 자신뿐 아니라 다른 사람과 공유하기 위한 글
3. 사회적 내용의 쓰기: 가족이나 친구들과의 사회적 관계를 확립하고 유지하기 위한 글
4. 전문적 내용의 쓰기: 연구 논문, 계약서, 협정서 쓰기 등과 같이 학문이나 전문 분야와 관련된 글
5. 공적 쓰기: 공적인 서한이나 문서 등 조직이나 기관의 구성원으로서 써야 하는 글

✖ 쓰기 전략

쓰기 전략이란 학습자가 자신의 쓰기 활동을 성공적으로 진행하여 쓰기 능력을 향상시키기 위해 취하는 조치를 가리킨다. 언어 교수 학습에서 전략은 학습자가 효율적으로 학습하거나 정보를 기억하는 데 도움이 되는 방법을 말한다. 언어 학습에서 이 전략은 학습자가 능동적이고 자기 주도적으로 학습에 참여할 수 있게 하는 수단으로 매우 중요하다.

✖ 쓰기 활동 중 교사의 태도

쓰기 지도는 교사 자신의 교육관과 쓰기 지도에 대한 선험 지식, 이해 경험 및 학습자에 따라 그 방향이 달라진다. 그러나 기본적으로는 지도 방안을 계획할 때 다음에 제시된 원리를 바탕으로 쓰기 활동의 적절성과 유용성을 검토해야 한다.

1. 학습자의 인지적·정의적 측면과 욕구에 부합할 수 있도록 학습 내용과 활동을 선정한다.
2. 학습자에게 유의미한 주제, 목적, 독자, 글의 유형을 고려하여 실제 생활과 연결된 학습이 이루어지도록 한다.
3. 의사소통 수단으로서의 쓰기를 학습할 수 있는 기회를 부여한다.

4. 쓰기 결과와 과정을 모두 고려하여 균형적인 학습이 되도록 한다. 단, 쓰기 과정이란 순환적이고 복잡한 과정이므로 내용 보강을 위해서는 자료 수집부터 다시 시작할 수 있는 학습이 되어야 한다.

5. 단계적인 학습을 통해 학습자 부담을 낮춘다.

6. 다른 언어 기능과 쓰기를 통합하는 학습이 포함되도록 한다. 특히 읽기를 통해 특정 장르에서 요구되는 글의 유형을 익힐 수 있는 기회를 제공한다.

7. 담화 단위의 쓰기 활동 중심이 되도록 한다.

8. 수업 시간 중 쓰기 지도의 중요성을 고려하여 효율적으로 지도가 이루어지도록 한다.

9. 협동 학습이 이루어지도록 하며 동료 학습자의 글을 읽고 비판해 보는 활동을 통해 학습자 자신의 글을 내용, 구성, 표현 측면에서 수정·보완할 수 있는 능력을 기를 수 있도록 한다.

10. 교사는 학습자 쓰기 전략을 도와주고 쓰기 과정을 통해 학습자에게 필요한 도움을 제공하는 역할을 한다.

✖ 일지 쓰기

일반적으로는 일지를 쓴다는 것을 문법에 국한되지 않고 자유롭게 글을 쓸 수 있는 단순한 것으로 생각한다. 그러나 일지는 언어 학습 기록, 문법 토론, 독서 소감에 대한 사람들의 태도 및 감정 등을 포함하는 것이다. 최근에는 교수-학습 과정에 있어서 일지 쓰기가 중요한 역할을 담당하게 되었다. 일지 쓰기는 학생과 교사 간 일종의 대화이므로, 교사가 학생에게 피드백을 제공할 수 있는 특별한 기회를 마련해 준다.

✖ 쓰기 오류 수정

1. 초고에 대한 고쳐쓰기: 전체적인 오류, 도입 부분에 대한 언급, 주제와 관련성이 먼 부분에 대해 언급, 부적절하거나 어색한 단어와 표현을 지적

2. 교정 안에 대한 고쳐쓰기: 지엽적이고 문법적인 오류(철자, 구두점, 문법구조)를 지적하되 교정하지는 않음. 어색하지는 않지만 분명하지 않은 어휘 선택에 대해 언급, 문장 내의 또는 문장 간의 일관성에 대해 언급

3. 최종 글에 대한 고쳐쓰기: 문법적인 오류 수정, 어색한 어휘 수정, 글의 전체 구성과 내용에 대해 언급

✖ 딕토글로스(Dictogloss)

딕토글로스는 개개인이 메모한 내용을 모아 원래의 텍스트를 복원하는 소그룹 과제활동이다. 딕토콤프에 비해 상대적으로 개인의 언어능력보다는 협동심이 중시되며, 서로 다른 내용을 바탕으로 글을 재구성 및 복원하는 작업이므로 전체적인 텍스트의 맥락을 파악하는 능력을 기를 수 있다.

✖ 딕토콤프(Dicto-Comp)

딕토콤프는 글을 들은 후에 개별로 교사가 칠판에 적어주는 키워드를 보면서 원래 글에 가깝게 재구성하는 활동을 말한다. 딕토콤프는 딕토글로스에 비해 개인의 언어능력이 중시되는 과제활동이다.

다이얼로그 저널

다이얼로그 저널(Dialogue Journal)은 교사와 학생이 서로 의사소통하는 방법으로 학생이 자신이 쓰고 싶은 주제 하나를 선택해서 쓰면, 교사는 학생의 글에 대답하는 활동을 말한다. 이때 교사가 학생의 글에 피드백을 주거나 자신의 의견을 덧붙인다. 이 방법은 소극적인 학생에게 교사와의 의사소통 기회를 늘려 주고, 교사에게도 학생이 어떤 생각을 하는지 꼼꼼하게 살필 수 있는 기회가 생긴다. 또한 친구와 교환 일기를 쓰는 것처럼 교사와 학생 간에 친화감도 생긴다.

과정 중심 문법 교육과 결과 중심 문법 교육

학습자가 문법을 익히는 과정에서 무엇을 중시하는지, 또 그 과정에서 교사는 어떤 역할을 수행하는지에 따라 결과 중심의 문법 교육과 과정 중심의 문법 교육으로 나눌 수 있다. 결과 중심의 문법 교육은 언어의 형식과 의미에 초점을 두고 학습자에게 문법을 인식시키고 구조화하게 하는 방법이며, 과정 중심의 문법 교육은 학습자로 하여금 언어 사용 활동에 참여시켜 문법을 자원으로 이용할 수 있도록 하는 방법이다(Batstone, 1994). 결과 중심의 문법 교육은 문법적으로 정확한 문장의 생성을 최종 목표로 하는 데 비해, 과정 중심의 문법 교육은 실제 담화 상황 속에서 문법을 사용하도록 장려한다는 차이가 있다. 후자의 경우 교사는 학습자가 문법적으로 정확한 형태의 문장을 생산해 내는 데 집중하기보다는 메시지의 전달을 얼마나 효율적으로 할 것인가에 더 주의를 기울이도록 유도한다. 하지만 이 두 가지 문법 교육 방식은 상호 배타적으로 운영되기보다는 전체 수업 구성에 있어 단계별로 적용될 수 있다. 즉, 문법에 유의하면서 문법 지식을 정확하게 이해하기 위한 연습 단계가 이루어진 후 유의미적 맥락에서 문법 지식을 활용해 메시지를 이해하고 생산하는 단계로 넘어갈 수 있는 것이다.

외국어 교수법

전통적인 교수법으로는 문법 번역식 교수법이 1930~1940년대까지 성행하였고 1950년대에는 청각 구두식 교수법이 직접 교수법의 맥을 이었다. 1970년대 이후에는 구조적인 교수법들이 교사 중심으로 기계적인 훈련을 중시한 것과는 달리 학습자의 인격과 인간관계, 학습자의 상호작용 등을 중시하며 학습자들로 하여금 서로를 이끌어 주고 서로를 도와주며 일체감을 느끼게 되었다. 이러한 경향으로 나타나는 교수법에는 침묵식 교수법, 공동체 언어 교수법, 암시 교수법 등이 있다.

직접 교수법

전체를 부분으로 나누고, 부분을 순서대로 익혀 전체에 도달한다는 가정에 기초한 교수법이다. 직접 교수법은 직접적인 구어 의사소통이라는 식민지 시대의 요구가 반영되었으며 유아의 모어 습득과 같이 자연스러운 과정이 되어야 한다는 인식을 바탕으로 한다. 말하기 교육에 있어서 직접 교수법은 구어가 중심이 되며, 일상생활의 실제적 대화가 교육 내용이 된다. 교실에서는 목표어만 사용하며 원어민에 가까운 발음과 함께 질문-응답 유형의 회화 능력을 교육목표로 한다.

과정	주요 활동
설명하기	• 전략(기능) 제시 • 전략의 필요성과 중요성 설명 • 전략의 사용 방법 안내
시범 보이기	• 전략이 사용된 예 제시 • 교사의 시범
질문하기	• 세부 단계별 질문 • 질문에 대한 답변 • 학생들의 질문 제기 및 교사의 응답
활동하기	• 실제 상황을 통해 반복적인 연습 • 다른 상황에 적용

1. 국어과 영역(언어 사용 기능, 문법, 문학) 중 언어 사용 기능 교수 학습에서 많이 사용
2. 직접 교수를 적용할 때 학생들의 참여를 최대한 확대하고, 교사 중심적인 면을 줄이며, 단순히 모방하지 않도록 유의
3. 시범을 보일 때 학습자가 문제 해결 과정을 충분히 이해할 수 있도록 최대한 구체적·명시적으로 시범을 보일 것
4. 직접 교수법의 단점을 보완하기 위하여 '학습자의 독자적 연습', '자기 점검 및 평가'를 삽입

✴ 청각 구두식 교수법과 의사소통 교수법

구조주의 언어학과 행동주의 심리학을 이론적 토대로 하는 청각 구두식 교수법에서는 구어에 대한 집중적 훈련과 단계적이고 체계적인 내용 전개, 모방, 반복, 문형 연습을 특징으로 한다. 그런데 이러한 훈련에도 불구하고 실제 상황에서의 의사소통을 잘하지 못한다는 단점이 있다. 이에 반해 의사소통 교수법은 1970년대에 이르러 의사소통 능력이라는 포괄적인 교육목표를 실행에 옮길 수 있는 새로운 방법론으로 대두되었다. 의사소통 교수법은 학습자 간의 의사소통을 주요 목표로 하고 있는 교수법으로, 다양한 상황에서 적절한 언어를 사용할 수 있는 능력을 길러주는 것이 목적이기 때문에 정확성보다는 적절성을 우선순위에 놓는다.

✴ 의사소통중심 언어교수법

의사소통중심 언어교수법은 사실 교수법(Method)보다 접근법(Approach)이나 이론에 가깝다. 이는 의사소통 경험을 통해 언어 규칙과 어휘를 습득하여 실제 상황에서 사용할 수 있는 유창성을 기르고자 함을 목표로 한다. 즉, 문법구조의 형식적인 연습이 아니라 실용적이고, 기능적인 학습 활동을 하며 언어의 의사소통 기능과 사용을 중요하게 생각하여 정확성보다는 유창성을 중시한다.

의사소통중심 언어교수법의 특징은 실용적이고, 기능적인 학습 활동을 하기 때문에 학생 개개인의 수준에 맞춰 자율적인 학습이 될 수 있게끔 한다. 또한 학습자의 회화에 문법적인 오류가 있더라도 의사소통 자체에는 문제가 없을 경우, 교사는 즉각적으로 오류를 교정해주지 않는다. 마지막으로 실제 자료(신문, 메뉴판 등)를 교재로 사용한다.

✖ 청각 구두식 교수법(청화식 교수법)

1. 청각 구두식 교수법의 배경: 제2차 세계대전이 시작되면서 미국이 외국어 학습이 필요함을 체감하면서 시작되었다.

   (1) 제2차 세계대전 이전의 미국에서는 문법 번역식 교수법이 대부분을 차지했다.

   (2) 연합군(프랑스, 구소련) 언어와 적군(독일, 일본, 이탈리아)의 언어를 이해할 필요가 생겼다.

   (3) 미 육군에서 개발했기 때문에 군대 교수법(Army Method)이라고도 불린다.

   (4) 새로운 언어학(구조주의 언어학)과 학습이론(행동주의 심리학)이 학계에 주목을 받으며 떠올랐다.

      ① 구조주의 언어학: 다양한 언어에 대한 분석적 연구

      ② 행동주의 심리학: 환경과 습관 형성을 중시, 자극과 반응, 모방과 반복을 통한 습관화

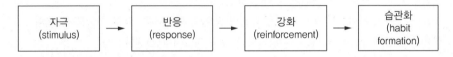

      ※ 체계적인 언어 자료를 제시해주고 어학실에서 반복된 연습과 훈련으로 외국어를 습득한다.

2. 청각 구두식 교수법의 9가지 특징

   (1) 제시된 자극에 대해서 바른 반응을 보이도록 조건을 지은 환경 속에서 학습이 진행되도록 한다.

   (2) 어학 실습실, 시청각 자료 등을 최대한 활용한다.

   (3) 모방, 일정한 구문 암기, 반복을 통한 습관 형성을 하도록 한다.

   (4) 학생들로 하여금 오류 없는 발화를 생성하게 한다.

   (5) 학생의 응답에 대해 즉시 강화를 해 준다.

   (6) 모국어 번역이나 모국어 구조와의 대응을 통한 학습은 하지 않는다.

   (7) 교사의 모국어를 극히 제한해서 사용한다.

   (8) 언어 기능은 듣기, 말하기, 읽기, 쓰기의 순서로 가르친다.

   (9) 구문은 대조 분석의 방법으로 단계적으로 전개되며 한번에 하나씩 교수한다.

3. 청각 구두식 교수법의 교수 절차

복습	간단한 질문을 통해서 지난 시간에 배운 내용을 복습한다.
듣기	교재의 내용을 원어민의 음성으로 들려준다. (이때 학생들은 눈을 감고 주의를 집중하며 교재의 내용을 듣는다.) 다음에는 교재의 내용을 그림으로 보여 주면서 다시 한번 듣게 한다.
따라 하기	녹음기를 이용하여 교재의 대화문을 하나씩 듣고 학생들은 발음에 주의하면서 그 내용을 따라서 반복한다.
외우기	초벌 외우기: 교사가 읽어나가면서 학생들이 정확하게 따라서 암송할 수 있도록 한다. 대화를 통한 외우기: 어느 정도 연습이 이루어지면서 교사와 학생, 그룹과 그룹, 학생과 학생이 대화를 하도록 하는데 이때 가급적 교재의 대화문을 암기하도록 요구한다.
문형 연습	대화 내용 중 중요한 구문을 발췌하여 반복 연습, 대치 연습, 변형 연습 등을 한다.

활용	처음에는 대화문을 그대로 모방하는 연습을 하고 교사와 학생, 그룹과 그룹, 학생과 학생 사이에 역할을 분담하여 역할극을 시킨다. 다음에는 대화문의 상황과 유사한 상황을 제시하여 학생들이 대화문을 활용하여 대화를 하도록 유도한다.
활동	교재 내용의 주요 언어 항목들(어휘, 발음, 구문 등)을 심화시키기 위하여 적합한 노래, 게임 등을 사용한다.
정리	녹음기를 사용하여 교재의 내용을 원어민의 음성으로 다시 한번 들려준다.

4. 청각 구두식 교수법의 장점

(1) 어려운 문법 설명을 배제함으로써 저학년의 수업에 적절하다.

(2) 철저한 구두 연습으로 말하기, 듣기 능력이 향상된다.

(3) 제한된 자료를 통해서 단기간에 회화 기능을 익힌다.

(4) 학습해야 할 구문이 체계적으로 도입되고 연습을 통해 철저히 익힐 수 있도록 한다.

(5) 학습자가 언어 구조를 익히는 단계를 따라 교수 자료가 제시된다.

(6) 모국어와 목표어의 대조 연구를 통해서 학습자의 오류를 예상할 수 있다.

5. 청각 구두식 교수법의 단점

(1) 학습자의 이해를 동반하지 않는 기계적인 모방과 반복 연습은 실제 언어 능력으로 전이되지 않는다.

(2) 기계적인 반복 훈련이 언어 학습에 대한 흥미(특히 학습 의욕)를 떨어트린다. 특히 중급이나 고급 단계의 학습자에게는 적절한 동기 유발이 되지 않는다.

(3) 초기 단계부터 모국어 화자와 같은 속도로 발음할 것을 요구하기 때문에 실력이 없는 학습자는 자신감을 잃을 수 있다.

(4) 문형 연습이 끝날 때까지 문법 설명을 미루거나 연습 후에 규칙을 찾게 하는 것에 지나치게 많은 시간이 낭비되며 문장의 뜻을 정확히 모른 채 지나치기 쉽다.

(5) 목표어를 정확하게 원어민처럼 구사하는 교사를 확보하기 어렵다.

(6) 학습자들의 오류를 인정하지 않으며, 창조적인 자기 표현 능력을 향상시켜주지 못한다.

✖ 침묵식 교수법(The Silent Way)

1. 배경

(1) Caleb Gattegno에 의해 고안된 언어 지도법

(2) 교사의 침묵을 중요한 교수 수단으로 이용

(3) 침묵식 교수법에서 이용되는 주요 학습 자료인 여러 가지 색깔의 막대기와 발음 차트는 학생들의 주의 집중력을 향상시킬 뿐만 아니라, 학습 내용을 시각적으로 입력시켜 주기 때문에 기억 작용이 수월하게 이루어지도록 도와줌

2. 이론적 가정

(1) 언어란 구체적인 의미들이 임의적으로 연합되어 문법 규칙에 의해 문장 혹은 의미 있는 단위들이 서로 연결되어 구성된 소리의 집합체

(2) 언어는 대체물이고, 경험은 언어에 의미를 부여하는 것

(3) Gattegno는 어휘를 언어 학습의 중심 단위로 간주, 어휘 선택이 매우 중요하다고 봄

(4) 어휘를 Semi-Luxury Vocabulary, Luxury Vocabulary, Functional Vocabulary로 구분

(5) 이 중 Functional Vocabulary는 언어의 본질을 이해하는 데 열쇠를 제공

(6) Gattegno는 어린아이의 마음의 상태(언어적 환경에 내던져지는 것)로 되돌아갈 필요가 있다고 제안. 하지만 제1언어와 제2언어의 학습 과정은 다르므로 제2언어 학습을 위해서는 인위적이고 통제된 학습 활동이 필요

3. 목표

(1) 침묵식 교수법에서 지향하는 일반적 언어 교육 목적은 해당 목표어의 구어 능력을 효율적으로 개발시켜 주는 데 초점

(2) 주로 외국어 학습 초기 단계에 있는 학생들을 대상으로 하나, 궁극적으로 원어민 수준의 유창성 획득을 목표로 함

(3) 특히 목표어의 정확한 발음과 소리 체계에 대한 숙달을 강조

(4) 해당 언어의 문법에 대한 기본적이고 실질적인 지식을 학습자에게 제공해주는 것이 목표

4. 교수 기법 및 절차

(1) 학습자들의 독립심, 자율성, 책임감은 성공적인 외국어 학습을 위한 중요한 요인

(2) 학습자 자신의 주체적 학습 활동과 그의 자각 능력은 외국어 학습의 성패를 가름하는 요소

(3) 집단 활동에서 학습자들은 경쟁보다는 협력하면서 학습해 나가는 것을 배워야 함

(4) 교사는 교실에서 자신들이 오랫동안 사용해 온 시범 보이기, 도와주기, 교정하기 등의 지도 방법을 가능한 자제하도록 요구

(5) 가능한 한 교사는 침묵의 방법으로 학생들의 언어활동을 이끎

(6) 교사는 수업 순서, 개별 단원, 단원의 내용을 스스로 만듦

(7) 수업 활동에서 교사는 몸짓, 도표, 기타 물건 등을 사용하여 학생의 반응을 유도하고, 무언극 배우, 인형극 배우처럼 생기발랄하고 창조적이어야 함

5. 결론

(1) 교사의 침묵이 적절히 이용되면 학습자의 주의 집중과 기억력을 증가시켜 궁극적으로 학습자의 목표어 유창성을 유발

(2) 언어의 추상적 개념 및 복잡한 의미 지도에 대한 어려움이 한계로 지적

✳ 공동체 언어 교수법(Community Language Learning)

1. 배경

(1) Charles A. Curran과 그의 동료들이 그들의 상담 심리 기술을 응용하여 개발

(2) 이 지도법에서 교사는 상담자의 역할을, 학습자는 피상담자의 역할을 수행

(3) 공동체 언어 교수법은 인간주의적 기법 요소를 활용하여 학습자의 언어 지식, 행동, 감정 등의 모든 영역을 똑같이 중요하게 여기면서 궁극적으로 전인을 지향

(4) 이중 언어 교육 프로그램에 영향을 받음

(5) 언어 대체로 묘사되는데, 언어 대체 연습에서 학습 내용은 처음엔 모국어로 제시되고, 다음에는 제2언어로 다시 제시

2. 이론적 가정

(1) La Forge에 따르면 외국어 학습자들이 해야 되는 일은 소리 체계를 이해하고, 기본적인 의미를 파악하며, 해당 외국어의 기본 문법 등을 구성하는 것임

(2) 전통적 구조주의 입장을 따르는 것은 아니고, 오히려 언어 사용을 사회과정의 상호작용 측면에서 접근

(3) 공동체 언어 교수법 상호작용에는 학습자 사이의 상호작용과 교사와 학습자 사이의 상호작용 두 가지가 있음

(4) Curran은 지적 과정으로서의 학습관과 행동주의 견해를 거부

(5) 행동주의 학습에서 학습자들은 수동적이 된다고 봄. Curran은 "학습은 통합적이고 개인적인 사회적 경험으로 간주되고, 학습자는 더 이상 혼자 떨어져서 배우고, 다른 사람과 경쟁하는 것으로 보이지 않는다."라고 말함

(6) 성공적 학습을 위한 심리학적 요건으로 심리적 안정감, 주의력과 대담성, 의도적인 침묵이 있음

3. 목표

(1) 공동체 언어 교수법이 지향하는 궁극적 목표는 원어민 수준의 목표어 숙달

(2) 언어 사용 능력은 단순한 의사소통 훈련 과정을 통하여 습득되는 것이 아니라 사회과정으로서 구성원들 간의 상호 협력 아래 효율적으로 개발될 수 있다는 주장

4. 교수 기법 및 절차

(1) 언어 학습 활동은 집단 구성원들 사이의 상호 협력에 의해 이루어지는 사회과정으로 전제

(2) 학습자들은 전형적으로 6~12명이 한 그룹이 되어 원 모양으로 둘러앉음. 교사의 수는 한 그룹에 한 명에서부터 학생 한 사람당 한 명에 이르기까지 다양

(3) 교사는 상담자의 역할을 수행. 목표어로 번역해주고, 시범을 보여주면서 보조 역할을 수행하고 학생이 요청하면 도움을 주기도 함. 직접 개입하여 틀린 말을 고쳐 주거나 관용어를 가르쳐주며, 문법 용법과 주요 내용에 대해 조언을 해 줄 수 있음

(4) 학습자는 능력 면에서 점차 성장하게 되며, 교사와 학생 사이의 관계도 본질적으로 변화되어 교사의 위치는 학생에 의해 다소 좌우되기도 함

(5) 교사는 학생들이 배우고 성장할 수 있는 안전한 환경을 제공해 줄 책임이 있음

(6) 교수요목은 자신이 의사소통 의도를 표현한 학습자와 이들 의도를 적절한 목표어로 재구성해주는 교사 사이의 상호작용으로부터 만들어지게 됨

5. 결론

인간주의적 접근 방법을 통한 언어 교육을 지향하고 있기 때문에 많은 언어 교육자들로부터 호응을 받지만, 목표어를 정확하게 구사할 수 있는 언어 지식을 효율적으로 학습하는 데 한계가 있음

✖ 과제 중심 교수법(TBLT; Task-Based Language Teaching)

1. 과제란 무엇인가?
   (1) 언어를 사용한 활동이나 목적
   (2) Skehan의 정의: 과업은 현실과 동떨어져서는 안 되며, 일상생활과 밀접해야 함을 강조한다.
   (3) Nunan의 정의: 의사소통 과업이란 학습자들이 언어의 형태(Form)가 아닌 의미(Meaning)에 초점을 두는 동안에 학습자들을 목표 언어(Target Language)를 통해 이해하고, 조작하고, 발화하고, 상호작용하도록 끌어들이는 하나의 교실 활동이다. 과업은 또한 의사소통 행위 그 자체로서 홀로 존재할 수 있도록 완성도를 가져야 한다.

2. 기본 전제 조건
   (1) 생산보다 과정에 중심을 둔다.
   (2) 기본 요소들은 목적이 있는 활동들과 과업들로 이것들은 의사소통과 의미를 강조한다.
   (3) 학습자들은 활동과 과업을 수행하는 동안 의사소통과 그리고 목적을 지닌 상호작용을 함으로써 언어를 배운다.
   (4) 활동과 과업은 함께할 수 있다. 학습자는 이것들을 실제 삶에서 성취할 필요가 있고, 교실에서 교육학적인 목적을 가진다.
   (5) 과업 중심 교수요목의 활동들과 과업들은 난이도에 따라 배열된다.
   (6) 과업의 난이도는 학습자의 이전 경험, 과업의 복잡성, 과업 수행에 요구되는 언어, 이용 가능한 도움의 정도를 포함한 요소의 범위에 따라 달라진다.
   ① 정의: 의사소통 교수법의 원리에 근거, 실제 의사소통을 통하여 일정한 과제를 완수하도록 하는 교수법
   ㉠ 과제: 학습자가 일정한 결과를 만들어 내기 위해 의사소통을 목적으로 외국어를 사용하는 활동을 의미
   ㉡ 언어 학습의 기본: 의사소통이 포함된 활동, 유의미한 과제를 수행하기 위한 언어 사용 활동을 한다면 학습이 증진됨
   ㉢ 결과보다는 과제를 수행하는 과정을 중시
   ㉣ 의사소통 교수법에서 출발하여, 학습 책략, 제2언어 습득 연구를 바탕으로 발달됨
   ② 특징
   ㉠ 수업의 초점은 학습 과정
   ㉡ 과제: 실제 생활에서 성취할 수 있는 것으로 선정하며 교육적인 목적을 가지고 있어야 함
   ㉢ 과제 중심 교수요목(여행 경로를 항목화하여 미리 알려줌)은 난이도에 의해 조절됨
   ㉣ 짝 활동, 그룹 활동(진정한 의사소통을 할 수 있는 이유를 제공, 언어 연습의 경우에도 학생들이 같은 형태의 질문, 대답을 반복하는 것에 대한 이유를 제공해 줄 수 있음)
   ㉤ 교사가 전체 학생을 대상으로 하는 것보다 그룹별로 질문하고 대답하게 한다면, 개개인의 언어 연습 기회가 많아짐
   ㉥ 교사의 역할: 충고자, 촉진자 역할
   ㉦ 언어 학습은 종합적인 방법으로 습득된다고 봄

③ 과제 중심의 수업 틀
　　㉠ Pre-Task Activities(과제 전 활동)
　　　　• 브레인스토밍 등으로 과업의 주제, 목표 등을 이해시킨다.
　　　　• 학생들에게 과업 활동을 어떻게 해야 할 것인가를 생각하게 한다.
　　　　• 과업이 교재(Text)를 기본으로 하는 경우에는 읽기 자료의 일부를 먼저 읽게 한다.
　　㉡ Task Activities(과제 활동)
　　　　• 짝이나 그룹별로 과업 수행, 교사는 감시, 응답, 도움의 역할을 한다.
　　　　• 과업 목표의 성공적인 성취는 학생들의 동기를 높이는 데 도움의 역할을 한다.
　　㉢ Post-Task Activities(과제 후 활동)
　　　　• 같은 과업을 한 학생 중 유창한 학생의 과업을 녹음해서 들려주고, 학생들이 수행한 방법과
　　　　　비교한다.

> **학생의 역할**
> • Group Participant
> • Monitor: 학생들이 어떤 언어가 의사소통에서 사용되었는지 알아차려야 함
> • Risk-Taker
> • Innovator

④ 과제 중심 교육의 장점과 단점
　　㉠ 장점
　　　　• 학습자의 적극적인 참여 유도
　　　　• 협력적인 학습 태도
　　　　• 진정한 의사소통의 이유 제공
　　　　• 명확한 목표 인식
　　　　• 실제적인 언어 사용 능력 신장
　　　　• 문제 해결 능력 신장
　　　　• 자기 주도적인 학습 능력 신장
　　㉡ 단점
　　　　• 전체 교육과정 중에서 다루어야 할 언어 요소가 어느 정도 다루어지고 성취되었는지 파악하기
　　　　　힘듦
　　　　• 과제나 활동을 어느 기준에 의해 나열하고 제시할 것인지 정하기 어려움
　　　　• 학습자의 학습 결과, 잘못된 언어 사용이 고착화될 위험이 큼
⑤ 과제(Task)의 예: 퍼즐 해답 찾기, 지도 읽고 지시하기, 전화 걸기, 편지 쓰기, 설명서 읽기, 장난
　　감 조립하기 등
　　㉠ Task Classification By Pica, Kanagy And Falodun
　　　　• 직소 과제(Jigsaw Tasks): 하나의 완성된 형태를 만들기 위해 다른 정보의 조각들을 조합시
　　　　　키는 과업

- 정보차 과제(Information Gap): 한 학생 또는 그룹은 하나의 정보를 갖고 있고, 다른 학생 또는 그룹은 상보적인 정보를 갖는 과업으로 그들은 과업을 완성하기 위해 의미 협상을 반드시 거쳐야 하고, 다른 파트너의 정보가 무엇인지 알아내야 한다.
- 문제해결 과제(Problem Solving Tasks): 학생들에게 문제와 일련의 정보가 주어지고, 그들은 문제의 해결점에 이르러야 한다. 일반적으로 결과에 대한 해결책은 단 하나이다.
- 결정 과제(Decision-Making Tasks): 학생들에게 여러 가능성 있는 결론들을 얻기 위한 문제가 주어지고, 그들은 협상과 토의를 통해 하나의 결론만을 선택해야 한다.
- 의견 교환 과제(Opinion Exchange Tasks): 학습자들은 토의와 의견 교환에 참여하지만, 결론에 도달할 필요는 없다.

✖ 내용 중심 교수법(CBLT; Content-Based Language Teaching)

내용 중심 교수법은 외국어와 특정 교과 내용의 학습을 통합하는 교수법이다. 학습자가 관심을 갖고 있는 영역이나 특정 전공 영역의 주제 내용을 목표어로 가르치는 방법이다. 즉 교과 내용의 학습과 동시에 외국어의 학습을 목표로 하며 교수요목을 설계할 때 내용 자료가 언어 제시 순서를 정하고 학습 과정을 구성한다. 내용 중심 교수법에서 내용이란 의미를 전달하는 언어가 아니라 언어를 통하여 의사소통이 이루어지는 주제를 의미하고 언어는 정보를 전달하는 수단으로 간주된다.

✖ 자료 지향적 모형(상향적 모형, Gouph, 1976)

학습자는 문자 기호를 지각함에 있어 '단어 → 문장 → 문단 → 글'과 같이 순서적으로 의미를 표상한다고 보는 이론이다. 즉, 세부적인 것에서 출발하여 전체적인 개념을 형성하는 것으로 보는 이론으로, 읽기를 의미 구성 과정이 아닌 글의 해독 과정으로 본다. 따라서 독자는 일단 주어진 글에 포함되어 있는 하위 영역의 과정을 정확하고 유창하게 이해할 수 있으면 자동적으로 독해가 이루어진다. 한마디로 상향식 접근에 의한 읽기 지도는 '사다리 오르기'식 지도라 할 수 있다. 그 기본 과정은 다음과 같다.

1. 읽기는 개별 기능들의 종합이다.
2. 각 기능들은 단순한 것에서부터 복잡한 것으로 이어지는 위계 구조를 이루고 있다.
3. 어느 한 기능의 학습은 그 전 단계 기능의 학습 없이는 이루어질 수 없다.
4. 읽기 지도란 개별적인 각 기능을 지도하는 것이다.

그러나 이 모형은 유연하고 역동적인 읽기를 설명하기에는 매우 소극적인 모형이라는 비판을 받고 있다.

✖ 의미 구성적 관점의 모형

1. 하향식 모형(Goodman, 1967)

독자가 자기 자신의 배경지식을 이용하여 글의 내용을 예측하고, 가정·추측·추론하면서 의미를 표상한다는 이론이다. 즉, 전체적인 것에서 출발하여 세부적인 것을 명확히 한다는 이론으로, 읽기에서의 의미 형성이 글 자체에서 비롯되기보다는 독자의 고차원인 정신 작용에서 비롯된다고 보는 견해이다. 상향식 모형과는 달리 합리주의적이고 연역적인 성격의 모형이므로, 자료보다는 의미 지향적이라 할 수 있다. 1960~1970년대 초반의 하향식 모형은 상향식 모형과는 달리, 읽기 과정에서 독자의 능동적인 참여를 가정하고 있기 때문에 긍정적인 평가를 받고 있으나, 실제로 읽기 과정에서 독자가 행하는 정보 처리 과정, 즉 높은 단계의 의미가 단어와 같은 낮은 단계의 확인에도 영향을 미칠 수 있는 것인지, 높은 단계의 의미 속성들이 서로 어떻게 관련되는지에 대한 해답을 제공하지 못한다.

2. 상호작용 모형(Rumelhart, 1977)

우리가 실제로 행하는 독서 행위는 상향식 과정과 하향식 과정이 분리되지 않고 하나의 통합된 전체로서 독서 과정에 상호작용한다고 보는 견해이다. 실제 독자가 주어진 글을 파악하는 데는 독자의 스키마가 작동하여 그 글의 내용에 비추어 이를 적용하고 글의 전체적인 내용을 예측하는 것도 필요하고, 스키마의 확인을 위해 글에 담긴 내용에 대한 해독도 필요하다. 이 두 과정은 거의 동시적으로 일어나는 것으로, 독자는 글을 읽어가는 동안 끊임없이 이 과정을 반복하게 된다.

✖ 정보 처리 모형

인간의 감각적 수용기관을 통해 외부 자극을 선택적으로 수용하여 단기적 기억 과정(Short-Term Memory) 또는 장기적 기억 과정(Long-Term Memory)을 통해 정보 처리를 하는 일련의 과정을 거쳐 학습하게 된다는 이론이다. 이 이론은 행동주의적 학습이론과 인지론적 학습이론을 접근시키는 특징을 보이는 것이며, 컴퓨터의 발달과 더불어 크게 관심을 끌고 있는 학습이론이다. 아직은 이론의 전개에 어떤 통합성이 분명하게 보이지 않으나 그 결과가 주목되는 이론이다.

✖ 경험적 학습

학습자에게 구체적인 경험을 할 기회를 주고 그들로 하여금 시행착오를 통해 피드백을 받으면서 언어에 관한 가설을 설정하고 수정함으로써 언어 원리를 발견하고 유창성을 기르는 것을 강조하였다. 교사는 학생들에게 단순히 규칙을 가르치지 않고 학습자들로 하여금 여러 가지 구체적 경험을 가능하게 하여 복잡한 문제를 해결하게 함으로써 언어를 실제로 사용해 볼 기회를 제공한다.

✖ 선행 조직자

새로운 정보를 학습하기 전에 제시되는 관련 정보이다. 학습자가 기존 지식을 회상하여 새로운 정보에 적용하여 새로운 정보를 의미 있게 조직하고 해석할 수 있도록 유도한다.

선행 조직자는 오수벨(D. Ausubel)이 제시한 인지 전략으로서 만약 기존 지식과 새로운 정보 간에 연결이 이루어지면 학습 경험은 보다 의미 있게 된다는 가설에 근거한다. 선행 조직자는 학습자에 의해 사용되는 학습 전략이라기보다는 교사에 의해 사용되는 수업 전략이며, 간단한 문장이나 질문, 지도나 도표, 개념도나 인지도 등 다양한 형태로 제시될 수 있다. 따라서 선행 조직자를 설계함에 있어, 기존 지식에 대한 언급을 통해 새로운 정보와 관련된 기존 지식을 회상하게 하고, 또한 새로운 정보에 대한 개념적 개요의 제시를 통해 선행 지식과 새로운 정보 간 연결을 촉진하는 것이 중요하다. 오수벨은 선행 조직자를 활용한 유의미 학습 모형(Meaningful Learning Model)을 아래의 세 단계로 제시하고 있다.

① 선행 조직자를 제시한다.
② 학습 과제나 자료를 제시한다.
③ 인지적 조직(지식 구조)을 견고하게 한다.

✖ 문지방 가설

이 가설은 이해 과정 중 특히 독해와 관련된 가설로 모국어의 독해 능력이 제2언어의 독해 능력으로의 전이가 이루어지려면 일정 수준의 제2언어 숙련도를 지니고 있어야 한다는 가설이다. 여기서 일정 수준이란 독해 능력의 전이가 일어나기 시작하는 지점으로 문지방 수준의 언어 능숙도라고 하는데 클라크는 '언어 천장'이라는 용어로 처음 이 개념을 소개하였다.

문지방의 수준은 사람마다 텍스트마다 다르나 독자가 목표 언어에 대하여 어느 정도로 능숙해야 글을 읽을 수 있다는 것이다. 문지방 가설을 검증하는 연구에서는 세 개의 변인을 설정한다. 먼저 모국어의 독해 능력, 제2언어의 능숙도와 제2언어의 독해 능력이 그것이다. 모국어의 독해 능력과 제2언어의 독해 능력은 모국어와 목표어의 독해력 시험 형태로 특정되는 것에 반해 목표어의 능숙도는 주로 문법 및 어휘 지식에 대한 측정으로 대신한다.

✕ 배경지식

배경지식(Background Knowledge)이란 우리의 기억 속에 저장되어 있는 모든 경험을 말한다. 즉, 개인이 가지고 있는 지식의 구조 또는 기억 속에 저장되어 있는 경험의 총체이다. 배경지식은 개인적인 경험에서 나온 것이므로 같은 내용을 보면서도 다른 배경지식을 떠올릴 수 있다. 모든 독자는 자신이 원하는 목적에 따라 읽는다. 읽는 과정 중에 자신의 배경지식을 연결시키고, 글의 내용을 자기 나름대로 해석해 변형하기도 하며, 때로는 자신이 갖고 있던 배경지식을 수정하기도 한다. 독자의 배경지식을 활용한 읽기에는 개념 중심 읽기와 자료 중심 읽기가 있다.

1. 개념 중심 읽기: 독자가 자신의 생각을 앞세우는 해석이며, 배경지식을 동원하여 글의 내용을 예측하고 글에 언급되지 않은 내용까지 추론하는 방법
2. 자료 중심 읽기: 글 중심으로 해석하는 읽기이며, 글에 주의를 기울여야 할 부분을 찾는 데 도움을 주거나 해석을 해 줄 수 있는 배경지식을 활용해 가며 읽는 방법

글을 성공적으로 이해하기 위해서는 학생들이 가지고 있는 적절한 배경지식을 활용하도록 도와주거나, 배경지식이 없는 경우에는 읽기 전에 이를 형성하도록 도와주어야 한다. 특히, 배경지식의 활성화는 자신의 배경지식을 활용하는 데 미숙한 학생들에게 책 읽기 전 준비 과정이나 도입 단계에서 안내할 필요가 있다.

1. 연상하기: 하나의 관념이 다른 어떤 관념을 불러일으키는 심리 작용이다.
2. 예측하기: 제목, 표지 그림, 책의 뒷면, 기타 정보를 바탕으로 책의 내용에 대해 추측하는 활동으로 자유롭게 '연상하기'보다는 생각하는 범위가 정해지게 된다. 자신의 경험과 작가가 주는 단서 등을 활용해서 앞으로 전개될 내용을 예측하며 읽기 때문에 능동적으로 사고하며 읽게 된다.
3. 질문하기: '질문하기'는 읽기 전뿐 아니라 읽는 도중이나 읽은 후에도 유용하게 활용할 수 있는 전략이다.

읽기 전에 교사가 적절한 질문을 하면 학생들은 자신의 배경지식을 활성화하면서 읽기 때문에 기존의 지식과 새롭게 들어온 정보 사이에 상호작용이 활발하게 일어난다. 또한 교사는 학생들이 질문에 어떻게 반응하는가를 살펴보며 학생들의 배경지식 정도를 점검할 수 있으며, 질문을 통해 읽기 자료에 대한 단서를 학생들에게 제공하기도 한다.

✕ 스키마

직·간접 경험을 통해 머릿속에 저장된 지식의 총체로 사전지식과 배경지식을 포함한다. 즉, 지식의 추상적 구조라고 할 수 있다. 추상적이란, 우리가 가지고 있는 지식은 아주 다양한 경우에 적용되는 이론을 극도로 추상화하여 저장한 지식이라는 의미이다. 예컨대 '사랑은 순수하다'라는 지식이 있을 경우에 이 지식은 모성애, 첫사랑, 우정, 남녀 간의 사랑, 특정한 갑과 을의 사랑 등 여러 가지에 적용될 수 있는 지식이며, 각각의 경우는 그 순수성의 정도와 모습에 있어서 다양할 것이다. 이런 다양한 양상을 한 마디로 집약하여 추상화한 것이 스키마이다. 스키마(Schema)가 구조화된 지식이란 의미는 그 지식을 구성하는 부분들이 일정한 구조를 가지고 있음을 뜻한다. 독자의 머리는 아무것도 없는 빈 상자가 아니다. 독자의 머리에는 다양한 지식이 저장되어 있으며 이들 지식은 글을 이해하는 데 영향을 미친다. 독자가 가지고 있는 지식, 즉 스키마는 독자가 새로운 정보를 이해하고자 할 때, 즉 입력시킬(Encode) 때에, 혹은 이미 저장된 정보를 불러낼(Retrieve) 때에 영향을 미친다.

이러한 스키마는 글을 읽을 때에 세 가지 측면에서 영향을 미친다. 첫째는 글 속의 정보와 독자가 갖고 있는 지식과의 통합이고, 둘째는 문맥 속에서 낱말의 정확한 의미를 선택하도록 돕는 일이며, 셋째는 어떤 메시지가 전개될 것인지를 예측할 수 있게 한다는 점이다. 스키마는 내용 스키마와 구조 스키마로 구분된다. 내용 스키마는 담화 내용 영역에 대해 독자가 가지고 있는 배경지식의 구조를 말한다. 즉, 특정 분야에 대한 독자의 지식, 종교나 관습에 관한 지식, 일상의 여러 사건이나 사물에 대해 구조화된 세상 지식을 포함한다. 구조 스키마는 저자가 어떻게 자신의 생각을 구성해 나가는지에 대해 독자가 가진 지식을 말한다. 즉, 이야기, 우화, 설명적인 글 등 각각의 담화 유형이 갖고 있는 고유한 관습적인 구조를 말한다.

✕ 내용 스키마

일상에 관한 지식으로 학습자가 직·간접적으로 얻는 사회적 관습, 문화에 대한 지식과 이해부터 텍스트의 주제나 정보에 대한 것이 포함된다. 텍스트의 주제와 정보에 관한 배경지식을 학습자가 가지고 있다면 훨씬 더 이해하기 쉬우므로 배경지식을 활성화하는 것이 중요하다.

✕ 형식 스키마

텍스트가 어떻게 조직되어 있는가에 관한 지식으로 텍스트의 구조나 수사 구조에 대한 것이 포함된다. 학습자가 글의 구조에 관한 사전 지식을 갖고 있다면 더 많은 이해를 할 수 있다. 그리고 글의 유형, 구조적 패턴이나 담화 표지에 대한 정보를 사전에 제시하면 독자가 텍스트의 내용을 구조적으로 이해할 수 있다.

✕ 브레인스토밍 전략

두뇌에 폭풍을 일으킨다는 의미로 기발하고 창의적인 아이디어를 얻는 방법이다. 당면한 문제를 해결함에 있어서 판단이나 비판을 하지 않고 머릿속에 떠오르는 아이디어들을 종이에 적거나 말로 표현해 본 후 자유연상을 통하여 아이디어들을 결합하거나 개선하여 논리적으로 체계화시켜 나가는 방법이다. 연구자가 연구의 주제 등을 결정해야 하는 문제, 또는 문제를 해결해야 하는 상황에 처했을 때 연구자는 혼자서 또는 자신의 동료 등과 함께 모여 머리에 스쳐 가는 모든 아이디어를 수집하여 문제의 해결을 시도할 수 있다. 1953년에 Osborn은 최초로 이 방법을 적용하여 토의 방법을 개발하였다.

✕ 다문화주의

다문화주의는 이주민의 다양한 문화와 정체성을 인정하며 각 집단의 고유한 문화적 특성을 보존하도록 지원하는 정책을 말한다. 다문화주의와 유사한 개념으로는 문화적 다원주의가 있다. 두 개념 모두 문화의 다양성을 인정하고 사회적 통합을 추구한다는 점에서 유사점이 있다. 문화적 다원주의가 사회 안에 주류 문화가 존재하며 다양한 소수 민족의 문화도 존재함을 인정하는 정도의 소극적 지향성을 띤다면, 다문화주의는 다양한 문화가 평등하게 인정되어야 함을 강조하는 적극적 지향성을 띤다.

✖ 상호문화주의

다문화는 한 사회 안에서 다양한 문화들이 병존하거나 공존하는 사회구조의 현상을 가리키는 용어인 반면, 상호문화는 서로 다른 문화적 배경을 지닌 사회구성원들이 상호관계 속에서 역동적으로 문화를 교류하고 대화하는 현상을 가리킨다. 상호문화주의는 문화와 문화의 만남 속에서 문화 상호 간의 대화와 교류를 강조한다. 따라서 한 지리적 공간에서 둘 이상의 복수문화가 서로 접촉하여 서로의 경계를 허물고 상호접촉, 상호대화, 상호작용, 상호융합을 통해 새로운 혼종문화를 탄생시키는 역동적 과정에 초점을 맞춘다고 볼 수 있다.

말(Ram A. Mall)은 상호문화주의를 '어떤 문화도 전체 인류를 위한 유일한 문화가 될 수 없다는 통찰, 신념을 뜻하는 것'으로 정의하며 '상호문화적 사유가 함축하는 질서란 차이 속에서, 차이를 통해서, 차이와 더불어 존재하는 질서이며, 상이한 문화들의 합창을 위한 공간을 만드는 질서'라고 보았다.

✖ 언어 교육에서 다룰 수 있는 문화의 유형

Hammerly는 언어 교육에서 다룰 수 있는 문화의 유형을 정보(관념)문화, 행동문화, 성취문화로 나누어 설명한다. 성취문화(Cultural Products)는 소산물로서의 문화를 말하는데, 언어문화, 생활문화(의·식·주·여가생활), 예술문화(대중문화—대중음악·무용·미술·영화·연극, 고급문화—고급 음악·무용·미술·영화·연극), 제도문화(법·정치·사회·교육·언론), 문화재(전통 및 현대 무형·유형문화재), 과학기술문화, 학문, 물질문화, 자연생물문화를 말한다. 행동문화(Cultural Practice)는 언어 행위(표현과 이해)와 준언어(제스처, 윙크 등), 비언어적 행위(일상적 행위)로 나눌 수 있다. 행위 자체가 문화적 의미를 가질 때, 즉 상징화된 행동이거나 유의미한 행위일 때 문화 교육의 대상이 된다. 관념문화(Cultural Perspective)는 정신문화에 해당하는 것으로 가치관, 민족성, 세계관, 정서, 상징체계, 사상, 종교 및 종교관, 민간신앙 등이 포함된다.

✖ 문화 항목 선정 기준

항목 선정은 문화 교육의 이념과 목표를 구체화하는 작업이며 목표를 달성하기 위해 가르쳐야 할 것을 결정하는 과정이다. 그 항목을 선정할 배경 원리로는 목표 구현성, 학습 가능성, 전이성, 유용성, 개방성, 보편성, 대표성, 적합성 등이 있다. 그러나 목표가 무엇인가에 따라 문화 항목 선정이 달라질 것이다. 무엇보다 외국인을 위한 문화 교육이므로 그들의 목표 문화에 대한 학습자의 흥미와 요구가 우선적으로 반영되어야 할 것이다.

✖ 문화 교육 방법

1. 비교법: 문화 간에 존재하는 차이점에 대한 토론, 발표, 프로젝트 등의 활동이다.
2. 문화 섬: 교사가 교실 주변 환경(포스터, 그림, 자주 바뀌는 게시문 등)을 이용하여 목표 문화의 전형적인 측면들을 보여주는 것이다.
3. 문화 동화 장치: 학습자가 목표 문화를 오해할 수 있는 상황을 제시하고 이들의 반응에 대한 피드백을 제공함으로써 문화 차이를 인식하게 하는 활동이다.
4. 문화 캡슐: 한국 문화의 관습 중 대조적인 것을 골라 짤막하게 이야기를 만들어 읽기 자료로 제시한다. 초급은 학습자의 모국어로 제시해도 좋다. 학생들에게 전체적으로 자국의 문화와 한국 문화의 차이점을 아는 대로 말하게 한 후 그룹별로 차이점 중 한 가지씩 골라 관련된 사진, 실물, 그림 등을 가지고 와서 문화적 차이점에 대한 설명을 쓴 후 발표한다.
5. 참여 관찰: 연구자가 특정 언어공동체에서 그 공동체의 구성원으로 역할을 하면서 1~2년간 그 공동체에 몰입하여 그 사회에서 유형화된 문화적 행위를 인지하고 이해할 수 있게 하는 것이다.

✖ 문화충격

익숙하지 않거나 낯선 문화에 직면했을 때 나타나는 반응으로서, 개인의 표준적인 사회적(자신의 사회, 하위문화, 구성된 집단) 시각이 파괴되는 것을 말한다. 문화충격이 개인에게 있어서 심리적인 불안정이자 걱정일 수 있는 반면, 시각을 자유롭게 하고 사회학적으로 중요한 관계를 이해하는 데 새로운 깊이를 더하도록 이끌 수도 있다. 사회학과 인류학이 종종 학문에 새로이 입문하는 학생들에게 문화충격의 요소를 제공한다고 자부하는 것은 후자의 맥락에서이다.

✖ 문화변용

문화의 접촉 변화라고도 한다. 문화변용의 문제는 1930년대부터 문화 인류학자에 의해 다루어졌다. 처음에는 유럽 문명의 확대 과정에서 이에 접한 비(非)서구 문명이 비참한 변화를 강요당할 수밖에 없는 데에서 주목되기 시작하였다. 최근에는 단순히 사라져 가는 원시 문화의 문제뿐만 아니라, 소위 근대화 또는 산업화 문제와 결부되어 문화인류학의 중심적 연구 과제가 되었다. 문화변용의 내용은 그 종류가 다양하지만 조건으로서는 접촉하는 문화 체계가 가지는 상호 간의 성질, 수준의 차, 접촉 방법이나 속도 등을 들 수 있다. 문화변용의 결과는 부분적 요소의 도입에 그치는 경우, 전체에 걸쳐 재조직되어 때로는 전적으로 서로 비슷한 문화 체계가 이루어지는 경우, 반발적으로 접촉 문화를 거부하는 과정에서 변용해가는 경우 등으로 나타난다.

✖ 문화 지식

문화 지식이란 한 사회의 지식의 총체적 역량을 의미하며 여기에는 인문학, 예술, 대중문화, 과학과 테크놀로지도 포함된다. 이때 문화 지식은 가치, 신념에 의해 형성될 뿐만 아니라 예술가 이외에 보통 사람들에 의해서도 형성된다. 다음은 문화 학습의 4단계이다.

1. 유포리아(Euphoria): 새로운 환경에 흥분, 도취된 상태
2. 문화충격(Culture Shock): 문화적 차이가 자아의 이미지와 안정감에 위협이 되어 자국민에게 목표 문화를 불평하고 위안을 구하려는 단계
3. 문화 적응기(Culture Stress, Tentative Recovery): 문화적 충격에서 점점 회복되어가는 단계. 문화 적응기의 몇 가지 문제점은 해결되고 일부는 미해결 상태지만 대체로 외국 문화의 차이점을 수용하고 공감적인 태도를 가지는 시기
4. 몰입단계(Full Recovery): 새로운 문화를 수용하고 자신도 그 문화에 적응하여 그 문화에 자신감을 나타내는 시기

✖ 문화 감수성 발전 모형 6단계

부정 단계	문화 차이를 수용하고, 인정하려고 하지 않음

↓

방어 단계	문화 차이를 인식할 수는 있으나, 부정적인 고정관념이 남아있음(자문화를 발전적인 것으로 평가하고, 타문화를 저개발된 것으로 평가)

↓

최소화 단계	문화적 차이를 음식과 옷을 입는 유형 등 가시적인 문화 현상과 같은 피상적인 수준으로 치부함

↓

수용 단계	다른 문화도 존중해야 할 가치관과 규범을 지닌다는 점을 수용함. 차이를 나쁜 것으로 판단하지 않음

↓

적응 단계	다른 문화권 사람의 입장을 이해할 수 있음. 문화적 차이를 수용할 뿐만 아니라 행위의 변화가 수반됨

↓

통합 단계	다른 문화권 사람들의 행위를 그들의 문화권 맥락에서 해석하는 능력이 있음

✖ 학습자 오류 수정

학습자 오류 수정은 학습자 성향, 활동 유형, 오류의 유형 등에 따라 다양하게 결정된다. 즉, 이러한 변인에 따라 오류 수정 유무, 오류 수정 방법, 그리고 오류 수정의 직접성, 오류 수정의 주체가 결정된다.

학습자가 오류를 범했다고 하면 교사는 먼저 학습자의 오류가 발화의 일탈 유형인지를 파악한다. 그리고 오류의 원인도 한번 생각해 본다. 원인을 파악하면 오류를 바로잡는 방법을 결정할 수 있다. 다음으로 오류 수정의 결정권이 교사에게 있다면 오류의 범위와 정도에 따라 수정한다.

과제 활동을 수행 중이라면 학습자가 자신의 과제 수행을 방해받게 되므로 오류를 즉시 수정하지 말아야 한다. 또한 국부적인 오류인 경우에는 의사소통의 원활한 흐름 속에 묻힐 수 있으므로 교사가 즉시 수정하지 않아도 된다.

그러나 총체적 오류라면 의미적 상호교류가 전혀 이루어지지 않고 있는 것이므로 교사가 수정해 주어야 한다. 또한 학습자에 대한 이해를 바탕으로 학습자 스스로 약한 언어 자아, 불안감, 자신감 오류 수정을 기꺼이 수용하려는 의지를 가지고 있는지 고려하여 학습자 오류에 관여할지 말지를 결정해야 한다. 또한 교사가 학습 목표로 강조하는 것에 오류가 생겼다면 오류를 수정해야 하고 학습 목표와 무관한 오류라면 그냥 지나칠 수도 있다.

✼ 학급 동료에 의한 오류 수정

오류 수정을 학급 동료가 해 주었을 때의 장점은 우선 학생들을 학습 현장에 적극적으로 끌어들여 교사의 일방적인 발화량을 줄이고 학습자의 발화량을 확보한다는 것이다. 그리고 다른 학습자에 의해 오류가 지적되는 것을 보고 학습에 대한 동기를 부여받기도 한다. 그러나 이러한 학습자 오류 수정은 수정의 질이나 양적인 면에서 부족하기 쉽다.

✼ Thornbury(1999)의 오류 수정 방법

1. 부정하기: '틀렸어요'라고 명확히 부정적인 피드백을 주며 학습자에게 무엇이 틀렸는지 단서를 제공하지 않는다. 학습자는 스스로 찾아 교정해야 한다.
2. 고쳐 말하기: 틀린 부분을 직접 교사가 고쳐 주는 방법이다.
3. 메타언어적 피드백: '어미가 틀렸어요.'처럼 문법 용어로 해당 오류 부분을 지적한다.
4. 다른 또래 구성원을 통해 교정을 유도하기: '틀렸어요. 다른 사람 없어요?'
5. 오류 앞부분 반복하여 유도하기: 교사가 오류가 나타난 부분 앞까지 학습자의 발화를 반복하거나 오류 부분을 손가락으로 지적하여 오류를 발견, 교정할 수 있게 하는 방법이다.
6. 반복 발화 반문하기: 학습자 발화를 반복하되 무엇인가 이상하다는 의문의 억양으로 하여 오류를 깨닫게 하는 방법이다.
7. 발화 재반복 요구하기: 학습자에게 못 알아들었다고 밝힘으로써 무엇이 틀렸음을 암시하며 재발화를 요구하는 것이다.
8. 오류 상황을 적용하기: 오류 표현대로 이해했을 때의 문제점을 지적하는 방법이다. '한 개의 종이'라고 했을 때 '종이가 한 개라고?'처럼 지적하거나 반문하여 문제를 깨닫게 하는 방법이다.
9. 즉시 교정: '한 개의'는 '한 개의 상품'처럼 쓰고 종이는 '한 장의 종이'로 해야 한다고 즉시 교정하는 방법이다.
10. 교정하여 들려주고 반문하기: '아, 한 장의 종이, 그렇지?'처럼 바른 표현을 알려 주고 반문하는 방법이다.
11. 긍정하기: 일단 오류를 무시하고 소통에 기여하는 쪽으로 수용하는 방법이다.
12. 오류 판서하고 나중에 다루기: 아무 말을 하지 않고 오류를 칠판에 써 두었다가 뒤에 다루는 방법이다.

✖ 의사소통 전략 중 성취 전략

1. 오류 연구 결과를 토대로 제시하는 교수 방법

(1) 충분한 입력을 제공하기

Krashen의 모니터 가설 중 입력 가설이 있다. Krashen은 그 입력 가설을 조금 더 자세하게 '이해 가능한 입력(i+1)'으로 그의 이론을 확장시키는데, 학습자에게 의미 있고, 학습자의 언어 수준보다 한 단계 높은 수준의 입력이 충분히 가해지는 것이 언어 학습에서 중요하다고 하였다. 그 말처럼 교사는 학습자에게 충분한 입력을 제공해서 학습자가 듣기나 읽기로 이해 학습을 할 수 있게 해야 한다.

(2) 학습자에게 충분한 피드백을 제공하기

학습자는 학습 과정에서 지속적으로 오류를 생산해낸다. 그것이 구어든 문어든 교사는 학습자에게 적절한 피드백을 제공하여 학습의 깊이를 넓게 하고 조금 더 바른 한국어를 구사할 수 있도록 도와야 한다. 그러기 위해서는 교사가 먼저 한국어의 깊은 지식을 가지고 있어야 하고, 어떻게 학습자의 오류를 수정하는 것이 좋은지에 대한 정보를 가지고 있어야 한다.

(3) 학습 난도에 대한 충분한 설명을 하기

문법이나 어휘 항목을 다룰 때에는 학습 난도를 구분하는 것이 좋다. 난도가 높지 않은 항목을 가르치는 데 지나치게 많은 시간을 투자하면 학습자가 지루해할 수 있으므로 교사가 학습 난도를 잘 측정해 그 난도에 맞춰 설명의 분량을 결정해야 한다. 만약 교사에게 이미 가르쳐야 하는 교재가 정해진 경우에는 교사는 교재 내용을 분석하고 그 난도를 측정하는 일을 하여 설명할 분량을 결정하면 될 것이다.

(4) 학습자의 흥미를 유발하기

한국어 수업뿐만 아니라 다른 수업에서도 학습자의 흥미를 고려해야 한다. 특히 발음의 영역에 있어서는 학습자가 반복적인 훈련을 하기에 지루함을 느끼기가 쉽다. 그렇기 때문에 교사는 발음을 어떻게 해야 재미있게 가르칠지를 고민하는 동시에, 학습자가 선호하는 학습 방법을 파악하여 그에 맞도록 학습 과제를 제시하는 것이 좋다.

(5) 학습자에게 먼저 오류 수정의 기회를 제공하기

오류 수정에 있어서 가장 선호하는 오류 수정은 학습자가 스스로 자신의 오류를 수정하는 것이다. 학습자 스스로 자신의 오류를 발견하고 그것을 수정까지 한다면 교수자가 따로 오류를 수정해 줄 필요도 없고, 학습자 스스로 실수를 수정하는 것을 통해 학습을 할 수 있기에 더할 나위 없이 좋은 경우가 될 것이다. 그러나 스스로 오류를 수정하지 못하는 학습자는 먼저 교사가 학습자 스스로 오류를 찾을 수 있도록 도와줄 필요가 있다. 구어에서의 오류는 학습자가 한 말을 다시 반복을 한다거나, 오류가 있다는 힌트를 제공하고 학습자에게 스스로 오류를 수정할 기회를 제공해야 한다. 그래도 오류를 찾아 내지 못한다면 오류가 있었던 부분을 짚어주거나 그 부분에 대한 설명을 하여 학습자가 오류를 인지하고 고치게 해야 하고, 문어의 경우는 오류가 있는 부분을 표시만 해주고 제대로 고쳐오게 하는 과정을 거쳐야 한다. 물론 이렇게 하면 많은 시간과 노력이 필요하겠지만, 이러한 과정이 학습자들의 언어 습득에는 중요하게 작용할 것이다.

2. 오류 연구 결과를 토대로 제시되는 교사의 역할
　(1) 학습자의 오류를 잘 파악하기

　　　학습자의 오류를 파악하고 그것을 수업의 교재로 삼을 때 학습자에게 긍정적인 영향을 미칠 수 있는 수업이 될 것이다. 물론 현실적으로 교사가 많은 수의 학습자를 가르치기에 그들 개개인의 오류를 아는 것은 쉬운 일이 아니지만, 이러한 노력을 지속적으로 한다면 교사의 경력이 쌓일수록 학습자들의 오류를 더 빨리 파악할 수 있을 것이다.

　(2) 오류 수정의 기회 제시하기

　　　이는 위에서도 나온 내용이지만 교사가 무조건 먼저 오류를 고쳐주는 것은 학습자에게 결코 이롭지 않다. 그렇기에 학습자에게 오류를 수정할 수 있도록 기회를 줘야 하고, 학습자가 오류를 찾지 못할 때에야 교사가 그 오류를 찾아주고 그와 더불어 왜 오류인지 충분한 설명을 해줘야 한다.

　(3) 학습자가 오류를 수정할 수 있도록 단서 제공하기

　　　어떠한 과제를 제시할 때 그에 필요한 표현들이 있을 것이다. 그런 표현들을 외국인 학습자가 사용할 때 발생하는 오류의 유형들이 있을 텐데 그런 오류는 예측이 가능할 수 있기에 교사가 과제 전에 발생할 것 같은 오류를 설명해주면 과제 수행에서 오류의 발생이 줄어들 수 있다. 오류가 있는 문장을 주고 그것을 학습자들에게 찾아서 수정하게 한다거나 학습자들끼리 서로 오류를 수정하게 하는 등의 기회를 통해 학습자 스스로의 오류 수정의 기회를 줌과 동시에 오류를 수정할 수 있는 단서를 제공하는 일을 동시에 할 수 있게 된다.

✖ 역류 효과

　역류 효과란 한 평가의 결과는 교수 학습의 끝이 아니라 다음 교수 학습의 출발점으로서의 역할을 하게 되는 것을 말한다. 이것은 평가가 곧 교수·학습의 기능을 하게 된다는 것이다. 교사는 평가의 결과를 분석하여 교육과정과 교수법을 개선하는 데 이용할 수 있다. 즉, 시험 결과를 통해 학습자가 잘 배우고 있는지, 그 내용을 잘 이해했는지를 판단할 수 있다. 평가를 통해서 교사는 교수 방법을 수정하거나 다른 교수법을 고심할 수 있을 것이다. 그리고 교재나 수업 부교재 등의 평가도 해볼 수 있다.

✖ 종합적 채점과 분석적 채점

　종합적 채점(Holistic Scoring)은 학생들이 작성한 글에 대한 총체적 인상으로 평가하는 방식으로서, 이 경우 한 편의 글을 통일성과 일관성을 갖춘 유기적 조직체로 인식하는 것이다. 종합적 채점은 빠른 평가가 가능하므로 실용적이라는 점과 작문의 질을 전체적인 측면에서 결정할 수 있다는 장점이 있으나, 글에 두드러지게 나타나는 한두 가지의 피상적인 특징으로 글을 평가할 가능성이 높으며, 발달 단계가 다른 하위 기술의 구사력에 대한 정확한 평가나 진단 정보를 제공하지 못한다는 한계를 갖는다.

　분석적 채점(Analytic Scoring)은 평가 범주를 구분하고 각 범주별로 수행 능력을 기술한 후, 그 기준에 맞춰 평가하는 방식을 말한다. 분석적 채점 방식은 문어 수행 능력을 구성하는 수행의 다양한 측면을 고루 평가할 수 있으며, 발달 정도가 다른 하위 기술을 적절히 평가할 수 있다는 장점을 갖는다. 그러나 범주별로 나누어 평가하다 보면 자칫 글의 전체적인 면에 대한 평가를 놓칠 수 있고 평가하는 데 시간이 많이 걸린다는

단점이 지적되기도 한다. 이에 종합적 채점 방식과 분석적 채점 방식을 모두 사용한 절충적 채점 방식이 사용되기도 한다.

현재 한국어교육 현장에서는 종합적 채점 방식과 분석적 채점 방식이 두루 사용되고 있으며, 한국어능력시험(TOPIK)에서는 분석적 채점 방식에 의한 평가를 하고 있다.

✖ 평가의 기능과 목적에 따른 유형 분류

1. 성취도 평가: 교육 과정에 의거하여 일정 기간 동안 일정한 내용을 가르친 다음 학생들이 얼마나 잘 배웠는지 즉, 교육목표, 학습 목표에 얼마나 도달했는가의 정도를 측정하는 평가를 말한다.
2. 숙달도 평가: 학생이 가지고 있는 전반적인 언어 능력을 측정하는 평가를 말한다.
3. 배치 평가: 학생이 가지고 있는 지식이나 기능의 수준을 측정하여 비슷한 수준의 학생들끼리 같은 반에 배치하기 위한 목적으로 실시한다. 따라서 특정한 학습 내용에 대한 지식보다는 학생의 전반적인 능력을 탐색하고 추정하는 데 중점을 둔다.
4. 진단 평가: 주어진 학습 과제를 성공적으로 달성하기 위해서 학생들이 가진 배경과 특성이 되는 지적, 정의적 시발 행동을 진단하고 파악하기 위한 평가를 말한다.
5. 형성 평가: 교수 학습 중에 수시로 학생들의 학습 정도를 측정하는 것으로 주로 앞으로의 교수 학습 계획을 수립하려는 목적으로 실시한다.
6. 총괄 평가: 교수 학습이 끝난 다음 교육목표의 달성과 성취 여부를 종합적으로 평가하는 방법이다.

✖ 평가의 요건

평가의 결과에 영향을 미치는 중요한 요인은 평가 도구라고 할 수 있다. 일반적으로 좋은 평가 도구와 좋은 검사를 판단하는 기준으로는 타당도, 신뢰도, 객관도, 실용도 등이 대표적이다.

1. 타당도(Validity)

평가 도구가 '측정하려고 의도하는 것'을 어느 정도 충실히 측정하고 있느냐의 정도, 즉 도구가 평가하려고 하는 평가 목표를 정확하게 잴 수 있는 성질을 말하는 것으로 '무엇'을 재고 있느냐의 개념이다. 타당도란 어떤 준거와의 관계 속에서만 그 의미가 확인되는 것이므로 언제나 재려고 하는 측정의 특수한 목적이나 용도에 의해 성립하는 것이다.

(1) 내용 타당도(Contents Validity)

평가 도구가 측정하려는 개념이나 사물의 내용을 충실히 측정하고 있는 정도를 나타내는 것으로 이론적 타당도, 또는 교과 타당도라고 부르기도 한다. 내용 분석과 검토 및 논리적 사고에 의하여 판단하기 때문에 수량적으로 표시되지 않는 특징이 있다.

(2) 공인 타당도(Concurrent Validity)

두 검사 간의 공통된 요인을 밝히는 타당도, 해당 검사 결과와 다른 준거 점수 간의 상관관계를 통해서 현 검사의 타당도 수준을 나타내는 것이다. 지능검사에서 수리 영역의 점수가 우수한 사람이 실제로 그 영역과 관련해서 어느 정도 합치하는가를 검토하여 그 검사의 타당도 여부를 가려내는 방법이다.

(3) 구인 타당도(Construct Validity)

한 검사가 정말로 의도하는 특성을 재어주고 있는가를 이론적 가설을 세워서 경험적으로 검증하거나 논리적으로 따지고 의미를 부여하는 것이다. 교우 관계 조사에서 '점수가 높은 사람은 친구가 많을 것이다.'라는 추리를 규명하는 경우가 해당된다.

(4) 예언 타당도(Predictive Validity)

검사가 미래의 행동을 얼마나 정확하게 예측하고 있는가, 측정의 결과가 장차 어떤 효과나 행동을 얼마나 잘 예측할 수 있느냐의 정도를 실증적 자료를 가지고 통계적으로 밝히는 방법이다. 대입 수능 성적이 우수한 사람이 대학에서도 우수한 성적을 나타낸다면 대입 수능 시험은 예언 타당도가 높은 평가 도구라고 할 수 있다.

(5) 안면 타당도(Face Validity)

검사 문항을 일반인들이 읽고 그 검사가 얼마나 타당해 보이는지를 평가하는 방법이다. 그 분야의 전문가가 아닌 일반인이 보기에도 검사가 타당해 보인다면 최소한의 타당도는 있다고 볼 수 있다. '액면 타당도'로도 부른다.

2. 신뢰도(Reliability)

도구가 측정하려고 하는 평가 대상인 개인이나 집단에 대해 '어떻게(How)', '얼마나 정확하게', '얼마나 오차 없이' 측정하고 있느냐의 문제이다. 즉, 측정하고 있는 정도에 일관성·안정성이 있느냐, 측정의 오차가 얼마나 적냐 하는 정확성의 문제이다.

(1) 재검사 신뢰도(Test-Retest Reliability)

한 가지의 검사를 같은 집단에 적절한 시간을 두고 실시하여 검사 전후의 상관계수로 신뢰도를 측정하는 방법이다.

(2) 동형 검사 신뢰도(Equipment From Reliability)

미리 두 가지의 동형 검사를 제작하여 같은 피험자에게 실시하여 나온 결과 사이의 상관계수로 신뢰도를 측정하는 방법이다.

(3) 반분 검사 신뢰도(Split Half Reliability)

한 가지의 검사를 반으로 양분하고 양분된 검사를 독립된 검사로 생각하여 각 검사 사이의 상관계수로 신뢰도를 측정하는 방법이다.

(4) 문항 내적 합치도(Inter-Item Consistency Reliability)

검사 속의 문항 하나하나를 한 개의 검사단위로 취급하여 각 문항의 반응을 기초로 전체 변량에서 오차 변량을 제거함으로써 진변량을 추정하여 신뢰도를 추정치로 보는 방법이다.

✖ 문항 반응 분포

선다형(選多型) 문항에 대한 응답자들의 반응을 답지별(答肢別)로 분석한 것이다. 답지 반응 분포라고도 한다. 이것은 한 문항에 대한 총 반응 수에서 정답자 수를 뺀 다음 그 문항의 오답지(誤答肢) 수로 나눔으로써 계산되는 개별 오답지의 이론상의 반응 빈도와 실제 반응 빈도를 비교하여 오답지의 매력도(魅力度)와 그에 따른 정답지의 기능을 알아보기 위한 것이며, 배합형 문항도 이 방법을 이용하여 오답지의 매력도를 확인할 수 있다.

✖ 문항 반응 이론

문항 반응 이론이란 각 개별 문항은 불변하는 속성을 지니고 있다고 보고 그 속성을 나타내는 문항 특성 곡선으로 문항을 분석하는 검사 이론이다.

문항 반응 이론에서 문항 난이도와 문항 변별도, 문항 추측도의 추정은 문항 반응 모형에 의존하여 산출된다. 그리고 취급하는 모수에 따라 난이도만을 고려하는 일모수 모형, 난이도와 변별도를 고려하는 이모수 모형, 난이도와 변별도 외에 추측도까지 고려하는 삼모수 모형으로 구분된다. 또 문항이 측정하는 잠재적 특성의 수에 따라 일차원 모형과 다차원 모형이 있다.

✖ 규칙 빈칸 메우기(Cloze Test)

규칙 빈칸 메우기(Cloze Test)는 전체적 언어 능력을 측정하기 위해 한 번에 두 가지 이상의 기능을 동시에 측정하는 통합 평가로, 제작·시행·채점이 용이하다. 일반적으로 여섯 번째나 일곱 번째 단어들을 삭제한 불완전한 글이 제공되며 수험자는 빈칸에 알맞은 단어를 채워야 한다. 빈칸에 적절한 단어를 쓰려면 어휘, 문법구조, 담화 구조, 읽기 기술 및 책략, 예측 문법의 지식 등 많은 언어 능력이 필요하다.

✖ 좋은 문항의 요건

1. 문항에서 요구하는 능력이 원래 측정하고자 하는 능력과 일치하여야 한다.

이는 좋은 문항이 되기 위한 가장 일차적인 조건이면서, 문항과 검사의 타당성을 높이기 위한 필수 조건이다. 만약 어떤 문항이 역사적 사실에 대한 비판적 분석 능력을 측정한다고 하고서, 실제적으로는 학생들의 언어 능력, 특히 독해력에 의해 정답 여부가 결정되거나 혹은 특정 어휘의 이해 여부에 의해 맞고 틀리는 것이 결정된다면 이는 엉뚱한 것을 측정하는 문항이 되고 만다. 따라서 문항 제작자는 문항이 측정하고자 했던 교육목표와 내용이 구체적인 행동과 내용으로 문항에 드러날 수 있도록 교과별 목표와 성취 수준을 고려하여 출제해야 한다.

2. 복합성(Complexity)을 지녀야 한다.

문항이 선다형이든 서답형이든 단순 지식의 기억 및 재생을 묻기보다는 사고력, 특히 분석, 종합, 평가 등의 고등 정신 능력을 물을 수 있는 문항이어야 한다. 물론, 평가 목적이 단순 기억에 의한 사실 재생에 있다면 복합성이란 조건이 중요하지 않을 수도 있다. 하지만 대부분의 교과에서 교육목표에 따른 성취 수준이 단순 사실 암기를 요구하지 않음을 상기하고 사고력을 묻는 문항을 제작하도록 노력해야 한다.

3. 참신성(Novelty)을 지녀야 한다.

문항의 형식 혹은 내용, 구성 면에서 현재까지 많이 사용되어 왔던 진부성을 벗어나 학생에게 새로운 경험을 주는 것이어야 한다. 하지만 참신성을 너무 강조하여 중요하지 않은 내용을 묻거나 지나치게 생소한 문항을 제작하는 잘못을 범하지 말아야 한다.

4. 문항이 모호하지 않도록 구조화되어야 한다.

　　구조화란 문항의 체계성과 명료성을 의미하는 것으로, 이를 위해 출제자는 학생들이 답해야 할 방향을 명확하게 구체화해야 한다. 일반적으로 선택형 문항이 서답형 문항보다 더 구조화되어 있다고 볼 수 있다. 예컨대 '환경오염에 대하여 설명하시오.'라는 문항보다는 '환경오염의 정의를 설명하고, 환경오염의 문제점과 해결 방안을 설명하시오.'라는 문항이 더 구조화되었다고 볼 수 있다. 단, 서답형 특히 논문형의 경우에는 지나치게 구조화되어 표현력이나 창의력 등을 측정하기 어렵거나 혹은 전혀 구조화되지 않은 불명료한 문항이 제작되어서는 안 된다.

5. 학습 동기를 유발할 수 있어야 한다.

　　평가도 어디까지나 일련의 교육 활동으로서, 학생들의 사고력을 배양하고 학습에 대한 흥미와 도전을 북돋우도록 문항을 제작하고 활용할 필요가 있다. 충실하게 학습한 학생이면 무난히 풀 수 있는 문항을 제작함으로써 학생들에게 긍정적 자아 개념을 형성하게 하는 일, 주변의 일상생활과 밀접하게 관련지어 문항을 구성함으로써 해당 교육 내용에 대한 흥미를 유발하는 일, 참신하면서도 약간 어려운 문항을 출제함으로써 호기심과 도전감을 불러일으키는 일 등은 제학력 갖추기 평가의 당위성을 제기하는 계기가 되므로 좀 더 유념할 필요가 있다.

6. 문항의 난이도가 적절해야 한다.

　　지나치게 쉽거나 반대로 너무 어려운 문항은 제외되어야 한다. 출제자가 문항을 출제할 경우 이전에 가르쳐 본 학년이 아니면 출제자가 예측하는 곤란도와 수험자가 느끼는 곤란도는 상당한 차이가 있을 수 있으므로 난이도를 신중하게 고려하여 출제해야 한다.

7. 문항의 변별력이 높아야 한다.

　　변별력이 높은 문항으로 구성된 평가지는 타당도가 높은 시험이 된다. 측정하고자 하는 목표를 충분히 반영하고 있는 문항이 되도록 깊은 연구와 조사는 물론 잘하는 학생과 그렇지 않은 학생을 분명하게 구별할 수 있는 문항 제작을 위해 부단히 노력해야 한다.

8. 문항의 제작 원리와 지침 등에 충실하여야 한다.

　　출제 문항은 검사의 목적과 학생의 수준에 적합하고, 문항 제작 원리 혹은 유의점에 충실하며, 윤리적·교육적으로 바람직하고, 특정 집단에 유리하거나 불리하지 않고 공정해야 하는 등의 여러 가지 요건이 충족되어야 한다.

✘ 선다형 평가

　　선다형 평가는 가장 보편적이고 교육 현장에서 흔히 사용되는 방법이다. 이 평가는 처음에 미국에서 2차 대전에 필요한 군인 선발에 사용되던 것으로 해방 이후 한국에 도입된 것이다. 선다형 평가는 선택지가 많아질수록 더욱 정밀하고 정확한 지식을 평가할 수 있다. 대규모 학습자(집단검사)를 짧은 시간에, 객관적이며 공정하게 평가할 수 있다는 것이 장점이다.

　　객관식 선다형은 여러 시험 유형 중의 하나로 활용 가치가 많다. 그러나 이런 유형의 시험만으로 평가를 제대로 할 수 있느냐가 문제다. 모든 평가 문항을 객관식 선다형으로 한다는 것은 심각한 문제가 될 수밖에 없다. 학생 활동을 강조하는 교육과정 아래에서 객관식 선다형 시험은 한계를 보인다. 채점의 객관성은 보장할 수 있을지 모르지만 학생의 언어 능력을 제대로 측정할 수 있는 시험 유형이라고 볼 수는 없다. 학생들의 언어 능력과 학업 성취도는 다양한 측면에서 파악할 수 있는데, 시험 문제를 객관식 선다형 문제로 한정할 경우 그 문제를 만들기에 적절한 영역만을 평가하게 될 것이다.

선다형 평가는 타당성 있는 문항 구성이 어렵고, 주어진 글의 수많은 정보 중 어떤 것을 어느 수준으로 물어야 하는가에 대한 이론이 부족하며 학생의 답이 맞았거나 틀린 경우 학생들이 왜 맞았는지 왜 틀렸는지 진단하기 힘들다. 또한 학습자의 언어 능력을 통합적으로 평가하기에는 부적절한 방법이다.

✸ 평가 준거에 따른 분류

1. 규준 참조 평가(상대평가): 상대적 규준을 이용하여 결과를 해석하는 검사로, 한 검사에서 개인이 획득한 점수는 그 개인이 속해있는 구성원들의 점수와 비교하여 해석한다. 즉, 시험 결과를 기준으로 수험자의 상대적인 서열(높은 순의 성적 등)로 해석하는 평가이기 때문에 집단 내 개인의 변별력이 확보된다. 난이도가 쉬운 문항부터 어려운 문항까지 다양하게 제시되어야 한다. 평가자의 주관적 입장이 들어갈 수 없기 때문에 형평성으로는 공정하다는 장점이 있으나, 우수한 집단만 있는 등급과 우수하지 못한 집단만을 갖고 비교할 때 어느 집단이 더 우수한지 등은 평가할 수 없는 단점이 있다.

2. 준거 참조 평가(절대평가): 학습 목표 등 미리 설정해둔 기준에 따라서 수험자를 평가하며, 성취 목표를 얼마나 달성했는지 평가한다. 구체적 과제 또는 목표를 고려하여 검사를 제작하거나 미리 정의된 수행 기준에 따라 평가하는 것이다. 절대평가는 어떤 집단에 속하든지 정해진 기준을 넘으면 A+ 또는 매우 잘함 등의 평가를 받을 수 있다. 그러나 평가자의 주관적인 입장이 결여될 경우 평균 점수가 지나치게 높거나 낮게 나올 수 있는 단점이 있다.

✸ 평가 문항 유형

1. 폐쇄형 문항: 응답자에게 질문을 제시하고 사전에 만들어 놓은 응답 범주를 선택하도록 하는 것이다.
2. 개방형 문항: 응답자에게 질문만 제시되고 제시된 질문에 응답자가 자유롭게 반응을 기록하도록 하는 것을 말한다. 보통 심층면접이나 예비조사를 위한 질문지에 사용된다.
3. 선택형 문항: 필기시험 문제 형식의 하나로 미리 제시된 답 가운데에서 정답을 고르게 하는 방식이다.
4. 단답형 문항: 필기시험 문제 형식의 하나로 간단한 단어·구·절·문장 등으로 답을 적도록 하는 형식이다.
5. 선다형 문항: 선택형 문항 유형 중 가장 많이 사용되는 문항으로 두 개 이상의 답지가 부여되고 옳은 답을 선택하는 정답형 문항과 여러 답지 중 가장 옳은 것을 선택하는 최선답형 문항이 존재한다.

✖ 대안적 평가 유형

대안적 평가는 지필 평가와 같은 고전적 평가에 대한 비판 과정에서 등장한 새로운 평가 방식으로 의사소통 중심의 통합적이고 총체적인 언어 교육의 관점에 바탕을 둔다. 대안적 평가는 한국어 수행의 과정과 결과를 다양하고 실제적인 언어 사용 맥락에서 평가한다. 따라서 학습자의 한국어 숙달도에 대한 다층적·다면적 정보를 얻을 수 있어 학습자 중심의 한국어 교수 학습에 도움을 준다. 특히 언어 수행의 실제성과 평가 주체의 다양성을 중시하는 대안적 평가 방법은 한국어 학습을 유의미하게 할 뿐만 아니라 학습에 대한 자기반성의 기회를 제공하여 자율적이고 지속적인 한국어 학습을 유도한다. 이러한 대안적 평가의 유형은 다음과 같다.

1. 성장지향평가
   (1) 현재 성취를 과거의 성취수준과 비교하여 해석하는 방식
   (2) 과거에 비해 어느 정도 성장했는가를 파악할 때 유용하다는 장점이 있음
   (3) 통계적인 측면에서 차이점수는 신뢰도가 낮다는 것과 사전검사에서 일부러 틀릴 가능성이 있다는 단점이 있음

2. 능력지향평가
   (1) 점수를 학습자의 능력수준에 비추어 해석하는 방식
   (2) 능력수준을 정확하게 추정하기 매우 어려우며, 학습자의 능력이 변화되지 않는다고 가정하나 이에 오류가 있음

3. 노력지향평가
   (1) 학생들이 기울인 노력의 정도를 기준으로 성적을 주는 방식
   (2) 어느 정도 성취했는가는 나타내지 못하므로 성적의 의미를 왜곡시킬 가능성이 있음

✖ 한국어 시험의 난이도 분석

1. 천장 효과(Ceiling Effect): 피험자의 능력 수준의 향상도가 최고점에 이르면 더 이상 오르지 않고 일정한 상태를 유지하는 것을 말한다.
2. 개인 분리도(Person Separability): 집단 속에서 각 개인의 위치를 파악하는 정도를 나타내는 지수이다.
3. 문항 변별도(Discrimination Index): 시험에서 각 문항이 피험자의 능력 수준을 변별할 수 있는 정도를 나타내는 지수이다. 예를 들어 변별력이 있는 문항은 능력이 낮은 피험자가 답을 맞히는 확률보다 능력이 높은 피험자가 답을 맞힐 확률이 높다.
4. 문항의 내적 일치도(Internal Consistency): 동일한 구인을 재고 있는 문항들이 어느 정도의 동질성이 있는지를 확인하는 것이다. 검사에 포함된 문항 하나하나를 모두 독립된 한 가지의 검사로 생각하여 그들 간의 합치도, 동질성, 일치성을 종합하는 신뢰도이다. 검사 문항들은 서로 너무 달라서도 안 되고, 전체 문항에 걸친 공유성이 있어야 한다.

✖ 받아쓰기 평가

받아쓰기는 듣기 능력과 쓰기 능력의 통합뿐만 아니라 언어의 기타 수행 방식에서 요구된 문법 및 담화 능력을 요구하기 때문에 통합적인 테스트라 할 수 있다. 받아쓰기는 제작과 시행이 용이하나 채점기준을 결정하기란 쉽지 않다.

✖ 말하기 평가의 범주 및 목표

말하기 평가 범주를 어휘 능력, 발음 능력 등을 포함하는 문법적 능력과 사회언어학적 능력, 담화적 능력, 전략적 능력으로 구분한다.

1. 문법적 능력(Grammatical Competence)이란 어휘, 발음 규칙, 철자법, 단어 형성, 문장 구조 등의 언어 학적 기호를 정확히 사용하여 문법적으로 올바른 문장을 생성해 내는 능력을 말한다.
2. 사회언어학적 능력(Sociolinguistic Competence)은 상황에 맞는 화행 능력을 말하는 것으로 사회적 맥락과 담화 상황에 맞게 문법적 형태를 사용하거나 이해하는 능력을 말한다.
3. 담화적 능력(Discourse Competence)은 담화를 구성하고 담화를 이해하는 능력을 말하는 것으로 여러 가지 아이디어를 형태적인 결속성이 있고 내용상 일관성 있게 조직하는 능력을 말한다. 담화 능력을 갖춘 사람은 지시어, 접속어 등의 형식적 응집 장치와 내용의 결속 장치를 이용하여 의미적 완결성과 통일성이 있는 담화를 구성해 내고 이해할 수 있다.
4. 전략적 능력(Strategic Competence)은 발화 생산자가 소통의 효율성을 높이고 소통 장애를 보상하기 위해 사용하는 언어적·비언어적 전략의 사용 능력을 말한다.

✖ 숙달도

언어를 이용해 무엇을 수행할 수 있는가 하는 언어의 기능적 측면을 강조한 것으로, 실생활에서 언어 수행에 기반을 둔 일련의 언어 능력을 말한다. 언어 숙달도라는 용어는 1980년대에 언어 평가와 관련해 도입되어 의사소통 능력과 함께 언어 능력을 규정하는 개념으로 사용되기 시작하였다. 이전의 의사소통 능력이 실제 의사소통 상황에서의 언어 사용능력을 의미하는 것이기는 하나 아직 기능(Competence)의 차원에 머무는 반면, 숙달도는 실생활에서의 언어 수행을 그 평가 대상으로 한다는 점에서 구별된다.

숙달도의 개념을 가장 분명하게 살펴볼 수 있는 것으로 ACTFL(American Council On The Teaching Of Foreign Languages)의 숙달도 등급 체계를 들 수 있다. 여기서는 숙달도를 초급(Novice)-중급(Intermediate)-고급(Advanced)-최상급(Superior)의 주요 4등급으로 나누고, 이를 다시 세분하여 전체를 9등급으로 나누었다. 그리고 평가 범주를 과제/기능(Task/Function), 맥락(Context), 내용(Content), 정확성(Accuracy), 담화 형태(Text Type)로 설정하였다. 여기서 과제/기능이란 화자가 그 언어를 이용한 실세계에서의 과제 수행 능력을 말하는 것으로, 숙달도가 높아질수록 정형화된 발화, 나열 등의 기능으로부터 질문과 대답 → 설명과 묘사 → 추상화, 가설 수립, 논쟁 등의 기능 수행 능력으로 발전한다. 맥락은 화자가 언어를 사용하는 환경 및 조건을 말하는 것으로, 숙달도가 높아질수록 예측 가능한 일상적인 맥락 → 일부 비공식적 맥락, 제한적인 사회적 맥락 → 대개의 비공식적 맥락, 일부 공식적 맥락 → 대개의 공식적·비공식적 맥락으로 발전한다. 내용은 대화의 화제나 주제를 일컫는 것으로, 숙달도가 높아질수록 일상생활과 관련된 극히 일반적인 분절 요소 → 자신과 인접 환경과 밀접하게 관련된 화제 → 개인적이거나 공공의 관심사와 관련된 구체적이며 실제적인 화제 → 일반적인 화제와 일부 전문 분야의 화제를 다룰 줄 아는 능력으로 발전한다. 정확성은 전달되는 메시지의 수용 가능성, 질, 정확성 등을 말하는데, 여기에는 유창성, 문법, 발음, 어휘, 화용적 능력, 사회언어학적 능력 등이 포함된다. 숙달도가 높아질수록 외국인에게 익숙한 사람도 이해하기 힘든 단계로부터 외국인에게 익숙한 화자라면 반복을 통해 이해할 수 있는 단계 → 외국인에게 익숙지 않은 화자라도 반복을 통해 이해할 수 있는 단계 → 오류가 있기는 하나 의사소통을 방해하지는 않는 정도로 발전한다. 담화 형태는 담화의 양과 구조에 대한 영역이고, 숙달도가 높아질수록 분절된 단어나 구 → 분절된 문장이나 문장의 연쇄 → 문단 → 2개 이상의 단락으로 구성된 확장된 담화로 발전한다. 이를 간략하게 정리하면 아래와 같다.

ACTFL의 말하기 능력 평가 범주

등급	과제/기능	맥락	내용	정확성	담화 형태
최상급 (Superior)	의견을 지지하고, 추상화하고 가설을 세움으로써 토의에 광범위하게 참여할 수 있다.	대부분의 격식적, 비격식적 상황	광범위한 일반적인 관심사, 일부 특정 관심 전문 분야, 구체적·추상적·친숙하지 않은 주제	오류가 의사소통을 방해하거나 모국어 화자를 혼란시키지 않는다.	확장된 담화
상급 (Advanced)	시제와 상을 이용해 기술하고 설명할 수 있다.	대부분의 비격식적 상황과 일부 격식적 상황	개인적, 공공적 관심사 중 구체적이고 실제적인 주제	외국인에게 익숙하지 않은 모국어 화자도 별 어려움 없이 이해할 수 있다.	문단 형태
중급 (Inter-Mediate)	간단한 질문을 하고 대답을 함으로써 일대일 대화를 유지할 수 있다.	일부 비격식적 상황과 제한된 업무적 상황	기본적으로 자신과 친숙한 환경에 관련된 주제	외국인에게 익숙한 모국어 화자는 반복을 통해 이해할 수 있다.	분절적 문장이나 문장의 연쇄
초급 (Novice)	정형화된 발화, 목록, 나열을 할 수 있다.	예측이 쉬운 일상적인 상황	일상생활의 보편적인 분절 요소	외국인에게 익숙한 모국어 화자도 이해하기 어렵다.	분절적 어휘나 구

✖ 구두 숙달도 인터뷰(OPI)

ACTFL(미국 외국어교육위원회)에서 실시하는 OPI의 경우는 일정 시간의 구두 면접을 통해 학습자의 언어 숙달도를 평가하는 방식이므로 고도의 전문적 훈련을 받은 평가자에게 필수적이며 이를 양성하기 위한 과정이 시행되고 있다.

OPI는 발음, 유창성, 통합적 능력, 사회언어학적이고 문화적인 지식, 문법 및 어휘 등을 학습자로부터 끌어내기 위해 정밀하게 설계되어야 한다. 1980년대 말과 1990년대에는 OPI가 언어 평가 전문가들로부터 극심한 비판을 받기도 하였다. 즉, OPI가 면접관들과의 인공적이고 부자연스러운 의사소통을 평가하는 것이지, 목표 언어를 모국어로 사용하는 사람들과 함께 언어적 상호작용을 어떻게 감당하고 처리해 가는지에 대한 것을 예측하기는 힘들다는 평가를 받은 것이다. 그리고 OPI는 타당도를 증명할 수 없고, 단일한 평가가 되기 쉽다고 지적되어 이후 더 나은 말하기 평가를 위해서 여러 시험이 고안되어야 한다는 이론이 제기되고 있다.

✄ 역할극

언어 교육에서 역할극은 학습자에게 가상의 역할을 부여하고, 마찬가지로 가상의 역할을 부여받은 상대방과 함께 즉석에서 역할을 수행해 보도록 하는 상호활동의 한 유형이다. 따라서 한국어 학습 상황에서의 역할극은 자신에게 주어진 가상 인물의 성격이나 역할, 그리고 주어진 상황에 맞게 한국어로 의사소통을 하는 활동이라고 말할 수 있다. 이것은 학습자에게 역할을 부여하고 그 역할을 수행하게 하는 활동으로 교실 수업에서 실제 의사소통 상황에서의 언어 사용 연습을 가능하게 한다. 학습자에게 역할을 부여할 때는 활동 내용을 구체적으로 제시해야 한다.

✄ 발표

학습자가 자신이 준비한 내용을 대화 형식이 아닌 일방향의 발화의 형태로 발표하는 활동이다. 보다 긴 단위의 발화 행위 연습을 한다는 측면에서 의미가 있다. 일반적으로 3분 또는 5분 스피치, 인터뷰나 자료 조사 결과 발표하기의 형태로 활용된다. 실제 수업에서 이루어지는 말하기는 대부분 대화 형태가 많기 때문에 발화 단위가 짧고 즉흥적이라는 단점이 있다. 따라서 이러한 문제점을 보완하기 위해 숙달도에 적절한 주제를 선택해 학기별로 몇 차례 발표할 기회를 갖는 것은 담화 구성력을 신장시키는 것은 물론 말하기에 대한 학습자의 자신감도 키워주고, 격식적 상황에서의 말하기 능력도 배양하는 효과를 거둘 수 있다. 인터뷰나 결과 발표하기도 기본적으로 3분 스피치와 비슷한 효과를 기대할 수 있다. 또한 다양한 인물들을 대상으로 한 인터뷰 과정에서 실제 목표어를 사용해야 한다는 점에서 교실 수업을 실생활과 연계시킬 수 있는 유용한 방법이다. 일반적으로 중급 이상 단계에서 많이 활용되며 인터뷰 주제 결정 등에서 학습자의 요구를 반영하는 경우 학습 동기를 강화할 수 있다.

✄ 포트폴리오 평가

과정 중심 쓰기 평가의 대표적인 평가 유형의 하나가 포트폴리오 평가이다. '작품집' 또는 '수행내용철'이라는 용어로도 번역되는 포트폴리오를 대상으로 하는 평가를 가리킨다. 포트폴리오는 한 편의 글이 완성되기까지의 모든 과정과 단계에서 쓰인 글 모음이 될 수도 있고, 일정 기간 동안 학습자가 쓴 여러 편의 글 모음이 될 수도 있다. 평가 대상이 한 편의 글이든 여러 편의 글이든 결과물이 나온 시점에 대한 일회적인 평가가 아니라 결과물이 나오기까지의 과정 전반에 대한 반복적이고 지속적인 평가라는 특징을 가진다. Grabe & Kaplan(1996)에서는 포트폴리오에 의한 평가의 장점과 단점을 다음과 같이 나열하였다.

1. 포트폴리오 평가의 장점
   (1) 여러 쓰기 주제와 과제 유형에 걸쳐 여러 글들에 대한 평가를 가능하게 한다.
   (2) 학습자 자신의 글과 쓰기 향상에 대하여 성찰하게 할 가능성이 있다.
   (3) 학습자가 산출할 수 있는 최선의 글을 평가한다.
   (4) 학습자가 평가받기를 원하는 글을 선택할 책임감을 부여해 준다.
   (5) 가르침과 평가 사이의 연결을 강하게 해 주는데 이는 평가 구도에서 매우 바람직한 특성이다.

2. 포트폴리오 평가의 단점

   (1) 평가의 수단을 가리키기보다는 실제적으로는 글을 모으는 수단을 가리킨다.

   (2) 단일 점수나 잣대를 수립하는 문제가 더 복잡해진다.

   (3) 신뢰성과 관련하여 문제가 있다. 쓰기 선택의 자유가 많아질수록 등급에서 같음을 수립하기가 어려워지기 때문이다.

   (4) 등급 매기는 데 시간이 더 많이 걸리고, 평가 선택 내용에서 품이 더 많이 든다.

   (5) 학습자가 실제로 모든 글을 썼다는 것을 평가자가 어떻게 판단할 것인지의 문제가 있다.

  그러나 평가와 수업을 이어 줘서 수업과 교육과정 개발에 되짚어보기를 가능하게 한다는 점, 학습자의 능력의 정확한 모습(장점, 약점, 향상의 정도)을 볼 수 있게 해 준다는 점 등은 포트폴리오 평가의 의의라고 할 수 있다.

✖ 교육과정의 정의

  교육과정(curriculum)은 '왜, 무엇을, 어떻게, 어느 수준과 범위로 가르치고 평가하느냐'를 문서로 계획한 교육 설계도이다. 한국어 프로그램을 학습에 필요한 교육목표, 교육 내용, 교수 학습 방법, 평가 등에 관해 전체적으로 계획한다.

✖ 구성방식에 따른 교육과정의 분류

1. 교육 내용으로 보는 입장: 교사가 학생들을 위해 제시한 교과목, 교과의 체계, 교수요목 등
2. 학습 경험으로 보는 입장: 학습 과정에서 학생들이 실제로 경험하거나 학습한 것
3. 의도된 학습 성과로 보는 입장: 학습 경험을 통해 성취해야 할 결과(수행 목표에 초점)
4. 문서 속의 교육 계획으로 보는 입장
   (1) 문서화 계획: 수업 계획안, 교육과정 지침서, 평가 방안 등
   (2) 비문서화 계획: 예상치 못한 수업 외적 요인이나 아이디어로 변경된 계획도 포함

✖ 교육과정 개발 절차

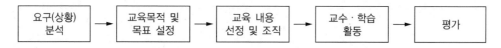

요구(상황) 분석 → 교육목적 및 목표 설정 → 교육 내용 선정 및 조직 → 교수·학습 활동 → 평가

✖ 교구

  언어 교수 자료로서 청각적인 기능을 동시에 제공해주는 동적 시각 매체의 대표적인 것이 비디오이다. 비디오를 활용하여 언어 교수 내용을 생동감 있게 전달해 줄 수 있으며 최근에는 컴퓨터를 이용해서 재생할 수 있는 동영상 자료들이 있다. CD 재생기와 DVD를 활용한 동영상 매체를 활용하여 수업의 효과를 극대화할 수 있다. 최근에는 Tablet PC를 활용한 수업도 각광을 받고 있다.

✕ 교재

학습자의 다양한 변인을 고려하여 교수법 및 교재 개발을 하는 것을 학습자 중심 교육이라고 할 수 있다. 학습자 중심 교재를 개발할 때 고려해야 할 것은 학습자의 한국어를 배우는 목적, 학습자의 모국어 배경, 한국어 사용 환경이다. 교재 선택 시에는 학습자의 자가 진단과 교사의 학습자 수준 평가가 가능한지, 학습자의 요구가 반영되었는지도 확인해야 한다.

✕ 한국어 교재 개발을 위한 교수요목

교수요목	기본 개념	한국어 교재와의 관련성
구조 교수요목	음운, 문법과 같은 언어 구조를 중심으로 작성한 교수요목. 배열 기준은 난이도가 낮은 것부터 높은 것으로, 빈도가 높은 것으로부터 낮은 것으로, 의미 기능이 간단한 것으로부터 복잡한 것으로 배열한다.	1990년대 중반까지의 교재가 채택한 주된 교수요목
상황 교수요목	언어활동이 이루어지는 장소나 상황을 중심으로 작성한 교수요목. 식당에서, 길에서, 지하철역에서, 시장에서와 같이 발화 장면을 중시한다.	최근에 일부 교재에서 중심적인 교수요목으로 채택하고 있음
주제 교수요목	각 등급에 맞춰 채택된 주제를 일정 기준에 따라 배열한 교수요목. 대체로 상황 교수요목과의 혼합 형태를 보여 준다. 가족, 날씨, 음식, 전화 등을 예로 들 수 있다.	최근에 개발되는 한국어 교재에서 주로 채택하는 교수요목
기능 교수요목	소개하기, 설명하기, 요청하기, 제안하기 등 언어활동의 기능적 측면을 중심으로 작성한 교수요목. 주로 주제 교수요목과 연계되어 사용된다.	최근에 개발되는 교재에서 때때로 채택되었음
개념 교수요목	물건, 시간, 거리, 관계, 감정, 용모 등과 같이 실생활 관련 주요 개념을 중심으로 작성한 교수요목. 유용성이나 친숙도에 따라 배열한다.	때때로 주제 교수요목의 일부가 포함되기도 하였음
기능 기반 교수요목	대의 파악, 주제 파악, 화자 의도 파악하기, 추론하기 등과 같이 언어 기능 중 특정 기능을 중심으로 배열한 교수요목	주로 이해 기능으로 이 분야 교재가 매우 적기 때문에 현재까지 채택된 사례를 찾기 어려움
과제 기반 교수요목	지시에 따르기, 편지 쓰기, 면접하기, 신청서 작성하기 등과 같이 실생활 과제 중심으로 배열한 교수요목	주제 교수요목 등과 함께 때때로 채택되고 있음
혼합 교수요목	둘 이상의 교수요목을 함께 활용하여 작성한 교수요목. 엄밀한 의미에서 최근 대부분의 교수요목이 이에 속한다고 볼 수 있다.	최근에 개발되는 교재들이 주로 채택하고 있음

✕ KSL 교재 개발

2013년 3월 12일 교육과학기술부가 내놓은 '다문화 학생 교육 선진화 방안'은 다문화 배경 학생을 우리 공교육 체제로 끌어안아 맞춤형으로 지원하는 내용이다. 특히 다문화 학생의 한국어 능력에 맞는 단계별 '한국어 교육과정(KSL·제2언어로서의 한국어)'을 운영한다. 말하기·듣기, 읽기, 쓰기·문법 교재를 만들고 한국어 능력 진단도구인 '주니어 토픽(J-TOPIK)'도 개발한다.

✕ 한국어 교재 개발 현황

2000년대 이후부터 특수한 목적을 가진 학습자가 증가하여, 교재의 특성 및 내용의 전문화에 대한 논의가 진행되어 왔다. 학문 목적의 한국어 학습자, 이주노동자, 결혼이민자 등으로 분류하고 있으며 이러한 분류는 점차 세분화되는 추세이다.

학문 목적의 한국어 교재의 경우 외국인 유학생들의 전공에 관련된 한국어를 배울 수 있는 교재가 주를 이루고 있으나, 기능별(듣기·읽기·쓰기·말하기) 교재도 출간되고 있다.

직업목적의 경우 이주노동자를 위한 교재의 비중이 높은 편인데 이러한 교재에서는 작업 환경에서 사용되는 특수 용어나 대화문 등을 볼 수 있다.

결혼이민자를 위한 교재에서는 한국어 어휘 및 문법 관련 지식뿐만 아니라 결혼이민자로 살아가면서 알고 있어야 할 정보 등이 수록되어 있다. 최근에는 다문화 자녀를 대상으로 하는 한국어 교재도 개발되어 한국어 교육 현장 곳곳에서 활용되고 있다.

✕ 교재 개발의 원리와 방법

첫째, 교육의 목적을 설정하고 이에 알맞은 교육과정과 교수요목을 설계하여 이를 구현할 수 있는 교재를 마련해야 한다. 교육목표와 교육과정의 설정은 교재를 사용할 교육기관이 교육을 통해 추구하는 바가 되고 학습자에게는 학습 목표가 설정된다. 이러한 과정이 바르게 진행될 때 교육 내용의 선정과 조직, 교수-학습 방법의 선택이 가능하고 이를 구현할 수 있는 도구로서 교재 개발이 가능해진다.

둘째, 학습자 요구 조사가 선행되어야 한다. 최근의 한국어교육 환경은 과거에 비하여 학습 목표, 동기, 연령, 직업, 모국어, 인지적 배경, 정의적 측면, 한국어 학습 경험 정도 등의 측면에서 매우 다양해졌다. 학습자 요구 조사가 이루어진다면 소재·주제, 기능, 문화 등 교재의 내용 구성과 각 단원의 구성이 효과적으로 진행될 수 있을 것이다.

셋째, 개발할 교재의 종류와 수에 대한 면밀한 검토가 필요하다. 이는 물론 교육과정, 교수요목과 밀접한 관계에 있지만 기본적으로 주교재만을 개발할 것인지, 교사 지침서와 워크북을 함께 개발할 것인지, 각 기능별로 분리된 교재를 개발할 것인지, 통합 교재를 개발할 것인지를 결정해야 한다. 이에 따라 개발 교재의 성격과 내용은 분명하게 결정될 것이다. 최근 한국어교육계에서는 주교재와 워크북의 동시 개발이 보편화되어 가고 있으며 일부 국가 주도의 교재 개발 사업에서는 교사 지침서까지 포함하고 있다.

넷째, 어휘, 문법, 문화, 발음과 같은 교재 내용 구성에 있어 이론적 뒷받침과 함께 경험적 데이터의 활용이 필요하다. 예를 들어 어휘의 경우 최근 국가 주도로 진행되고 있는 한국어 학습용 어휘를 적절하게 포함시켜야 하며, 문법은 외국어로서의 한국어임을 고려하여 선정하고 기술하여야 할 것이다. 발음은 표준 발음의 교육을 목표로 하되 대상 학습자에 따라 어떤 방법을 택할 것인지가 달라져야 할 것이며, 문화 역시 교육목표 또는 학습자 요구 조사 등을 바탕으로 하여 적절하게 담아내는 노력이 필요하다.

다섯째, 학습자의 배경지식을 활용하고 지적 호기심을 유발할 수 있는 교재의 구성이 필요하다. 외국어로서 또는 제2언어로서 한국어를 배우는 학습자의 지적 수준은 한국어 숙달도와는 무관하다. 즉, 한국어 숙달도가 낮다고 해서 주제·소재의 선정이나 내용·맥락의 구성이 계속하여 평이하다면 학습자는 곧 학습 의욕이 떨어지거나 동기가 저하될 것이다. 특히 최근의 한국어 교수법이 과제 수행 중심으로 자리 잡은 만큼 실제 수업 현장에서 과제로 전환될 경우 학습자의 사회문화적 배경에 걸맞은 수준으로 교재의 내용이 구성되어야 할 것이다.

여섯째, 의사소통 목적을 달성할 수 있도록 목표 언어를 사용할 기회를 충분히 제공하여야 한다. 내용 또한 학습자들이 실생활에서 유용하게 사용하거나 전이될 수 있는 것들로 구성되어야 한다.

일곱째, 교재는 학습 성취 수준을 평가하고 이에 대한 처방을 해줄 수 있어야 한다. 학습 진도에 맞춰 학습자 스스로 자가 진단이 가능하도록 하거나 교사의 지도를 받아 성취 수준을 평가받는 기제의 설정이 필요하다.

✖ 교재 개발 절차

1. 교육목표, 교육과정, 교수요목의 설정

실제 교재 개발 단계에 들어갈 때 어떤 과정을 거칠 것인가? 교육목표와 교육과정의 설정은 최우선적으로 진행되어야 할 일이다. 기존에 교육목표와 교육과정이 수립되어 있다면 이 과정에 대한 절차는 생략될 수 있을 것이다. 그러나 실제 교재 개발 단계에서 필수적으로 진행되어야 할 교수요목의 개발은 교재 개발과 직접적으로 연관이 된다. 앞에서 서술했듯이 어느 교수요목을 택하느냐에 따라 달라지겠지만 최근에 중심이 되고 있는 의사소통 중심의 교수요목이라면 주제·소재, 과제·기능, 언어(어휘·문법·발음), 문화, 내용·맥락 등이 구성되어야 교재의 개발이 가능해진다.

2. 단원의 구성

교수요목이 완성되면 다음으로 각 단원을 구성해야 한다. 단원의 구성은 기본적으로 교수요목을 기반으로 하나 교수법과도 밀접한 관련이 있다. 과거에 청각 구두식 교수법이 중심이었을 때 한국어 교재의 단원 구성은 대체로 '대화문 → 어휘 → 문법·문형 → 연습'의 순서였다. 그러나 최근 의사소통 중심의 교수법이 중심을 이루면서 단원의 구성에도 변화를 가져와 준비 도입 단계부터 마무리 단계까지 학습 과정을 중시한 구성이 보편화되고 있다. 이에 대한 대표적 논의는 D. Larsen-Freeman(1993)의 '도입(Warm Up) → 제시·설명(Presentation) → 연습(Practice) → 사용(Use, Communicative Phase) → 마무리(Follow Up)'를 들 수 있다.

3. 교재 내용의 구체화

단원 구성 원칙이 정해지면 교수요목과 단원 구성 원칙에 따라 교재 내용을 구성한다. 교육과정과 교수요목에 따라 위·아래 단원과의 연계에 관심을 갖고, 주제·소재-과제·기능-어휘 등과 같이 단원 내 하위 구성 요소의 횡적인 연계에도 관심을 갖는다. 그리고 시각 자료를 어디에서 어떻게 활용할지를 고려하고 전체적인 편집은 어떠한 방식으로 구성해야 하는지를 논의한다. 또한 언어 재료의 선정과 조직에 대해서도 면밀한 검토가 필요하다.

4. 시험적 사용과 수정, 보완

일단 단원의 구성이 완료되면 시험적 사용의 단계로 들어간다. 시험적 사용은 개발 과정에 따라 각 단원별로 진행할 수도 있고 교재 전체가 완성된 후 시행할 수도 있다. 시험적 사용은 교재 출간 후 사용될 학습 환경에서 실시하는 것이 좋다. 그리고 시험적 사용 과정에서 나타난 문제점을 수정, 보완하여 출간을 하게 되는데 시험적 사용 시에 문제가 많은 경우 다시 한번 시험적 사용의 기회를 갖고 보완하는 것이 필요하다.

✖ 교재 평가

교재 평가는 교재를 둘러싼 정보들의 출처를 기준으로 외적 평가와 내적 평가로 분류하고 정보의 활용 범위를 기준으로 거시적 평가와 미시적 평가로 분류한다.

외적 평가와 내적 평가는 교재와 관련한 객관적인 지표를 확보하기 위한 실증적인 기준들로 구성되어 있고, 본질적으로는 교재 분석에 더 중점을 둔다. 교재 외적 평가 기준으로는 교재의 판형, 활자, 색도, 삽화, 디자인, 가격, 구입 용이성, 각종 학습 지원책의 여부 등 교재의 외부적인 구성 수준에 관한 것이 있다. 교재 내적 평가 기준으로는 본문의 내용, 학습 목표 성취를 위한 내용 조직, 활동의 적절성 등 교재의 교육 내용 자체를 점검하는 요소를 포함한다.

평가 범주	세부 범주
교수 학습 상황 분석	학습 기관, 학습자, 교사
외적 구성 평가	• 물리적 요소 및 실용성: 쪽수, 무게, 지질, 가격, 글꼴, 오탈자 • 시각자료와 디자인: 레이아웃, 삽화의 양과 크기 및 배치 • 편집 및 구성: 교재의 분권 여부, 모국어 번역 여부, 색인 등
내적 구성 평가	• 학습 내용: 주제, 어휘, 문법, 발음과 억양, 문화 • 언어 기능: 말하기, 읽기, 쓰기, 듣기 • 연습과 활동 • 평가와 피드백
총체적 평가	유용성, 일반성, 적용성, 유연성

✻ 교재 평가 항목

Neville Grant(1987)의 교재 평가를 위한 사전 조사 항목

1. Communication(의사소통성): 교재가 의사소통 능력을 향상시킬 수 있도록 고안되었는가?
2. Aims(목표성): 교재가 프로그램의 목표 및 목적에 부합하는가?
3. Teachability(교수성): 실제 이 교재로 가르칠 때 어려움이 없고, 각 교수 방법론과 밀접하게 연관되는가?
4. Available Add-Ons(부교재): 교재에 뒤따르는 지침서나 테이프, 워크북 등이 존재하는가?
5. Level(등급성): 학습자의 숙달도에 따라 적합하게 구성되었는가?
6. Your Impression(매력성): 교재 전체 과제에 대한 인상이 어떠한가?
7. Student Interest(흥미성): 학습자가 교재에서 어떤 흥미를 찾아낼 수 있는가?
8. Tried and Tested(검증): 실제 교육 현장에서 검증된 적이 있는가? 있다면 어떤 상황에서 누구에 의해 검증되었으며, 그 결과는 어떠한가?

✻ EPS-TOPIK

1. 시험의 목적

　　외국인 구직자의 한국어 구사 능력 및 한국 사회에 대한 이해 정도를 평가하여 외국인 구직자 명부 작성 시 객관적 선발 기준으로 활용하고 한국에 대한 기본 이해를 갖춘 자의 입국을 유도하여 한국생활에서의 적응력을 도모하고자 한다. 2017년의 경우 외국인 근로자 재입국 쿼터 규모 증가 및 성실 외국인근로자 재입국 증가 등을 종합적으로 고려하여 EPS-TOPIK이 시행되지 않았다.

2. 시험 시간: 50분(듣기 25분, 읽기 25분)

3. 시험 구성

구분	평가 영역	문항 수	배점	시간
총계	–	40문항	200점	50분
읽기	어휘, 어법 실용 자료 정보 독해	20문항 (특별시험은 20문항 중 직무문항 8개 포함)	100점	25분
듣기	소리 표기 시각 자료 설명 대화나 이야기	20문항	100점	25분

4. 평가 내용
(1) 한국의 일상생활에 필요한 기초적인 의사소통 능력
(2) 산업 현장에서 필요한 한국어 구사 능력
(3) 한국 기업 문화에 대한 이해

5. 응시 자격
(1) 만 18세 이상 39세 이하일 것
(2) 금고 이상의 범죄 경력이 없을 것

(3) 과거 대한민국에서 강제 퇴거·출국된 경력이 없을 것

(4) 출국에 제한(결격사유)이 없을 것

6. 평가 방법 및 합격자 결정 기준

    (1) 평가 방법: 상대평가

    (2) 합격자 결정 기준: 업종별 최저 하한 점수 이상 득점자로서, 선발(예정)인원 만큼 성적순으로 합격자 결정

       ① 제조업 200점 만점에 110점

       ② 소수업종(건설업, 농축산업, 어업) 200점 만점에 80점

       ③ 어업특례 200점 만점에 60점

✖ TOPIK 등급별 평가 기준

시험 수준	등급	평가 기준
TOPIK I	1급	• '자기 소개하기, 물건 사기, 음식 주문하기' 등 생존에 필요한 기초적인 언어 기능을 수행할 수 있으며 '자기 자신, 가족, 취미, 날씨' 등 매우 사적이고 친숙한 화제에 관련된 내용을 이해하고 표현할 수 있다. • 약 800개의 기초 어휘와 기본 문법에 대한 이해를 바탕으로 간단한 문장을 생성할 수 있다. 간단한 생활문과 실용문을 이해하고, 구성할 수 있다.
	2급	• '전화하기, 부탁하기' 등의 일상생활에 필요한 기능과 '우체국, 은행' 등의 공공시설 이용에 필요한 기능을 수행할 수 있다. • 약 1,500~2,000개의 어휘를 이용하여 시각적이고 친숙한 화제에 관해 문단 단위로 이해하고 사용할 수 있다. • 공시적 상황과 비공식적 상황에서의 언어를 구분해 사용할 수 있다.
TOPIK II	3급	• 일상생활을 영위하는 데 별 어려움을 느끼지 않으며, 다양한 공공시설의 이용과 사회적 관계 유지에 필요한 기초적 언어 기능을 수행할 수 있다. • 친숙하고 구체적인 소재는 물론, 자신에게 친숙한 사회적 소재를 문단 단위로 표현하거나 이해할 수 있다. • 문어와 구어의 기본적인 특성을 구분해서 이해하고 사용할 수 있다.
	4급	• 공공시설 이용과 사회적 관계 유지에 필요한 언어 기능을 수행할 수 있으며, 일반적인 업무 수행에 필요한 기능을 어느 정도 수행할 수 있다. • '뉴스, 신문 기사' 중 평이한 내용을 이해할 수 있다. 일반적인 사회적·추상적 소재를 비교적 정확하고 유창하게 이해하고, 사용할 수 있다. • 자주 사용되는 관용적 표현과 대표적인 한국문화에 대한 이해를 바탕으로 사회·문화적인 내용을 이해하고 차인날 수 있다.
	5급	• 전문 분야에서의 연구나 업무 수행에 필요한 언어 기능을 어느 정도 수행할 수 있다. • '정치, 경제, 사회, 문화' 전반에 걸쳐 친숙하지 않은 소재에 관해서도 이해하고 사용할 수 있다. • 공식적·비공식적 맥락과 구어적·문어적 맥락에 따라 단어를 구분해 사용할 수 있다.
	6급	• 전문 분야에서의 연구나 업무 수행에 필요한 언어 기능을 비교적 정확하고 유창하게 수행할 수 있다. • '정치, 경제, 사회, 문화' 전반에 걸쳐 친숙하지 않은 주제에 관해서도 이용하고 사용할 수 있다. • 원어민 화자의 수준에는 이르지 못하나 기능 수행이나 의미 표현에는 어려움을 겪지 않는다.

✖ 컴퓨터 보조학습(CAI; Computer Assisted Instruction)의 특징

1. CAI의 장점

   (1) 학습의 개별화

      컴퓨터는 학습자가 본인에게 맞는 수준과 속도로 학습을 진행할 수 있도록 도와준다. 이때 학습자는 컴퓨터를 통한 즉각적 피드백을 받아 자신들의 학습 수행 정도를 파악하여 다음의 행동을 결정할 수 있다.

   (2) 상호작용의 촉진

      학습자와 컴퓨터의 상호작용을 통하여 학습자들의 관심을 집중시키고, 적극적으로 학습에 참여시킬 수 있다.

   (3) 인내심으로 오류교정

      컴퓨터는 학습자가 학습에서의 실수를 두려워하지 않고 새로운 것들을 시도해 보도록 인내심을 가지고 격려할 수 있다.

   (4) 평가를 통한 진단 및 처방

      컴퓨터는 다양한 피드백 기능으로 학습자 개개인에게 학습 성취에 관한 진단과 처방을 내려 개인의 필요와 요구에 맞는 학습 환경을 제공한다.

   (5) 학습 동기를 유발

      여러 가지 수업 전략을 통하여 학습 동기를 유발한다.

2. CAI의 단점

   (1) 비인간화

    CAI는 비인간적이고 비교육적인 것이 될 수도 있다.

   (2) 학습 효과에 관한 의문

      ① CAI 자체가 교사나 다른 매체를 통한 수업보다 더 효과적인가에 대해서는 많은 연구가 일관된 결론을 내놓고 있지 못하다.

      ② CAI를 위해 개발된 프로그램의 질과 교사의 활용 능력이 컴퓨터를 이용한 효과적 수업의 중요한 변인이 될 것이다.

   (3) 투자의 필요

      CAI를 실현하기 위해서는 컴퓨터 하드웨어와 소프트웨어가 필수적이다. 즉, CAI에는 재정적 투자와 전문가의 연구가 요구된다.

✖ 컴퓨터 활용 언어 교육(CALL; Computer Assisted Language Learning)

컴퓨터를 활용한 언어 학습을 연구하는 응용언어학의 한 분야이다. 또한 보조적인 도구로서 컴퓨터를 이용하여 언어 학습을 촉진하도록 하는 한국어교육 분야이다. 1980~1990년대의 컴퓨터 기술 발달은 시간과 공간을 초월한 상호작용의 공간을 창출하기에 이르렀다. 인터넷이라는 기술 혁명은 응용언어학 분야에서 인터넷을 활용한 언어 학습이라는 세부 분야를 낳게 되었다. 인터넷을 활용한 언어 학습은 인터넷 기반에서 개발한 자료를 활용하는 언어 학습을 의미하고, 또 인터넷이라는 기술적인 환경 그 자체를 이용하는 언어 학습을 말한다. 인터넷은 텍스트 기반 환경과 멀티미디어 환경을 포함한다. 이러한 단계적인 발전을 이룩한 CALL의 역사를 Warschauer(1996:3-20)는 '행동주의형, 의사소통형, 통합형'으로 분류하여 설명하였다.

컴퓨터 활용 언어 교육의 변천 과정

단계	학문적 배경	컴퓨터의 기술	언어 교육에서 컴퓨터의 역할
행동주의형	행동주의 심리학 구조주의 언어학	중앙주도형 컴퓨터	개인교사
의사소통형	인지주의 심리학 생성주의 언어학	개인주도형 컴퓨터	도구
통합형	사회·인지주의 심리학 기능주의 언어학	인터넷 컴퓨터	메시지 전달자

✖ 웹 기반을 활용한 온라인 언어 교육

인터넷을 활용하면 언어 교육에 있어서 다음과 같은 좋은 점들을 제공해 준다.

1. 학습의 개별화 효과를 증진시켜 준다.
2. 학습자와 프로그램 간의 상호작용의 기회를 제공해 준다. 자신의 학습 속도에 따라 프로그램과의 상호작용을 통하여 학습 능력을 개발시켜 나갈 수 있다.
3. 프로그램의 활용을 통해 학습자의 주의를 집중시키고 학습 동기를 촉진시킨다. 인터넷상에서 프로그램을 통한 학습 과정에는 스스로 학습 동기를 유발하여 다른 형태의 학습에서 얻을 수 없는 효과를 끌어낼 수 있다.
4. 학습자들의 학습 수준을 진단해 줄 뿐만 아니라 처방이 용이하다. 학습자들은 무제한 반복할 수 있으며 수준에 맞는 선택적 학습이 가능하다. 시간에 대한 제약이 없어 자유롭게 학습 시간을 선택할 수 있다.
5. 학습자가 실수를 두려워하지 않고 새로운 것들을 시도해 보도록 인내심을 갖고 격려해 주며 독립된 문제 상황에서 적절한 학습 전략을 구사할 수 있는 환경을 제공해 준다.
6. 빠른 시간 내에 많은 양의 데이터를 효과적으로 탐색함으로써 정보의 수집과 분류, 정리를 통한 문제 해결 능력을 증진시켜 준다.
7. 개별 학습자에 대한 정보를 저장하여 개별적 처치를 용이하게 해 준다.

✖ 데이터 추론 학습(DDL; Data-Driven Learning)

자기 주도적 학습 또는 수요자 중심 교육으로 교사에 의한 일방적인 강의식 교육에서 탈피하여 학생 스스로 학습 과제를 선정하고 발견 학습을 통해 과제를 해결할 것을 강조한다. 이에 대한 한 가지 실현 가능한 대안이 바로 코퍼스(Corpus)를 바탕으로 한 데이터 추론 학습이다.

Tim Johns에 의해 제안된 DDL은 어휘나 문법 교육에 있어서 코퍼스의 자료를 자동 검색하여 관련 예시들을 제시해 줌으로써 학습자 스스로 문맥을 유추하거나 문법적 관계를 귀납적으로 추론하도록 하는 교수 방법이다.

언제든지 온라인에 접속하기만 하면 학습 자료를 무료로 접할 수 있다는 언어 교육에 일대 전기를 마련해 줄 것이다. 한국에서도 세종 프로젝트가 진행되어 한국어 코퍼스의 활용이 한국어교육에서 주목을 끌고 있고 중국어, 스페인어 등이 개발되고 있다. 언어의 진정성을 적절히 활용한다면 외국어 학습에 많은 도움이 될 것이다.

참고문헌

- Brown, H. D.(2012, 원리에 의한 교수(권오량 외 역), Pearson Education Korea
- Brown, H. D.(2015), 외국어 학습·교수의 원리(이흥수 외 역), Pearson Education Korea
- doopedia(두산백과)
- pmg 지식엔진연구소, 시사상식사전, 박문각
- 강범모(2013), 언어 풀어 쓴 언어학개론, 한국문화사
- 강현화 외(2012), 한국어 이해 교육론, 형설출판사
- 고영근·남기심(2014), 표준국어 문법론, 박이정
- 고영복(2000), 사회학사전, 사회문화연구소
- 구인환(2006), Basic 고교생을 위한 국어 용어사전, 신원문화사
- 국립국악원(2010), 국악용어사전, 국립국악원
- 국립국악원(2010), 국악정보, 국립국악원
- 국립국어원(2005), 외국인을 위한 한국어문법 1, 커뮤니케이션북스
- 국립민속박물관, 한국민속예술사전:민화
- 국립특수교육원(2009), 특수교육학 용어사전
- 권영민(2004), 한국현대문학대사전
- 권재일(2013), 한국어문법론, 태학사
- 김명희·한지영·김진영(2005), 전통 한국음식, 광문각
- 김선정 외(2012), 한국어 표현교육론, 형설출판사
- 김정숙(2010), "한국어 쓰기 능력 평가 방안 −종합적 채점과 분석적 채점 결과를 중심으로−", 이중언어학회
- 김한종 외(2015), 한국사 사전 내 책상 위의 역사 선생님, 책과함께어린이
- 김훈·이수정(2022), 한국어교육능력검정시험 30일 안에 다잡기, 시대고시기획
- 박덕재·박성현(2013), 외국어 습득론과 한국어 교수, 박이정
- 박연선(2007), 색채용어사전, 도서출판 예림
- 박영순(2010), 한국어와 한국어 교육, 한국문화사
- 박종대(2017), "한국 다문화교육정책 사례 및 발전 방안 연구: 상호문화주의를 대안으로", 한국외국어대학교 박사학위논문
- 배주채(2013), 한국어의 발음, 삼경문화사, 2013
- 서울대학교 국어교육연구소(2014), 한국어교육학사전, 도서출판 하우, 2014
- 서울대학교 한국어문학연구소 외(2012), 한국어 교육의 이론과 실제2, 아카넷, 2012
- 서정후(2006), 교육의 이해, 한올출판사
- 세종대왕기념사업회(2001), 한국고전용어사전
- 손진태(1981), 손진태선생전집 6, 태학사
- 송경숙(2003), 담화 화용론, 한국문화사

- 씨네21
- 연재훈(2021), 언어유형론 강의, 한국문화사
- 원진숙(2012.12), 다문화 가정 학생을 위한 한국어 표준 교재 개발(초등 과정), 국립국어원
- 윤평현(2008), 국어의미론, 역락
- 윤평현(2012), 국어의미론, 역락
- 이광희·김영랑(2007), 재미있는 한국지리 이야기, 가나출판사
- 이기문·이호권(2009), 국어사, 한국방송통신대학교출판부
- 이기문(1972), 국어음운사연구(國語音韻史硏究), 탑출판사
- 이문규(2010), 국어 교육을 위한 현대 국어 음운론, 한국문화사
- 이병근(1977),「자음동화(子音同化)의 제약(制約)과 방향(方向)」, 이승녕선생고희기념 국어국문학논 총, 탑출판사
- 이병근(1980),「동시조음규칙과 자음체계」,『말소리』1
- 이세기(2011), 죽기 전에 꼭 봐야 할 한국영화 1001, 마로니에북스
- 이승연(2019), 한국어교육을 위한 응용언어학개론, 태학사
- 이영규·심진경·안영이·신은경·윤지선(2010), 학습용어 개념사전, 아울북
- 이우평(2002), Basic 고교생을 위한 지리 용어사전, 신원문화사
- 이응백·김원경·김선풍(1998), 국어국문학자료사전, 한국사전연구사
- 이익섭(2010), 사회언어학, 민음사
- 이정희·김지영(2003), "내용중심 한국어교육과정 수립을 위한 기초 연구", 국제한국어교육학회
- 임지룡(2013), 국어 의미론, 탑출판사
- 임홍빈 외(2011), 바른 국어생활과 문법, 한국방송통신대학교출판부
- 전경욱(2014), 한국전통연희사전, 2014
- 정경일 외(2000), 한국어의 탐구와 이해, 박이정
- 정은화(2023), 한국어교육능력검정시험 2차 면접시험 일주일 안에 다잡기, 시대고시기획
- 최진아(2013), "인지언어학에 기초한 비유 교육 연구", 경북대학교 박사학위논문
- 표준국어대사전
- 한국 브리태니커 온라인, 알타이어족의 언어학적 특징
- 한국박물관연구회(2005), 한국의 박물관: 기와, 문예마당
- 한국방송통신대학교 평생교육원(2007), 외국어로서의 한국어학, 한국방송통신대학교출판부
- 한국사사전편찬회(2007), 한국고중세사사전, 가람기획
- 한국세시풍속사전
- 한국학중앙연구원, 한국민족문화대백과
- 한국학중앙연구원, 한국향토문화전자대전
- 한림학사(2007), 통합논술 개념어 사전, 청서출판
- 한재영 외(2005), 한국어교수법, 태학사
- 한재영 외(2011), 한국어교육 용어해설, 신구문화사
- 행정안전부 국가기록원
- 허용·김선정(2013), 외국어로서의 한국어 발음 교육론, 박이정
- 홍종명(2011), "교재 선정을 위한 한국어교재 평가 모형 연구", 한국외국어교육학회

한국어교육능력검정시험 용어해설

개정8판1쇄 발행	2023년 03월 06일 (인쇄 2023년 01월 16일)
초 판 발 행	2015년 03월 05일 (인쇄 2015년 01월 26일)
발 행 인	박영일
책 임 편 집	이해욱
편 저	한국어교재연구소
편 집 진 행	구설희 · 곽주영
표지디자인	김지수
편집디자인	차성미 · 장성복
발 행 처	(주)시대고시기획
출 판 등 록	제10-1521호
주 소	서울시 마포구 큰우물로 75 [도화동 538 성지 B/D] 9F
전 화	1600-3600
팩 스	02-701-8823
홈 페 이 지	www.sdedu.co.kr
I S B N	979-11-383-3893-6 (13710)
정 가	15,000원

SD에듀와 함께하는
한국어교육능력 검정시험

합격전략 | STEP 3

2차 면접시험

1차 필기시험

1단계

2단계

3단계

구술면접 대비하기

실전감각 키우기

▸ '2차 면접시험 일주일 안에
다잡기'로 선배들의
생생한 면접 후기 읽어 보기

▸ '5년간 기출문제해설'로
출제 경향 파악하기

기본개념 꽉 잡기

▸ 자세한 해설, 문제와 관련된
이론으로 실력 다지기

▸ 자주 출제되는 예시문제 및
답변 정리하기

▸ '30일 안에 다잡기'로 탄탄하게
기본기 쌓기

▸ 모의 면접 연습으로
최종 마무리하기

▸ '교안작성연습'으로 다양한
교안 예제를 빠르게 터득하기

▸ '용어해설'로 생소한 용어는
잊지 말고 꼭 찾아보기

※ 도서의 이미지는 변경될 수 있습니다.

수험생 여러분의 합격을 기원합니다!

SD에듀의 한국어교육능력검정시험 대비 도서는 시험 출제 경향과 수험자들의 요구를 반영한 맞춤형 교재입니다.

TOPIK No.1

외국인과 재외동포를 위한

한국어능력시험(TOPIK)의 지침서

기초부터 차근차근 공부하고 싶어요.

짧은 시간 동안 핵심만 볼래요.

문제풀이 연습을 하고 싶어요.

실전 연습을 하고 싶어요.

영역별로 꼼꼼하게 공부하고 싶어요.

한국어 어휘 공부를 하고 싶어요.

한국어 문법 공부를 하고 싶어요.

※ 도서의 이미지 및 구성은 변경될 수 있습니다.